회사에서 바로 통하는 오토캐드 AutoCAD 2026

심미현 지음

건축·인테리어·기계 실무 도면 기본기 완성
신기능 + 핵심기능 영상 강의 20강 제공

현장 밀착형 입문서

한빛미디어
Hanbit Media, Inc.

지은이 심미현(mmarss@naver.com)

현재 기업체 AutoCAD 교육 강사로 활동하고 있습니다. (주)한국맥도날드에서 Store Planner로 일했고 건축·인테리어 설계 디자인을 강의했습니다. 다수의 기업에서 건축·인테리어 설계 업무, 가구 및 기계 설계 업무를 진행했습니다. 저서로는 《회사에서 바로 통하는 오토캐드 AutoCAD 2025》, 《회사에서 바로 통하는 오토캐드 AutoCAD 2024》 등이 있습니다.

유튜브 youtube.com/@autocad2000

회사에서 바로 통하는
오토캐드 AutoCAD 2026

초판 1쇄 발행 2025년 8월 18일

지은이 심미현 / **펴낸이** 전태호
펴낸곳 한빛미디어(주) / **주소** 서울특별시 서대문구 연희로2길 62 한빛미디어(주) IT출판1부
전화 02-325-5544 / **팩스** 02-336-7124
등록 1999년 6월 24일 제 25100-2017-000058호 / **ISBN** 979-11-6921-409-4 13000

총괄 배윤미 / **책임편집** 장용희 / **기획·편집** 진명규
디자인 표지 윤혜원 내지 박정우 / **전산편집** 이윤희
영업마케팅 송경석, 김형진, 장경환, 조유미, 한종진, 이행은, 김선아, 고광일, 성화정, 김한솔 / **제작** 박성우, 김정우

이 책에 대한 의견이나 오탈자 및 잘못된 내용은 출판사 홈페이지나 아래 이메일로 알려주십시오.
파본은 구매처에서 교환하실 수 있습니다. 책값은 뒤표지에 표시되어 있습니다.

홈페이지 www.hanbit.co.kr / **이메일** ask@hanbit.co.kr

Published by HANBIT Media, Inc. Printed in Korea
Copyright © 2025 심미현 & HANBIT Media, Inc.
이 책의 저작권은 심미현과 한빛미디어(주)에 있습니다.
저작권법에 의해 보호를 받는 저작물이므로 무단 복제 및 무단 전재를 금합니다.

지금 하지 않으면 할 수 없는 일이 있습니다.
책으로 펴내고 싶은 아이디어나 원고를 메일(writer@hanbit.co.kr)로 보내주세요.
한빛미디어(주)는 여러분의 소중한 경험과 지식을 기다리고 있습니다.

머리말

AutoCAD의 기초부터 실무 적용까지 안내하는 완벽한 입문서!

오늘날의 다양하고 급변하는 산업 환경에서 정확하고 효율적인 설계는 건축, 토목, 기계, 제품 개발 등 모든 분야에서 성공을 좌우하는 핵심 요소입니다. 그런 측면에서 AutoCAD는 선과 치수를 기입하는 단순한 역할을 넘어 사용자의 창의적인 생각을 정밀하고 효율적으로 표현할 수 있도록 돕는 강력한 도구입니다.

AutoCAD 2026 버전은 놀라울 정도의 속도 향상으로 작업 효율성이 높아지고, AI 기반의 자동화 기능, 클라우드 협업 기능이 강화된 것이 특징입니다. AutoCAD 2026에서는 AutoCAD 2025 대비 최대 11배 빠른 파일 열기 속도와 4배 빠른 시작 시간을 경험할 수 있도록 하여 모든 DWG 파일에 소요되는 시간을 절약해주는 엄청난 성능 개선을 누릴 수 있습니다. 또한, CAD 관리자는 Autodesk Docs 프로젝트에 하나의 프로젝트 인식 지원 파일 및 설정 세트를 정의할 수 있는 연결된 지원 파일 기능을 사용할 수 있습니다. 나아가, Autodesk AI의 도움을 받을 수도 있습니다.

《회사에서 바로 통하는 오토캐드 AutoCAD 2026》은 컴퓨터라면 인터넷 정도만 할 수 있는 수준의 독자부터 이론 위주의 CAD 교육만 받아 실무 적응이 힘든 독자까지 모두 원활한 설계 업무에 도움을 받을 수 있도록 구성했습니다. 또한 명령어 위주의 기존 서적들과 차별화하여 다양한 실무 도면 실습으로 실무 적응력을 높이도록 하였고, 비교적 간단한 맛보기 도면으로 기본기를 익힌 다음 실무 건축 도면을 순서대로 그려보면서 실력을 쌓는 방식으로 구성하였습니다.

또 유튜브 동영상 강의를 제작하여 독자 여러분들의 이해도를 높이고자 했습니다. 모쪼록 이 책과 저의 유튜브 채널(youtube.com/@autocad2000)을 활용하여 여러분이 AutoCAD를 능숙하게 다루는 전문가로 성장하고, 더 나아가 여러분의 분야에서 창의적인 결과물을 만들어내는 데 큰 도움이 되기를 바랍니다.

긴 시간 아낌없는 조언과 도움을 주신 한빛미디어 배윤미 부서장님, 장용희 팀장님, 진명규 책임 에디터님께 감사드립니다. 집필 기간 내내 든든하게 지원해준 남편 정진욱 씨와 윤준, 지민, 유진에게도 감사와 사랑을 전하고, 성원해주신 독자 여러분께도 감사의 말씀을 드립니다.

2025년 8월
심미현

학습 가이드

AutoCAD 기본기를 꽉 잡아주는
4단계 학습 전략

필수 개념과 핵심 명령어로 기본을 다지고, 엄선된 실무 도면으로 실습하면 어느새 실력이 쑥쑥!
설계가 처음인 입문자도, AutoCAD가 어려운 실무자도 걱정하지 마세요!
4단계 학습 전략으로 학습하면 탄탄한 기본기와 실무 활용 능력을 동시에 잡을 수 있습니다!

1단계
도면 작업을 위해 꼭 필요한 기초 다지기
PART 01, 02

제도의 개념부터 AutoCAD 인터페이스 구성, 조작 명령 등 AutoCAD로 도면을 작성하기 위해 꼭 알아야 하는 기초적인 사항을 학습합니다.

2단계
명령어로 2D 도면 그리고 편집하기
PART 03

2D 도면을 직접 작성하고 완성해보면서 기본적인 그리기 명령 및 편집 명령을 학습합니다. 도면 작업의 기본기를 익히며 컴퓨터 설계 디자인에 대한 감을 익힐 수 있습니다.

3단계
다양한 명령어를 활용해 효율적으로 실무 도면 작성하기
PART 04, 05, 06

AutoCAD를 실무에서 활용하기 위해 다양한 명령과 기능을 학습합니다. 문자 편집 명령, 도면층 명령, 치수 입력 명령, 화면 정리 명령 등을 배워 도면 내용을 정확히 전달하고 효율적으로 관리합니다.

4단계
3D 도면 작업 및 도면 출력하기
PART 07, 08, 09

더욱 강해진 AutoCAD의 3D 기능을 배우며 3D 도면을 이해하고 3D 모델링을 완성해봅니다. 완성한 도면의 축척을 알맞게 지정하여 용지 크기에 맞게 출력하는 방법까지 학습합니다.

회사에서 바로 통하는 핵심 명령어

실무에 꼭 필요한 핵심 명령어로 쉽고 빠르게 AutoCAD를 정복한다!

AutoCAD로 능숙하게 도면을 작성하는 능력의 핵심은 명령어 활용에 있습니다.
실무에 꼭 필요한 핵심 명령어를 집중 공략하여 작업 능률을 빠르게 높여보세요!

실무 도면 작업을 위한 필수 기본기!
기본 및 조작 명령

- Startup 065쪽
- Save 068쪽
- Line 077쪽
- Undo 093쪽
- Redo 095쪽
- Erase 096쪽
- Limits 099쪽
- Circle 105쪽
- Arc 112쪽
- Endpoint 131쪽
- Midpoint 133쪽
- Center 134쪽
- Node 136쪽
- Zoom 157쪽
- Pan 169쪽

정확하고 섬세한 도면 작성을 돕는
2D 도면 편집 명령

- Move 175쪽
- Copy 184쪽
- Scale 191쪽
- Offset 205쪽
- Trim 210쪽
- Extend 233쪽
- Stretch 240쪽
- Rotate 251쪽
- Mirror 257쪽
- Fillet 269쪽
- Chamfer 281쪽
- Rectangle 297쪽
- Polygon 305쪽
- Ellipse 309쪽
- Point 311쪽
- Array 316쪽
- Pline 323쪽
- Explode 330쪽
- Pedit 332쪽
- Group 334쪽
- Spline 341쪽
- Ray 343쪽
- Align 352쪽
- Lengthen 355쪽
- Break 357쪽

효율적인 실무 도면 완성을 위한
꾸미기 및 관리 명령

- Dtext 365쪽
- Mtext 368쪽
- DDedit 378쪽
- Spell 380쪽
- Table 382쪽
- Hatch 385쪽
- Matchprop 402쪽
- Gradient 404쪽
- Layer 411쪽
- Ltscale 439쪽
- Style 441쪽
- Dimension 450쪽
- Block 508쪽
- WBlock 511쪽
- Insert 514쪽
- Xref 517쪽
- ImageAttach 519쪽
- Regen 527쪽
- Viewres 528쪽
- List 530쪽
- Dist 531쪽
- Area 533쪽
- Calculator 537쪽
- Purge 538쪽

3D 모델링과 도면 출력까지 완전 정복!
3D 및 출력 명령

- Vpoint 545쪽
- Orbit 551쪽
- Viewports 552쪽
- Change 557쪽
- Hide 565쪽
- Shade 566쪽
- Rulesurf 587쪽
- Tabsurf 591쪽
- Revsurf 595쪽
- Edgesurf 598쪽
- Extrude 611쪽
- Union 616쪽
- Subtract 617쪽
- Plot 102, 629쪽
- Mview 644쪽

이 책의 구성

CHAPTER
이번 CHAPTER에서 배우게 될 내용을 확인합니다.

학습 목표
이번 CHAPTER에서 익혀야 할 학습 목표를 간략히 설명합니다.

실무 예제 미리 보기
본문에서 따라 할 예제 도면을 미리 볼 수 있습니다.

CHAPTER 01 2D 도면 작업을 위한 기본 명령

도면 제작을 위해 AutoCAD의 기본인 파일 관리, 화면 제어, 기본 명령 사용법을 알아보겠습니다. PART 01에서 익힌 제도의 개념을 염두에 두고 AutoCAD를 사용해봅시다.

학습 목표
AutoCAD에서 새로운 도면을 만들거나 기존 작업 도면 불러오기 및 저장하기 등 기본적인 사용법을 알아보겠습니다.

▲ 새 도면 만들기

▲ 도면 불러오기

▲ 다른 이름으로 저장하기

SECTION 01 원을 그리는 Circle

AutoCAD에서는 Circle(원 그리기) 명령으로 수직과 수평의 지름이 같은 정원을 그릴 수 있습니다. 수직과 수평의 지름이 다른 원을 그릴 때는 Ellipse(타원 그리기) 명령을 사용합니다. Circle 명령은 특히 복잡한 인테리어 상세 도면이나 기계 도면을 그릴 때 많이 사용하므로 서브 메뉴를 잘 익혀둡니다. Circle 명령을 사용하려면 명령 행에 **Circle**을 입력하고 Spacebar 를 누르거나 [그리기] 도구 팔레트–[원 그리기]를 클릭합니다.

+ 옵션 풀이
- 3점(3P)_ 임의의 세 점을 지정하여 원을 그립니다.
- 2점(2P)_ 임의의 두 점을 지정하여 원을 그립니다. 두 점은 원의 지름이 됩니다.
- 접선 접선 반지름(Ttr)_ 기존에 그렸던 도면에서 임의의 두 객체 사이에 접하는 원을 그리고 반지름을 지정합니다.

01 반지름과 지름을 입력하여 원 그리기

실습 파일 Part 2\Part2-06.dwg

반지름과 지름을 이용하여 원을 그려봅니다. 지름의 수치를 반으로 나누기 쉬운 경우에는 반지름을 입력하고 그렇지 않으면 지름(Diameter) 옵션을 선택하여 입력합니다.

01 실습 파일 **Part2-06.dwg**를 불러옵니다. 병원의 치료 의자 주변에 반지름을 입력해서 원을 그려보겠습니다. 명령 행에 **Circle**을 입력하고 Spacebar 를 누릅니다.

명령 행 한눈에 보기
명령: CIRCLE Spacebar — Circle 명령 입력(C)

SECTION
명령이나 옵션 등 앞으로 배울 내용을 쉽게 확인할 수 있습니다.

동영상 강의 확인하기
신기능과 핵심기능을 저자 영상 강의로 확인할 수 있습니다.

옵션 풀이
명령의 다양한 옵션을 알기 쉽게 풀이합니다.

바로 통하는 TIP
예제 실습 중 헷갈리기 쉬운 부분을 그때그때 정리해줍니다.

명령 행 한눈에 보기
명령어를 사용하는 방법과 명령 행의 서브 메뉴를 설명합니다.

쉽고 빠른 실무 NOTE
AutoCAD를 다루는 데 필요한 정보, 알고 넘어가면 좋을 참고 사항, 실무 노하우를 상세히 소개합니다.

회사통 실무활용
회사에서 바로 쓸 수 있는 다양한 실습 예제를 구성했습니다. 차근차근 따라 하다 보면 AutoCAD 실무 노하우를 익힐 수 있습니다.

이 책의 구성 • **007**

예제 파일 다운로드 방법

회사에서 바로 통하는 실습 예제 다운로드하기

이 책에 사용된 모든 실습 예제 파일은 한빛+ 홈페이지(www.hanbit.co.kr)에서 다운로드할 수 있습니다. 예제 파일은 따라 하기를 진행할 때마다 사용되므로 컴퓨터에 저장해놓고 활용합니다.

1 한빛+ 홈페이지(www.hanbit.co.kr)에 접속합니다. 화면 오른쪽 상단에서 [자료실]을 클릭합니다.

2 자료실 도서 검색란에 도서명을 입력하고 🔍를 클릭합니다.

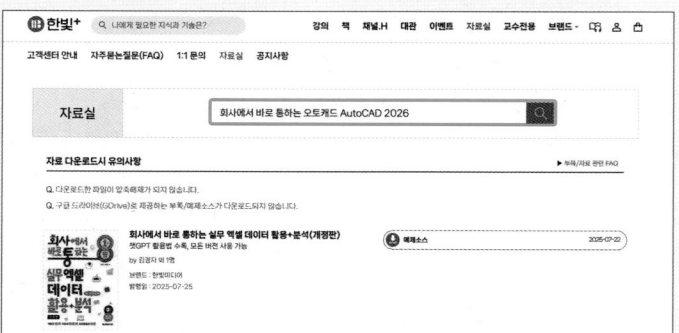

3 검색한 도서가 표시되면 오른쪽에 있는 [예제소스]를 클릭합니다.

다운로드한 예제 파일은 일반적으로 [다운로드] 폴더에 저장되며, 사용하는 웹 브라우저 설정에 따라 다를 수 있습니다.

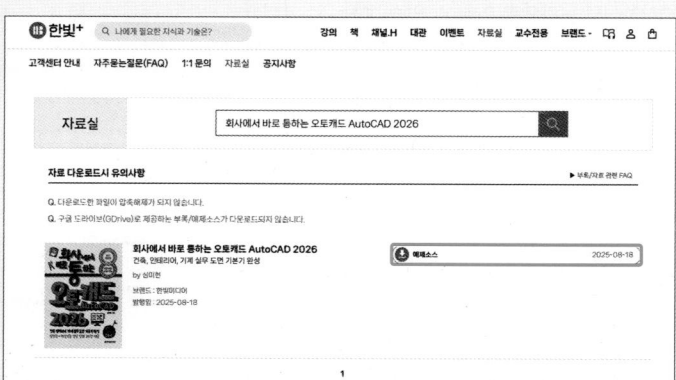

예제 파일 구성

예제 파일의 구성 알아보기

실습 예제 폴더에는 실습에 필요한 예제 파일이 들어 있습니다. 실습을 완료한 후에는 항상 [다른 이름으로 저장] 기능을 사용하여 새로운 도면 파일로 저장하거나 [닫기]를 클릭하여 실습한 내용을 삭제하도록 합니다. 그러면 언제든 다시 실습할 수 있습니다.

- **CAD Sample**   실습에 필요한 예제입니다. PART별 폴더에서 해당하는 예제 파일을 불러와 사용합니다.

- **실습 도면 파일**   기능을 공부하고 실습 도면을 그려볼 수 있는 도면 파일로, 도면 작업에 참고할 완성 도면입니다.

- **과정도 및 Block**   건축 도면 작업 과정의 흐름을 알 수 있도록 단계별 예제와 건축 모델을 블록(Block)으로 제공합니다.

이것만은 꼭 알아두기

AutoCAD 인터페이스는 해상도에 따라 제목 표시줄과 도구 팔레트의 모습이 달라집니다. 위치와 선택 방법이 조금 다를 뿐 메뉴의 기능은 동일하니 당황하지 말고 메뉴를 찾아가도록 합니다.

▲ 해상도가 클 경우

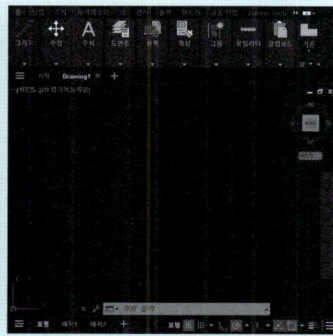

▲ 해상도가 작을 경우

유튜브 무료 동영상 강의 안내

유튜브 무료 동영상 강의로
AutoCAD 완벽 학습!

책을 바탕으로 한 무료 동영상 강의를 저자의 유튜브 채널에서 제공합니다.
AutoCAD 교육 강사인 저자의 동영상 강의로 AutoCAD를 완벽하게 학습해보세요.

AutoCAD 교육 강사 심미현 저자의 유튜브 강의!

21st Century TechQuest

저자 유튜브 접속 경로

1. 오른쪽 QR코드를 스캔해 접속
2. 인터넷 주소(youtube.com/@autocad2000)를 입력해 접속

진짜 필요한 내용만 담은
동영상 강의 시청하기!

AutoCAD의 신기능+핵심기능 20강을 동영상 강의로 제공합니다.
방대한 영상 콘텐츠 속에서 헤매지 마시고 핵심만 담은 커리큘럼으로 꼭 필요한 학습만 하세요.

1 본문 너에 있는 동영상 강의 QR 코드를 핸드폰 카메라 기능으로 스캔해 접속합니다.

2 강의 화면이 나타나면 영상이 자동으로 재생됩니다. 만약 재생되지 않는다면 [재생] 버튼을 터치합니다.

3 강의 시청 도중 빠르게 봐야 할 부분은 배속으로 시청하거나, 확인이 필요한 부분은 [일시 정지] 버튼을 터치해 강의를 잠깐 멈춘 후 학습을 진행할수 있습니다.

동영상 강의는 구버전을 기준으로 제작되었으나, 2026 버전으로 학습해도 무방합니다.

PART 01
제도의 이해와 AutoCAD 2026 살펴보기

CHAPTER 01
제도의 시작   022

SECTION 01   제도의 개념과 규격

01. 제도의 개념   023
02. 제도의 규격   024

SECTION 02   도면의 크기와 척도

01. 도면의 크기   025
02. 도면의 척도   026

SECTION 03   선의 종류와 용도, 문자와 치수

01. 선의 종류와 용도   028
02. 문자 쓰기   029
03. 치수 기입하기   031

CHAPTER 02
도면 작업을 위한 AutoCAD 2026   032

SECTION 01   AutoCAD란 무엇인가?

01. AutoCAD의 사용 목적   033
02. AutoCAD의 활용 범위   033
03. AutoCAD와 다른 프로그램의 호환성   034

SECTION 02   AutoCAD 2026 권장 사양 및 설치 방법

01. AutoCAD 2026 설치를 위한 컴퓨터 권장 사양   036
02. AutoCAD 2026 사용에 필요한 장비   037
03. AutoCAD 2026 무료 체험판 설치하기   038
04. AutoCAD 2026 실행하기   042

SECTION 03   AutoCAD 2026 사용자 인터페이스 살펴보기

01. 작업 화면 인터페이스   046

SECTION 04   AutoCAD에서 명령하기

01. 명령 입력하기   050
02. 명령 실행하기   051
03. 기능키 사용하기   054

회사통 실무활용   작업 영역의 색상 변경하기   055

SECTION 05   더욱 편리해진 AutoCAD 2026의 특징

01. AutoCAD 2026의 새로운 기능   057

PART 02
도면 작업을 위한 기본기 익히기

CHAPTER 01
2D 도면 작업을 위한 기본 명령   062

SECTION 01   새 도면 만들기, 불러오기, 저장하기

01. 새 도면 만들기   063
02. 도면 불러오기   067
03. 도면 저장하기   068

CHAPTER 02
2D 도면 작업의 기본 이해하기   072

SECTION 01   좌표계 이해하기

01. 절대좌표   074
02. 상대좌표   075
03. 극좌표   076

SECTION 02 좌표계로 선 그리기

01. 절대좌표로 사각형 그리기 077
02. 상대좌표로 사각형 그리기 080
03. 극좌표로 사각형 그리기 082
04. 마우스를 움직여 사각형 그리기 084

회사통 실무활용 Line 명령으로 사각 의자의
복잡한 선 그리기 087

SECTION 03 명령을 취소하는 Undo, 명령을 되돌리는 Redo

01. Undo 명령으로 명령 취소하기 093
02. Redo 명령으로 취소한 명령 되돌리기 095

SECTION 04 객체를 지우는 Erase

01. Erase 명령으로 객체 일부분 지우기 096
02. Erase 명령으로 객체 전체를 한번에 지우기 097

SECTION 05 도면 작업의 범위를 지정하는 Limits

01. Limits 명령으로 도면을 그릴 영역 지정하기 099
02. Limits On/Off 설정하기 101

회사통 실무활용 Plot 명령 적용하여 출력하기 102

CHAPTER 03
편집 명령으로 원과 호 그리기 104

SECTION 01 원을 그리는 Circle

01. 반지름과 지름을 입력하여 원 그리기 105
02. 3P 옵션으로 세 점을 지나는 원 그리기 107
03. 2P 옵션으로 두 점을 지름으로 하는 원 그리기 109
04. Ttr 옵션으로 접선과 반지름을 이용한 원 그리기 110

SECTION 02 활처럼 휘어진 호를 그리는 Arc

01. 3P 옵션으로 세 개의 점을 지정하여 호 그리기 112
02. 시작점, 끝점, 반지름을 이용하는
S, E, R 옵션으로 호 그리기 115

CHAPTER 04
객체 스냅으로 편리하게 객체 선택하기 120

SECTION 01 객체 선택하기

01. 도면 상황에 맞는 다양한 옵션 121
02. 미리 보기 효과 변경하기 122
03. 그립의 크기와 색상 변경하기 123
04. Pick Box로 객체를 하나씩 선택하기 123
05. Window 옵션으로 한번에 여러 객체 선택하기 125
06. Crossing 옵션으로 한번에 여러 객체 선택하기 126
07. Remove 옵션으로 객체의 선택 해제하기 128

SECTION 02 원하는 점을 정밀하게 지정하는 객체 스냅

01. 객체 스냅이란? 130
02. 끝점을 지정하는 Endpoint 131
03. 중간점을 지정하는 Midpoint 133
04. 중심을 지정하는 Center 134
05. 기하학적 중심을 지정하는 Geometric Center 136
06. 점을 지정하는 Node 136
07. 사분점을 지정하는 Quadrant 138
08. 교차점을 지정하는 Intersection 139
09. 연장선을 지정하는 Extension 140
10. 삽입점을 지정하는 Insertion 141
11. 직교점을 지정하는 Perpendicular 141
12. 접점을 지정하는 Tangent 142
13. 가장 가까운 지점을 지정하는 Nearest 143
14. 가상 교차점을 지정하는 Apparent Intersection 144
15. 평행선을 그리는 Parallel 144

회사통 실무활용 객체 스냅 모드를 설정하여
가구 도면 그리기 147

회사통 실무활용 템플릿 파일 100배 활용하기 151

CHAPTER 05
다양한 화면 조절 명령 익히기　　156

SECTION 01　작업 화면을 알맞게 조절하는 Zoom

01. 객체의 최대 범위를 표시하는 Extents　　157
02. 확대 영역을 지정하는 Window　　158
03. 직전 단계 배율로 보여주는 Previous　　160
04. 그 밖의 Zoom 옵션　　161

SECTION 02　화면에서 보이지 않는 도면을 당겨오는 Pan

01. Pan 명령으로 화면 이동하기　　169
02. 마우스 휠로 Pan 명령 실행하기　　171

PART 03
섬세한 도면 작업을 위한 다양한 2D 편집 명령

CHAPTER 01
객체의 이동 · 복사 · 크기 조절　　174

SECTION 01　원하는 좌표로 객체를 옮기는 Move

01. 객체 스냅 이용하여 이동하기　　175
02. 좌표 입력하여 이동하기　　179

회사통 실무활용　Previous 옵션으로 객체 다시 선택하기　　181

SECTION 02　똑같은 모양을 그려주는 Copy

01. 같은 기준점을 이용해 연속 복사하기　　184
02. 좌표 입력하여 복사하기　　187

SECTION 03　적절한 크기로 조절하는 Scale

01. Scale 명령으로 객체 축소하기　　191
02. Scale 명령으로 객체 확대하기　　193
03. Scale 명령의 참조 옵션으로 소수점 단위까지 정확하게 배율 맞추기　　195

회사통 실무활용　현재 길이를 모를 때 Scale 명령의 참조 옵션 활용하기　　197

회사통 실무활용　Move, Copy, Scale 명령으로 병원 입면도 그리기　　199

CHAPTER 02
복잡한 도면을 빠르게 그리고 수정하기　　204

SECTION 01　일정한 간격을 띄워 복사하는 Offset

01. Offset 명령으로 간격 띄워 복사하기　　205

SECTION 02　필요 없는 부분을 자르는 Trim

01. Trim 명령으로 계단선 정리하기　　210
02. 경계선을 지정하지 않고 Trim 명령으로 창문틀 정리하기　　213
03. Fence 옵션으로 여러 개의 선을 한번에 잘라내기　　216

회사통 실무활용　Offset, Trim 명령으로 아파트 평면도 외벽선 그리기　　218

CHAPTER 03
객체를 연장하고 늘이거나 줄이기　　232

SECTION 01　객체를 경계선까지 연결하는 Extend

01. Extend 명령으로 계단선 연장하기　　234
02. Fence 옵션으로 여러 개의 선을 연장하기　　238

SECTION 02　객체를 늘이고 줄이는 Stretch

01. Crossing 선택 방법으로 객체 늘이고 줄이기　　240

회사통 실무활용　그립으로 Stretch 명령 구현하기　　242

회사통 실무활용　Extend 명령으로 가구 측면도 그리기　　244

| 회사통 실무활용 | Stretch 명령으로 주방 크기 변경하기 | 248 |

CHAPTER 04
객체를 회전하고 반사하기 250

SECTION 01 방향을 맞춰 회전하는 Rotate
01. Rotate 명령으로 시계 · 시계 반대 방향으로 회전하기 251
02. 객체를 회전하면서 복사하기 255

SECTION 02 거울처럼 반사하는 Mirror
01. Mirror 명령으로 원본 객체 복사하기 257

| 회사통 실무활용 | Rotate, Mirror 명령으로 상가 평면도 완성하기 | 260 |

CHAPTER 05
각진 객체를 정리하기 268

SECTION 01 모서리를 둥글게 만드는 Fillet
01. Fillet 명령으로 각진 모서리 둥글게 만들기 270
02. Fillet 명령으로 폴리선의 모깎기 275

| 회사통 실무활용 | Fillet 명령으로 건축 벽체선 정리하기 | 277 |

SECTION 02 모서리를 반듯하게 만드는 Chamfer
01. Chamfer 명령으로 사각형 모서리에 모다기 282
02. Polyline 옵션으로 모따기 285

| 회사통 실무활용 | Fillet 명령으로 주택 정면도 제작하기 | 288 |

CHAPTER 06
다양하게 그리고 일정하게 배열하기 296

SECTION 01 직사각형을 그리는 Rectangle
01. 상대좌표로 직사각형을 한번에 그리기 297
02. Chamfer 옵션으로 모서리가 깎인 직사각형 그리기 299
03. Fillet 옵션으로 모서리가 둥근 직사각형 그리기 301

SECTION 02 다각형, 타원형, 다중점 그리기 – Polygon, Ellipse, Point
01. Polygon 명령으로 다각형 그리기 305
02. Ellipse 명령으로 타원 그리기 309
03. Point 명령으로 점 찍기 311

SECTION 03 일정한 간격으로 정렬하는 Array
01. Rectangular Array 옵션으로 직사각형 배열하기 316
02. Polar Array 옵션으로 원형 배열하기 320

CHAPTER 07
여러 개의 선을 하나로 그리기 322

SECTION 01 모든 선을 하나로 묶는 Pline
01. Pline 명령으로 여러 가지 객체 그리기 323

SECTION 02 객체를 분해 · 연결 · 묶기 – Explode, Pedit, Group
01. Explode 명령으로 폴리선 분해하기 330
02. Pedit 명령으로 선 객체 다시 연결하기 332
03. Group 명령으로 객체를 그룹으로 묶기 334

| 회사통 실무활용 | 건축 벽체선을 하나의 객체로 묶고 분해하기 | 336 |

CHAPTER 08
다양한 선 그리기와 유용한 편집 명령 살펴보기   340

SECTION 01   자유 곡선, 광선, 구성선, 여러 줄, 나선 그리기 – Spline, Ray, Xline, Mline, Helix

01. Spline 명령으로 자유 곡선 그리기   341
02. Ray 명령으로 광선 그리기   343
03. Xline 명령으로 구성선 그리기   345
04. Mline 명령으로 여러 줄 그리기   347
05. Helix 명령으로 나선 그리기   349

SECTION 02   정렬, 길이 조정, 끊기 – Align, Lengthen, Break

01. Align 명령으로 객체 정렬하기   352
02. Lengthen 명령으로 객체 늘이기   355
03. Break 명령으로 객체 분리하기   357

회사통 실무활용   Lengthen 명령으로 도면의 중심선 연장하기   360

PART 04
도면을 멋지게 꾸며주는 다양한 명령

CHAPTER 01
문자 입력과 편집 및 표 그리기   364

SECTION 01   문자를 입력하는 Dtext

01. Dtext 명령으로 단일 행 문자 입력하기   365
02. Mtext 명령으로 여러 줄 문자 입력하기   368

회사통 실무활용   문자의 높이, 글꼴, 색상 지정하기   374

SECTION 02   오류 문자를 수정하는 DDedit

01. DDedit 명령으로 문자 수정하기   378

회사통 실무활용   Spell 명령으로 영문 철자 수정하기   380

SECTION 03   표를 그려주는 Table

01. Table 명령으로 표 그리기   382

CHAPTER 02
패턴과 그라데이션 표현하기   384

SECTION 01   같은 모양을 연속해서 그리는 Hatch

01. Pick Point를 사용하여 해치 그리기   385
02. 객체 선택 옵션으로 해치 그리기   394

회사통 실무활용   같은 패턴으로 해치를 그리는 Matchprop 명령 적용하기   402

SECTION 02   색감의 변화를 표현하는 Gradient

01. Gradient 명령으로 물든 듯한 색상 입히기   404

CHAPTER 03
도면층으로 복잡한 도면 객체를 나눠서 관리하기   410

SECTION 01   도면 구성 요소를 구분하는 도면층

01. 도면층 이해하기   411
02. 도면층 활용 방법   412
03. 도면 객체에 속성 부여하기   413
04. 도면층 관리하기 – 켜기/끄기, 잠금/잠금 해제, 동결/동결 해제   422

회사통 실무활용   원하는 도면층 빠르게 찾기   424

CHAPTER 04
용도에 따른 선 설정하기 426

SECTION 01 선의 모양, 굵기, 색상 변경하기
01. 선 모양 변경하기 427

회사통 실무활용 한번에 여러 가지 선 꺼내기 430

02. 선 굵기(선가중치) 변경하기 432
03. 선 색상 변경하기 434

회사통 실무활용 [특성] 도구 팔레트로 객체 특성 한번에 변경하기 435

CHAPTER 05
선 간격과 문자 스타일 조정하기 438

SECTION 01 선 축척을 조절하는 Ltscale
01. Ltscale 명령으로 건축 벽체의 중심선 표현하기 439

SECTION 02 문자 유형과 글꼴을 지정하는 Style
01. Style 명령으로 새로운 문자 스타일 만들기 441
02. Style 명령으로 문자 글꼴 변경하기 442

회사통 실무활용 깨진 문자 제대로 보이게 설정하기 444

회사통 실무활용 벽체와 문 제대로 표현하기 445

PART 05
정확한 치수 표기를 위한 Dimension

CHAPTER 01
Dimension 명령으로 치수 입력하기 450

SECTION 01 치수의 구성 요소
01. 치수의 구성 요소 451

02. [치수] 도구 팔레트를 이용해 치수 기입하기 452

SECTION 02 상황에 맞는 치수 입력하기
01. DimLinear 명령으로 선형 치수 입력하기 454
02. DimAligned 명령으로 사선 치수 입력하기 457
03. DimAngular 명령으로 각도 입력하기 458
04. DimArc 명령으로 호 길이 입력하기 459
05. DimRadius 명령으로 반지름 입력하기 461
06. DimDiameter 명령으로 지름 입력하기 462

SECTION 03 한 지점을 기준으로 연속 치수 입력하기
01. DimBaseline 명령으로 연속 치수 입력하기 463
02. DimContinue 명령으로 연속 치수 입력하기 466
03. Mleader 명령으로 다중 지시선 입력하기 469

SECTION 04 그 밖의 다양한 치수 입력 방법
01. DimOrdinate 명령으로 세로 좌표 입력하기 472
02. DimJogged 명령으로 꺾기 치수 입력하기 476
03. QDim 명령으로 여러 치수를 한번에 입력하기 478

CHAPTER 02
치수 스타일 지정하기 480

SECTION 01 도면을 빛내는 치수 스타일
01. [치수 스타일 관리자] 대화상자로 편리하게 치수 스타일 지정하기 481

회사통 실무활용 치수와 관련된 시스템 변수 알아보기 491

회사통 실무활용 치수 윤곽 지정하고 치수 기입하기 496

PART 06
효율적인 도면 작업을 위한 기능 알아보기

CHAPTER 01
객체를 반복해서 사용하기   506

SECTION 01   반복 사용 요소를 관리하는 Block과 WBlock
01. 블록이란?   507
02. Block 명령으로 블록 만들고 저장하기   508
03. WBlock 명령으로 블록 만들고 저장하기   511

SECTION 02   저장된 블록을 가져오는 Insert
01. Insert 명령으로 블록 삽입하기   514

SECTION 03   외부 요소를 가져오는 Xref와 ImageAttach
01. Xref 명령으로 도면 객체 불러오기   517
02. ImageAttach 명령으로 외부 이미지 불러오기   519

CHAPTER 02
도면을 정리하고 세부 정보를 확인하기   526

SECTION 01   작업 화면을 정리하는 Regen과 Viewres
01. Regen 명령으로 각진 원이나 곡선 다듬기   527
02. Viewres 명령으로 곡선과 원을 매끄럽게 표현하기   528

SECTION 02   도면 객체의 정보를 알려주는 List와 Dist
01. List 명령으로 객체 정보 알아보기   530
02. Dist 명령으로 객체 사이의 거리 알아보기   531

SECTION 03   실무 작업에서 요긴한 Area, Calculator, Purge
01. Area 명령으로 건축 도면 면적 계산하기   533
회사통 실무활용 Pline 명령으로 건축 도면 면적 쉽게 계산하기   535
02. Calculator 명령으로 빠르게 계산하기   537
03. Purge 명령으로 쓸모없는 용량 줄이기   538

PART 07
AutoCAD로 3D 도면 작업하기

CHAPTER 01
좌표와 관측점   542

SECTION 01   3D 좌표계의 개념 이해하기
01. 3D란?   543
02. 2D 좌표와 3D 좌표의 차이   544

SECTION 02   동서남북 사방을 관측하는 Vpoint
01. Vpoint 명령으로 관측점 변경하기   545
02. View Cube를 사용하여 관측점 변경하기   549
03. Orbit 명령으로 관측점 변경하기   551
04. Viewports 명령으로 여러 관측점을 한 화면에서 보기   552

CHAPTER 02
2D 객체에 두께를 주고 3D 화면으로 확인하기   556

SECTION 01   고도와 두께를 지정하는 Change
01. Change 명령으로 가구 입체도 만들기   557

SECTION 02	은선을 숨기는 Hide, 음영을 나타내는 Shade
01. Hide 명령으로 은선 숨기기	565
02. Shade 명령으로 음영 처리하기	566

CHAPTER 03
3D 도면 작업을 위한 UCS 568

SECTION 01	WCS 좌표와 UCS 좌표
01. WCS 좌표란?	569
02. UCS 좌표란?	569
03. WCS 좌표와 UCS 좌표 적용하기	570

PART 08
3D 모델링을 위한 Surface와 Solid

CHAPTER 01
3D 면을 만드는 Surface 586

SECTION 01	특성에 맞는 Surface 표현하기
01. Rulesurf 명령으로 면 만들기	587
02. Tabsurf 명령으로 면 만들기	591
03. Revsurf 명령으로 회전 메쉬 만들기	595
04. Edgesurf 명령으로 모서리를 면으로 바꾸기	598

회사통 실무활용	Surface 명령으로 피크닉 의자 그리기	602

CHAPTER 02
3D 입체 모델링 이미지 만들기 610

SECTION 01	벽체를 원하는 모양으로 올리는 Extrude
01. 폴리선 객체에 Extrude 명령 적용하기	611

SECTION 02	객체를 합치는 Union, 객체를 분리하는 Subtract
01. Solid 객체를 Union 명령으로 합치기	616
02. Solid 객체를 Subtract 명령으로 분리하기	617

회사통 실무활용	Solid 명령으로 입처 벽체 표현하기	619

PART 09
도면 작업의 마무리 Plot 출력

CHAPTER 01
축척에 맞게 출력하는 Plot 628

SECTION 01	축척에 맞게 도면을 출력하는 Plot
01. 인테리어 평면도를 Plot 명령으로 출력하기	629

회사통 실무활용	3D 도면의 여러 관측점을 한번에 출력하기	639
회사통 실무활용	Mview 명령으로 화면 분할하여 출력하기	644

책 속의 책

실무 기계 도면 작성하기	646
실무 건축 도면 작성하기	651
3D 입체도 제작 과정 알아보기	658
찾아보기	666

PART 01

제도의 이해와 AutoCAD 2026 살펴보기

AutoCAD는 도면 제작을 위한 대표적인 프로그램입니다. PART 01에서는 본격적인 도면 제작 전에 튼튼한 기초 실력을 다질 수 있도록 제도의 개념과 도면의 종류, 그리고 AutoCAD 2026의 설치 방법, 새로운 기능, 특징 등에 대하 알아보겠습니다.

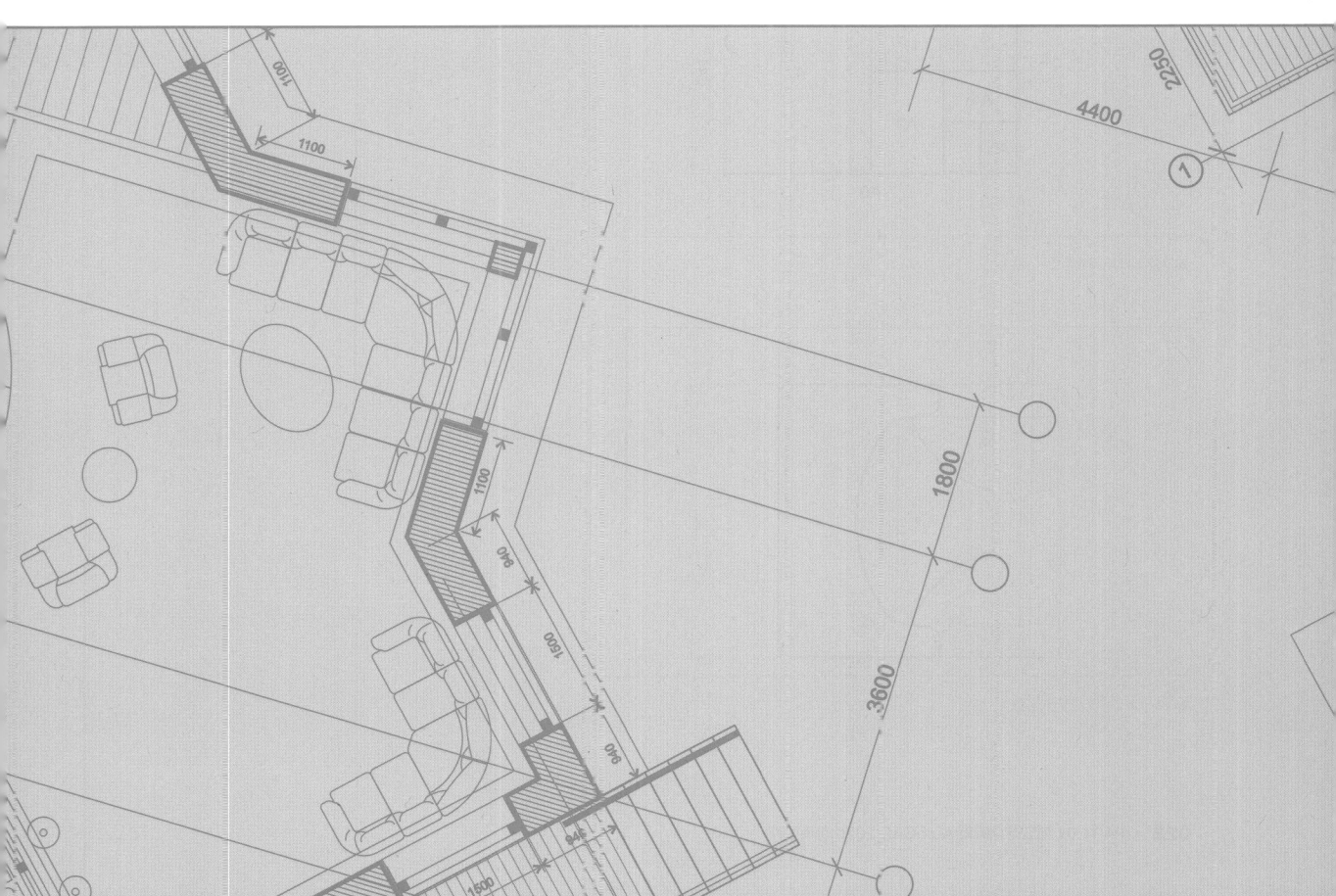

CHAPTER 01

제도의 시작

AutoCAD 2026을 배우는 목적은 도면을 제작하기 위해서입니다. 도면의 제작, 즉 '제도'를 처음 접하는 분을 위해 제도의 개념과 도면의 종류, 척도 등 제도와 관련된 기초 지식을 짚어보겠습니다. 제도의 기초를 튼튼히 하여 실무에서 실수 없이 정확하게 도면을 작성할 수 있는 기본기를 갖추어봅시다.

🎯 학습 목표

제도의 개념과 규격을 알고 용도에 따른 도면의 크기와 척도를 알아봅니다. 도면의 구성 요소인 선, 문자, 치수를 알아보겠습니다.

▲ 용지 크기 이해하기

▲ 문자와 치수 알아보기

SECTION 01 제도의 개념과 규격

건축물을 새로 짓거나 인테리어 공사를 할 때, 또는 기계 제작이나 전기 작업을 할 때 작업자에게 말로 모든 내용을 전달하는 데는 한계가 있습니다. 정확하고 체계화된, 누가 봐도 이해하기 쉬운 도면이 있다면 작업 내용을 설명하기가 훨씬 수월할 것입니다. 도면을 제작할 때는 정해진 규칙을 따라야 하므로 제도의 개념과 규격부터 알아보겠습니다.

01 제도의 개념

새 건축물이나 인테리어 공사를 시작하려면 우선 제작 계획을 세워야 합니다. 이러한 계획을 '설계(Design)'라고 합니다. 설계한 내용대로 제작하기 위해서는 '도면'으로 설계자의 의도를 정확하게 전달해야 합니다. 도면에서는 구조물의 형태를 문자, 점, 선, 기호, 숫자 등으로 정해진 규칙에 따라 표현하는데, 이 과정을 '제도(Drawing)'라고 합니다. 설계자가 의도한 결과물을 시공자가 만들려면 반드시 정확한 제도로 도면을 그려야 합니다.

▲ 건축물의 핸드 드로잉과 도면

02 제도의 규격

설계자의 의도를 누구나 똑같이 이해할 수 있도록 도면에는 명확한 규칙과 약속이 존재합니다. 이러한 규칙을 '제도 규격' 또는 '제도 통칙'이라고 합니다. 산업 규모가 커지고 제품의 대량 생산이 일반화된 현대 사회에 발맞추기 위해 나라마다 제도 규격을 만들어 사용하고 있으며, 점차 국제적으로 제도 규격이 통일되는 추세입니다.

국가별 명칭	표준규격기호
국제표준화기구(International Organization for Standardization)	ISO
한국산업표준(Korean Industrial Standards)	KS
영국표준(British Standards)	BS
독일공업규격(Deutsches Institut für Normung)	DIN
미국국립표준(American National Standard Institute)	ANSI
스위스규격(Schweizerische Normen-Vereinigung)	SNV
프랑스규격(Norme Française)	NF
일본공업규격(Japanese Industrial Standards)	JIS

▲ 각국의 표준규격

우리나라에서 사용하는 모든 제품의 기준은 한국산업표준(KS)에서 규정하고 있습니다. 부문별 분류기호는 아래 표와 같습니다.

분류기호	부문	분류기호	부문
KS A	기본	KS L	요업
KS B	기계	KS M	화학
KS C	전기전자	KS P	의료
KS D	금속	KS Q	품질경영
KS E	광산	KS R	수송기계
KS F	건설	KS S	서비스
KS G	일용품	KS T	물류
KS H	식료	KS V	조선
KS I	환경	KS W	항공우주
KS J	생물	KS X	정보
KS K	섬유		

▲ 한국산업표준(KS)의 분류

SECTION 02 도면의 크기와 척도

건물, 제품의 형상이나 크기, 구조, 재료 등을 정해진 규칙에 따라 선이나 문자, 기호로 제도 용지에 나타낸 것을 '도면'이라고 합니다. 도면의 종류를 알아보고 제도 용지에 따른 도면의 크기와 척도를 알아봅니다.

01 도면의 크기

도면의 크기는 제도 용지의 크기로 나타냅니다. 'KS 제도 통칙(KS A 0005)'에 규정된 도면의 크기는 'KS A 5201'로 규정된 종이의 재단 치수를 따르며, A열 사이즈인 A0, A1, A2, A3, A4를 사용하고 있습니다. 도면의 크기는 내용을 명확하게 나타낼 수 있을 정도로 충분해야 합니다. 작은 용지를 택하여 너무 복잡하게 표현하거나 지나치게 큰 용지를 택하여 여백이 많이 남지 않도록 적당한 크기의 용지를 선택합니다.

A열	치수	B열	치수
A0	841×1189	B0	1030×1456
A1	594×841	B1	728×1030
A2	420×594	B2	515×728
A3	297×420	B3	364×515
A4	210×297	B4	257×364
A5	148×210	B5	182×257
A6	105×148	B6	128×182
A7	74×105	B7	91×128
A8	52×74	B8	64×91
A9	37×52	B9	45×64
A10	26×37	B10	32×45

▲ KS A 5201(종이의 재단 치수) (단위 : mm)

쉽고 빠른 실무 NOTE 용지의 크기

A0 용지의 넓이는 999,949mm²로 약 1m²입니다. A0 용지의 긴 변을 반으로 접으면 A1 용지가 되고, A1 용지를 다시 반으로 접으면 A2, A2 용지를 반으로 접으면 A3, A3 용지를 다시 반으로 접으면 일반적으로 많이 사용하는 A4 용지가 됩니다. 이런 관계를 기억해두면 모든 용지 크기를 따로 외우지 않아도 됩니다. A4 용지 규격은 210×297mm이므로 A4를 기준으로 두 배를 곱하거나 절반으로 나누어보면서 각각의 용지 규격을 계산할 수 있습니다.

▲ A0~A5 용지의 크기

02 도면의 척도

도면의 척도란 도면에 그린 물체의 크기와 실물 크기의 비율을 말합니다. 척도의 종류에는 축척, 현척, 배척 세 종류가 있습니다.

축척(Contraction Scale)

도면에 그린 치수를 실물 치수로 나눈 값, 즉 축소 비율을 말합니다. 실물의 크기보다 작게 나타내는 척도이며, 건축 도면처럼 구조물이 큰 경우에 사용됩니다.

예) 1:2, 1:5, 1:10, 1:20, 1:100, 1:200, 1:500, 1:1000

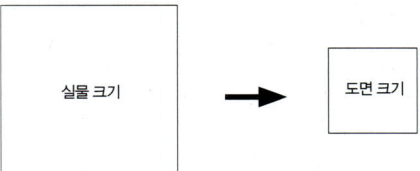

현척(Full Scale)

실물의 크기와 같게 나타내는 척도입니다. 실물의 크기와 도면에 그려진 크기가 비슷할 때 사용합니다. 실척이라고도 합니다.

예) 1:1

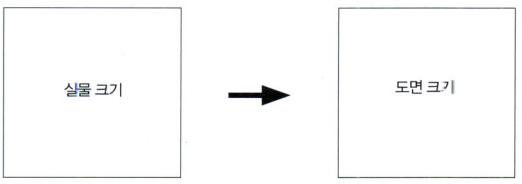

배척(Enlarged Scale)

실물의 크기보다 크게 나타내는 척도입니다. 복잡한 기구 등을 자세히 표현할 때 사용합니다.

예) 2:1, 5:1, 10:1, 20:1, 50:1, 100:1

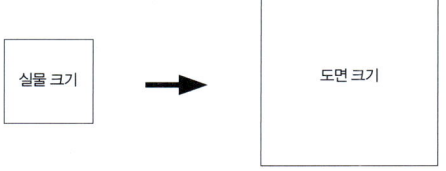

비례가 아님(NS, Not to Scale)

도면의 형태가 치수에 비례하지 않는 경우에는 '비례가 아님' 혹은 'Not to Scale'로 표기합니다. 이때는 비례에 맞지 않게 표기하는 이유를 간단히 언급해주면 좋습니다.

쉽고 빠른 실무 NOTE — **척도의 표시 방법**

척도는 A:B처럼 비율로 나타냅니다. 여기서 A는 도면에 그려진 크기이고, B는 실제 물체의 크기를 말합니다. 예를 들어 도면에 1:2라고 표시되어 있으면 도면에 그려진 물체의 크기는 1이고, 실제 물체의 크기는 2입니다. 실제 물체의 1/2 크기로 도면에 그려져 있다는 의미입니다.

    A : B
 (도면에서의 크기) (물체의 실제 크기)

즉, 축척에서는 A를 1로, 현척에서는 A와 B 모두를 1로, 배척에서는 B를 1로 나타냅니다.

SECTION 03 선의 종류와 용도, 문자와 치수

도면의 구성 요소인 선과 문자, 치수와 관련된 여러 가지 사항을 알아봅니다. 도면의 핵심 요소인 여러 종류의 선에는 각각 어떤 의미가 있고, 어떤 경우에 사용하는지를 구체적으로 파악하여 제도하는 것이 중요합니다. 또한 제도할 때 빈번하게 사용하는 문자의 쓰임새와 치수의 올바른 사용법도 정확한 규칙에 따라 파악해둡니다.

01 선의 종류와 용도

도면은 결국 선의 조합으로 완성됩니다. 그만큼 도면에 그려지는 선은 중요한 역할을 하며 선의 모양과 진하기, 굵기 등은 용도에 따라 모두 다른 의미를 나타냅니다.

구분			용도에 따른 이름	용도
모양에 따른 종류	굵기에 따른 종류			
실선 연속된 선	굵은 실선	———	외형선	구조물에서 보이는 부분의 모양을 나타냄
	가는 실선	———	치수선	치수를 기입함
			치수 보조선	치수를 나타내기 위해 구조물에서 끌어냄
			지시선	특기 사항, 기호 등을 표시하기 위해 끌어냄
		▨	해칭	도면의 일부분을 다른 부분과 구분, 단면도의 절단면을 표시함
		∼	파단선	부분 생략이나 부분 단면의 경계를 표시함
파선, 숨은 선 일정한 길이의 짧은 선이 간격을 두고 반복되는 선	굵은 파선	----------	은선	구조물에서 보이지 않는 부분의 모양을 표시함(실제로 존재하는 선이지만 숨겨져 있을 때 사용함)
	가는 파선	----------		
1점 쇄선 짧은 선과 긴 선이 규칙적으로 한 번씩 반복되는 선	가는 1점 쇄선	—·—·—	중심선	도면의 중심을 표시함
2점 쇄선 긴 선 사이에 일정한 길이의 짧은 선이 두 개씩 들어 있는 선	가는 2점 쇄선	—··—··—	가상선	움직인 물체의 위치를 가상으로 나타냄

쉽고 빠른 실무 NOTE 선 그리는 방법

도면에서 수평선, 수직선, 사선을 그릴 때는 위의 도면에 표시된 화살표 방향으로 그립니다.

❶ 수평선은 왼쪽에서 오른쪽으로 한번에 그려줍니다.
❷ 수직선은 위에서 아래로 한번에 그려줍니다.
❸ 사선을 그릴 때 오른쪽이 위로 향한 선은 아래에서 위쪽으로 그려주고, 왼쪽이 위로 향한 선은 위쪽에서 아래로 그려줍니다.

- **선을 그리는 순서** : 기준선 → 원호, 원 → 수평선 — 사선 → 파선
- **선의 우선순위** : 외형선 〉 숨은 선 〉 절단선 〉 중심선 〉 무게 중심선 〉 치수 보조선

예를 들어, 외형선과 중심선이 서로 겹칠 때는 우선순위가 더 높은 외형선만 그리고 중심선은 그리지 않습니다.

02 문자 쓰기

도면 작성에서 문자는 설계자의 의사를 정확하게 전달할 수 있는 대화 방법입니다. 그림의 크기나 축척 정도에 따라 문자의 크기를 맞춰야 하며, 문자의 크기는 문자의 높이로 나타냅니다. 도면에 사용되는 문자는 한글과 영어, 숫자, 한자 등입니다. 도면에서 문자를 사용하는 방법은 다음과 같습니다.

🔍 문자 사용 방법

① 글자는 바르고 분명하게 쓰되, 왼쪽부터 가로쓰기를 원칙으로 합니다.

② 글꼴은 고딕체로 쓰며, 수직 또는 오른쪽으로 15° 기울여 씁니다.

③ 문자의 크기는 문자의 높이로 나타냅니다. 한 도면에서는 가급적 크기가 같은 문자를 씁니다.

④ 문자의 너비는 기입할 곳에 따라 알맞게 맞추어 씁니다.

⑤ 한글의 크기는 호칭(Nominal, 대표하는 치수) 2.24mm, 3.15mm, 4.5mm, 6.3mm, 9mm의 다섯 종류입니다. 'KS A 0107'에 따라 12.5mm와 18mm도 사용할 수 있습니다.

⑥ 아라비아 숫자의 크기는 호칭 2.24mm, 3.15mm, 4.5mm, 6.3mm, 9mm의 다섯 종류입니다. 'KS A 0107'에 의거한 다른 치수도 사용할 수 있습니다.

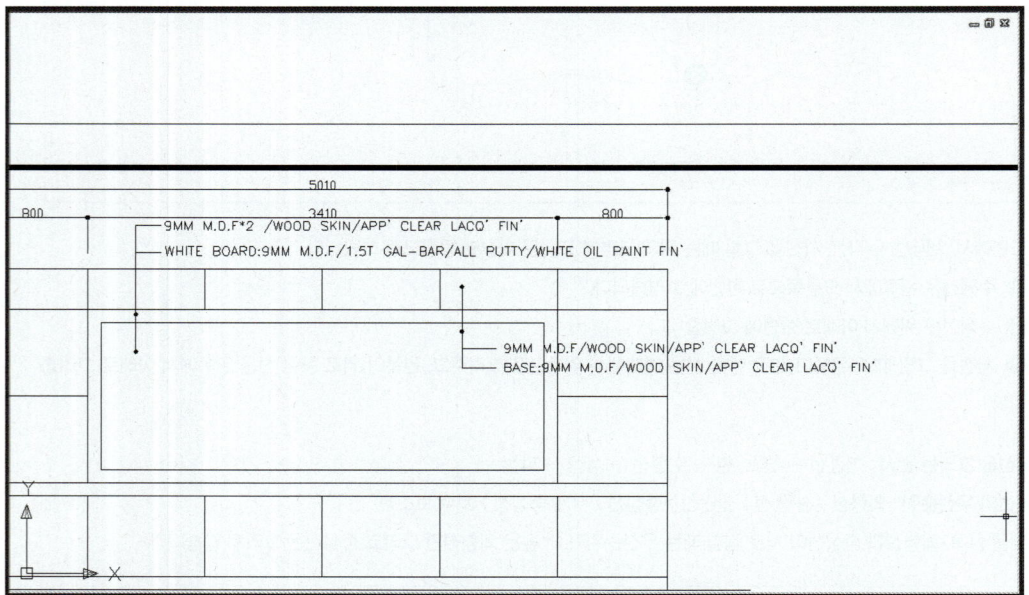

쉽고 빠른 실무 NOTE 용도에 따른 문자의 높이

용도	높이(mm)
일반 치수 문자	3.15~6.3
도면 번호 문자	9~12.5
도면 이름 문자	9~18

03 치수 기입하기

도면을 오랜 시간 공들여 그려도 치수를 잘못 기입하면 설계자와 작업자 사이에 의사 전달이 제대로 되지 않아 정확한 결과물을 만들 수 없습니다. 작업 능률을 높이고 정확하게 시공하기 위해서는 반드시 명확하게 치수를 기입해야 합니다. 도면에 기입하는 치수는 선이나 원의 크기, 길이, 각도, 지시선 등이 있습니다. 너무 세세한 부분까지 기입하면 오히려 내용이 많아져서 혼동될 우려가 있으므로 건축물의 기능, 시공의 용이성 등을 고려하여 필요한 치수만 기입합니다. 작업자가 따로 계산할 필요가 없도록 작업의 주요 부분에는 치수를 기입해야 하되 중복 기입은 피해야 합니다. 치수 기입에 대한 자세한 내용은 PART 05를 참고합니다.

▲ 치수 기입 예

① 우리나라에서 기본적으로 사용하는 길이의 단위는 밀리미터(mm)이며, 치수 숫자만 기입하고 단위는 기입하지 않습니다.
② 치수는 '치수 보조선 → 치수선 → 지시선 → 화살표 → 가로 숫자 → 세로 숫자'의 순서로 기입합니다.
③ 치수는 일반적으로 치수선의 중앙 위쪽에 적고, 수직 방향으로 난 치수선의 치수를 기입할 때는 치수를 왼쪽으로 회전하여 도면을 오른쪽에서 볼 때 치수를 바르게 읽을 수 있도록 기입합니다.
④ 대칭되는 치수선처럼 값이 같은 부분의 치수는 중복하여 기입합니다.
⑤ 외형선과 치수선의 간격은 8~10mm가 적당합니다.

CHAPTER 02

도면 작업을 위한 AutoCAD 2026

급변하는 산업화 시대에서 CAD는 건축, 토목, 기계, 금형, 전기, 전자, 제품 디자인, 애니메이션 등 광범위한 분야에서 중요한 역할을 담당합니다. 분야별로 전문적인 CAD 프로그램이 많지만 그중에서도 모든 분야에서 공통으로 사용하는 범용 패키지가 바로 Autodesk의 AutoCAD입니다. 이번 CHAPTER에서는 AutoCAD 2026이 어떤 프로그램이며, 어떤 환경에서 어떻게 사용되는지를 알아보겠습니다.

🎯 학습 목표

AutoCAD를 사용하는 응용 분야를 알아보고 도면 설계를 위한 AutoCAD 2026의 기본 활용에 대해 알아봅니다.

▲ 다양한 도면

▲ AutoCAD 2026 메인 작업 화면

SECTION 01 AutoCAD란 무엇인가?

CAD란 'Computer Aided Design&Drafting'의 약어로 '전산 보조 설계'라는 뜻입니다. AutoCAD는 연필과 자를 잡고 종이에 일일이 그리던 도면을 컴퓨터 모니터에 마우스와 키보드를 이용해서 입력하여 그리는 프로그램입니다.

01 AutoCAD의 사용 목적

AutoCAD는 건축과 기계 등 각종 설계 분야에서 사용합니다. 도면 작성 방식이 정확하고 표준화되어 있으며 수정이 쉽고 시간이 단축되어 비용을 절감할 수 있습니다. 또한 도면 출력 시 확대 및 축소가 자유롭고 수치가 자동 연산되어 오차 발생률도 낮습니다. 손으로 하던 기존의 번거로운 작업과는 비교가 되지 않을 정도로 효율성이 뛰어나기 때문에 대부분의 설계 사무소에서 사용하고 있습니다.

02 AutoCAD의 활용 범위

공학 분야인 건축공학과 토목공학부터 현저 무서운 속도로 발전하고 있는 게임 개발 산업에 이르기까지 매우 광범위하게 AutoCAD가 사용되고 있습니다. 무엇보다도 대중적인 컴퓨터 기본 운영 체제인 Windows를 기반으로 하여 개인 사용자가 쉽게 접근할 수 있도록 한 것이 AutoCAD의 대중화에 가장 크게 기여했습니다. 또한 Autodesk 자사 제품인 3ds Max, AutoCAD Civil 3D, Revit Architecture, Adobe의 Photoshop, Illustrator 등의 여러 그래픽 프로그램과 완벽한 호환성을 자랑하며 AutoLISP, ADS, ARX 등의 사용자 명령 프로그래밍이 가능한 개방형 구조인 점 또한 무시할 수 없는 AutoCAD의 강점입니다.

쉽고 빠른 실무 NOTE — AutoCAD의 응용 분야

- 건축/토목 설계(Architecture/Civil Engineering Design)
- 자동차, 항공기, 선박 등의 기계 설계(Mechanical Design)
- 군사, 과학 분야의 모의실험(Simulation)
- 영화, 광고 등의 촬영 세트 제작
- 산업/실내/제품 디자인(Industrial/Interior/Product Design)
- 전기/전자 설계(Electric/Electronic Design)
- 지도, 지적도 제작(Cartography)
- 조경 설계(Landscape Design)
- 애니메이션(Animation)

▲ 비행기 프로펠러 도면

▲ 사다리 제품 도면

▲ 아파트 조경 도면

03 AutoCAD와 다른 프로그램의 호환성

AutoCAD는 다른 그래픽 프로그램과의 호환성이 뛰어나 활용도가 높습니다. Illustrator나 Photoshop, 3ds Max 등은 건축 설계와 뗄 수 없는 관계이며 특히 Photoshop과 3ds Max를 AutoCAD와 함께 사용하면 설계 도면을 더욱 보기 좋게 꾸밀 수 있습니다. 이것은 AutoCAD가 전문적이면서도 대중적인 그래픽 툴임을 확인할 수 있는 대목입니다.

▲ 조명 도면

▲ AutoCAD로 그린 도면을 Illustrator와 호환하여 색상을 입힌 그림

▲ AutoCAD로 그린 벽체 도면을 Photoshop과 호환하여 색상을 입힌 그림

▲ AutoCAD로 그린 보도 블록 도면을 Photoshop과 호환하여 표현한 그림

▲ AutoCAD로 그린 레스토랑 입면 도면을 Photoshop과 호환하여 표현한 그림

▲ AutoCAD로 그린 4인용 테이블 도면을 3ds Max와 호환하여 재질감을 부여한 그림

SECTION 02 AutoCAD 2026 권장 사양 및 설치 방법

AutoCAD 2026에서 도면 작업을 할 때 원활한 속도와 이미지 표현에 무리가 없는 시스템 권장 사양을 알아보겠습니다. 실무 도면을 제작하는 사용자라면 반드시 권장 사양 이상의 컴퓨터 장비를 갖춘 후에 AutoCAD 2026 프로그램을 설치하기 바랍니다.

01 AutoCAD 2026 설치를 위한 컴퓨터 권장 사양

Windows

운영체제	64비트 Windows 11 및 Windows 10
프로세서	• 기본 : 8개의 논리 코어가 탑재된 2.5~2.9GHz 프로세서 • 권장 : 3GHz 이상 프로세서(기준), 4GHz 이상(터보)
메모리	8GB(기본), 32GB(권장)
해상도	1920×1080 트루컬러(일반 디스플레이), 최대 3840×2160(고해상도 4K 디스플레이/'권장' 디스플레이 카드 탑재)
디스플레이 카드	29GB/s 대역폭 및 DirectX 11 호환 기능을 갖춘 2GB GPU(기본), 106GB/s 대역폭 및 DirectX 12 호환 8GB GPU(권장). '고속' 비주얼 스타일을 사용하려면 DirectX 12(기능 레벨 12_0)가 필요
디스크 공간	10GB(권장 SSD)

Mac

운영체제	MacOS 15(Sequoia), 14(Sonoma), 13(Ventura) 버전
CPU 유형	64비트 Intel CPU, Apple M 시리즈 CPU
메모리	8GB(기본), 16GB(권장)
해상도	1200×800 화면 표시(일반 디스플레이), Retina 디스플레이 포함 최대 2880×1800(고해상도)
디스플레이 카드	Mac의 기본 설치 그래픽 카드
디스크 공간	다운로드 및 설치를 위한 8GB 여유 디스크 공간

대규모 데이터 세트, 포인트 클라우드 및 3D 모델링을 위한 추가 요구 사양

메모리	32GB RAM 이상
디스크 공간	6GB의 사용 가능한 하드 디스크 여유 공간(설치에 필요한 용량 제외)
디스플레이 카드	3840x2160(4K) 이상 트루컬러 비디오 디스플레이 어댑터, 12GB VRAM 이상, Pixel Shader 3.0 이상, DirectX 지원 워크스테이션급 그래픽 카드

02 AutoCAD 2026 사용에 필요한 장비

🔍 입력 장치

① 키보드(Keyboard) : AutoCAD에서 명령 행에 직접 명령어를 입력할 때 사용합니다. 도면 제작이 익숙한 사용자들은 키보드를 이용하는 방법을 가장 선호합니다.

◀ 키보드

② 마우스(Mouse) : 아이콘이나 메뉴, 객치를 선택할 때 사용합니다. 휠(Wheel) 마우스의 경우에는 휠을 이용하여 화면을 확대·축소·이동할 수 있습니다. 왼쪽 버튼은 객체와 메뉴, 아이콘 등을 선택할 때 사용하고, 오른쪽 버튼은 명령을 실행·종료하거나 세부 옵션을 볼 때 사용합니다. 바로 이전에 사용한 명령을 기억했다가 표시해주기 때문에 반복되는 명령을 실행할 때 편리합니다.

▲ 마우스

③ 태블릿(Tablet) : 펜 스타일러스(Stylus)나 퍽(Puck, 보통 네 개의 버튼으로 구성)을 이용하여 그림이나 도표, 설계 도면의 좌표 위치를 컴퓨터에 입력하는 장치입니다. 펜이나 퍽은 마우스처럼 입력하는 역할을 하는데, 특히 퍽은 십자선(Crosshair)을 이용하여 미세한 부분까지 정확하게 나타낼 수 있어 공학 분야에서 많이 사용합니다.

▲ 태블릿

④ 스캐너(Scanner) : 종이로 출력한 도면이나 그림을 컴퓨터 파일로 만들 때 사용합니다. 회사 로고 등의 그림 파일을 AutoCAD 파일로 만들 때 주로 사용합니다.

스캐너 ▶

🔍 출력 장치

① 프린터(Printer) : 작업한 내용을 종이에 옮겨 출력하여 눈으로 확인할 수 있게 하는 인쇄기입니다. AutoCAD에서는 A3, A4 사이즈를 가장 많이 사용하여 출력합니다.

▲ 프린터

❷ 플로터(Plotter) : 프린터보다 큰 용지에 도면을 출력할 수 있습니다. 고가인 만큼 개인 사용자가 갖추기 어려우며 전문 설계 사무실에서 주로 사용합니다.

▲ 플로터

바로 통 하는 TIP 모니터에서 미처 발견하지 못한 오류가 용지로 출력된 도면에서는 쉽게 눈에 띄는 경향이 있습니다. 오류를 방지하기 위해 도면을 완성하기 전 한 번쯤은 도면을 용지에 출력하여 확인하는 것이 바람직합니다.

03 AutoCAD 2026 무료 체험판 설치하기

AutoCAD 2026 무료 체험판의 설치 방법을 알아보겠습니다. Autodesk 홈페이지(http://www.autodesk.co.kr)에서 무료 체험판 한글 버전을 다운로드합니다. 체험판 설치는 먼저 Autodesk 홈페이지에서 회원 가입을 완료한 상태에서 진행해야 합니다.

01 ❶ AutoCAD 2026 무료 체험판 다운로드 페이지 **https://www.autodesk.co.kr/products/autocad/trial-intake**에 접속합니다. ❷ [비즈니스]를 클릭한 후 ❸ 화면 하단의 [다음으로, 제품을 선택합니다.]를 클릭합니다.

02 ① 프로그램 목록에서 [Auto CAD]를 클릭한 후 ② 화면 하단의 [다음에는 로그인합니다.]를 클릭합니다.

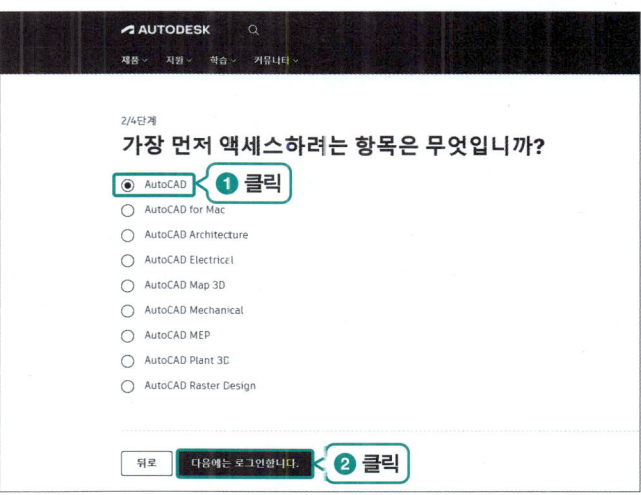

03 계정 정보를 입력합니다. ① 이메일 주소를 입력하고 ② [계속]을 클릭합니다. 회원이 아니라면 회원가입을 먼저 진행하길 바랍니다.

04 ① 로그인 전자 메일을 입력한 후 ② [다음]을 클릭합니다. ③ 암호를 입력한 후 ④ [로그인]을 클릭합니다.

05 이메일 주소로 전송된 ① [코드]를 입력하고 ② [코드 입력]을 클릭합니다.

06 ❶ 아래의 가운데로 향하는 화살표 아이콘 ⬇을 클릭해서 백업 코드를 저장한 다음 ❷ [나중에 사용할 수 있도록 코드를 저장했습니다.] 체크 박스에 체크하고 ❸ [계속]을 클릭합니다.

07 ❶ 회원가입 시 등록한 전화번호를 입력한 후 ❷ 하단의 [확인 코드 보내기]를 클릭합니다. ❸ 보안 코드를 입력한 후 ❹ [확인]을 클릭합니다.

 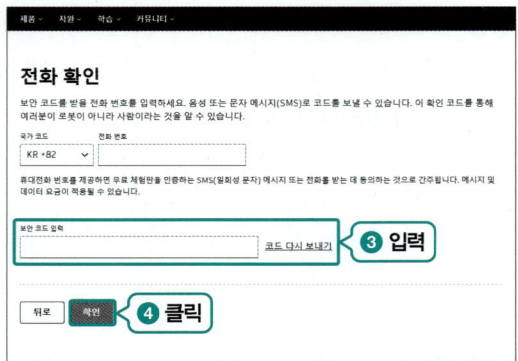

08 ❶ [설치]를 클릭하고, ❷ [다운로드]를 클릭합니다. ❸ 다운로드된 오른쪽 상단의 설치 파일을 클릭합니다.

 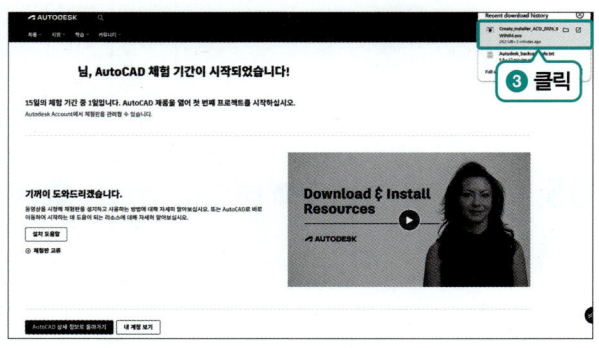

바로 통하는 TIP '이 앱이 디바이스를 변경할 수 있도록 허용하시겠어요?'라는 팝업창이 뜨면 [예]를 클릭합니다.

09 ❶ [이용 약관에 사용 약관] 체크 박스에 체크하고 ❷ [다음]을 클릭합니다. ❸ 업데이트 포함 내용을 확인하고 [다음]을 클릭합니다.

 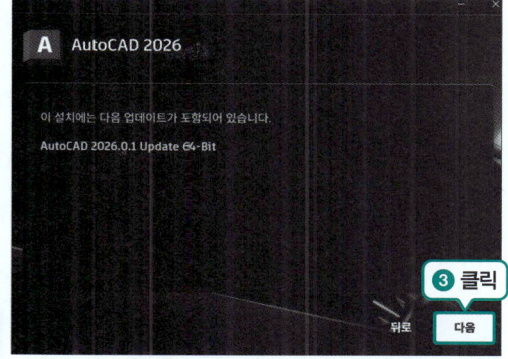

10 ❶ AutoCAD 2026을 설치할 위치를 확인한 후 ❷ [설치]를 클릭합니다. ❸ 프로그램 설치 진행 과정이 화면에 나타납니다.

11 설치 완료를 위해 [다시 시작]을 클릭해 컴퓨터를 다시 시작합니다.

04 AutoCAD 2026 실행하기

프로그램 설치를 완료했다면 AutoCAD 2026을 실행해보겠습니다. 여러 실행 방법 중에서 바로가기 아이콘을 클릭하는 방법과 [시작] 메뉴에서 실행 프로그램을 찾는 방법을 알아보겠습니다.

바로가기 아이콘을 클릭해서 실행하기

프로그램 설치를 완료하면 바탕화면에 AutoCAD 2026 바로가기 아이콘이 생깁니다. 바로가기 아이콘을 더블클릭하거나 마우스 오른쪽 버튼으로 클릭한 후 나타나는 팝업 메뉴에서 [열기]를 클릭하면 AutoCAD 2026이 실행됩니다.

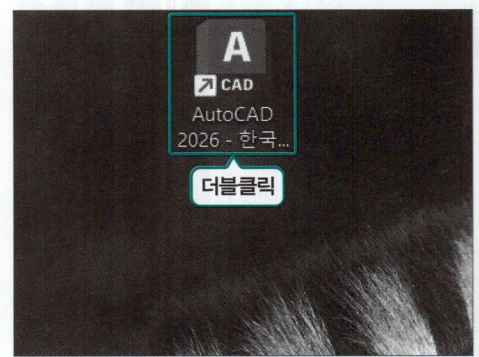

▲ 바로가기 아이콘을 더블클릭하여 실행

▲ 마우스 오른쪽 버튼을 클릭하고 팝업 메뉴에서 [열기]를 클릭하여 실행

[시작] 메뉴를 이용해서 실행하기

작업 표시줄에 있는 [시작]-[AutoCAD 2026 - 한국어(Korean)]를 클릭하여 실행합니다.

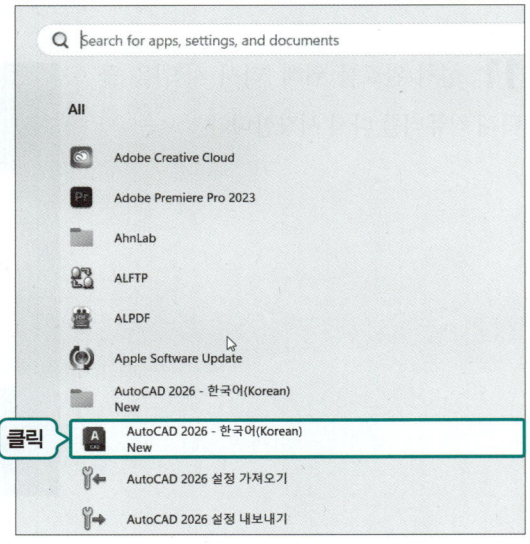

🔍 AutoCAD 2026 무료 체험판 실행 후 시작 화면 보기

01 AutoCAD 2026 무료 체험판을 실행합니다. 무료 체험판은 첫 번째 실행 이후 15일 동안 사용할 수 있습니다.

02 [AutoCAD-DWG 연관] 팝업창이 나타나면 [항상 DWG 파일을 AutoCAD과(와) 연관(권장됨)]을 클릭합니다.

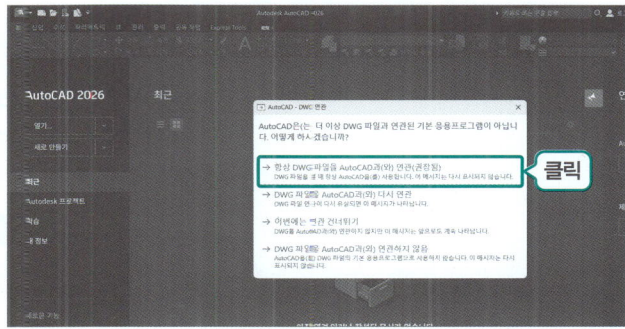

03 팝업창이 나타나면 [Autodesk ID로 로그인]을 클릭합니다.

04 ❶ Autodesk ID(전자 메일)를 입력하고 ❷ [다음]을 클릭합니다. ❸ 비밀번호를 입력하고 ❹ [로그인]을 클릭합니다.

05 로그인한 전자 메일로 코드가 전송됩니다. ❶ 전송된 코드를 입력한 후 ❷ [코드 입력]을 클릭합니다.

06 팝업창이 나타나면 [제품으로 이동]을 클릭합니다.

07 [Autodesk Identity Manager 열기]를 클릭합니다.

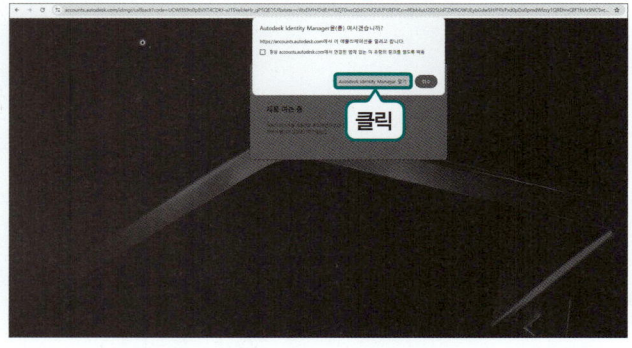

08 AutoCAD 2026의 시작 화면이 나타납니다. 왼쪽 상단의 [새로 만들기 ▢]를 클릭합니다.

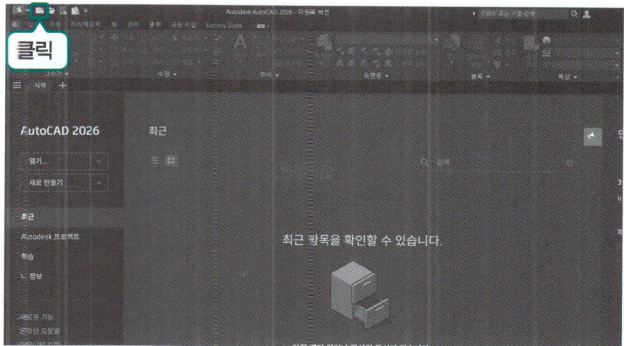

바로 통 하는 TIP 체험판 사용 관련 팝업창이 나타나면 내용을 확인하고 [닫기 ✖]를 클릭해 닫습니다.

09 [템플릿 선택] 대화상자가 나타나면 [acadiso.dwt]를 더블클릭하여 새 도면을 불러옵니다.

10 AutoCAD 2026의 작업 화면이 나타납니다.

CHAPTER 02 도면 작업을 위한 AutoCAD 2026 • **045**

SECTION 03 AutoCAD 2026 사용자 인터페이스 살펴보기

AutoCAD 2026의 작업 화면을 살펴보겠습니다. 작업 화면의 구성 요소는 사용자가 편리하게 작업할 수 있도록 구성되어 있습니다. 작업자가 사용하지 않는 도구 팔레트나 도구 막대 등의 메뉴는 없애거나 추가할 수 있습니다.

01 작업 화면 인터페이스

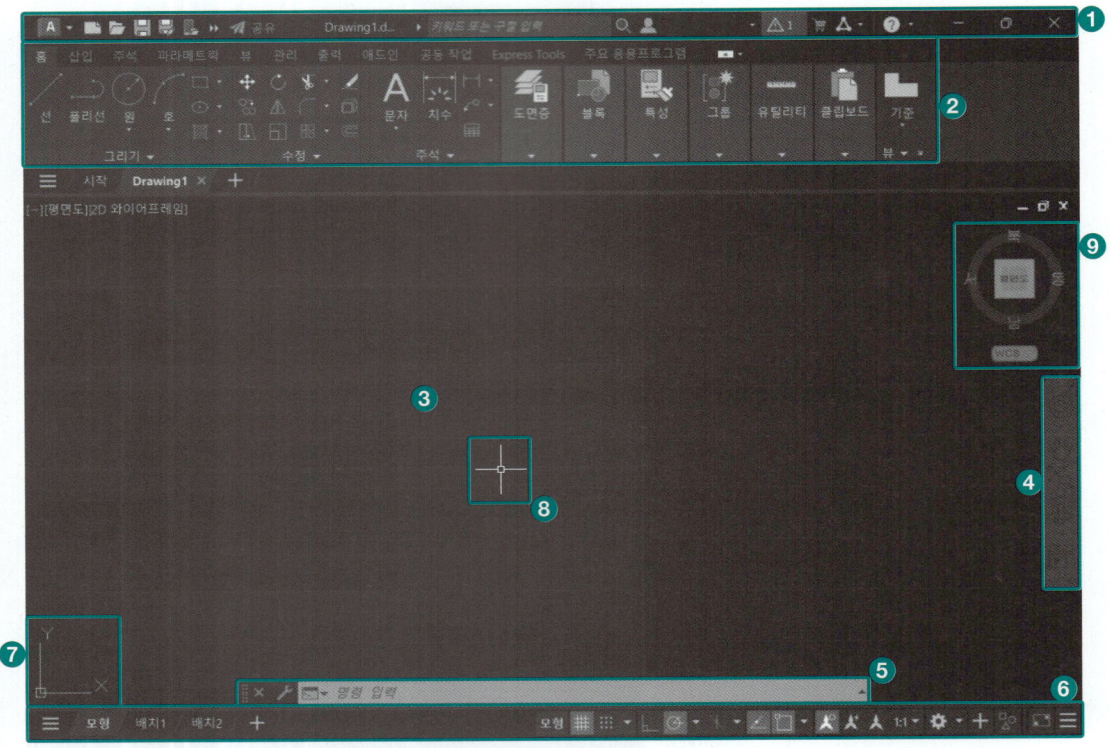

작업 화면

❶ 제목 표시줄

화면의 최상단에서 신속 접근 도구 막대, 파일 경로, 파일 이름, 로그인 여부 등을 표시합니다.

❷ 도구 팔레트(Tool Palette)

각종 명령과 관련한 메뉴를 아이콘으로 나타낸 영역입니다. 각 메뉴마다 상이한 도구 팔레트가 나옵니다. 명령어를 일일이 외우지 않더라도 직관적으로 사용할 수 있어 편리합니다.

▲ [홈] 도구 팔레트

❸ 작업 영역(Drawing Area)

작업 영역은 도면을 그리는 도화지와 같은 공간입니다. 기본적으로 검은색에 가깝게 설정되어 있으나 [옵션] 메뉴를 통해 원하는 색상으로 변경할 수 있습니다. 작업 영역에 도구 팔레트나 명령 행 영역을 필요 이상으로 꺼낸다면 작업 영역이 줄어들게 되므로 필요한 만큼만 꺼내놓는 것이 좋습니다. 작업 영역에는 각각의 위치마다 정해진 눈금(좌표)이 있습니다. AutoCAD는 좌푯값을 사용하여 정확한 수치를 토대로 도면 작업을 하는 프로그램이므로 수학적인 개념이 일부 사용됩니다.

❹ 탐색 막대

전체 탐색 휠이나 초점 이동 등의 기능이 있는 도구 막대입니다. 사용하지 않을 경우 꺼둡니다.

❺ 명령 행(Command Line)

명령 행은 사용자가 명령어와 명령 단축키를 직접 입력하는 영역입니다. AutoCAD를 처음 학습할 때부터 어려운 영문 명령어나 명령 단축키를 일일이 외우기는 힘들겠지만 프로그램을 능숙하게 다루는 단계가 되면 명령어나 단축키를 사용해 작업 속도를 높일 수 있습니다. 빈번하게 사용하는 명령어는 암기하여 명령 행에 직접 입력해 실행하는 것이 효율적입니다. 명령 행으로 명령을 실행할 때는 도구 팔레트를 이용할 때와 달리 Enter 나 Spacebar 를 별도로 눌러야 합니다. 명령 행으로 작업할 때는 편리하게 사용할 수 있도록 상태 표시줄에 붙여서 사용합니다. 명령 행을 마우스로 드래그하여 붙이면 됩니다.

❻ 상태 표시줄(Status Line)

상태 표시줄은 현재 어떤 기능을 사용하고 있는지 한눈에 살펴볼 수 있도록 현재 상태를 나타내는 영역입니다. 명령 행 하단에 위치하며 모눈, 스냅, 직교, 극좌표, 객체 스냅, 주석 객체 표시, 모형, 레이아웃과 그 밖에 여러 기능의 설정과 해제 상태를 확인할 수 있습니다. 버튼이 회색이면 현재 해제(Off)되어 있다는 표시이며, 버튼이 파란색이면 현재 설정(On)되어 있다는 표시입니다. 모형, 배치 전환 탭은 아이콘 형식으로 상태 메뉴에 편입시켜서 표시합니다.

① **그리드 모드(Grid, F7)** : 모눈 격자를 설정된 간격대로 표시합니다.
② **스냅 모드(Snap, F9)** : 마우스 포인터를 설정된 간격대로 띄워서 지정합니다.
③ **직교 모드(Ortho, F8)** : 정수평, 정수직 방향을 지정합니다.
④ **극좌표 추적(Polar, F10)** : 그리려는 객체를 정수평, 정수직 방향으로만 이끌어줍니다.
⑤ **등각투영 제도(ISODRAFT)** : 2D 도면을 입체적으로 보이도록 작성할 때 사용됩니다.
⑥ **객체 스냅 추적(Otrack, F11)** : 객체 스냅을 추적하는 기능입니다. 극좌표와 달리 설정한 각도대로 자유자재로 가이드라인을 이끌어줍니다.
⑦ **객체 스냅(Osnap, F3)** : 객체의 정확한 지점을 지정합니다.
⑧ **모형, 배치(Model, Layout)** : 도면의 객체를 모델링하는 탭과 전체적인 배치를 지정하는 탭을 선택할 수 있습니다.

> **쉽고 빠른 실무 NOTE** **동적 입력(Dyn)은 어떤 기능일까?**
>
> 상태 표시줄 제일 오른쪽의 [사용자화 ≡]를 클릭하면 필요한 기능을 추가할 수 있습니다. 그중 동적 입력(Dyn) 기능을 설정하면 해당하는 명령 프롬프트가 마우스 포인터를 따라 움직입니다. 명령 행에 명령어를 입력하거나 메뉴를 클릭하지 않아도 작업 위치에서 편리하게 치수나 명령을 입력할 수 있습니다. 이 기능이 번거로울 경우 F12 를 눌러 동적 입력을 해제해서 사용합니다. 설정을 원하면 다시 F12 를 눌러 사용할 수 있습니다.
>
>
>
> ▲ 상태 표시줄의 동적 입력 기능을 설정한 상태에서 Line 명령을 입력한 화면
> ▲ 상태 표시줄의 동적 입력 기능을 해제한 상태에서 Line 명령을 입력한 화면

❼ UCS 아이콘

AutoCAD는 수학적 개념이 포함된 프로그램입니다. 따라서 모든 도면의 객체에는 해당하는 좌푯값이 있습니다. 평면도나 입면도 등의 2D 도면은 X축과 Y축에 해당하는 좌푯값이 있으며 투시도 등의 3D 도면에서는 Z축 좌푯값이 추가됩니다. UCS 아이콘은 2D 도면에서 축의 방향을 표시하고 3D 도면에서는 축의 방향과 더불어 현재 작업하고 있는 평면의 공간상 위치를 나타냅니다. AutoCAD에서는 절대좌표와 상대좌표, 극좌표의 형식으로 작업할 수 있습니다. 이 세 가지 좌표는 PART 02에서 자세히 설명하겠습니다.

❽ 마우스 십자선

AutoCAD로 작업할 때는 언제나 작업 지점에 마우스 십자선이 마우스 포인터를 따라다닙니다. 경우에 따라 그립으로 나타납니다.

❾ View Cube

3D 도면과 2D 도면에서 작업 관점을 지정할 때 편리하게 사용할 수 있습니다.

SECTION 04 | AutoCAD에서 명령하기

AutoCAD 2026은 이전 버전과 마찬가지로 사용자가 여러 가지 방법으로 명령을 실행할 수 있습니다. 각자 본인에게 맞는 방법을 찾아내어 그 기능을 충분히 인지하고 사용하는 것이 좋습니다.

01 명령 입력하기

AutoCAD 2026에서 명령을 실행하는 두 가지의 대표적인 방법을 알아보겠습니다.

명령 행에 명령어 직접 입력하기

AutoCAD 작업의 고수가 되려면 자주 사용하는 명령어를 암기하는 것이 많은 도움이 됩니다. 명령 행 영역에서 가장 아랫줄에 있는 '명령:' 메시지 다음에 원하는 명령어 전체를 입력하거나 명령 단축키를 입력하고 Spacebar (또는 Enter)를 누릅니다. 명령 행에 '명령: 반대 구석 지정 또는 [울타리(F)/윈도우폴리곤(WP)/걸침폴리곤(CP)]:'과 같은 메시지가 나옵니다. 만약 다른 명령이 이미 실행되고 있다면 새로 사용할 명령어 또는 명령 단축키를 아무리 입력해도 사용할 수 없습니다. 예외적인 경우를 제외하고 한 번에 두 가지 이상의 명령이 중복 실행되지 않기 때문입니다. 이때는 Esc 를 눌러 현재 실행되고 있는 명령을 취소합니다.

▲ 명령 행에 '명령: 반대 구석 지정 또는 [울타리(F)/윈도우폴리곤(WP)/걸침폴리곤(CP)]' 메시지가 표시된 화면

바로 통 하는 TIP 처음 명령을 실행한 이후에 같은 명령을 반복 실행할 때는 일일이 명령어를 다시 입력할 필요 없이 Spacebar (또는 Enter)만 누르면 됩니다.

쉽고 빠른 실무 NOTE | 명령 행을 확인하면 도면 작업이 훨씬 쉬워요!

명령어에는 종류가 많고 기능도 모두 제각각일 뿐만 아니라 명령어를 입력하면 나오는 서브 메뉴도 각각 다르게 나타납니다. 자주 쓰는 명령어나 명령 단축키는 암기해야겠지만 명령 실행 과정을 모두 외우기에는 내용이 너무 많습니다. 그러므로 도면 작업을 할 때는 항상 명령 행에서 지시하는 내용이 무엇인지를 확인하면서 작업 과정을 진행해야 합니다. 모든 해답은 명령 행에 있다는 것을 명심하세요!

🔍 도구 팔레트의 명령 아이콘 클릭하기

명령 행을 사용하려면 명령어나 명령 단축키를 모두 암기해야 하므로 어려울 수 있습니다. 초보 사용자라면에 직관적인 그림을 보고 사용할 수 있는 도구 팔레트를 이용하는 방법도 좋습니다.

▲ [그리기] 도구 팔레트를 클릭한 화면

02 명령 실행하기

입력한 명령을 실행하는 세 가지 방법을 살펴봅니다.

🔍 Enter 누르기

명령을 실행하는 가장 대표적인 방법은 명령 행에 명령어를 입력한 후 Enter 를 누르는 것입니다. 초보 사용자는 명령어를 입력한 후 Enter 를 누르지 않은 채 그대로 같은 줄에 서브 메뉴를 입력할 때가 많습니다. 이런 경우 애써 입력한 명령어를 실행할 수 없으니 주의합니다.

🔍 Spacebar 누르기

명령 행에 명령어를 입력한 후 Spacebar 를 누르면 명령이 실행됩니다. 다른 프로그램과 다르게 AutoCAD에서 아주 편리하게 사용되는 입력 방법입니다. AutoCAD의 명령 구조는 기본값으로 설정된 메인 메뉴와 많은 서브 메뉴로 구성되어 있습니다. 명령어를 입력한 후 연속해서 메인 메뉴를 사용할 것인지, 서브 메뉴를 사용할 것인지를 선택해야 하는 경우가 많으므로 키보드에서 명령 단축키를 입력하는 알파벳 키와 가까운 위치에 있는 Spacebar 가 아주 편리하게 사용됩니다. 이 책에서는 특별한 경우를 제외하고 Spacebar 를 입력 기능으로 설명합니다.

> **바로 통 하는 TIP** 문자를 입력하는 Text 명령에서는 Spacebar 를 누르면 한 칸 공백이 입력됩니다. 이런 경우에는 Enter 를 두 번 눌러 명령을 실행합니다.

쉽고 빠른 실무 NOTE — AutoCAD 명령어의 메인 메뉴와 서브 메뉴 사용 방법

AutoCAD의 명령 구조는 명령어를 입력하면 기본값(Default)으로 설정된 메인 메뉴와 한 가지 이상의 서브 메뉴가 나타납니다. 메인 메뉴와 서브 메뉴를 선택하면서 작업을 진행합니다.

원을 그리기 위해 명령 행에 Circle을 입력했다고 가정해봅니다.

① 명령: CIRCLE Spacebar ← Circle 명령 입력 (C)
② 원에 대한 중심점 지정 또는 [3점(3P)/2점(2P)/Ttr – 접선 접선 반지름(T)]:
　 원의 반지름 지정 또는 [지름(D)]:　　③

① 명령: CIRCLE (C) Spacebar : (C)는 단축키 C 입니다.
② 원에 대한 중심점 지정 : 메인 메뉴입니다. 기본으로 설정된 메뉴이므로 따로 선택할 필요가 없습니다.
③ [3점(3P)/2점(2P)/Ttr – 접선 접선 반지름(T)] : 서브 메뉴입니다.

Circle 명령의 서브 메뉴는 '[3점(3P)/2점(2P)/Ttr – 접선 접선 반지름(T)]'처럼 대괄호([ ]) 안에 표시됩니다. 서브 메뉴가 두 종류 이상일 경우 슬래시(/)로 구분하며, 각 메뉴에 대문자로 표시된 문자만 입력하면 됩니다. 즉, 명령 행에 Circle을 입력한 후 대소문자 구분 없이 3P나 2P, 또는 T 중 하나만 입력하면 서브 메뉴를 선택할 수 있습니다.

🔍 마우스 오른쪽 버튼 클릭하기

명령 행에 명령어를 입력한 후 마우스 오른쪽 버튼을 클릭하는 방법입니다. 신속하게 명령어를 입력하려면 항상 왼손은 키보드 위에 있어야 하고 오른손은 마우스 위에 있어야 합니다. 명령어를 입력하지 않은 채 마우스 오른쪽 버튼을 클릭하면 팝업 메뉴가 나타납니다.

쉽고 빠른 실무 NOTE — 마우스 오른쪽 버튼의 역할

마우스 오른쪽 버튼은 여러 가지 역할을 수행합니다. 상황에 따른 마우스 오른쪽 버튼의 역할을 알아봅니다.

1 기본 모드
새 도면이나 기존 도면을 열고 아무런 명령을 입력하지 않은 상태에서 마우스 오른쪽 버튼을 클릭하면 기본 모드 메뉴가 나타납니다.

2 편집 모드
명령을 실행한 후 마우스 오른쪽 버튼을 클릭하면 직전에 사용한 명령을 다시 사용하는 반복 명령을 가장 윗줄에 표시합니다.

3 명령 모드
명령을 입력한 후 마우스 오른쪽 버튼을 클릭하면 명령이 즉시 실행됩니다. 사용한 명령을 실행할 수 있도록 해주는 Enter 의 기능입니다.

4 객체 스냅 모드
Shift 를 누른 채 마우스 오른쪽 버튼을 클릭하면 객체 스냅(Osnap) 모드 메뉴가 나타납니다. 객체 스냅 모드는 PART 02에서 자세히 알아보겠습니다.

▲ 기본 모드 메뉴

▲ 편집 모드(직전에 Line 명령을 실행한 경우) 메뉴

▲ 객체 스냅 모드 메뉴

03 기능키 사용하기

키보드 상단에 있는 기능키(Function Key)에 대하여 알아봅니다. 기능키는 각각 중요한 의미를 가집니다. 특히 작업 기록을 확인할 수 있는 `F2`, 원하는 점을 정확하게 지정하는 `F3`, 정확하게 수직/수평을 그리는 `F8`을 자주 사용합니다. 기능키 중 일부는 상태 표시줄에서도 제어할 수 있습니다.

① `F1` : 도움말을 제공합니다. 궁금한 사항에 대한 키워드를 입력하면 관련 정보를 찾을 수 있습니다.

② `F2` : 도면을 처음 열었을 때부터 진행한 모든 작업 내역이 기록되어 있습니다. 복잡한 수치 등을 확인할 때 유용합니다.

③ `F3` : 원하는 지점을 정확하게 잡아주는 기능인 객체 스냅(Osnap)을 켜거나 끕니다.

④ `F4` : 3D 객체 스냅의 사용 여부를 결정합니다.

⑤ `F5` : 등각 평면을 지정할 때 사용합니다.

⑥ `F6` : 동적 UCS(Dynamic UCS)를 켜거나 끕니다.

⑦ `F7` : 모눈(Grid) 격자를 켜거나 끕니다.

⑧ `F8` : 직교(Ortho)를 켜거나 끕니다. 정수직이나 정수평으로 선을 그릴 때는 직교를 켜고(On), 자유롭게 사선으로 그릴 때는 직교를 끄고(Off) 사용합니다.

⑨ `F9` : 스냅(Snap)을 켜거나 끕니다. `F7`을 눌러 모눈 격자를 켠경우 격자를 따라 마우스 포인터가 이동합니다.

⑩ `F10` : 극좌표를 켜거나 끕니다.

⑪ `F11` : 객체 스냅 추적(Otrack)을 켜거나 끕니다.

⑫ `F12` : 동적 입력(Dyn)을 켜거나 끕니다. 49쪽에서 설명한 바 있습니다.

▲ 도움말

▲ 작업 내역

▲ 모눈(Grid)을 켰을 때

▲ 극좌표를 켰을 때

작업 영역의 색상 변경하기

작업 영역의 기본 설정 색상은 검은색입니다. [옵션] 대화상자에서 원하는 색상으로 변경할 수 있습니다.

실습 파일 없음

1 ❶ 새 도면 파일을 엽니다. ❷ 작업 영역에서 마우스 오른쪽 버튼을 클릭하고 ❸ 팝업 메뉴가 나타나면 가장 아래의 [옵션]을 클릭합니다.

2 ❶ [옵션] 대화상자가 나타나면 [화면표시] 탭을 클릭합니다. ❷ [윈도우 요소] 영역에서 [색상]을 클릭합니다.

CHAPTER 02 도면 작업을 위한 AutoCAD 2026 · **055**

3 ❶ [도면 윈도우 색상] 대화상자가 나타나면 오른쪽 [색상]에서 [흰색]을 클릭하고 ❷ [적용 및 닫기]를 클릭합니다. [옵션] 대화상자에서 [확인]을 클릭하면 ❸ 작업 영역 색상이 흰색으로 변경된 것을 확인할 수 있습니다.

▲ 작업 영역 색상이 흰색으로 변경된 화면

4 그 밖에도 [윈도우 요소] 영역의 [색상 주제]에서 프로그램 인터페이스의 색상을 변경할 수 있습니다.

▲ [색상 주제]를 [밝음]으로 지정하여 적용한 화면

SECTION 05 | 더욱 편리해진 AutoCAD 2026의 특징

AutoCAD 2026이 이전 버전과 비교하여 어떤 부분에서 차이가 있는지, 또는 어떤 부분에서 사용법이 수월해졌거나 강화되었는지 등 AutoCAD 2026만의 특징을 알아보겠습니다. AutoCAD 2026에서는 파일 열기 및 시작 속도 개선, 연결된 지원 파일, Autodesk Docs로 표식 가져오기 및 표식 지원 등의 기능이 새롭게 추가되었습니다.

01 AutoCAD 2026의 새로운 기능

파일 열기 및 시작 속도

모든 DWG 파일에 소요되는 시간을 절약해주는 엄청난 성능 개선 사항과 혁신적인 기능의 이점을 누릴 수 있습니다. AutoCAD 2026에서는 AutoCAD 2025 대비 최대 11배 빠른 파일 열기 속도와 4배 빠른 시작 시간을 경험할 수 있습니다.

🔵 연결된 지원 파일

이제 CAD 관리자는 Autodesk Docs 프로젝트에 하나의 프로젝트 인식 지원 파일 및 설정 세트를 정의할 수 있습니다. 이 기능을 사용하면 개별 사용자 또는 AutoCAD 설치를 구성하기 위한 추가 단계 없이 대상 지원 파일을 사용하여 DWG 파일을 보고 편집할 수 있습니다.

🔵 Autodesk Docs로 표식 가져오기 및 표식 지원

Autodesk Docs에서 JPG, PNG, PDF 표식을 가져오고 연결할 수 있습니다. 동기화되고 나면 Autodesk Docs에서 작성된 표식이 AutoCAD의 트레이스 도면층에서 계속 업데이트되므로 피드백을 검토하고, 표식 지원과 통합하고, Auto Docs 문제를 볼 수 있습니다.

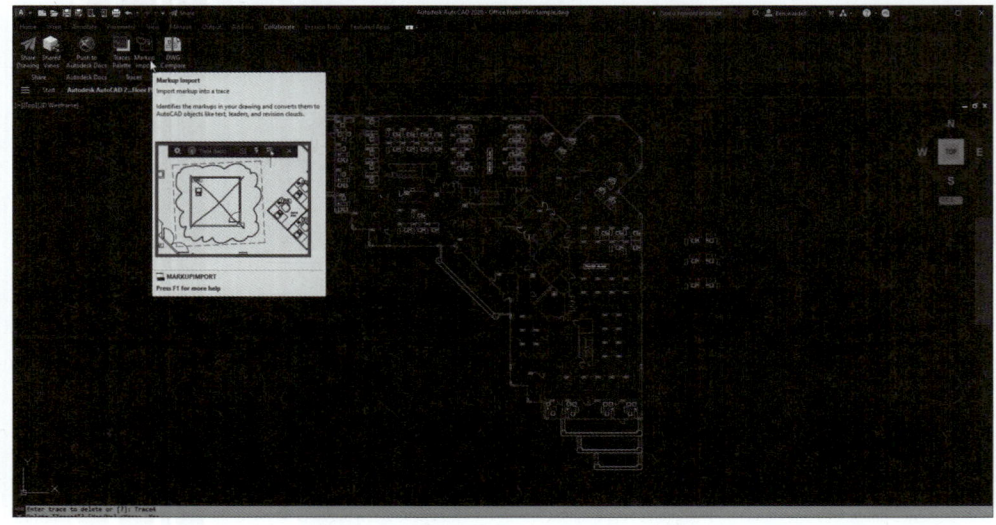

스마트 블록 : 검색 및 변환(향상된 기능)

Autodesk AI의 도움을 받아 도면에서 객체, 일치 텍스트, 변수 텍스트를 검색해 새로 정의된 블록, 기존 블록이나 최근에 사용한 블록, 블록 라이브러리의 추천 블록 인스턴스로 변환할 수 있습니다.

동영상 강의 확인하기
저자 직강으로 알아보는 2026 신기능

PART 02

도면 작업을 위한 기본기 익히기

막연히 '제도'나 '설계'라는 용어만 떠올리면 AutoCAD는 배우기 어려운 프로그램이라는 선입견을 가질 수 있습니다. 하지만 차근차근 기본부터 충실히 연습하고 몇 가지 지켜야 할 사항만 잊지 않는다면 AutoCAD는 어떤 프로그램보다도 쉽게 익힐 수 있습니다. 객체를 하나씩 그려가며 도면을 완성시키면 재미와 성취감을 느낄 수 있을 것입니다.

CHAPTER 01

2D 도면 작업을 위한 기본 명령

도면 제작을 위해 AutoCAD의 기본인 파일 관리, 화면 제어, 기본 명령 사용법을 알아보겠습니다. PART 01에서 익힌 제도의 개념을 염두에 두고 AutoCAD를 사용해봅시다.

🎯 학습 목표

AutoCAD에서 새로운 도면을 만들거나 기존 작업 도면 불러오기 및 저장하기 등 기본적인 사용법을 알아보겠습니다.

▲ 새 도면 만들기

▲ 도면 불러오기

▲ 다른 이름으로 저장하기

SECTION 01 새 도면 만들기, 불러오기, 저장하기

새 서류를 작성하려면 새 용지를 가져와야 하듯이 AutoCAD에서 새 도면을 작성하려면 새 도면 파일을 만들어야 합니다. 용지에 내용을 작성하면 기록이 남는 것처럼 새 파일에 도면을 작성하고 저장해서 기록합니다. 기록한 서류를 수정하기 위해 해당 서류를 꺼내는 것과 마찬가지로 저장해놓은 파일을 수정하려면 다시 불러와야 합니다. 이제 AutoCAD에서 새 도면을 만들고, 불러오고, 저장하는 방법을 알아보겠습니다.

01 새 도면 만들기

새로운 도면을 작성하는 대표적인 방법인 메뉴를 사용하는 방법과 Startup 명령을 사용하는 방법을 알아봅니다.

메뉴에서 새 도면 만들기

메뉴에서 새 도면을 만들 때는 다양한 규격으로 설정된 도면 형식(템플릿)을 활용하는데, 기본적으로 [acadiso.dwt] 파일을 선택합니다. 국제 규격인 [acadiso.dwt]는 X축과 Y축 작업 영역의 기본값이 각각 420mm, 297mm로 설정되어 있습니다.

01 신속 접근 도구 막대에서 [새로 만들기]를 클릭합니다.

바로 통하는 TIP 새 도면을 만들기 위한 다른 방법으로 화면 왼쪽 상단의 [메뉴 A]를 클릭하고 [새로 만들기]-[도면]을 클릭하거나 명령 행에 **Qnew**를 입력하고 Spacebar 를 눌러도 됩니다.

A 명령 행 한눈에 보기

명령: **QNEW** Spacebar ← Qnew 명령 입력

02 ❶ [템플릿 선택] 대화상자가 나타나면 새로운 도면으로 사용할 템플릿 파일인 [acadiso.dwt]를 선택한 후 ❷ [열기]를 클릭합니다. ❸ 새로운 작업 화면이 나타납니다.

쉽고 빠른 실무 NOTE — AutoCAD 실행 화면에서 새 도면 만들기

AutoCAD 2026을 실행하면 [시작] 탭을 확인할 수 있습니다. ❶ 새 도면을 만들기 위해 [새로 만들기]를 클릭합니다. ❷ 새로운 작업 화면이 나타납니다.

⊕ Startup 명령을 사용하여 새 도면 만들기

새 도면 만들기는 [템플릿 사용]이 기본값으로 설정되어 있습니다. 즉, 새 도면을 열면 기본으로 설정된 템플릿 파일이 적용되는 것입니다. 이번에는 Startup 명령으로 도면 설정을 변경하여 새 도면을 작성해보겠습니다.

01 화면 하단의 명령 행에 **Startup**을 입력한 후 Spacebar 를 누릅니다.

A 명령 행 한눈에 보기

명령: **STARTUP** Spacebar ← Startup 명령 입력

02 Startup 명령의 기본값은 3입니다. 설정을 변경하기 위해 명령 행에 **1**을 입력한 후 Spacebar 를 누릅니다.

A 명령 행 한눈에 보기

STARTUP에 대한 새 값 입력 〈3〉: 1 Spacebar
← 설정 **1** 입력

03 ❶ [메뉴 A]를 클릭하고 ❷ [새로 만들기 ▶]-[도면]을 클릭합니다.

04 ❶ [새 도면 작성] 대화상자가 나타나면 상단에 있는 [처음부터 시작]을 클릭해 새로운 도면을 만들 수 있습니다. ❷ [기본 설정] 영역의 두 가지 항목인 [영국식]과 [미터법] 중 우리나라에서 사용하는 [미터법]을 클릭하고 ❸ [확인]을 클릭하면 새 도면이 열립니다.

바로 통 하는 TIP [기본 설정] 영역의 [영국식]과 [미터법]은 치수 단위를 구분한 항목입니다. [영국식]은 영국식 피트(Feet)와 인치(Inch) 단위이며 [미터법]은 우리나라에서 사용하는 미터(Meter) 단위입니다. 원래의 설정으로 다시 돌아가려면 Startup 명령을 실행한 후 기본값 **3**을 입력합니다.

쉽고 빠른 실무 NOTE 실무 작업을 위한 템플릿 파일

회사나 단체마다 자신들의 고유한 도면 작성 규격과 설정 환경이 있습니다. 도면을 작성할 때마다 일일이 새 창을 열고 규격과 환경을 다시 설정한다면 괜히 시간 낭비만 할 것입니다. 규격과 환경을 일정하게 설정한 틀을 만들어 저장해놓고 도면을 작성할 때마다 불러와 사용하면 매우 편리합니다. 이렇게 일정한 도면 틀을 저장한 파일을 템플릿(Template) 파일이라고 합니다. AutoCAD에는 국제 규격에 맞는 다양한 템플릿 파일이 저장되어 있으며, 개인 사용자가 템플릿 파일을 직접 만들어 사용할 수도 있습니다. 템플릿 파일을 만들어 사용하는 방법은 151쪽에서 자세히 알아보겠습니다.

▲ [템플릿 선택] 대화상자에서 [Tutorial–iArch.dwt] 파일을 연 화면

02 도면 불러오기

이전에 작업한 도면을 불러올 때는 필요한 파일이 어느 경로에 저장되어 있는지를 잘 기억해야 합니다. 그러기 위해서는 처음부터 도면 파일을 일목요연하게 정리해둬야 합니다.

01 ❶ [메뉴 A]를 클릭하고 ❷ [열기 ▶]-[도면]을 클릭합니다.

바로 통하는 TIP 신속 접근 도구 막대에서 [열기 📂]를 클릭하거나 명령 행에 **Open**을 입력하고 Spacebar 를 눌러도 도면을 불러올 수 있습니다.

02 ❶ [파일 선택] 대화상자가 나타나면 실습 파일의 [Part 2] 폴더에서 임의의 도면을 클릭합니다. 오른쪽 [미리 보기] 영역에서 불러올 도면을 미리 볼 수 있습니다. ❷ [열기]를 클릭합니다.

바로 통하는 TIP AutoCAD 도면 파일의 기본 확장자는 dwg입니다. 원하는 임의의 파일을 선택해도 됩니다.

바로 통하는 TIP 불러올 파일을 더블클릭해도 도면 파일을 불러올 수 있습니다.

03 선택한 도면이 작업 영역에 나타납니다.

03 도면 저장하기

실습 파일 Part 2\Part2-26.dwg

도면을 저장하는 명령인 [저장]과 [다른 이름으로 저장]을 알아보겠습니다.

🔎 Save 명령을 사용하여 저장하기

신규로 작성한 도면을 저장할 때 Save 명령을 사용하면 [다른 이름으로 도면 저장] 대화상자가 나타납니다. 파일 이름, 유형, 저장 위치 등을 선택하여 저장합니다. 기존에 작업한 도면을 불러와 수정한 뒤 Save 명령을 사용하면 제목과 파일 확장자를 변경하지 않고 그대로 저장됩니다.

01 실습 파일 **Part2-26.dwg**를 불러옵니다.

02 명령 행에 **Save**를 입력하고 Spacebar 를 누릅니다.

> **바로 통 하는 TIP** 신속 접근 도구 막대에서 [저장 🖫]을 클릭하거나 [메뉴 🅰]-[저장]을 클릭해도 됩니다.

> **바로 통 하는 TIP** 이미 저장된 기존 파일을 수정하여 다시 저장할 때 Save 명령을 실행하면 [다른 이름으로 도면 저장] 대화상자가 나타나지 만, 신속 접근 도구 막대에서 [저장 🖫]을 클릭하면 바로 저장 기능이 실행되어 수정 전 내용이 사라집니다. 수정한 내용을 따로 저장하려면 Save 명령으로 저장합니다.

쉽고 빠른 실무 NOTE │ 낮은 버전 사용자를 위한 도면 저장 노하우

AutoCAD를 사용하다 보면 버전 호환성에 대한 문제가 생길 수 있습니다. 낮은 버전에서 작업한 도면은 그보다 높은 버전에서 원활히 열리지만, 높은 버전에서 작업한 도면은 그보다 낮은 버전에서는 열리지 않습니다. 만약 자신보다 낮은 버전의 AutoCAD를 쓰는 사용자에게 도면 파일을 보내야 할 때는 상대의 AutoCAD 버전을 확인한 뒤 그에 맞게 저장 설정을 바꿔야 합니다. 현재 AutoCAD 2026이 출시되었음에도 불구하고 여전히 낮은 버전을 사용하는 경우가 종종 있기 때문입니다. [다른 이름으로 도면 저장] 대화상자에서 [파일 유형]을 낮은 버전에 맞게 설정한 후 저장한다면 어느 버전에서든 도면을 확인할 수 있습니다. 낮은 버전을 사용하는 사용자가 [DWG 변환] 메뉴를 사용하거나 DWG TrueView 프로그램의 Dwg Convert 기능을 이용해 직접 낮은 버전으로 변환할 수도 있습니다.

Save As 명령을 사용하여 저장하기

Save 명령과 마찬가지로 도면을 저장할 수 있습니다. 새로운 도면을 열어서 작성한 파일을 저장할 때나 기존에 작성된 도면을 불러와 수정한 뒤 원본을 보존하기 위해 사용합니다. 특히 여러 사용자와 공유하는 도면일 때는 다른 이름으로 저장하는 습관을 들이는 게 좋습니다.

01 ❶ 기존 파일을 보호하거나 다른 이름으로 변경하여 저장하려면 [메뉴 A]를 클릭하고 ❷ [다른 이름으로 저장]을 클릭합니다.

02 저장할 파일의 이름과 위치를 지정할 수 있는 [다른 이름으로 도면 저장] 대화상자가 나타납니다. ❶ [파일 이름]에 저장할 파일의 이름을 입력하고 ❷ [파일 유형]에서 저장될 파일의 형식 및 버전을 선택합니다. ❸ [저장 위치]에서 저장할 위치를 설정하고 ❹ [저장]을 클릭하여 저장을 완료합니다.

> **바로 통하는 TIP** 도면을 저장할 때 실수로 원본 파일을 덮어쓸 때가 있습니다. 이때 원본 파일을 다시 불러오려면 bak 확장자를 가진 파일을 활용합니다. BAK 파일은 원본 파일의 백업 파일입니다. 이 파일 확장자를 bak에서 dwg로 수정하면 원본 파일을 살릴 수 있습니다.

쉽고 빠른 실무 NOTE   **AutoCAD 파일 확장자의 종류와 역할**

다른 컴퓨터와 호환할 때는 버전도 중요하지만 파일 형식 또한 알맞게 지정해야 합니다. AutoCAD에서 사용하는 파일 확장자는 일반적인 Windows 프로그램과 중복으로 사용되는 경우도 많지만 특성이 뚜렷한 프로그램인만큼 고유한 확장자도 많습니다. 도면 파일에서 주로 사용하는 파일 확장자를 살펴보겠습니다.

1 DWG

AutoCAD 파일의 대표적인 확장자로 도면 파일입니다. AutoCAD 파일은 일반적으로 DWG 파일을 말합니다.

 아파트.dwg : 아파트 → 파일 이름, dwg → 파일 확장자

2 DWS

DWS 파일은 도면 작성에 직접 연관된 파일이 아니라 도면을 관리할 때 사용하는 파일입니다. 도면 작성에 기준이 되는 특성을 부여하고 그 특성에 맞도록 작성되었는지 확인할 때 사용합니다.

3 DXF

DXF는 DWG의 Exchange 파일로서 다른 포맷으로 변환할 수 있는 파일입니다. 예를 들어 AutoCAD에서 작업한 파일을 3ds Max나 Pro-E 등 다른 프로그램으로 보낼 때는 DWG보다는 DXF로 변환하는 것이 바람직합니다. DXF 파일은 다른 응용 프로그램의 도면이나 이미지로 사용할 수 있습니다. 반대로 다른 프로그램에서 작업한 내용도 AutoCAD로 불러올 수 있습니다.

4 DWT

DWT는 템플릿(Template) 파일의 확장자입니다. 회사에서 지정한 규격에 맞도록 일정한 도면 틀을 설정한 파일을 템플릿 파일이라고 합니다.

5 PLT

플롯(Plot) 출력 파일입니다.

6 LSP

AutoCAD의 응용 프로그램인 AutoLISP 라이브러리 파일입니다.

CHAPTER 02
2D 도면 작업의 기본 이해하기

이번 CHAPTER에서는 정확한 도면을 그리기 위해서 꼭 필요한 X, Y, Z축의 좌푯값을 가지는 좌표계의 의미와 사용법을 알아봅니다. 더 나아가 도면 그리기의 바탕이 되는 Line(선 그리기) 명령에 대하여 자세히 설명합니다. AutoCAD로 원활하게 도면을 그리려면 좌표계의 개념을 완벽히 이해하여 선을 그려야 합니다. 다소 어렵게 느껴지더라도 학창시절에 배웠던 좌표계를 희미한 기억 속에서 다시 꺼내 봅시다. 아울러 편리한 도면 작업을 도와주는 몇 가지 편집 명령을 알아보겠습니다.

🎯 학습 목표

세 가지 좌표 형식을 이해하고 선을 그려봅니다. AutoCAD로 도면 작업을 하기 위해 반드시 알아야 할 절대좌표, 상대좌표, 극좌표를 이해하고 선을 그리면서 좌표의 개념을 확실히 숙지합니다.

▲ 절대좌표(x,y,z)

▲ 상대좌표(@x,y,z)

▲ 극좌표(@거리<각도)

▲ 절대좌표 형식으로 선 그리기

▲ 상대좌표 형식으로 선 그리기

SECTION 01 좌표계 이해하기

AutoCAD는 버전을 막론하고 기본 맥락은 같습니다. 도면을 그리는 작업 영역은 앞에서 언급한 바와 같이 어느 지점이나 X, Y, Z축의 좌푯값을 가지고 있습니다. 좀 거창하게 표현해서 우리가 살고 있는 우주 공간을 화면으로 표현한다고 이해하면 쉬울 것입니다.

▲ 우주 공간과 비슷한 AutoCAD의 좌표계

좌표를 도면상에서 표현하는 방법은 절대좌표, 상대좌표, 극좌표의 세 가지 종류가 있습니다. 이것은 AutoCAD로 도면 작업을 하기 위해 반드시 알아야 할 표현 방법입니다. 선을 그려보면서 좌표의 개념을 확실히 숙지하도록 합니다.

 동영상 강의 확인하기

01 절대좌표

절대좌표는 AutoCAD의 절대적인 원점(0,0,0)을 기준으로 X, Y, Z 좌푯값만큼 이동한 위치에 지정하는 좌표입니다. 값을 입력하는 방식은 (x,y,z)로 표시합니다. AutoCAD의 모든 도면에는 절대좌표(0,0,0)가 존재하며 UCS 아이콘의 X, Y, Z 좌표축(2D의 경우 X, Y 좌표축)이 만나는 지점을 말합니다.

다음 그림과 같이 (6,4), (3,-2), (-4,-5), (-3,3) 지점에 있는 네 개의 점은 원점(0,0)을 기준으로 표시된 절대좌표입니다.

▲ 시계 반대 방향 기준의 절대좌표 : X축과 Y축만 표시

A 명령 행 한눈에 보기 | 절대좌표 입력 형식

명령: LINE (L) `Spacebar` ← Line 명령 입력
첫 번째 점 지정: X좌푯값, Y좌푯값, Z좌푯값 `Spacebar` ← 그리려는 지점의 절대좌표 입력
다음 점 지정 또는 [명령 취소(U)]: X좌푯값, Y좌푯값, Z좌푯값 `Spacebar` ← 계속해서 그리려는 지점의 절대좌표 입력

02 상대좌표

상대좌표는 임의의 시작점이나 사용자가 바로 이전에 지정해놓은 가장 마지막 작업점을 다시 원점으로 하여 X, Y, Z 좌푯값만큼 이동한 위치에 지정되는 좌표입니다. 이때는 사용자가 새로이 지정하는 임의의 점이 계속해서 새로운 원점이 됩니다. 즉, 사용자가 어디로 지정하느냐에 따라 기준점(0,0,0)이 상대적으로 변하므로 상대좌표라고 합니다. 절대좌표와 구분하기 위해 숫자 앞에 '@'을 붙인 후 사용합니다.

다음 그림에서 A, B, C 세 점을 절대좌표로 표시한다면 A는 (3,2), B는 (7,5), C는 (8,3)입니다. 하지만 수직선이 없거나 소수 단위로 위치를 표현해야 하는 상황이라면 절대좌표로 해당 지점을 표현하기 어려울 것입니다. 실무에서 작업을 하다 보면 도면을 이동하거나 복사해서 절대좌푯값이 수시로 바뀌는데 이때 상대좌표 방식을 많이 사용합니다. 점 A를 임의의 시작점 또는 마지막 점이라 가정하면 '@'을 붙이는 순간 B는 A를 원점(0,0)으로 인식하고 A를 기준으로 X축과 Y축 증감의 변홧값을 입력해주는 방식입니다. 즉, X축 방향으로 4만큼 증가하고 Y축 방향으로 3만큼 증가하였기 때문에 '(@4,3)'으로 지정하면 B까지 선이 그려지게 됩니다. 그다음 C까지 선을 그릴 때도 마찬가지로 B를 원점(0,0)으로 인식하게끔 '@'을 붙여준 후, X축 방향으로 1만큼 증가하고 Y축 방향으로 −2만큼 감소하여 '(@1,−2)'로 지정하면 선이 그려집니다.

▲ 시계 반대 방향 기준의 상대좌표 : X축과 Y축만 표시

A 명령 행 한눈에 보기 | **상대좌표 입력 형식**

명령: LINE (L) `Spacebar` ← Line 명령 입력
첫 번째 점 지정: ← 임의의 점을 클릭
다음 점 지정 또는 [명령 취소(U)]: @X좌푯값, Y좌푯값, Z좌푯값 `Spacebar` ← 그리고자 하는 지점의 상대좌표 입력 (마지막 지정점 기준)
다음 점 지정 또는 [명령 취소(U)]: @X좌푯값, Y좌푯값, Z좌푯값 `Spacebar` ← 계속해서 그리고자 하는 지점의 상대좌표 입력 (마지막 지정점 기준)

03 극좌표

극좌표(상대극좌표)는 상대좌표와 마찬가지로 사용자가 바로 이전에 지정해놓은 가장 마지막 점을 원점으로 하여 입력하는 값의 위치를 지정하는 좌표입니다. 이때도 사용자가 새로이 지정하는 점이 계속해서 새로운 원점이 됩니다. 상대좌표는 X, Y, Z 좌푯값을 일일이 계산하여 이동하는 형식이라면 극좌표는 이동 거리와 각도를 입력하여 점을 지정하는 형식이라는 점에서 차이가 있습니다. 극좌표의 표현 방식은 '(@거리<각도)'이며 선의 길이와 선이 그려질 방향 즉, 각도를 알고 있어야 사용할 수 있습니다.

좌표계에서 각도의 기준인 0°는 시계의 3시 방향인 X축과 평행한 방향을 뜻합니다. 0° 방향을 기준으로 '+' 각도 값은 시계 반대 방향을 의미합니다. 90°는 Y축과 평행한 시계의 12시 방향을 뜻하며, 180°는 -X축인 시계의 9시 방향, 270°는 -Y축인 시계의 6시 방향입니다. 반대로 기준을 시계 방향으로 둔다면 6시 방향이 -90°, 9시 방향이 -180°, 12시 방향이 -270°가 됩니다. 즉 90°와 -270°, 180°와 -180°, 270°와 -90°는 같은 방향이 됩니다.

▲ 시계 반대 방향 기준의 극좌표 방향 : X축과 Y축만 표시

바로 통하는 TIP 극좌표도 절대극좌표와 상대극좌표 방식으로 구분할 수 있지만 거의 대부분 상대극좌표 방식으로만 사용하므로 이 책에서는 @을 뜻하는 '상대'가 빠진 '극좌표'로만 표시합니다.

A 명령 행 한눈에 보기 | 극좌표 입력 형식

명령: LINE (L) Spacebar ← Line 명령 입력
첫 번째 점 지정: @이동거리 값<이동 각도 Spacebar ← 그려지는 지점의 극좌표 입력 (마지막 지정점 기준)
다음 점 지정 또는 [명령 취소(U)]: @이동거리 값<이동 각도 Spacebar ← 계속해서 그려지는 지점의 극좌표 입력 (마지막 지정점 기준)

SECTION 02 | 좌표계로 선 그리기

좌표계를 통하여 Line(선 그리기) 명령을 사용해보겠습니다. Line 명령은 도면 작업에서 가장 기본이 되는 그리기 명령입니다. Line 명령만 능수능란하게 사용해도 도면을 절반 이상 그릴 수 있습니다. 이는 결코 과장된 표현이 아닙니다. Line 명령을 사용하려면 명령 행에 **Line**을 입력하고 Spacebar 를 누르거나 [그리기] 도구 팔레트-[선]을 클릭합니다.

동영상 강의 확인하기

01 절대좌표로 사각형 그리기

절대좌표를 사용하여 각 선분의 길이가 100mm인 정사각형을 그려보겠습니다.

01 새 도면 파일을 엽니다. ❶ [그리기] 도구 팔레트-[선]을 클릭합니다. ❷ 첫 번째 점의 위치를 지정하기 위해 명령 행에 절대좌푯값 **100,100**을 입력하고 Spacebar 를 눌러 명령을 실행합니다. 원점(0,0)을 기준으로 절대좌표(100,100) 지점이 시작점으로 지정됩니다.

A 명령 행 한눈에 보기

명령: **LINE** Spacebar ← Line 명령 입력 (L)
첫 번째 점 지정: **100,100** Spacebar ← 첫 번째 좌표 (100,100) 지정

> **바로 통 하는 TIP** 작업 영역의 격자무늬를 없애려면 그리드 모드의 기능키 F7 을 한 번 눌러 그리드 모드를 해제합니다. 화면에서 작업한 내용이 제대로 나타나지 않으면 마우스 휠을 굴리거나 클릭하여 화면의 크기와 방향을 조절합니다.

> **바로 통 하는 TIP** 새 도면 파일을 만드는 방법은 이 책의 63쪽을 참고합니다.

02 첫 번째에 지정한 점으로부터 X축 방향으로 수평이 되는 100mm 길이의 선을 그려보겠습니다. 명령 행에 **200,100**을 입력한 후 Spacebar 를 누릅니다.

> **A** 명령 행 한눈에 보기
> 다음 점 지정 또는 [명령 취소(U)]: **200,100**
> Spacebar ← 두 번째 좌표 (200,100) 지정

03 계속해서 Y축 방향으로 100mm만큼 이동한 지점까지 선을 그려보겠습니다. 명령 행에 **200,200**을 입력하고 Spacebar 를 누릅니다.

> **A** 명령 행 한눈에 보기
> 다음 점 지정 또는 [명령 취소(U)]: **200,200**
> Spacebar ← 세 번째 좌표 (200,200) 지정

04 계속해서 X축의 왼쪽 방향으로 100mm만큼 이동한 지점까지 선을 그려보겠습니다. 명령 행에 **100,200**을 입력하고 Spacebar 를 누릅니다.

> **A** 명령 행 한눈에 보기
> 다음 점 지정 또는 [닫기(C)/명령 취소(U)]: **100,200**
> Spacebar ← 네 번째 좌표 (100,200) 지정

05 정사각형 도면을 마무리하겠습니다. ❶ 명령 행에 시작점의 절대좌푯값 **100,100**을 입력하고 `Spacebar`를 누릅니다. 네 번째 좌표에서 시작점까지 선이 연결되어 정사각형 도면이 완성됩니다. ❷ `Spacebar`를 다시 한번 눌러 Line 명령을 완료합니다.

A 명령 행 한눈에 보기

다음 점 지정 또는 [닫기(C)/명령 취소(U)]: **100,100** `Spacebar` ← 시작점인 (100,100) 지정
다음 점 지정 또는 [닫기(C)/명령 취소(U)]: `Spacebar` ← `Spacebar`를 눌러 선 그리기 명령 종료

바로 통하는 TIP 명령 행에서 네 번째 점을 찍어볼 때 시작점에 자동으로 연결할 수 있습니다. 명령 행에 '[닫기(C)/명령 취소(U)]' 메시지가 나올 때 **C**를 입력한 후 `Spacebar`를 눌러 작업을 완료합니다.

쉽고 빠른 실무 NOTE — Line(선 그리기) 명령의 옵션 풀이

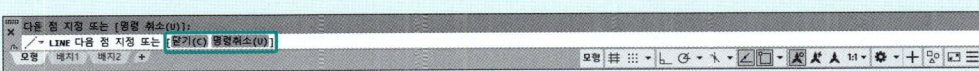

- **닫기(C)** : 닫기(C) 옵션은 선을 두 개 이상 그릴 때부터 나타납니다. 임의의 기준점부터 출발해서 여러 개의 선을 그리고 난 후 선 그리기를 마무리할 때 명령 행에 **C**를 입력하고 `Spacebar`를 눌러 닫기(C) 옵션을 실행하면 자동으로 처음의 기준점으로 돌아가서 닫힙니다.
- **명령 취소(U)** : Line(선 그리기) 명령을 실행하는 중에 바로 앞에 그렸던 선 하나만 취소할 때 사용합니다. 물론 명령 취소(U) 옵션을 두 번 실행한다면 가장 최근에 그린 두 개의 선이 취소됩니다. 명령 취소 옵션은 명령 행에 **U**를 입력하고 `Spacebar`를 누르면 실행됩니다.

02 상대좌표로 사각형 그리기

상대좌표를 사용하여 각 선분의 길이가 100mm인 정사각형을 그려보겠습니다.

01 새 도면 파일을 엽니다. ❶ [그리기] 도구 팔레트-[선]을 클릭해서 Line 명령을 실행합니다. ❷ 시작점을 묻는 명령 행이 표시되면 임의의 지점을 클릭하여 시작점을 지정합니다.

> **A 명령 행 한눈에 보기**
>
> 명령: LINE `Spacebar` ← Line 명령 입력 (L)
> 첫 번째 점 지정: ← 임의의 지점을 클릭하여 지정

02 앞서 지정한 임의의 점을 원점(0,0)으로 간주하고, Y값은 변동 없이 X축 방향으로 100mm만큼 떨어진 지점까지 선을 그려보겠습니다. 명령 행에 두 번째 점의 좌푯값 **@100,0**을 입력하고 `Spacebar`를 누릅니다.

> **A 명령 행 한눈에 보기**
>
> 다음 점 지정 또는 [명령 취소(U)]: @100,0 `Spacebar` ← 두 번째 점의 상대좌표 (@100,0) 지정

03 계속해서 Y축 방향으로 100mm만큼 이동한 지점까지 선을 그려보겠습니다. 명령 행에 세 번째 점의 좌푯값 **@0,100**을 입력하고 Spacebar 를 누릅니다.

바로 통 하는 TIP 좌푯값을 입력할 때 @을 먼저 입력하면 바로 앞에서 지정한 점을 '(0,0)'으로 인식합니다. X축 방향으로는 변동이 없으므로 0을 입력하고 Y축 방향으로는 위로 100mm만큼 이동하였으므로 Y값을 100으로 입력합니다.

A 명령 행 한눈에 보기

다음 점 지정 또는 [명령 취소(U)]: **@0,100** Spacebar ← 세 번째 점의 상대좌표 (@0,100) 지정

04 X축의 왼쪽 방향으로 100mm만큼 이동한 지점까지 선을 그려보겠습니다. 명령 행에 네 번째 점의 좌푯값 **@-100,0**을 입력하고 Spacebar 를 누릅니다.

바로 통 하는 TIP 상대좌표에서 X축의 왼쪽 방향은 음의 값으로 표시하므로 X값을 -100으로 입력합니다.

A 명령 행 한눈에 보기

다음 점 지정 또는 [닫기(C)/명령 취소(U)]: **@-100,0** Spacebar ← 네 번째 점의 상대좌표 (@-100,0) 지정

05 마지막으로 수직 방향 아래쪽으로 100mm만큼 선을 그려보겠습니다. ❶ 명령 행에 **@0, −100**을 입력하고 Spacebar 를 누릅니다. ❷ Spacebar 를 한 번 더 눌러 Line 명령을 완료합니다.

A 명령 행 한눈에 보기

다음 점 지정 또는 [닫기(C)/명령 취소(U)]: @0,−100 Spacebar ← 마지막 점(원점)의 상대좌표 (@0, −100) 지정
다음 점 지정 또는 [닫기(C)/명령 취소(U)]: Spacebar ← Line 명령 종료

바로 통 하는 TIP 수직 방향이기 때문에 X값은 변동이 없으며 Y축의 아래 방향은 음의 값으로 표시하므로 Y값을 **−100**으로 입력합니다.

03 극좌표로 사각형 그리기

극좌표를 사용하여 각 선분의 길이가 100mm인 정사각형을 그려보겠습니다.

01 새 도면 파일을 엽니다. ❶ [그리기] 도구 팔레트-[선]을 클릭하여 Line 명령을 실행합니다. ❷ 시작점을 묻는 명령 행이 표시되면 임의의 지점을 클릭하여 시작점을 지정합니다.

A 명령 행 한눈에 보기

명령: LINE Spacebar ← Line 명령 입력 (L)
첫 번째 점 지정: ← 임의의 지점을 클릭하여 지정

02 앞서 지정한 임의의 점으로부터 100mm만큼 오른쪽 수평 방향으로 이동한 지점까지 선을 그려보겠습니다. 명령 행에 두 번째 점의 좌푯값 **@100〈0**을 입력하고 Spacebar 를 누릅니다. 76쪽의 방향계 그림에서 살펴보았듯이 X축과 수평으로 뻗은 오른쪽 3시 방향은 0°입니다.

> **A 명령 행 한눈에 보기**
> 다음 점 지정 또는 [명령 취소(U)]: **@100〈0**
> Spacebar ← 두 번째 점의 극좌표 (@100〈0) 지정

03 앞서 지정한 점으로부터 100mm만큼 위쪽 수직 방향으로 선을 그려보겠습니다. 명령 행에 세 번째 점의 좌푯값 **@100〈90**을 입력하고 Spacebar 를 누릅니다. 수직 위쪽으로 뻗은 12시 방향은 90°입니다.

> **A 명령 행 한눈에 보기**
> 다음 점 지정 또는 [명령 취소(U)]: **@100〈90**
> Spacebar ← 세 번째 점의 극좌표 (@100〈90) 지정

04 계속해서 **03** 과정에서 지정한 점으로부터 왼쪽 수평 방향으로 100mm만큼 이동한 지점까지 선을 그려보겠습니다. 명령 행에 네 번째 점의 좌푯값 **@100〈180**을 입력하고 Spacebar 를 누릅니다. 수평 왼쪽으로 뻗은 9시 방향은 180°입니다.

> **A 명령 행 한눈에 보기**
> 다음 점 지정 또는 [닫기(C)/명령 취소(U)]:
> **@100〈180** Spacebar ← 세 번째 점의 극좌표 (@100〈180) 지정

05 마지막으로 **04** 과정에서 지정한 점으로부터 수직 아래 방향으로 100mm만큼 이동한 지점까지 선을 그립니다. ❶ 명령 행에 **@100〈270**을 입력하고 Spacebar 를 누릅니다. 수직 아래로 뻗은 6시 방향은 270°입니다. ❷ Spacebar 를 한 번 더 눌러 Line 명령을 완료합니다.

> **A** 명령 행 한눈에 보기
> 다음 점 지정 또는 [닫기(C)/명령 취소(U)]: @100〈270 Spacebar ← 처음 지정한 점(원점)을 다시 지정
> 다음 점 지정 또는 [닫기(C)/명령 취소(U)]: Spacebar ← Line 명령 종료

04 마우스를 움직여 사각형 그리기

앞서 세 가지 좌표를 사용하여 선을 그렸습니다. 선을 그리는 방법은 이외에도 하나 더 있습니다. 바로 직교(Ortho) 모드를 이용하는 방법입니다. 직교 모드는 정수평선이나 정수직선을 그릴 때 사용하는 아주 편리한 방법입니다. 실무에서는 정수평선이나 정수직선을 그릴 때 대부분 이 기능을 사용합니다. 직교 모드를 켜려면 F8 을 누르거나 명령 행 아래에 있는 상태 표시줄에서 [직교 모드]를 클릭합니다. 직교 모드가 켜지면 회색이었던 직교 모드 아이콘이 파란색으로 바뀝니다. 이 기능을 사용하여 각 선분의 길이가 100mm인 정사각형을 그려보겠습니다.

01 새 도면 파일을 엽니다. ❶ 상태 메뉴에서 [직교 모드]를 클릭하여 직교 모드를 켭니다. ❷ [그리기] 도구 팔레트-[선]을 클릭하여 Line 명령을 실행합니다. ❸ 시작점을 묻는 명령 행이 표시되면 임의의 지점을 클릭하여 시작점을 지정합니다.

A 명령 행 한눈에 보기

명령: LINE ← Line 명령 입력 **(L)**
첫 번째 점 지정: ← 임의의 지점을 클릭하여 지정

02 직교 모드가 켜지면 선이 마우스 포인터를 따라 정수직 또는 정수평 방향으로만 움직입니다. 오른쪽 수평 방향에 마우스 포인터를 둔 채 명령 행에 **100**을 입력하고 Spacebar 를 누릅니다. 그러면 오른쪽 수평 방향으로 100mm만큼 선이 그려집니다. 이 방법은 마우스 포인터를 원하는 쪽으로 움직여 선의 방향을 미리 지정하고 이동 거리를 키보드로 입력하는 것입니다.

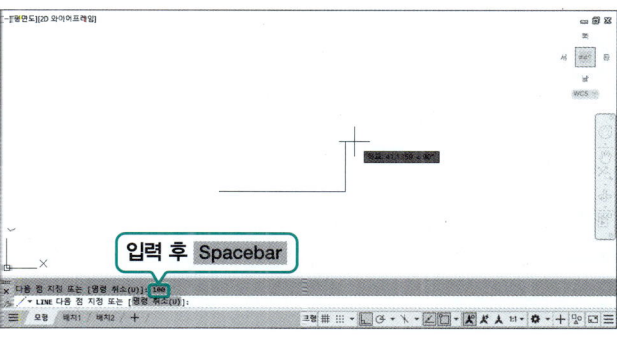

A 명령 행 한눈에 보기

다음 점 지정 또는 [명령 취소(U)]: 100 Spacebar ← 이동 거리 100 지정

03 이번에는 100mm만큼 수직 위쪽으로 이동한 지점까지 선을 그립니다. 마우스 포인터를 위쪽 수직 방향에 둔 다음 명령 행에 **100**을 입력하고 Spacebar 를 누릅니다.

A 명령 행 한눈에 보기

다음 점 지정 또는 [명령 취소(U)]: 100 Spacebar
← 이동 거리 100 지정

04 ❶ 계속해서 왼쪽 정수평 방향으로 100mm만큼 이동할 것이므로 왼쪽 정수평 방향에 마우스 포인터를 두고 명령 행에 **100**을 입력한 후 Spacebar 를 누릅니다. ❷ 연속하여 아래쪽 정수직 방향에 마우스 포인터를 두고 명령 행에 **100**을 입력한 후 Spacebar 를 누릅니다. ❸ 다시 한번 Spacebar 를 눌러 Line 명령을 완료합니다.

A 명령 행 한눈에 보기

다음 점 지정 또는 [닫기(C)/명령 취소(U)]: **100** Spacebar ← 이동 거리 100 지정
다음 점 지정 또는 [닫기(C)/명령 취소(U)]: **100** Spacebar ← 이동 거리 100 지정
다음 점 지정 또는 [닫기(C)/명령 취소(U)]: Spacebar ← Line 명령 종료

쉽고 빠른 실무 NOTE | **어디까지 그렸는지 모르겠어요!**

Line 명령을 실행해서 선이 정수직과 정수평 방향으로만 나타날 때는 마우스 이동 선과 실제 그려진 선이 겹쳐져 어디까지 선을 그렸는지 위치를 혼동할 때가 종종 있습니다. 이럴 때는 다시 F8 을 눌러 직교 모드를 해제하면 마우스 포인터를 따라 이동선이 사선으로 나타나므로 선의 마지막 점을 쉽게 확인할 수 있습니다.

▲ 직교 모드를 켠 상태

▲ F8 을 눌러 직교 모드를 끈 상태

Line 명령으로 사각 의자와 복잡한 선 그리기

실무 도면에서 사용하는 사각 의자와 여러 크기의 치수와 각도가 포함된 선을 그려보겠습니다. 이런 유형의 복잡한 선을 원활하게 그릴 수 있으면 실무 도면 작업이 훨씬 수월할 것입니다. 앞에서 익힌 좌표와 직교 모드를 사용하여 그려봅니다.

실습 파일   Part 2\Part2-01.dwg, Part2-02.dwg

Line 명령으로 사각 의자 그리기

1 실습 파일 **Part2-01.dwg**를 불러옵니다. 오른쪽의 완성된 사각 의자 객체를 참고하여 선을 그려보겠습니다. ❶ 명령 행에 **Line**을 입력하고 Spacebar를 눌러 Line 명령을 실행합니다. ❷ F8 을 눌러 직교 모드를 켜고 ❸ 사각형 객체의 왼쪽 모서리를 클릭해 선의 시작점으로 지정합니다. 마우스의 휠을 굴리거나 클릭해서 도면 객체의 위치나 크기를 조절합니다.

> **A** 명령 행 한눈에 보기
>
> 명령: LINE Spacebar ← Line 명령 입력 (L)
> 첫 번째 점 지정: 〈직교 켜기〉 ← F8 을 눌러 직교 모드를 켬. 직교가 이미 설정되어 있다면 그대로 클릭하여 시작점 지정

바로 통 하는 TIP AutoCAD에는 특정한 지점을 정확하게 잡아주는 객체 스냅(Osnap) 기능이 있습니다. 처음 AutoCAD를 실행하면 기본 객체 스냅이 설정되어 있으므로 마우스 포인터가 초록색 객체 스냅 표식기로 변하면서 정확하게 특정 지점을 잡아줍니다. 130쪽에서 자세히 알아보겠습니다.

◀ 객체 스냅을 설정하여 마우스 포인터가 선의 끝점에 정확하게 달라붙은 모습

2 마우스 포인터를 위쪽 수직 방향에 두고 명령 행에 **50**을 입력한 후 Spacebar를 눌러 선을 그립니다.

> **A** 명령 행 한눈에 보기
> **다음 점 지정 또는 [명령 취소(U)]: 50** Spacebar
> ← 이동 거리 50 지정

3 왼쪽 수평 방향으로 마우스 포인터를 옮기고 명령 행에 **50**을 입력한 후 Spacebar를 눌러 선을 그립니다.

> **A** 명령 행 한눈에 보기
> **다음 점 지정 또는 [명령 취소(U)]: 50** Spacebar
> ← 이동 거리 50 지정

4 ❶ 위쪽 수직 방향으로 마우스를 옮기고 명령 행에 **550**을 입력한 후 Spacebar를 눌러 선을 그립니다.
❷ 같은 방법으로 오른쪽 수평 방향으로 마우스 포인터를 옮기고 명령 행에 **600**을 입력한 후 Spacebar를 눌러 선을 그립니다.

> **A** 명령 행 한눈에 보기
> **다음 점 지정 또는 [닫기(C)/명령 취소(U)]: 550** Spacebar ← 이동 거리 550 지정
> **다음 점 지정 또는 [닫기(C)/명령 취소(U)]: 600** Spacebar ← 이동 거리 600 지정

5 ① 아래쪽 수직 방향으로 마우스 포인터를 옮기고 명령 행에 **550**을 입력한 후 Spacebar를 눌러 선을 그립니다. ② 왼쪽 수평 방향으로 마우스 포인터를 옮기고 명령 행에 **50**을 입력한 후 Spacebar를 눌러 선을 그립니다. Spacebar를 한 번 더 눌러 명령을 종료하면 의자가 완성됩니다.

A 명령 행 한눈에 보기

다음 점 지정 또는 [닫기(C)/명령 취소(U)]: 550 Spacebar ← 이동 거리 550 지정
다음 점 지정 또는 [닫기(C)/명령 취소(U)]: 50 Spacebar ← 이동 거리 50 지정
다음 점 지정 또는 [닫기(C)/명령 취소(U)]: Spacebar ← Line 명령 종료

Line 명령으로 복잡한 선 그리기

1 실습 파일 **Part2-02.dwg**를 불러옵니다. ① 명령 행에 **Line**을 입력하고 Spacebar를 눌러 Line 명령을 실행합니다. ② F8 을 눌러 직교 모드를 켜고 ③ 이미 그려져 있는 선의 끝 부분을 클릭하여 시작점을 지정합니다. 이때도 자동으로 시작점을 잡아주는 객체 스냅을 이용합니다.

A 명령 행 한눈에 보기

명령: LINE Spacebar ← Line 명령 입력 (L)
첫 번째 점 지정: ← 클릭하여 시작점 지정

2 수직 방향의 끝점을 클릭하여 선을 그리고 Spacebar 를 눌러 나옵니다.

A 명령 행 한눈에 보기

다음 점 지정 또는 [명령 취소(U)]: ← 다음 점 지정
다음 점 지정 또는 [명령 취소(U)]: Spacebar
← Line 명령 종료

3 이번에는 앞에서 배웠던 상대좌표를 사용하여 그려봅니다. 별도의 명령을 입력하지 않고 Spacebar 를 눌러서 Line 명령을 실행합니다.

A 명령 행 한눈에 보기

명령: Spacebar ← Spacebar 를 눌러 Line 명령 실행

4 ❶ 객체 스냅의 끝점을 사용하여 첫 번째 점을 지정합니다. ❷ 명령 행에 상대좌표인 **@35,0**을 입력하고 Spacebar 를 두 번 눌러서 명령을 실행 및 종료합니다.

A 명령 행 한눈에 보기

첫 번째 점 지정: ← 클릭하여 시작점 지정
다음 점 지정 또는 [명령 취소(U)]: @35,0 Spacebar ← 상대좌표 (@35,0)으로 다음 점 지정
다음 점 지정 또는 [명령 취소(U)]: Spacebar ← Line 명령 종료

바로 통 하는 TIP 명령을 종료해도 Spacebar 를 누르면 바로 직전에 사용한 명령을 연속해서 사용할 수 있습니다.

05 다음 선을 그리겠습니다. ❶ 별도의 명령을 입력하지 않고 Spacebar 를 눌러서 Line 명령을 실행합니다. ❷ 객체 스냅을 사용하여 첫 번째 점을 지정합니다.

A 명령 행 한눈에 보기

명령: Spacebar ← Spacebar 를 눌러 Line 명령 실행
첫 번째 점 지정: ← 클릭하여 시작점 지정

06 이번에는 각도가 있는 사선을 그려야 하므로 극좌표를 사용해봅니다. 명령 행에 극좌표인 **@50〈45**를 입력하고 Spacebar 를 두 번 눌러서 명령을 실행 및 종료합니다. 각도는 극좌표의 0° 방향에서 45°만큼 기울어졌으며 거리는 50mm인 사선이 그려졌습니다.

A 명령 행 한눈에 보기

다음 점 지정 또는 [명령 취소(U)]: @50〈45 Spacebar ← 극좌표 (@50〈45)로 다음 점 지정
다음 점 지정 또는 [명령 취소(U)]: Spacebar ← Line 명령 종료

바로 통 하는 TIP 항상 극좌표의 기준 방향인 0° 방향을 기준으로 삼고, 그로부터 시계 반대 방향으로 얼마의 각도로 기우는지 계산해봅니다.

7 한 번 더 극좌표를 연습하기 위하여 마지막 선을 그려봅니다. ① Spacebar 를 눌러 Line 명령을 실행하고 ② 첫 번째 점을 지정합니다.

> **A 명령 행 한눈에 보기**
>
> **명령:** Spacebar ← Spacebar 를 눌러 Line 명령 입력
> **첫 번째 점 지정:** ← 클릭하여 시작점 지정

8 극좌표 **@30〈60**을 입력하고 Spacebar 를 두 번 눌러 명령을 실행 및 종료합니다. 도면이 완성됩니다.

> **A 명령 행 한눈에 보기**
>
> **다음 점 지정 또는 [명령 취소(U)]:** @30〈60 Spacebar ← 극좌표 (@30〈60)로 다음 점 지정
> **다음 점 지정 또는 [명령 취소(U)]:** Spacebar ← Line 명령 종료

SECTION 03 명령을 취소하는 Undo, 명령을 되돌리는 Redo

도면을 작성하다 보면 기능에 따라 여러 가지 명령어를 사용합니다. 종이에 완성한 설계 내용을 단순히 AutoCAD로 옮겨 그리기만 하는 작업이 아니라 AutoCAD에서 바로 설계 도면을 그리는 경우라면, 사용했던 명령을 취소하고 되돌릴 때가 무수히 많습니다. 이럴 때 Undo(명령 취소) 명령과 Redo(명령 복구) 명령을 사용합니다.

01 Undo 명령으로 명령 취소하기

작업한 내용이 마음에 들지 않아서 작업 단계를 취소하고 싶을 때 Undo(명령 취소) 명령을 사용합니다. Undo 명령을 사용하려면 명령 행에 **U**를 입력하고 Spacebar 를 누르거나 신속 접근 도구 막대에 있는 [명령 취소 ⇐]를 클릭하면 앞에 적용한 명령을 취소할 수 있습니다.

01 ❶ 명령 행에 **Line**을 입력하고 Spacebar 를 눌러 명령을 실행합니다. ❷ 임의의 지점을 클릭하여 시작점을 지정합니다. ❸ 치수에 상관없이 임의의 지점을 클릭하여 선을 한 줄만 그리고 Spacebar 를 눌러서 명령을 종료합니다. ❹ Spacebar 를 눌러 다시 명령을 실행하고 또 한 줄을 그리는 방식으로 사각형을 완성합니다. 즉, Line 명령을 네 번 실행합니다.

A 명령 행 한눈에 보기

명령: LINE Spacebar ← Line 명령 입력 (L)
첫 번째 점 지정: ← 클릭하여 시작점 지정
다음 점 지정 또는 [명령 취소(U)]: ← 객체 스냅 사용하여 다음 점 지정
다음 점 지정 또는 [명령 취소(U)]: Spacebar ← Line 명령 종료

02 ❶ 명령 행에 **Undo**를 입력하고 Spacebar 를 누릅니다. ❷ 선을 그린 최근 두 단계를 취소하기 위하여 명령 행에 **2**를 입력하고 Spacebar 를 누릅니다.

| A | 명령 행 한눈에 보기 | 극좌표 입력 형식 |

명령: **UNDO** Spacebar ← Undo 명령 입력
현재 설정: 자동 = 켜기, 조정 = 전체, 결합 = 예, 도면층 = 예
취소할 작업의 수 또는 [자동(A)/조정(C)/시작(BE)/끝(E)/표식(M)/뒤(B)] 입력 <1>: 2 Spacebar **LINE LINE** ← 두 단계 앞까지 Line 명령 취소

03 선 두 개가 지워진 상태로 되돌아갑니다.

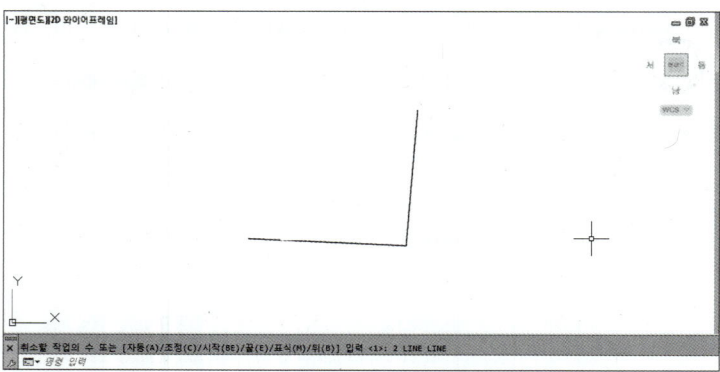

바로 통 하는 TIP Undo 명령을 계속 적용하여 더는 취소할 명령이 없어지면 '명령 취소할 것이 없음'이라는 메시지가 나타납니다.

바로 통 하는 TIP 실행 취소 단축키 Ctrl + Z 를 사용해도 작업을 빠르게 취소할 수 있습니다.

| 쉽고 빠른 실무 NOTE | **Undo 명령의 단축키인 U와 명령어 Undo의 차이점** |

명령 행에 **U**를 입력하고 Spacebar 를 누르면 바로 이전에 사용한 명령만 한 번 취소됩니다. 하지만 **Undo**를 입력하면 바로 취소되지 않고, 메인 메뉴와 서브 메뉴가 나타납니다. 메인 메뉴인 [취소할 작업의 수]에서 취소할 작업의 수를 입력하면 원하는 횟수만큼 명령 취소를 실행할 수 있습니다.

02 Redo 명령으로 취소한 명령 되돌리기

Redo(명령 복구) 명령은 취소한 작업을 다시 되돌리는 편집 명령입니다. Redo 명령을 사용하기 위해서는 명령 행에 **Redo**를 입력하고 Spacebar 를 누르거나 신속 접근 도구 막대에 있는 [명령 복구 ➡]를 클릭합니다.

01 이전 실습을 이어 진행합니다. Undo 명령을 실행하여 선이 두 개만 남은 상태에서 신속 접근 도구 막대에 있는 [명령 복구 ➡]를 클릭합니다.

A 명령 행 한눈에 보기

명령: REDO Spacebar ← Redo 명령 입력

> **바로 통하는 TIP** Undo 명령은 몇 번이고 반복해서 쓸 수 있어 파일을 열었던 첫 단계 명령까지 취소할 수 있습니다. 하지만 별도로 도면 파일을 저장하지 않고 Undo 명령을 실행하다 보면 계속해서 이전 단계로 가기 때문에 애써 그렸던 도면을 되돌릴 수 없으니 유의해야 합니다. Redo 명령은 가장 마지막에 취소한 명령만 한 차례 되돌릴 수 있습니다.

02 사라진 객체들이 다시 나타납니다.

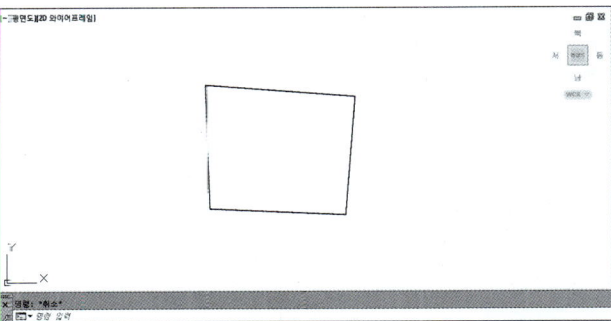

A 명령 행 한눈에 보기

LINE LINE ← 복원되는 명령과 횟수 표시
모든 것이 명령 복구됨

> **바로 통하는 TIP** 도면 작업을 다 마치고 저장한 후 AutoCAD를 종료했다가 다시 종료한 파일을 불러와서 Undo 명령이나 Redo 명령을 실행하면 해당 명령이 실행되지 않습니다. 이는 프로그램을 종료하면 그 파일의 모든 작업 내역(History)이 삭제되기 때문입니다. 꼭 기억해두세요!

SECTION 04 객체를 지우는 Erase

도면을 그리다 보면 객체의 일부분이나 전체를 지울 때가 매우 빈번합니다. 이렇게 필요하지 않은 객체를 지우는 편집 명령이 Erase(지우기) 명령입니다. Erase 명령을 사용하려면 명령 행에 **Erase**를 입력하고 `Spacebar` 를 누르거나 [수정] 도구 팔레트-[지우기]를 클릭합니다.

동영상 강의 확인하기

01 Erase 명령으로 객체 일부분 지우기

실습 파일 Part 2\Part2-03.dwg

Erase 명령으로 객체 일부분을 삭제해보겠습니다.

01 실습 파일 **Part2-03.dwg**를 불러옵니다. ❶ 명령 행에 **Erase**를 입력하고 `Spacebar` 를 누릅니다. ❷ 명령 행에 'ERASE 객체 선택'이란 메시지가 나오면 지울 객체를 드래그하여 선택합니다.

A 명령 행 한눈에 보기

명령: erase `Spacebar` ← Erase 명령 입력 (E)
객체 선택: 반대 구석 지정: 140개를 찾음 ← 선택 상자로 지울 객체 지정

바로 통하는 TIP 객체를 선택할 때 마우스 왼쪽 버튼을 클릭한 채 드래그하면 올가미 선택 도구가 실행됩니다. 상자 선택 도구로 객체를 선택하려면 드래그 시작 지점을 클릭한 후 드래그 종료 지점을 클릭합니다.

바로 통하는 TIP 실습 파일(도면)을 불러오는 방법은 이 책의 67쪽을 참고하세요.

> **쉽고 빠른 실무 NOTE** | **객체 하나만 선택하기**
>
> 단일 객체를 선택하고 싶을 때는 객체를 드래그하지 않고 지울 객체만 하나씩 따로따로 클릭하여 지웁니다.
>
>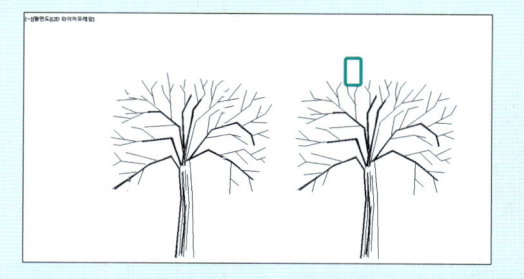

02 선택된 객체는 옅은 색으로 표시됩니다. Spacebar 를 눌러 명령을 실행하면 선택한 객체가 지워집니다.

▲ 지울 객체를 선택한 화면

A 명령 형 한눈에 보기

객체 선택: Spacebar ← 객체를 모두 선택한 후 Spacebar 를 누르고 실행 후 종료

02 Erase 명령으로 객체 전체를 한번에 지우기

실습 파일   Part 2\Part2-04.dwg

이번에는 도면에 담긴 모든 객체를 한번에 지우는 연습을 해보겠습니다. 이때는 화면에 보이지 않는 객체까지도 모두 지워지므로 신중하게 사용하도록 합니다.

01 실습 파일 **Part2-04.dwg**를 불러옵니다. 명령 행에 **Erase**를 입력하고 `Spacebar`를 누릅니다.

A 명령 행 한눈에 보기

명령: ERASE `Spacebar` ← Erase 명령 입력 (E)

02 명령 행에 'ERASE 객체 선택'이란 메시지가 나오면 지울 객체를 모두 선택합니다. 객체를 직접 클릭하지 않고 명령 행에 **All**을 입력한 후 `Spacebar`를 누르면 도면의 모든 객체가 선택됩니다.

A 명령 행 한눈에 보기

객체 선택: all `Spacebar` **266개를 찾음** ← all을 입력하여 266개의 객체 선택

03 `Spacebar`를 누르면 모든 객체가 삭제되어 화면에 아무것도 남아 있지 않습니다.

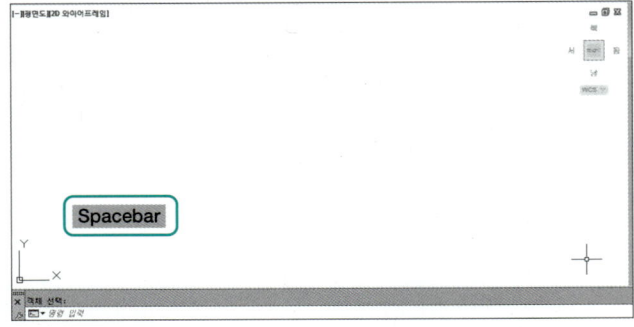

A 명령 행 한눈에 보기

객체 선택: `Spacebar` ← Erase 명령 종료

SECTION 05 도면 작업의 범위를 지정하는 Limits

AutoCAD의 공간은 무한대만큼이나 큰 영역입니다. 물론 화면상으로는 모니터 영역만큼만 표현되지만 화면을 확대하거나 축소하면서 작업자가 원하는 크기로 얼마든지 도면 영역의 배율을 자유자재로 조절할 수 있습니다. 도면의 크기는 제한되어 있으므로 처음부터 완성될 도면의 영역을 지정하고 그려야 작업이 편리합니다. 그렇다면 도면을 그리기 전에 작업 범위를 미리 지정하고 도면을 그리는 방법은 없을까요? 물론 있습니다. 지금 배울 Limits(한계 영역) 명령을 사용하는 방법입니다. Limits 명령을 사용하려면 명령 행에 **Limits**를 입력하고 Spacebar 를 누릅니다.

01 Limits 명령으로 도면을 그릴 영역 지정하기

AutoCAD에서 도면을 작성하기 전에 미리 도면의 한계 영역에 맞는 작업 범위를 지정하겠습니다. 실무에서 도면을 그릴 때는 실제 구조물의 크기를 그대로 입력하여 작업하는 경우가 대부분입니다. 그러므로 실제 그릴 구조물의 크기를 확인하여 그 외곽보다 약간의 여유를 두고 한계 영역을 설정하도록 합니다.

01 새 도면 파일을 엽니다. 도면의 한계 영역을 A4 크기(297×210)로 지정해보겠습니다. 명령 행에 **Limits**를 입력하고 Spacebar 를 눌러 명령을 실행합니다.

A 명령 행 한눈에 보기

명령: limits Spacebar ← Limits 명령 입력

02 명령을 실행하면 한계 영역 왼쪽 아래 구석점의 좌표를 지정하라는 메시지가 나타납니다. 현재 기본 설정값으로 〈0.0000,0.0000〉의 좌표가 입력되어 있으므로 그대로 Spacebar 를 누릅니다.

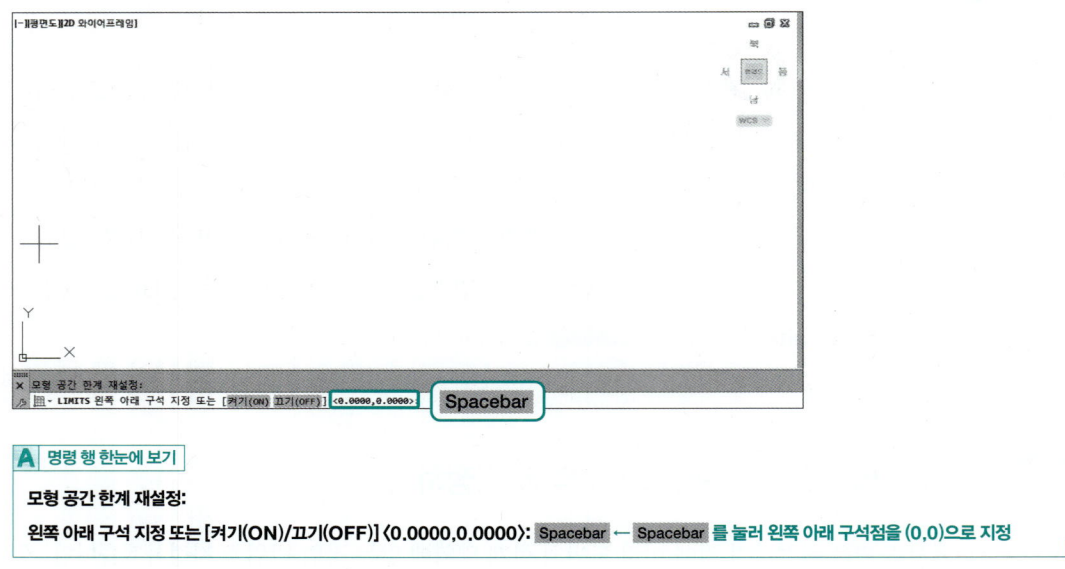

A 명령 행 한눈에 보기

모형 공간 한계 재설정:
왼쪽 아래 구석 지정 또는 [켜기(ON)/끄기(OFF)] 〈0.0000,0.0000〉: Spacebar ← Spacebar 를 눌러 왼쪽 아래 구석점을 (0,0)으로 지정

바로 통 하는 TIP AutoCAD에서 명령 행의 내용 중 오른쪽에 표시된 〈0.0000,0.0000〉처럼 〈 〉 안의 값은 현재 설정된 기본값(Default)을 말합니다. 따라서 어떤 명령어를 사용하든 입력하고자 하는 값이 현재 기본값과 같다면 그대로 Spacebar 를 누르고 넘어갑니다.

03 한계 영역 오른쪽 상단의 구석점 좌표를 지정하라는 메시지가 나타납니다. 현재 설정값은 A3 크기인 〈420.0000,297.0000〉이므로 A4 크기로 변경하기 위해 **297,210**을 입력하고 Spacebar 를 눌러 한계 영역을 재설정합니다.

A 명령 행 한눈에 보기

오른쪽 위 구석 지정 〈420.0000,297.0000〉: 297,210 Spacebar ← 오른쪽 위 구석점을 (297,210)으로 설정

바로 통 하는 TIP 현재 기본값인 〈420.0000,297.0000〉 그대로 Spacebar 를 눌러 실행하면 A3 크기만큼 한계 영역이 지정됩니다.

04 한계 영역을 모두 지정했습니다. 현재 모니터 화면상에는 지정한 한계 영역이 모두 보이지는 않습니다. Zoom 명령을 사용하여 한계 영역을 화면에 모두 보이게 합니다. ❶ 명령 행에 **Zoom**을 입력한 후 Spacebar 를 눌러 명령을 실행합니다. ❷ 서브 메뉴 중 **All**을 입력하고 Spacebar 를 누릅니다.

 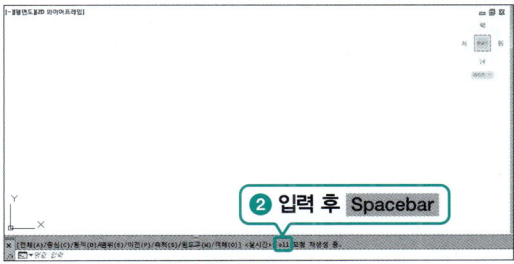

A 명령 행 한눈에 보기

명령: ZOOM Spacebar ← Zoom 명령 입력 (Z)
윈도우 구석 지정, 축척 비율(nX 또는 nXP) 입력 또는
[전체(A)/중심(C)/동적(D)/범위(E)/이전(P)/축척(S)/윈도우(W)/객체(O)] <실시간>: all Spacebar ← all 입력하여 도면 전체로 화면 확대
모형 재생성 중.

바로 통 하는 TIP Zoom 명령은 도면을 확대 · 축소해서 볼 때 쓰는 명령입니다. Zoom 명령의 사용법은 157쪽에서 자세하게 설명하겠습니다.

02 Limits On/Off 설정하기

Limits 명령을 실행한 뒤 명령 행을 살펴보면 서브 메뉴에 '[켜기(On)/끄기(Off)]'가 표시됩니다. [켜기(On)]를 선택하면 Limits 명령으로 설정한 한계 영역 안에만 도면을 그릴 수 있고, [끄기(Off)]를 선택하면 Limits 명령으로 설정한 한계 영역의 안팎으로 화면상 모든 영역에 도면을 그릴 수 있습니다.

▲ [켜기(On)]를 선택하면 사각형으로 표시한 한계 영역 밖에서는 선이 그려지지 않음

▲ [끄기(Off)]를 선택하면 사각형으로 표시한 한계 영역 밖에서도 선이 그려짐

Plot 명령 적용하여 출력하기

도면을 출력할 때는 플로터(Plotter)를 많이 사용하므로 AutoCAD에서 출력하는 명령은 Print가 아니고 Plot입니다. AutoCAD의 Plot 명령은 포함하는 내용이 워낙 방대하고도 중요하므로 PART 09에서 자세히 설명하도록 하고 여기서는 간단히 Plot 명령과 Limits 명령을 적용하여 출력하는 법을 알아봅니다.

실습 파일 Part 2\Part2-05.dwg

1 실습 파일 **Part2-05.dwg**를 불러옵니다. 실습 파일은 한계 영역을 A4 크기로 지정하여 그 경계를 사각형으로 나타낸 뒤 한계 영역 내부와 외부에 걸쳐서 소파를 그린 도면입니다.

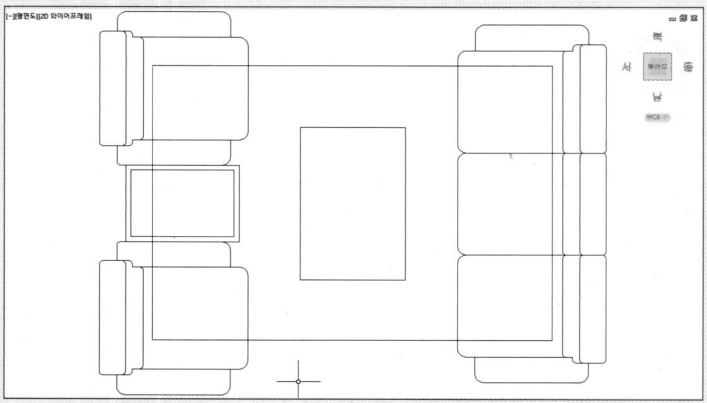

2 A4 크기로 설정한 한계 영역 안에 있는 도면 영역만 출력하기 위해 명령 행에 **Plot**을 입력하고 Spacebar 를 누릅니다. [메뉴 A]-[인쇄 ▶]-[플롯]을 클릭해도 됩니다.

▲ [메뉴 A]-[인쇄]-[플롯]을 선택한 모습

3 [플롯 - 모형] 대화상자가 나타나면 [프린터/플로터] 영역의 [이름(M)] 항목에서 현재 사용하고 있는 프린터를 클릭합니다.

4 ① [용지 크기(Z)] 영역에서 [A4]를 선택합니다. ② 출력 영역을 지정하는 [플롯 영역]에서 한계 영역만을 출력하기 위해 [플롯 대상]을 [한계]로 지정합니다. ③ 하단의 [미리보기]를 클릭합니다.

5 지정한 한계 영역 안의 도면만 나타납니다.

바로 통하는 TIP 실무를 하다 보면 하루에도 여러 장의 도면을 그려야 하므로 시간을 절약할 수 있는 기능을 충분히 숙지하고 활용해야 합니다. 도면 작업에 필요한 보기 환경을 조절하는 Limits 명령을 이용해 도면 작업 영역을 지정하고, 도면층, 치수 스타일, 문자 스타일, 선의 굵기, 선의 색상, 선의 종류 등을 회사 규정에 맞게 미리 설정합니다. 필요할 때마다 이미 설정된 도면 틀을 불러와 도면 작업을 바로 진행하면 매우 효율적입니다.

CHAPTER 03

편집 명령으로
원과 호 그리기

도면을 작성할 때 Line(선 그리기) 명령과 함께 가장 중요한 그리기 명령이 바로 Circle(원 그리기) 명령과 Arc(호 그리기) 명령입니다. 이번에는 원과 호를 그리는 방법을 살펴보고 실무에서 어떻게 사용하는지를 알아봅니다.

🎯 학습 목표

도면 그리기의 기본인 원과 호를 그리는 방법을 익혀봅니다. Circle 명령으로 정원을 그리고 Arc 명령으로 호를 그려보겠습니다.

▲ 원 그리기

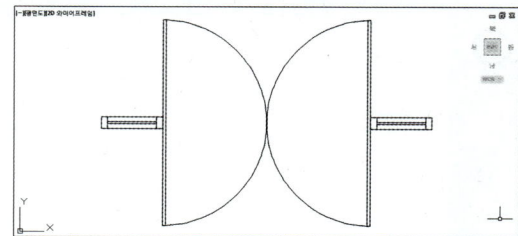

▲ 호 그리기

SECTION 01 | 원을 그리는 Circle

AutoCAD에서는 Circle(원 그리기) 명령으로 수직과 수평의 지름이 같은 정원을 그릴 수 있습니다. 수직과 수평의 지름이 다른 원을 그릴 때는 Ellipse(타원 그리기) 명령을 사용합니다. Circle 명령은 특히 복잡한 인테리어 상세 도면이나 기계 도면을 그릴 때 많이 사용하므로 서브 메뉴를 잘 익혀둡니다. Circle 명령을 사용하려면 명령 행에 **Circle**을 입력하고 Spacebar 를 누르거나 [그리기] 도구 팔레트-[원 그리기]를 클릭합니다.

동영상 강의 확인하기

+ **옵션 풀이**

3점(3P) _ 임의의 세 점을 지정하여 원을 그립니다.
2점(2P) _ 임의의 두 점을 지정하여 원을 그립니다. 두 점은 원의 지름이 됩니다.
접선 접선 반지름(Ttr) _ 기존에 그렸던 도면에서 임의의 두 객체 사이에 접하는 원을 그리고 반지름을 지정합니다.

01 반지름과 지름을 입력하여 원 그리기

실습 파일 Part 2\Part2-06.dwg

반지름과 지름을 이용하여 원을 그려봅니다. 지름의 수치를 반으로 나누기 쉬운 경우에는 반지름을 입력하고 그렇지 않으면 지름(Diameter) 옵션을 선택하여 입력합니다.

01 실습 파일 **Part2-06.dwg**를 불러옵니다. 병원의 치료 의자 주변에 반지름을 입력해서 원을 그려보겠습니다. 명령 행에 **Circle**을 입력하고 Spacebar 를 누릅니다.

A **명령 행 한눈에 보기**

명령: **CIRCLE** Spacebar ← Circle 명령 입력 (C)

02 ❶ 십자 형태인 두 선의 교차 지점을 클릭해서 원의 중심점으로 지정합니다. ❷ 반지름값 **300**을 입력한 후 Spacebar 를 누르면 반지름이 300mm인 원이 그려집니다.

A 명령 행 한눈에 보기

원에 대한 중심점 지정 또는 [3점(3P)/2점(2P)/Ttr – 접선 접선 반지름(T)]: ← 두 선의 교차 지점을 클릭하여 중심점으로 지정
원의 반지름 지정 또는 [지름(D)]: 300 Spacebar ← 반지름 300 입력하고 명령 실행

03 왼쪽 받침대에 작은 원을 그려보겠습니다. ❶ 명령 행에 다시 **Circle**을 입력하고 Spacebar 를 누릅니다. ❷ 작은 원의 중심을 클릭하면 그려질 원의 중심점이 지정됩니다.

A 명령 행 한눈에 보기

명령: CIRCLE Spacebar ← Circle 명령 입력 (C)
원에 대한 중심점 지정 또는 [3점(3P)/2점(2P)/Ttr – 접선 접선 반지름(T)]: ← 중심점 지정

04 이번에는 반지름이 아닌 원의 지름을 입력해서 원을 그려보겠습니다. ❶ 명령 행에 지름 옵션인 **D**를 입력하고 Spacebar 를 누릅니다. ❷ 원의 지름값을 **170**으로 입력한 후 Spacebar 를 눌러 원 그리기를 종료합니다.

> **A 명령 행 한눈에 보기**
>
> 원의 반지름 지정 또는 [지름(D)] 〈300.0000〉: d Spacebar ← 지름을 입력하기 위해 옵션 D 입력
> 원의 지름을 지정함 〈600.0000〉: 170 Spacebar ← 지름 170 입력 후 실행 및 종료

02 3P 옵션으로 세 점을 지나는 원 그리기

실습 파일 Part 2\Part2-07.dwg

임의의 세 점을 지정해서 그 세 점을 지나는 원을 그려보겠습니다.

01 실습 파일 **Part2-07.dwg**를 불러옵니다. ❶ 명령 행에 **Circle**을 입력하고 Spacebar 를 누릅니다. ❷ 서브 메뉴 중 3점 옵션인 **3P**를 입력하고 Spacebar 를 누릅니다.

> **A 명령 행 한눈에 보기**
>
> **명령: CIRCLE** Spacebar ← Circle 명령 입력 (C)
> 원에 대한 중심점 지정 또는 [3점(3P)/2점(2P)/Ttr - 접선 접선 반지름(T)]: 3p Spacebar ← 세 점을 지정하는 옵션 3P 입력

02 ❶ 사각형의 첫 번째, ❷ 두 번째, ❸ 세 번째 가운뎃점을 차례로 클릭해 세 점을 지정해줍니다.

A	명령 행 한눈에 보기

원 위의 첫 번째 점 지정: ← 가운뎃점을 클릭하여 첫 번째 점 지정(세 꼭짓점 중 임의의 점)
원 위의 두 번째 점 지정: ← 가운뎃점을 클릭하여 두 번째 점 지정
원 위의 세 번째 점 지정: ← 가운뎃점을 클릭하여 세 번째 점 지정

03 세 개의 점을 모두 지정하면 세 점을 지나는 원이 그려집니다.

03 2P 옵션으로 두 점을 지름으로 하는 원 그리기

실습 파일 Part 2\Part2-07.dwg

두 개의 점을 임의로 지정하여 지정한 두 점을 지름으로 하는 원을 그려보겠습니다.

01 실습 파일 **Part2-07.dwg**의 오른쪽 사각형에도 원을 그려보겠습니다. ① 명령 행에 **Circle**을 입력하고 Spacebar 를 누릅니다. ② 서브 메뉴 중 2점 옵션인 **2P**를 입력하고 Spacebar 를 누릅니다.

A 명령 행 한눈에 보기

명령: CIRCLE Spacebar ← Circle 명령 입력 (C)
원에 대한 중심점 지정 또는 [3점(3P)/2점(2P)/Ttr – 접선 접선 반지름(T)]: 2p Spacebar ← 두 점을 지정하는 옵션 2P 입력

02 지름의 끝점이 될 사각형 아래의 가운데 교차점을 클릭하여 첫 번째 점으로 지정합니다.

A 명령 행 한눈에 보기

원 지름의 첫 번째 끝점을 지정: ← 첫 번째 점 지정

03 사각형 위의 가운데 교차점을 클릭하여 두 번째 점으로 지정하면 두 점을 지름으로 하는 원이 그려집니다.

A 명령 행 한눈에 보기

원 지름의 두 번째 끝점을 지정:
← 두 번째 점 지정

04 Ttr 옵션으로 접선과 반지름을 이용한 원 그리기

실습 파일 Part 2\Part2-07.dwg

Circle 명령의 서브 메뉴 중 하나인 Ttr 옵션은 두 개의 접선(Tangent)과 반지름을 지정해서 원을 그리는 기능입니다. Ttr 옵션을 이용하여 두 선과 접하면서 지정한 반지름값을 갖는 원을 그려보겠습니다.

01 실습 파일 **Part2-07.dwg**에서 두 사각형 사이의 한가운데에 원을 그려보겠습니다. ❶ 명령 행에 **Circle**을 입력하고 Spacebar 를 누릅니다. ❷ 서브 메뉴 중 Ttr 옵션인 **T**를 입력하고 Spacebar 를 누릅니다.

A 명령 행 한눈에 보기

명령: circle Spacebar ← Circle 명령 입력 (C)
원에 대한 중심점 지정 또는 [3점(3P)/2점(2P)/Ttr – 접선 접선 반지름(T)]: t Spacebar ← 옵션 T 입력

02 접하는 두 선을 지정합니다. 이때는 해당 선의 어느 부분을 클릭해도 상관없습니다.

A 명령 행 한눈에 보기

원의 첫 번째 접점에 대한 객체위의 점 지정: ← 선 위에 있는 임의의 점을 클릭하여 첫 번째 선 지정
원의 두 번째 접점에 대한 객체위의 점 지정: ← 선 위에 있는 임의의 점을 클릭하여 두 번째 선 지정

03 두 선 사이에 접하는 원의 반지름을 입력합니다. 명령 행에 **152.45**를 입력하고 Spacebar 를 눌러 명령을 실행합니다. 왼쪽과 위쪽 두 접선과 닿으면서 반지름값이 152.45mm인 원이 그려집니다.

입력 후 Spacebar

A 명령 행 한눈에 보기

원의 반지름 지정 〈152.4500〉: 152.45 Spacebar ← 반지름 152.45 입력

SECTION 02 활처럼 휘어진 호를 그리는 Arc

Arc(호 그리기) 명령은 Circle(원 그리기) 명령과 함께 Line(선 그리기) 명령 다음으로 자주 사용하는 그리기 명령입니다. 건축이나 인테리어 분야에서는 문의 동선을 나타낼 때 많이 사용합니다. Arc 명령을 사용하려면 명령 행에 **Arc**를 입력하고 Spacebar 를 누르거나 [그리기] 도구 팔레트-[호]를 클릭합니다.

동영상 강의 확인하기

+ 옵션 풀이

중심(C) _ 호의 중심점을 지정하여 그립니다.
끝(E) _ 호의 끝점을 지정하여 그립니다.

01 3P 옵션으로 세 개의 점을 지정하여 호 그리기

실습 파일 Part 2\Part2-08.dwg

Arc 명령을 사용할 때는 보통 3P 옵션으로 세 개의 점을 지정하여 세 점을 지나는 호를 그립니다.

01 실습 파일 **Part2-08.dwg**를 불러와서 쌍여닫이문의 문이 열리는 동선을 그려보겠습니다. ❶ 명령 행에 **Arc**를 입력하고 Spacebar 를 누릅니다. ❷ 호가 지나가는 첫 번째 지점을 지정합니다.

A 명령 행 한눈에 보기

명령: ARC Spacebar ← Arc 명령 입력 (A)
호의 시작점 지정 또는 [중심(C)]: ← 호의 시작점 지정

02 호가 지나는 두 번째 지점은 수평선의 가운데 교차점을 클릭하여 지정합니다.

A 명령 행 한눈에 보기

호의 두 번째 점 또는 [중심(C)/끝(E)] 지정: ← 호의 두 번째 점 지정

03 호의 세 번째 지점을 지정하여 문 그리기를 완성합니다.

A 명령 행 한눈에 보기

호의 끝점 지정: ← 호의 끝점 지정

04 반대 방향의 문도 그려보겠습니다. ① 명령 행에 **Arc**를 입력하고 Spacebar 를 누릅니다. ② 호가 지나가는 첫 번째 지점을 지정합니다.

A 명령 행 한눈에 보기

명령: ARC Spacebar ← Arc 명령 입력 (A)
호의 시작점 지정 또는 [중심(C)]: ← 호의 시작점 지정

05 ❶ 호의 두 번째 지점은 수평선의 가운데 교차점을 클릭하여 지정하고 ❷ 호의 세 번째 지점을 지정합니다. 오른쪽 문이 완성됩니다.

> **A 명령 행 한눈에 보기**
>
> **호의 두 번째 점 또는 [중심(C)/끝(E)] 지정:** ← 호의 두 번째 점 지정
> **호의 끝점 지정:** ← 호의 끝점 지정

06 ❶ 명령 행에 **Erase**를 입력하고 Spacebar 를 누릅니다. ❷ 수평선을 클릭하고 Spacebar 를 누릅니다. 해당 객체가 지워집니다.

> **A 명령 행 한눈에 보기**
>
> **명령: ERASE** Spacebar ← Erase 명령 입력 (E)
> **객체 선택: 1개를 찾음** ← 지울 수평선 객체 선택
> **객체 선택:** Spacebar ← 객체 삭제

02 시작점, 끝점, 반지름을 이용하는 S, E, R 옵션으로 호 그리기

실습 파일   Part 2\Part2-09.dwg

S, E, R 옵션은 3P 옵션 다음으로 Arc 명령에서 자주 사용하는 방법입니다. 호가 지나가는 시작점(Start)과 끝점(End), 그리고 호와 중심점 사이의 반지름(Radius)을 지정하여 호를 그리므로 S, E, R 옵션이라 합니다. S, E, R 옵션을 사용하여 회전문을 완성해보겠습니다.

01 실습 파일 **Part2-09.dwg**를 불러옵니다. ❶ 명령 행에 **Arc**를 입력하고 Spacebar 를 누릅니다. ❷ 호가 지나가는 시작점을 지정합니다.

> **A 명령 행 한눈에 보기**
>
> 명령: ARC Spacebar ← Arc 명령 입력 (A)
> 호의 시작점 지정 또는 [중심(C)]: ← 호의 시작점을 클릭하여 지정

02 호가 지나가는 끝점을 지정합니다. ❶ 명령 행에 **E**를 입력하고 Spacebar 를 누릅니다. ❷ 끝점을 지정합니다.

> **A 명령 행 한눈에 보기**
>
> 호의 두 번째 점 또는 [중심(C)/끝(E)] 지정: e Spacebar ← 옵션 E 입력
> 호의 끝점 지정: ← 호의 끝점을 클릭하여 지정

03 반지름을 입력하겠습니다. ❶ 명령 행에 **R**을 입력하고 Spacebar 를 누릅니다. ❷ 반지름값으로 **800**을 입력하고 Spacebar 를 눌러 호를 완성합니다.

A 명령 행 한눈에 보기

호의 중심점 지정(Ctrl 키를 누른 상태에서 방향 전환) 또는 [각도(A)/방향(D)/반지름(R)]: r Spacebar ← 반지름 옵션 R 입력
호의 반지름 지정(Ctrl 키를 누른 상태에서 방향 전환): 800 Spacebar ← 반지름 800 입력

04 계속해서 회전문 객체 아래쪽에도 호를 그려보겠습니다. ❶ 명령 행에 **Arc**를 입력하고 Spacebar 를 누릅니다. ❷ 호가 지나가는 시작점을 지정합니다.

A 명령 행 한눈에 보기

명령: ARC Spacebar ← Arc 명령어 입력 (A)
호의 시작점 지정 또는 [중심(C)]: ← 호의 시작점 지정

05 호가 지나가는 끝점을 지정하겠습니다. ❶ 명령 행에 **E**를 입력하고 Spacebar 를 누릅니다. ❷ 끝점을 지정합니다.

A 명령 행 한눈에 보기

호의 두 번째 점 또는 [중심(C)/끝(E)] 지정: e Spacebar ← 옵션 E 입력
호의 끝점 지정: ← 호의 끝점 지정

06 반지름을 입력하겠습니다. ❶ 명령 행에 **R**을 입력한 후 ❷ 반지름값으로 **800**을 입력하고 Spacebar 를 누릅니다. 지정한 지점에 호가 완성됩니다.

A 명령 행 한눈에 보기

호의 중심점 지정(Ctrl 키를 누른 상태에서 방향 전환) 또는 [각도(A)/방향(D)/반지름(R)]: r Spacebar ← 반지름 옵션 R 입력
호의 반지름 지정(Ctrl 키를 누른 상태에서 방향 전환): 800 Spacebar ← 반지름 800 입력

07 ❶ 계속해서 명령 행에 **Arc**를 입력하고 Spacebar 를 누릅니다. ❷ 시작점을 지정합니다.

A 명령 행 한눈에 보기

명령: ARC Spacebar ← Arc 명령 입력 (A)
호의 시작점 지정 또는 [중심(C)]: ← 호의 시작점 지정

08 호가 지나가는 끝점을 지정하겠습니다. ❶ 명령 행에 **E**를 입력하고 Spacebar 를 누릅니다. ❷ 끝점을 지정합니다.

A 명령 행 한눈에 보기

호의 두 번째 점 또는 [중심(C)/끝(E)] 지정: e Spacebar ← 옵션 E 입력
호의 끝점 지정: ← 호의 끝점 지정

09 반지름을 입력하겠습니다. ❶ 명령 행에 **R**을 입력한 후 Spacebar 를 누릅니다. ❷ 반지름값으로 **800**을 입력하고 Spacebar 를 누르면 호가 완성됩니다.

A 명령 행 한눈에 보기

호의 중심점 지정(Ctrl 키를 누른 상태에서 방향 전환) 또는 [각도(A)/방향(D)/반지름(R)]: r Spacebar ← 반지름 옵션 R 입력
호의 반지름 지정(Ctrl 키를 누른 상태에서 방향 전환): 800 Spacebar ← 반지름 800 입력

10 같은 방법을 적용하여 나머지 호도 완성합니다.

쉽고 빠른 실무 NOTE — 오목한 호 그리기

S, E, R 옵션을 사용할 때 시작점과 끝점을 시계 반대 방향으로 지정하면 앞의 예와 같이 볼록한 호가 되고, 시계 방향으로 지정하면 다음 그림과 같이 오목한 호가 그려집니다. 시계 방향으로도 그려봅니다.

쉽고 빠른 실무 NOTE — 여덟 가지 옵션으로 호 그리기

앞서 설명했던 3P 옵션과 S, E, R 옵션 외에도 호를 그리는 다양한 옵션이 있습니다. S, E, R 옵션과 마찬가지로 명령 행을 잘 보면서 서브 메뉴를 입력하여 쉽게 익힐 수 있습니다.

1 S, C, E
시작점, 중심점, 끝점을 지정하여 호를 그립니다.

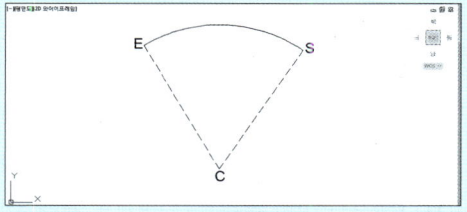

2 S, C, A
시작점, 중심점, 각도를 지정하여 호를 그립니다.

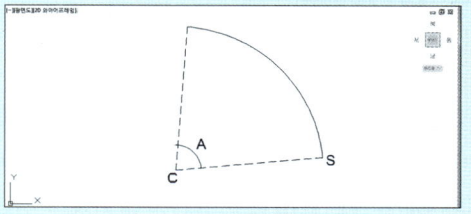

3 S, C, L
시작점, 중심점, 현의 길이를 지정하여 호를 그립니다.

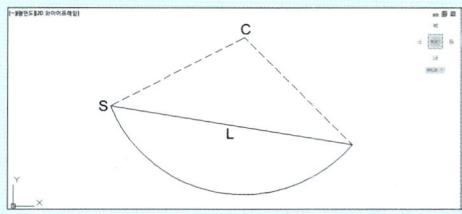

4 S, E, A
시작점, 끝점, 각도를 지정하여 호를 그립니다.

5 S, E, D
시작점, 끝점, 호의 시작 방향을 지정하여 호를 그립니다.

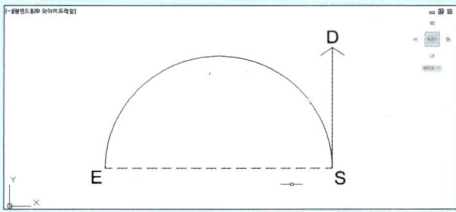

6 C, S, E
중심점, 시작점, 끝점을 지정하여 호를 그립니다.

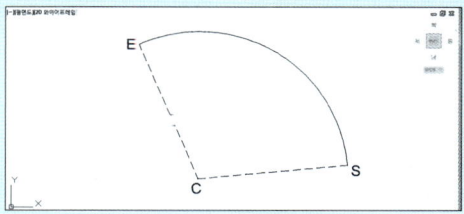

7 C, S, A
중심점, 시작점, 각도를 지정하여 호를 그립니다.

8 C, S, L
중심점, 시작점, 현의 길이를 지정하여 호를 그립니다.

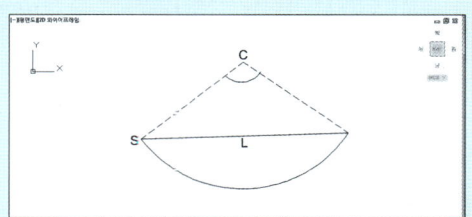

CHAPTER 04
객체 스냅으로 편리하게 객체 선택하기

이번 CHAPTER에서는 선과 면 등으로 구성되는 도면 객체를 선택하는 방법과 객체를 더욱 정밀하게 선택하는 방법을 알아봅니다. AutoCAD로 도면을 그릴 때는 수작업에 비해 훨씬 쉽고 정확하게 편집할 수 있습니다. 도면을 원활하게 편집하기 위해 AutoCAD에서는 어떤 방법으로 객체를 선택하는지 알아보겠습니다.

학습 목표

도면 편집 작업에 필요한 객체 선택 방법을 익혀봅니다. 단일 객체는 간단히 클릭해서 선택할 수 있지만 여러 개의 객체를 선택하기는 쉽지 않습니다. 상황에 따라 편리하게 객체를 선택하는 방법과 객체 스냅을 이용해 객체의 특정 지점을 정확하게 지정하는 방법을 배워보겠습니다.

▲ 객체 선택하기

▲ 객체 선택 해제하기

▲ 객체 스냅 설정하기

SECTION 01 객체 선택하기

도면을 작성할 때는 그리기 명령과 편집 명령을 적절히 함께 사용하는 것이 좋습니다. 그리기 명령으로 도면을 일정한 단계까지 작성한 후에는 편집 명령을 사용해야 합니다. 객체를 편집하려면 먼저 해당 객체를 선택해야 합니다. 도면이 복잡해도 객체 하나를 선택하기는 쉽지만, 실무의 복잡한 도면에서 여러 개의 객체를 동시에 선택하여 편집 명령을 적용하기는 결코 쉽지 않습니다. 의도하지 않은 객체를 선택하여 잘못 편집해버리는 바람에 다시 작업해야 하는 경우도 종종 있습니다. 객체를 선택하는 다양한 방법을 알아봅니다.

01 도면 상황에 맞는 다양한 옵션

AutoCAD에서는 편집 명령을 실행하고 난 뒤 편집할 객체를 선택합니다. 명령 행에 '(명령) 객체 선택' 메시지가 나타날 때 객체를 하나씩 선택하는 방법, 도면 상황에 맞게 선택하는 방법 등 작업의 효율을 높이는 옵션이 많습니다.

+ 옵션 풀이

객체 선택 _ 옵션 내용을 입력하거나 선택하려는 객체를 지정합니다.
전부(All) _ 화면에 있는 모든 객체를 선택합니다.
윈도우(Window/W) _ 사각형 영역에 완전히 포함된 객체만 선택합니다.
걸치기(Crossing/C) _ 사각형 영역에 포함된 객체와 조금이라도 걸치는 객체를 모두 선택합니다.
울타리(Fence/F) _ 지정한 가상의 선에 걸치는 객체를 선택합니다.
윈도우 다각형(WPolygon/WP) _ 다각형 영역에 완전히 포함된 객체만 선택합니다.
걸치기 다각형(CPolygon/CP) _ 다각형 영역에 포함된 객체와 조금이라도 걸치는 객체를 선택합니다.
제거(Remove/R) _ 선택된 객체를 다시 선택 해제합니다.
추가(Add/A) _ 제거 모드에서 다시 선택 모드로 변경하여 선택을 추가합니다.
이전(Previous/P) _ 바로 이전에 선택한 객체를 다시 선택합니다.

02 미리 보기 효과 변경하기

❶ 작업 화면에서 마우스 오른쪽 버튼을 클릭하고 ❷ 팝업 메뉴 가장 아래에 있는 [옵션]을 클릭합니다. ❸ [옵션] 대화상자가 나타나면 [선택] 탭을 클릭합니다. ❹ 오른쪽 하단에 위치한 [미리보기] 영역에서 미리 보기 효과를 변경할 수 있습니다.

▲ [명령이 활성 상태인 경우] 옵션을 체크 해제한 미리 보기 화면

▲ [명령이 활성 상태인 경우] 옵션을 체크한 미리 보기 화면

03 그립의 크기와 색상 변경하기

명령을 실행하지 않은 상태에서 객체를 클릭해서 선택하면 파란색 선과 작은 사각형으로 표시됩니다. 이 파란색 사각형을 '그립'이라고 합니다. [옵션] 대화상자의 [선택] 탭–[그립 크기(Z)]와 [그립] 영역에서 그립의 크기와 색상을 변경할 수 있습니다.

▲ 변경한 그립을 적용한 호면

바로 통하는 TIP 그립 사용법은 242쪽을 참고하세요.

04 Pick Box로 객체를 하나씩 선택하기

실습 파일 Part 2\Part2-10.dwg

마우스 포인터를 따라 이동하는 십자선 중앙의 사각형을 Pick Box(선택 상자)라고 합니다. 명령을 적용하기 전이나 후에도 같은 모양으로 표시되며 복잡한 도면에서 객체를 선택할 때 시각적 효과를 줘서 선택하기 쉽게 도와줍니다. 객체가 Pick Box의 범위 내에 들어오도록 마우스 포인터를 이동하고 클릭하여 객체를 선택합니다. 이 기능은 객체를 한 번에 하나씩만 선택하므로 섬세한 작업을 할 때 적당합니다.

▲ Erase 명령 적용 시 Pick Box

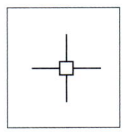

▲ Pick Box

01 실습 파일 **Part2-10.dwg**를 불러옵니다. 치수 문자와 치수선을 선택하고 지워보겠습니다. Erase 명령을 사용하기 위해 명령 행에 **Erase**를 입력한 후 Spacebar 를 누릅니다.

A 명령 행 한눈에 보기

명령: erase Spacebar ← Erase 명령 입력 (E)

02 명령 행에 'ERASE 객체 선택'이란 메시지가 나오면 Pick Box를 이동하여 지울 객체를 차례대로 클릭해서 선택합니다. 선택된 객체들이 옅은 색으로 표시됩니다.

A 명령 행 한눈에 보기

객체 선택: 1개를 찾음 ← 지울 객체 선택

객체 선택: 1개를 찾음, 총 2개 ← 추가로 지울 객체 선택

객체 선택: 1개를 찾음, 총 3개 ← 추가로 지울 객체 선택

03 `Spacebar`를 누르면 Erase 명령이 실행되어 선택한 객체들이 모두 지워집니다.

A 명령 행 한눈에 보기

객체 선택: `Spacebar` ← 객체를 모두 선택하고 `Spacebar` 를 눌러 실행 후 종료

---

05 Window 옵션으로 한번에 여러 객체 선택하기

실습 파일 Part 2\Part2-11.dwg

Window(윈도우) 옵션은 두 구석점을 지정하여 사각형 선택 영역을 만들고 그 영역 안에 모두 포함되는 객체만 선택하는 방법입니다. 명령 행의 '객체 선택:'에서 **W**를 입력하여 옵션을 실행하고 선택하려는 모든 객체를 포함하도록 사각형 영역을 지정합니다.

01 실습 파일 **Part2-11.dwg**를 불러옵니다. 회로 도면의 일부 객체를 선택하여 삭제해보겠습니다. 명령 행에 **Erase**를 입력한 후 `Spacebar` 를 누릅니다.

A 명령 행 한눈에 보기

명령: ERASE `Spacebar` ← Erase 명령 입력 (E)

02 ❶ 명령 행에 '객체 선택:' 메시지가 표시되면 **W**를 입력하고 Spacebar 를 누릅니다. 지우고자 하는 객체들만 완전히 포함하는 사각형 선택 영역을 만듭니다. ❷ 선택 영역의 왼쪽 구석점을 클릭하고 ❸ 오른쪽 구석점을 클릭(혹은 드래그)합니다. 선택된 객체들이 옅은 색으로 표시됩니다.

 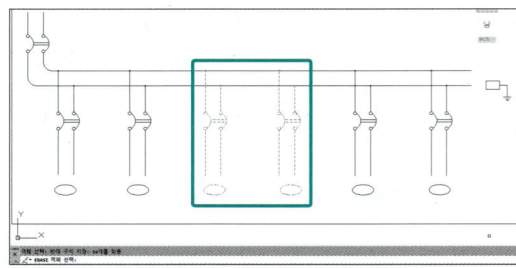

> **A 명령 행 한눈에 보기**
>
> 객체 선택: w Spacebar ← 옵션 W 입력
> 첫 번째 구석을 지정:
> 반대 구석 지정: 64개를 찾음 ← 선택할 객체의 영역을 드래그하여 사각형 선택 영역의 범위를 지정

바로 통하는 TIP Window 옵션의 선택 영역은 외곽선이 실선으로 표시됩니다.

03 선택된 객체들을 지우기 위해 Spacebar 를 눌러 Erase 명령을 실행합니다. 선택한 선들이 지워집니다.

> **A 명령 행 한눈에 보기**
>
> 객체 선택: Spacebar ← ERASE 명령 종료

06 Crossing 옵션으로 한번에 여러 객체 선택하기

실습 파일 Part 2\Part2-11.dwg

Crossing(걸치기) 옵션은 두 구석점을 지정하여 사각형 선택 영역을 만들고 그 영역 안에 모두 포함되는 객체뿐만 아니라 사각형의 경계선에 걸치는 객체까지 모두 선택하는 기능입니다. 명령 행의 '객체 선택:'에서 **C**를 입력하여 옵션을 실행하고 사각형 선택 영역을 지정합니다.

01 실습 파일 **Part2-11.dwg**를 불러옵니다. 이번에도 회로 도면의 객체를 선택하여 삭제해보겠습니다. 명령 행에 **Erase**를 입력한 후 Spacebar 를 누릅니다.

> **A 명령 행 한눈에 보기**
> 명령: ERASE Spacebar
> ←Erase 명령 입력 (E)

02 명령 행에 '객체 선택:' 메시지가 표시되면 **C**를 입력하고 Spacebar 를 누릅니다.

> **A 명령 행 한눈에 보기**
> 객체 선택: c Spacebar ←옵션 C 입력

03 지울 객체들이 초록색으로 표시된 선택 영역에 조금이라도 걸치도록 오른쪽에서 왼쪽으로 드래그(혹은 두 구석점을 클릭)하여 사각형 선택 영역을 지정합니다. 조금이라도 선택 영역에 걸친 객체들이 모두 선택되어 옅은 색으로 표시됩니다.

> **A 명령 행 한눈에 보기**
> 첫 번째 구석을 지정: 반대 구석 지정: 66개를 찾음 ←선택할 객체의 영역을 드래그하여 사각형 영역을 지정

바로 통 하는 TIP Crossing 옵션으로 지정한 선택 영역의 외곽선은 옅은 색으로 표시됩니다.

04 옅은 색으로 표시된 객체들을 지우기 위해 Spacebar 를 누릅니다. 선택한 객체가 모두 지워집니다. Window 옵션으로 선택할 때와 비교하면 가로선 객체 두 개도 지워진 것을 알 수 있습니다.

A 명령 행 한눈에 보기

객체 선택: Spacebar ← Erase 명령 종료

바로 통 하는 TIP Window 옵션과 Crossing 옵션을 사용할 때 굳이 'C'와 'W'를 입력하지 않아도 드래그하는 방향에 따라 Window 옵션과 Crossing 옵션 선택 방식이 자동으로 설정됩니다.

07 Remove 옵션으로 객체의 선택 해제하기

실습 파일 Part 2\Part2-12.dwg

Remove(제거) 옵션은 일부 객체를 잘못 선택한 경우 해당 객체의 선택을 해제할 때 사용하는 기능입니다. 계속해서 객체를 선택하려면 Add(추가) 옵션을 사용해 다시 선택 모드로 변경할 수 있습니다.

01 실습 파일 **Part2-12.dwg**를 불러옵니다. ❶ 명령 행에 **Erase**를 입력하고 Spacebar 를 누른 후 ❷❸ 두 개의 선을 각각 클릭하여 선택합니다.

A 명령 행 한눈에 보기

명령: ERASE Spacebar ← Erase 명령 입력 (E)
객체 선택: 1개를 찾음 ← 객체 선택
객체 선택: 1개를 찾음, 총 2개 ← 객체 선택

02 잘못 선택한 객체의 선택을 해제하겠습니다. ❶ 명령 행의 '객체 선택:'에서 R을 입력하고 Spacebar 를 누르면 명령 행이 '객체 제거:'로 변경됩니다. ❷ 오른쪽 선 객체를 클릭하여 선택합니다. ❸ Spacebar 를 눌러 명령을 종료하면 선택 해제를 적용한 오른쪽 선은 지워지지 않고 남아 있습니다.

A 명령 행 한눈에 보기

객체 선택: R Spacebar ← 옵션 R 입력
객체 제거: 1개를 찾음, 1개 제거됨, 총 1개 ← 객체 제거
객체 제거: Spacebar ← 명령 실행

쉽고 빠른 실무 NOTE — Shift 를 이용해 선택 해제하기

Remove 옵션 외에도 Shift 를 이용해 객체 선택을 해제할 수 있습니다. 객체를 선택하여 명령 행에 '객체 선택:' 메시지가 표시되었을 때 Shift 를 누른 상태에서 앞서 선택했던 객체를 클릭하면 해당 객체의 선택이 해제됩니다.

A 명령 행 한눈에 보기

객체 선택: 1개를 찾음, 1개 제거됨, 총 3개 ← 선택이 해제된 객체의 개수와 아직 선택된 객체의 개수 표시

SECTION 02 원하는 점을 정밀하게 지정하는 객체 스냅

객체 스냅(Object Snap)은 작업 중인 객체에 정확한 점을 클릭하여 내용을 추가하거나 수정할 때 사용하는 편리한 기능입니다. AutoCAD 도면 작업에서 반드시 알아야 할 보조 기능으로, 흔히 오스냅(Osnap)으로 줄여서 부릅니다. 객체의 특정 지점을 지정할 경우 앞에서 배운 좌표계를 일일이 입력하는 방식을 사용한다면 너무 불편하고 작업 속도도 현저히 떨어질 것입니다. 객체 스냅을 사용해 객체의 특정 지점을 편리하게 잡는 방법을 배워봅시다.

01 객체 스냅이란?

AutoCAD로 도면을 작성할 때는 여러 가지 그리기 명령을 사용합니다. 예를 들어 선을 그리다가 명령을 종료한 후 특정 지점에 추가로 선이나 원, 사각형을 그리기도 합니다. 이렇게 기존 객체에서 정확한 위치를 지정하는 객체 스냅을 사용합니다. 객체 스냅은 단독으로 사용할 수 있는 그리기나 편집 명령이 아니라 도면 작업을 더욱 원활하게 해주는 보조 기능입니다. 보조 기능이라 표현하지만 사실상 컴퓨터 도면 작업의 백미라 할 수 있습니다.

AutoCAD를 처음 실행하면 기본값으로 객체 스냅이 설정되어 있습니다. 도면 객체 위로 마우스 포인터를 움직이면 객체의 끝점이

▲ 객체 스냅이 적용된 작업 화면

나 교차점 등에 포인터가 자동으로 달라붙는 것을 확인할 수 있습니다. 객체 스냅의 메뉴를 사용하여 객체 스냅의 종류와 기능을 알아봅시다.

명령 행 하단에 있는 상태 표시줄에서 객체 스냅 모드 아이콘([2D 참조점으로 커서 스냅 ▭▾])의 [더 보기 ▾]를 클릭합니다. 상세 메뉴가 나타나고 필요한 옵션을 편리하게 선택할 수 있습니다.

왼쪽에 체크되어 있는 기능이 현재 활성화되어 있는 객체 스냅 옵션입니다. 가장 아래의 [객체 스냅 설정]을 클릭하면 [제도 설정] 대화상자가 나타나 객체 스냅 옵션을 한번에 지정할 수 있습니다. 예제 실습에서는 객체 스냅의 메뉴에서 옵션을 클릭하여 객체 스냅을 설정하는 방법과 단축키로 객체 스냅을 설정하는 방법을 한 단계로 표현했습니다. 실무에서는 자신에게 맞는 방법을 사용합니다.

▲ [제도 설정] 대화상자

02 끝점을 지정하는 Endpoint

실습 파일 Part 2\Part2-13.dwg

객체 스냅의 Endpoint(끝점) 옵션을 이용하면 선이나 호에서 가까운 끝점을 찾아 정확하게 지정할 수 있습니다. 원이나 타원은 끝점이 없으므로 지정할 수 없습니다. Endpoint 옵션을 실행하면 객체의 끝점 주변에 마우스 포인터를 갖다 대기만 해도 마우스 포인터가 자동으로 해당 객체의 끝점으로 이동합니다. Endpoint 옵션을 활성화하려면 객체 스냅의 메뉴에서 [끝점 ✏끝점]을 클릭하거나 명령 행에 **End**를 입력하고 Spacebar 를 누릅니다.

01 실습 파일 **Part2-13.dwg**를 불러옵니다. 도면에서 빠진 소화전 객체의 오른쪽 테두리선을 그려보겠습니다. 명령 행에 **Line**을 입력하고 Spacebar 를 눌러 Line 명령을 실행합니다.

 명령 행 한눈에 보기

명령: LINE Spacebar ← Line 명령 입력 (L)

02 객체 스냅 메뉴의 [끝점 ✓끝점]을 클릭하여 객체 스냅을 지정합니다. 이미 끝점 옵션이 활성화되어 있다면 별도로 지정할 필요는 없습니다.

03 ❶❷ 소화전 객체 중 상하단 테두리선의 오른쪽 끝점을 각각 클릭하여 Line 명령으로 그릴 선 객체의 시작점과 끝점으로 지정합니다.

> **A 명령 행 한눈에 보기**
>
> 첫 번째 점 지정: end `Spacebar` ← 객체 스냅의 끝점을 클릭하여 지정, 이미 설정했다면 해당 지점에서 그대로 클릭
> 다음 점 지정 또는 [명령 취소(U)]: end `Spacebar` ← 객체 스냅의 끝점을 클릭하여 지정, 이미 설정했다면 해당 지점에서 그대로 클릭

04 `Spacebar`를 눌러 소화전의 테두리선을 완성합니다.

> **A 명령 행 한눈에 보기**
>
> 다음 점 지정 또는 [명령 취소(U)]: `Spacebar` ← 명령 종료

03 중간점을 지정하는 Midpoint

실습 파일 Part 2\Part2-13.dwg

객체 스냅의 Midpoint(중간점) 옵션은 선이나 호의 중간점을 찾아서 지정하는 기능입니다. 원이나 타원은 끝점이 없으므로 중간점을 지정할 수 없습니다. Midpoint 옵션을 실행하면 객체의 중간점 주변에 마우스 포인터를 갖다 대기만 해도 마우스 포인터가 자동으로 해당 객체의 중간점으로 이동합니다. Midpoint 옵션을 활성화하려면 객체 스냅의 메뉴에서 [중간점 중간점]을 클릭하거나 명령 행에 **Mid**를 입력하고 Spacebar 를 누릅니다.

01 앞서 작업한 **Part2-13.dwg**에서 소화전 객체 안쪽 직사각형의 한 가운데 지점을 찾아 가로선을 그려보겠습니다. 우선 명령 행에 **Line**을 입력하고 Spacebar 를 눌러 Line 명령을 실행합니다.

A 명령 행 한눈에 보기
명령: LINE Spacebar ← Line 명령 실행 (L)

02 객체 스냅 메뉴에서 [중간점 중간점]을 클릭하여 객체 스냅을 지정합니다. 이미 중간점 옵션이 활성화되어 있다면 별도로 지정할 필요는 없습니다.

03 ①② 소화전 객체의 안쪽 직사각형에서 양쪽의 중간점을 각각 클릭합니다.

> **A 명령 행 한눈에 보기**
>
> 첫 번째 점 지정: mid `Spacebar` ← 객체 스냅의 중간점을 클릭하여 지정, 이미 설정했다면 해당 지점에서 그대로 클릭
> 다음 점 지정 또는 [명령 취소(U)]: mid `Spacebar` ← 객체 스냅의 중간점을 클릭하여 지정, 이미 설정했다면 해당 지점에서 그대로 클릭

04 `Spacebar`를 눌러 소화전 객체를 완성합니다.

> **A 명령 행 한눈에 보기**
>
> 다음 점 지정 또는 [명령 취소(U)]: `Spacebar` ← 명령 종료

04 중심을 지정하는 Center

실습 파일 Part 2\Part2-14.dwg

객체 스냅의 Center(중심) 옵션은 원이나 타원, 호의 중심을 찾아서 지정합니다. 객체의 중심이나 선 부근에 마우스 포인터를 갖다 대면 중심이 표시됩니다. Center 옵션을 활성화하려면 객체 스냅 메뉴의 [중심 ⊙ 중심]을 클릭하거나 명령 행에 **Cen**을 입력하고 `Spacebar`를 누릅니다.

01 실습 파일 **Part2-14.dwg**를 불러옵니다. 두 개의 원 객체에서 중심을 찾아 직선으로 연결해보겠습니다. 명령 행에 **Line**을 입력하고 Spacebar 를 눌러 Line 명령을 실행합니다.

A 명령 행 한눈에 보기

명령: LINE Spacebar ← Line 명령 입력 (L)

02 객체 스냅 메뉴에서 [중심 ⊙ 중심]을 클릭하여 객체 스냅을 지정합니다. 이미 활성화되어 있다면 별도로 지정할 필요는 없습니다.

03 객체의 중심에 마우스 포인터를 가져가면 중심이 표시됩니다. ❶❷ 두 원 객체의 중심을 각각 클릭합니다.

A 명령 행 한눈에 보기

첫 번째 점 지정: cen Spacebar ← 객체 스냅의 중심을 클릭하여 지정, 이미 설정했다면 해당 지점에서 그대로 클릭
다음 점 지정 또는 [명령 취소(U)]: cen Spacebar ← 객체 스냅의 중심을 클릭하여 지정, 이미 설정했다면 해당 지점에서 그대로 클릭

04 Spacebar 를 눌러 도면 객체를 완성합니다.

> **A** 명령 행 한눈에 보기
>
> 다음 점 지정 또는 [명령 취소(U)]: Spacebar ← 명령 종료

05 기하학적 중심을 지정하는 Geometric Center

객체 스냅의 Geometric Center(기하학적 중심) 옵션은 닫힌 폴리선이나 사각형, 다각형(폴리곤)의 기하학적 중심을 찾아 지정합니다. Geometric Center 옵션을 활성화하려면 객체 스냅 메뉴의 [기하학적 중심 기하학적 중심]을 클릭하거나 명령 행에 **GCE**를 입력하고 Spacebar 를 누릅니다.

▲ 선 객체가 연결된 다각형의 기하학적 중심

▲ 사각형의 기하학적 중심

06 점을 지정하는 Node

실습 파일 Part 2\Part2-15.dwg

객체 스냅의 Node(노드) 옵션은 점을 찾아서 지정합니다. Node 옵션을 실행하면 해당 지점 주변에 마우스 포인터를 가져다 대기만 해도 점 객체가 나타납니다. Node 옵션을 활성화하려면 객체 스냅 메뉴의 [노드 노드]를 클릭하거나 명령 행에 **Nod**를 입력하고 Spacebar 를 누릅니다.

01 실습 파일 **Part2-15.dwg**를 불러옵니다. 비상구 표지판 위에 직선을 그려보겠습니다. ① Line 명령을 실행하고 ② 객체 스냅 메뉴의 [노드 ㅇ 노드]를 클릭하여 Node 옵션을 활성화합니다.

> **A 명령 행 한눈에 보기**
> 명령: LINE Spacebar ← Line 명령 입력 (L)

02 치수 보조선과 표지판 객체의 왼쪽 모서리 사이 지점을 클릭합니다.

> **A 명령 행 한눈에 보기**
> 첫 번째 점 지정: nod Spacebar ← 객체 스냅의 노드를 지정, 이미 설정했다면 해당 지점에서 그대로 클릭

03 치수 보조선과 표지판 객체의 오른쪽 모서리 사이 지점을 클릭한 후 Spacebar 를 눌러 완성합니다.

> **A 명령 행 한눈에 보기**
> 다음 점 지정 또는 [명령 취소(U)]: nod Spacebar ← 객체 스냅의 노드를 지정, 이미 설정했다면 해당 지점에서 그대로 클릭
> 다음 점 지정 또는 [명령 취소(U)]: Spacebar ← 명령 종료

> **바로 통 하는 TIP** 객체 스냅 옵션은 동시에 여러 개 지정할 수 있으므로 다른 옵션 때문에 노드 객체가 잘 지정되지 않을 수 있습니다. 평소에는 Node 옵션을 비활성화했다가 필요할 때만 Nod 명령어를 입력하여 사용하는 것이 좋습니다. Node 옵션은 사용 빈도가 비교적 낮기 때문입니다.

07 사분점을 지정하는 Quadrant

실습 파일 Part 2\Part2-16.dwg

객체 스냅의 Quadrant(사분점) 옵션은 원이나 타원, 호의 0°, 90°, 180°, 270°에 해당하는 지점을 찾아서 지정합니다. 객체의 사분점에 마우스 포인터를 가져가면 객체의 사분점이 표시됩니다. Quadrant 옵션을 활성화하려면 객체 스냅 메뉴의 [사분점 ◇ 사분점]을 클릭하거나 명령 행에 **Quad**를 입력하고 Spacebar 를 누릅니다.

01 실습 파일 **Part2-16.dwg**를 불러 옵니다. ① Line 명령을 실행하고 ② 객체 스냅 메뉴의 [사분점 ◇ 사분점]을 클릭하여 Quadrant 옵션을 활성화합니다.

A 명령 행 한눈에 보기

명령: LINE Spacebar ← Line 명령 입력 (L)

02 객체의 사분점에 마우스 포인터를 가져가면 사분점이 표시됩니다. ①② 원 객체의 양 끝 지점을 각각 클릭하고 ③ Spacebar 를 눌러 가로선을 그립니다.

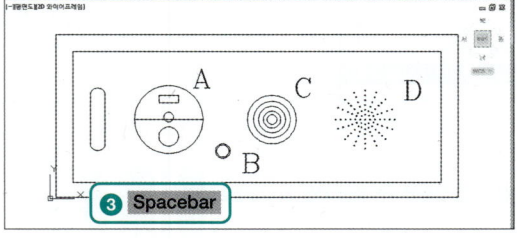

A 명령 행 한눈에 보기

첫 번째 점 지정: quad Spacebar ← 객체 스냅의 사분점을 지정, 이미 설정했다면 해당 지점에서 그대로 클릭
다음 점 지정 또는 [명령 취소(U)]: quad Spacebar ← 객체 스냅의 사분점을 지정, 이미 설정했다면 해당 지점에서 그대로 클릭
다음 점 지정 또는 [명령 취소(U)]: Spacebar ← 명령 종료

08 교차점을 지정하는 Intersection

실습 파일 Part 2\Part2-17.dwg

객체 스냅의 Intersection(교차점) 옵션은 객체들 중 두 개 이상의 선이 만나는 교차점을 찾아서 지정합니다. 객체의 교차점에 마우스 포인터를 가져가면 교차점이 표시됩니다. Intersection 옵션을 활성화하려면 객체 스냅 메뉴의 [교차점 ╳ 교차점]을 클릭하거나 명령 행에 **Int**를 입력하고 Spacebar 를 누릅니다.

01 실습 파일 **Part2-17.dwg**를 불러옵니다. 사각형의 모서리 부분은 선의 끝점이면서 동시에 선의 교차점이므로 Intersection 옵션으로 지정할 수 있습니다. ❶ Line 명령을 실행하고 ❷ 명령 행에 **Int**를 입력한 후 Spacebar 를 눌러 Intersection 옵션을 활성화합니다. ❸❹ 두 교차점을 각각 클릭합니다.

A 명령 행 한눈에 보기

명령: LINE Spacebar ← Line 명령 입력 (L)
첫 번째 점 지정: int Spacebar ← 객체 스냅의 교차점을 지정하고 클릭
다음 점 지정 또는 [명령 취소(U)]: int Spacebar ← 객체 스냅의 교차점 지정, 이미 설정했다면 해당 지점에서 그대로 클릭

02 Spacebar 를 눌러 클릭한 두 지점 사이의 선 객체를 완성합니다.

A 명령 행 한눈에 보기

다음 점 지정 또는 [명령 취소(U)]: Spacebar ← 명령 종료

09 연장선을 지정하는 Extension

실습 파일 Part 2\Part2-18.dwg

객체 스냅의 Extension(연장선) 옵션은 이전에 작업한 선 객체에서 연장되는 점을 찾아 점선으로 표시되는 안내선을 보여줍니다. 객체가 연장되는 지점에 마우스 포인터를 가져가면 연장선이 표시됩니다. Extension 옵션을 활성화하려면 객체 스냅 메뉴의 [연장선 ---- 연장선]을 클릭하거나 명령 행에 **Ext**를 입력하고 Spacebar 를 누릅니다.

01 실습 파일 **Part2-18.dwg**를 불러옵니다. 소화전의 테두리선 중 완성되지 않은 부분을 마저 그려보겠습니다. ❶ Line 명령을 실행하고 ❷ 명령 행에 **End**를 입력한 후 Spacebar 를 눌러 Endpoint 옵션을 활성화합니다. ❸ 미완성 선 객체의 끝점을 클릭하여 지정합니다.

A 명령 행 한눈에 보기
명령: LINE Spacebar ← Line 명령 입력 (L)
첫 번째 점 지정: end Spacebar ← 객체 스냅의 끝점을 지정하고 클릭

02 지정한 끝점에서 연장선을 그려보겠습니다. ❶ 명령 행에 **Ext**를 입력하고 Spacebar 를 눌러 객체 스냅의 Extension 옵션을 활성화합니다. ❷ 마우스 포인터를 미완성된 부분으로 움직여 위쪽 연장선이 점선으로 표시되면 클릭하여 객체를 완성합니다.

A 명령 행 한눈에 보기
다음 점 지정 또는 [명령 취소(U)]: ext Spacebar ← 객체 스냅의 연장선을 지정, 이미 설정했다면 해당 지점에서 그대로 클릭
다음 점 지정 또는 [명령 취소(U)]: Spacebar ← 명령 종료

10 삽입점을 지정하는 Insertion

객체 스냅의 Insertion(삽입) 옵션은 AutoCAD의 도면 구성 요소인 블록이나 문자의 삽입점을 지정합니다. Insertion 옵션을 활성화하려면 객체 스냅 메뉴의 [삽입 삽입]을 클릭하거나 명령 행에 **Ins**를 입력하고 Spacebar 를 누릅니다.

11 직교점을 지정하는 Perpendicular

실습 파일 Part 2\Part2-19.dwg

객체 스냅의 Perpendicular(직교) 옵션은 사용자가 임의로 지정한 점이 이전에 작업한 선과 수직으로 만나는 점을 찾아서 지정합니다. 직교로 그리려는 지점에 반드시 객체가 존재해야 합니다. 객체의 직교로 만나는 지점에 마우스 포인터를 가져가면 직교점이 표시됩니다. Perpendicular 옵션을 활성화하려면 객체 스냅 메뉴의 [직교 직교]를 클릭하거나 명령 행에 **Per**를 입력하그 Spacebar 를 누릅니다.

01 실습 파일 **Part2-19.dwg**를 불러옵니다. ❶ Line 명령을 실행하고 ❷ 명령 행에 **End**를 입력한 후 Spacebar 를 눌러 Endpoint 옵션을 활성화합니다. ❸ 직사각형의 하단 선에서 한 점을 임의로 지정합니다.

A 명령 행 한눈에 보기

명령: **LINE** Spacebar ← Line 명령 입력 (L)
첫 번째 점 지정: **end** Spacebar ← 객체 스냅의 끝점을 지정하고 클릭

CHAPTER 04 객체 스냅으로 편리하게 객체 선택하기 • **141**

02 ❶ 명령 행에 **Per**를 입력하고 Spacebar 를 눌러 Perpendicular 옵션을 활성화합니다. ❷ 직사각형의 상단선 중 앞서 지정한 점과 직교하는 지점을 클릭하고 Spacebar 를 눌러 선을 그립니다.

> **A** 명령 행 한눈에 보기
>
> 다음 점 지정 또는 [명령 취소(U)]: per Spacebar ← 객체 스냅의 직교를 지정, 이미 설정했다면 해당 지점에서 그대로 클릭
> 다음 점 지정 또는 [명령 취소(U)]: Spacebar ← 명령 종료

12 접점을 지정하는 Tangent

실습 파일 Part 2\Part2-20.dwg

객체 옵션의 Tangent(접점) 옵션은 이전에 작업한 객체의 접점을 지정합니다. 두 개의 원이나 호를 연결할 때 사용하는 방법입니다. 객체 접점에 마우스 포인터를 가져가면 접점이 표시됩니다. Tangent 옵션을 활성화하려면 객체 스냅 메뉴의 [접점 접점]을 클릭하거나 명령 행에 **Tan**을 입력하고 Spacebar 를 누릅니다.

01 실습 파일 **Part2-20.dwg**를 불러옵니다. 두 원형 객체의 접점을 대각선으로 가로지르는 선을 그려보겠습니다. ❶ Line 명령을 실행하고 ❷ 명령 행에 **Tan**을 입력한 후 Spacebar 를 눌러 Tangent 옵션을 활성화합니다. ❸ 오른쪽 원의 하단 테두리선에서 임의의 지점을 클릭합니다.

> **A** 명령 행 한눈에 보기
>
> 명령: LINE Spacebar ← Line 명령 입력 (L)
> 첫 번째 점 지정: tan Spacebar ← 객체 스냅의 접점을 사용하여 첫 번째 점 지정, 이미 설정했다면 해당 지점에서 그대로 클릭

02 ❶ 다시 명령 행에 **Tan**을 입력한 후 Spacebar 를 눌러 Tangent 옵션을 활성화합니다. ❷ 왼쪽 원의 상단 테두리선에서 임의의 점을 클릭하고 Spacebar 를 누릅니다. 두 원의 접점을 잇는 접선이 그려집니다.

A 명령 행 한눈에 보기

다음 점 지정 또는 [명령 취소(U)]: tan Spacebar ← 객체 스냅의 접점을 사용하여 두 번째 점 지정, 이때 설정했다면 해당 지점에서 그대로 클릭
다음 점 지정 또는 [명령 취소(U)]: Spacebar ← 명령 종료

13 가장 가까운 지점을 지정하는 Nearest

객체 스냅의 Nearest(근처점) 옵션은 이전에 작업한 객체에서 임의의 한 점을 찾아서 지정합니다. 이때 이동하는 십자선에서 가장 가까운 지점을 지정합니다. 객체와 가까운 점에 마우스 포인터를 가져가면 근처점이 표시됩니다. Nearest 옵션을 활성화하려면 객체 스냅 메뉴의 [근처점 근처점]을 클릭하거나 명령 행에 **Nea**를 입력하고 Spacebar 를 누릅니다.

14 가상 교차점을 지정하는 Apparent Intersection

객체 스냅의 Apparent Intersection(가상 교차점) 옵션은 2D, 3D 영역에서 도면 작업을 할 때 실제로 교차하지는 않지만 방향에 따라 화면상에서 교차되는 선의 교차점을 찾아서 지정합니다. Apparent Intersection 옵션을 활성화하려면 객체 스냅 메뉴의 [가상 교차점 ⊠ 가상 교차점]을 클릭합니다.

 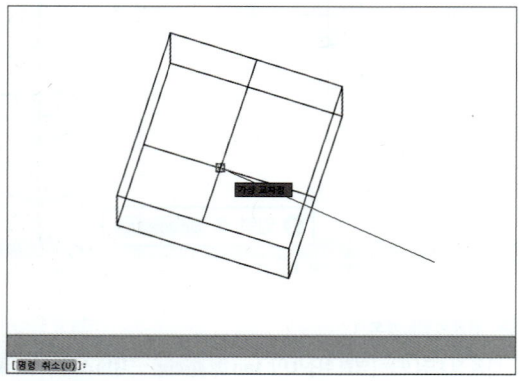

▲ 가상 교차점을 지정

15 평행선을 그리는 Parallel

객체 스냅의 Parallel(평행) 옵션은 이전에 작업한 객체에 평행한 선분을 그릴 수 있습니다. 객체와 평행한 위치에 마우스 포인터를 가져가면 평행선이 지정됩니다. Parallel 옵션을 활성화하려면 객체 스냅 메뉴의 [평행 ∥ 평행]을 클릭하거나 명령 행에 **Par**를 입력하고 Spacebar 를 누릅니다.

쉽고 빠른 실무 NOTE | 객체 스냅 모드를 적용하는 다양한 방법

객체 스냅 모드는 여러 가지 방법으로 지정할 수 있습니다.

1 자동 설정 이용하기

AutoCAD를 설치하고 실행하면 기본 설정으로 몇 가지 객체 스냅 메뉴가 이미 활성화되어 있습니다. AutoCAD 화면 하단의 상태 표시줄에 있는 [객체 스냅 ▼]을 클릭하거나 F3 을 눌러서 객체 스냅의 설정을 선택할 수 있습니다.

바로 통하는 TIP 일일이 설정하기 힘든 객체 스냅 모드는 [제도 설정] 대화상자를 사용하여 한번에 설정합니다.

2 명령 행에서 직접 입력하기

객체 스냅 명령어를 명령 행에 직접 입력하여 사용할 수 있습니다.

```
첫 번째 점 지정:
LINE 다음 점 지정 또는 [명령 취소(U)]: mid  입력
```

▲ 객체 스냅의 Midpoint(중간점) 옵션을 명령 행에서 지정

3 객체 스냅 메뉴 이용하기

01 명령 사용 중에 객체 스냅으로 점을 지정할 경우 Shift 를 누른 채 마우스 오른쪽 버튼을 클릭하면 객체 스냅 메뉴가 나타납니다.

02 화면을 제어하는 Mbuttonpan 명령을 실행하고 옵션값을 0으로 설정한 후 마우스 가운데 휠을 클릭하면 객체 스냅 메뉴가 나타나서 쉽게 지정할 수 있습니다.

객체 스냅 메뉴 ▶

4 [제도 설정] 대화상자 설정하기

01 ❶ [객체 스냅 ▼]의 [더 보기 ▼]를 클릭하고 ❷ 객체 스냅 메뉴에서 [객체 스냅 설정]을 클릭하여 [제도 설정] 대화상자를 불러옵니다.

02 객체 스냅 모드를 실행하기 위해 왼쪽 상단의 [객체 스냅 켜기(O) (F3)]에 체크합니다. 이미 체크되어 있으면 그대로 둡니다.

03 가장 자주 사용하는 다섯 개 정도의 객체 스냅 옵션을 체크합니다. 이때 [근처점]은 지금 체크하지 말고 사용할 때마다 객체 스냅 메뉴에서 클릭하여 사용합니다. [근처점]에 체크하면 마우스 포인터가 이동하는 지점마다 따라다니므로 작업에 방해가 됩니다.

객체 스냅 모드를 설정하여 가구 도면 그리기

객체 스냅 모드로 정확한 객체 지점을 지정하여 소파와 탁자를 완성해봅니다.

실습 파일 Part 2\Part2-21.dwg

1 실습 파일 **Part2-21.dwg**를 불러옵니다. ① 명령 행에 **Line**을 입력한 후 Spacebar 를 눌러 Line 명령을 실행합니다. ② 명령 행에 **End**를 입력한 후 Spacebar 를 눌러 객체 스냅의 Endpoint(끝점) 옵션을 활성화하고 ③ ④ 끝점을 각각 클릭하여 선을 그립니다.

A 명령 행 한눈에 보기

명령: LINE Spacebar ← Line 명령 입력 (L)
첫 번째 점 지정: end Spacebar ← 객체 스냅으 끝점을 지정, 이미 설정했다면 해당 지점에서 그대로 클릭
다음 점 지정 또는 [명령 취소(U)]: end Spacebar ← 객체 스냅의 끝점을 지정, 이미 설정했다면 허당 지점에서 그대로 클릭
다음 점 지정 또는 [명령 취소(U)]: Spacebar ← 명령 종료

2 왼쪽 하단 모퉁이에 선을 그리겠습니다. ① 명령 행에 **Line**을 입력한 후 Spacebar 를 눌러 Line 명령을 실행합니다. ② 객체 스냅의 Endpoint 옵션을 활성화한 후 ③ 끝점을 클릭합니다. 이어서 사각형과 수직으로 만나는 선을 그리겠습니다. ④ F8 을 눌러 객체 스냅의 Perpendicular(직교) 옵션을 활성화한 후 ⑤ 객체와 만나는 직선을 그립니다.

CHAPTER 04 객체 스냅으로 편리하게 객체 선택하기

> **A 명령 행 한눈에 보기**
>
> 명령: LINE `Spacebar` ← Line 명령 입력 (L)
> 첫 번째 점 지정: end `Spacebar` ← 객체 스냅의 끝점을 지정, 이미 설정했다면 해당 지점에서 그대로 클릭
> 다음 점 지정 또는 [명령 취소(U)]: per `Spacebar` ← 객체 스냅의 직교점을 지정
> 다음 점 지정 또는 [명령 취소(U)]: `Spacebar` ← 명령 종료

3 오른쪽 하단 모퉁이도 **2** 과정과 동일한 방법으로 그립니다.

> **A 명령 행 한눈에 보기**
>
> 명령: LINE `Spacebar` ← Line 명령 입력 (L)
> 첫 번째 점 지정: end `Spacebar` ← 객체 스냅의 끝점을 지정, 이미 설정했다면 해당 지점에서 그대로 클릭
> 다음 점 지정 또는 [명령 취소(U)]: per `Spacebar` ← 객체 스냅의 직교점을 지정, 이미 설정했다면 해당 지점에서 그대로 클릭
> 다음 점 지정 또는 [명령 취소(U)]: `Spacebar` ← 명령 종료

4 소파의 수평선도 **2** 과정과 동일한 방법으로 그립니다.

> **A 명령 행 한눈에 보기**
>
> 명령: LINE `Spacebar` ← Line 명령 입력 (L)
> 첫 번째 점 지정: end `Spacebar` ← 객체 스냅의 끝점을 지정, 이미 설정했다면 해당 지점에서 그대로 클릭
> 다음 점 지정 또는 [명령 취소(U)]: per `Spacebar` ← 객체 스냅의 직교점을 지정, 이미 설정했다면 해당 지점에서 그대로 클릭
> 다음 점 지정 또는 [명령 취소(U)]: `Spacebar` ← 명령 종료

5 동일한 방법으로 바로 아래에 수평선을 하나 더 그립니다.

> **A** 명령 행 한눈에 보기
>
> 명령: LINE `Spacebar` ← Line 명령 입력 (L)
> 첫 번째 점 지정: end `Spacebar` ← 객체 스냅의 끝점을 지정. 이미 설정했다면 해당 지점에서 그대로 클릭
> 다음 점 지정 또는 [명령 취소(U)]: per `Spacebar` ← 객체 스냅의 직교점을 지정, 이미 설정했다면 해당 지점에서 그대로 클릭
> 다음 점 지정 또는 [명령 취소(U)]: `Spacebar` ← 명령 종료

6 소파의 가운데에 세로선을 그려보겠습니다. ❶ 명령 행에 **Line**을 입력한 후 `Spacebar`를 눌러 Line 명령을 실행합니다. ❷ 명령 행에 **Mid**를 입력한 후 `Spacebar`를 눌러 객체 스냅의 Midpoint(중간점) 옵션을 활성화합니다. ❸❹ 중간점을 각각 클릭하여 선을 그리고 `Spacebar`를 눌러 명령을 종료합니다.

> **A** 명령 행 한눈에 보기
>
> 명령: LINE `Spacebar` ← Line 명령 입력 (L)
> 첫 번째 점 지정: mid `Spacebar` ← 객체 스냅의 끝점을 지정
> 다음 점 지정 또는 [명령 취소(U)]: mid `Spacebar` ← 격자 스냅의 중간점을 지정, 이미 설정했다면 해당 지점에서 그대로 클릭
> 다음 점 지정 또는 [명령 취소(U)]: `Spacebar` ← 명령 종료

7 이번에는 탁자를 그리겠습니다. 먼저 탁자의 왼쪽 원의 사분점 중 0°와 180° 지점을 연결하겠습니다. ❶ 명령 행에 **Line**을 입력한 후 Spacebar를 눌러 Line 명령을 실행합니다. ❷ **Quad**를 입력한 후 Spacebar를 눌러 객체 스냅의 Quadrant(사분점) 옵션을 활성화합니다. ❸❹ 0°와 180° 지점을 각각 클릭하여 가로선을 그린 후 Spacebar를 눌러 명령을 종료합니다.

A 명령 행 한눈에 보기

명령: LINE Spacebar ← Line 명령 입력 (L)

첫 번째 점 지정: quad Spacebar ← 객체 스냅의 사분점을 지정

다음 점 지정 또는 [명령 취소(U)]: quad Spacebar ← 객체 스냅의 사분점을 지정, 이미 설정했다면 해당 지점에서 그대로 클릭

다음 점 지정 또는 [명령 취소(U)]: Spacebar ← 명령 종료

8 탁자의 오른쪽 원에 선을 그리겠습니다. ❶ 명령 행에 **Line**을 입력한 후 Spacebar를 눌러 Line 명령을 실행합니다. ❷ **Int**를 입력한 후 Spacebar를 눌러 객체 스냅의 Intersection(교차점) 옵션을 활성화합니다. ❸ 교차점을 클릭하고 ❹ 원의 아래쪽 사분점을 클릭하여 선을 그린 후 Spacebar를 눌러 명령을 종료합니다.

A 명령 행 한눈에 보기

명령: LINE Spacebar ← Line 명령 입력 (L)

첫 번째 점 지정: int Spacebar ← 객체 스냅의 교차점을 지정

다음 점 지정 또는 [명령 취소(U)]: quad Spacebar ← 객체 스냅의 사분점을 지정, 이미 설정했다면 해당 지점에서 그대로 클릭

다음 점 지정 또는 [명령 취소(U)]: Spacebar ← 명령 종료

템플릿 파일 100배 활용하기

템플릿(Template) 파일은 반복해서 사용되는 도면의 구조를 미리 지정하여 모형 틀처럼 만들어놓은 것입니다. 작업이 반복될 때 변경되는 내용만을 수정하여 사용할 수 있는 편리한 파일 형식입니다. 템플릿 파일을 효율적으로 사용한다면 중복 작업을 할 필요가 없으므로 작업 시간을 단축하고 작업의 정확성을 높일 수 있습니다. 이번에는 자신만의 템플릿 파일을 작성해보겠습니다.

실습 파일 없음

1 새 도면 파일을 엽니다. ❶ 명령 행에 **New**를 입력하고 Spacebar 를 눌러 열기 명령을 실행합니다. ❷ [새 도면 작성] 대화상자에서 [템플릿 사용 📄]을 클릭한 후 ❸ [Acadiso.cwt]를 클릭합니다. ❹ 확인을 클릭하여 새 창을 엽니다.

A 명령 행 한눈에 보기

명령: NEW Spacebar ← New 명령 입력

2 F7 을 눌러 모눈 격자(그리드)를 끕니다.

A 명령 행 한눈에 보기

명령: 〈그리드 끄기〉 ← F7 을 눌러 모눈 격자 끄기

CHAPTER 04 객체 스냅으로 편리하게 객체 선택하기 **151**

3 가로 420mm, 세로 297mm의 직사각형을 그려보겠습니다. ❶ 명령 행에 **Line**을 입력하고 Spacebar 를 누릅니다. ❷ 첫 번째 점을 지정하기 위해 절대좌표인 **50,0**을 입력하고 Spacebar 를 누릅니다. 시작점이 화면에서 벗어나면 마우스 휠을 클릭한 채 작업 화면의 왼쪽 하단으로 화면을 옮깁니다.

> **A** 명령 행 한눈에 보기
>
> **명령: LINE** Spacebar ← Line 명령 입력 (L)
>
> **첫 번째 점 지정: 50,0** Spacebar ← 첫 번째 기준점 절대좌표 (50,0) 지정

4 연속해서 두 번째 점을 지정합니다. ❶ 명령 행에 극좌표인 **@420〈0**을 입력하고 Spacebar 를 눌러 선을 그립니다. ❷ 다음으로 세 번째 점을 지정하기 위해 명령 행에 **@297〈90**을 입력하고 Spacebar 를 눌러 다음 선을 그립니다.

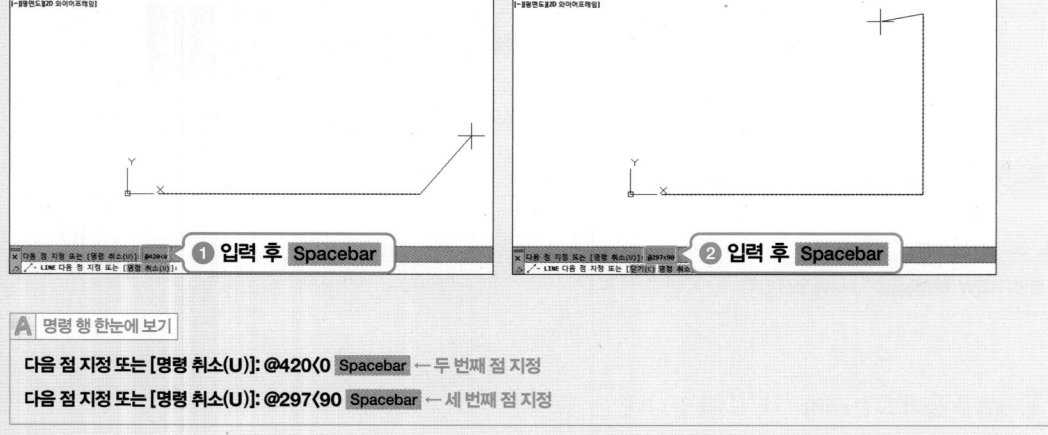

> **A** 명령 행 한눈에 보기
>
> **다음 점 지정 또는 [명령 취소(U)]: @420〈0** Spacebar ← 두 번째 점 지정
>
> **다음 점 지정 또는 [명령 취소(U)]: @297〈90** Spacebar ← 세 번째 점 지정

바로 통하는 TIP 선이 너무 작게 표시된다면 마우스 휠을 굴려서 적절한 크기로 확대합니다.

5 네 번째 점을 지정합니다. ❶ 명령 행에 **@420<180**을 입력하고 Spacebar 를 누릅니다. ❷ 서브 메뉴 중 닫기(Close) 옵션을 사용하기 위해 명령 행에 **C**를 입력하고 Spacebar 를 눌러 명령을 종료합니다.

A 명령 행 한눈에 보기

다음 점 지정 또는 [닫기(C)/명령 취소(U)]: @420<180 Spacebar ← 네 번째 점 지정
다음 점 지정 또는 [닫기(C)/명령 취소(U)]: c Spacebar ← 옵션 C 입력 후 명령 종료

6 그려진 사각형이 화면에 다 나타나지 않으면 화면을 확대·축소하는 Zoom 명령을 사용합니다. 명령 행에 **Zoom**을 입력하고 Spacebar 를 누릅니다. Zoom 명령은 157쪽에서 자세히 알아보도록 합니다.

A 명령 행 한눈에 보기

명령: ZOOM Spacebar ← Zoom 명령 입력 (Z)

7 서브 메뉴가 나타나면 객체를 화면에 꽉 채워 보여주는 범위(Extents) 옵션인 **E**를 입력하고 Spacebar 를 누릅니다. 사각형이 화면에 꽉 차게 나오는 것을 확인할 수 있습니다.

A 명령 행 한눈에 보기

윈도우 구석 지정, 축척 비율(nX 또는 nXP) 입력 또는
[전체(A)/중심(C)/동적(D)/범위(E)/이전(P)/축척(S)/윈도우(W)/객체(O)]<실시간>: e Spacebar ← 옵션 E 입력

08 이 도면을 저장하여 템플릿 파일로 만들어보겠습니다. ① [메뉴 A]를 클릭하고 ② [다른 이름으로 저장 ▶]-[도면 템플릿]을 클릭합니다. ③ [다른 이름으로 도면 저장] 대화상자가 나타나면 [파일 이름]을 **연습**으로 입력하고 ④ [저장]을 클릭합니다. 이때 파일 유형은 '*.dwt' 확장자로 지정됩니다.

09 ① [템플릿 옵션] 대화상자가 나타나면 [설명]에 템플릿에 대한 정보를 입력하고 ② [확인]을 클릭합니다.

10 템플릿 파일 만들기가 완료되었습니다.

11 앞서 제작한 템플릿 파일을 사용해
보겠습니다. ① [메뉴 A]를 클릭하고 ②
[새로 만들기 ▶]-[도면]을 클릭합니다.
혹은 신속 접근 도구 막대에서 [새로 만들
기 ▢]를 클릭해도 됩니다.

12 [새 도면 작성] 대화상자가 나타나면 오른쪽
의 스크롤바를 내려 이전 실습에서 만들었던 [연
습.dwt] 파일을 더블클릭해서 엽니다.

13 [연습.dwt] 파일이 화면에 나타납니다. 실무에서도 이런 식으로 템플릿 파일을 만들어두었다가 사용
하면 작업 시간을 단축할 수 있습니다.

CHAPTER 04 객체 스냅으로 편리하게 객체 선택하기

CHAPTER 05

다양한 화면 조절 명령 익히기

사용자가 원하는 대로 화면을 자유자재로 이동하거나 확대·축소하면 더욱 빠르게 작업할 수 있습니다. 능동적이고 역동적인 도면 작업을 위해 화면을 확대·축소하는 Zoom 명령과 화면을 통째로 이동하는 Pan 명령에 대해 알아보도록 하겠습니다.

🎯 학습 목표

화면에서 도면을 크고 자세하게 보여주는 명령을 익혀봅니다. Zoom 명령으로 화면을 확대하고 Pan 명령으로 화면을 자유자재로 이동해보겠습니다.

▲ 화면 크기 알맞게 조절하기 : Before(좌), After(우)

▲ 도면 밀고 당기기 : Before(좌), After(우)

SECTION 01 작업 화면을 알맞게 조절하는 Zoom

카메라에는 Zoom In, Zoom Out 기능이 있습니다. AutoCAD의 Zoom 기능도 이미지를 확대하거나 축소하는 카메라의 기능과 같습니다. 단지 마우스와 키보드로 조절한다는 차이가 있을 뿐입니다. 도면을 작성할 때 화면 배율을 적당한 크기로 맞추는 작업은 정확하고 빠른 도면 작성을 위한 필수 과정이므로 반드시 이해하고 넘어가도록 합니다. 화면 크기를 알맞게 조절하는 Zoom 명령을 사용하려면 명령 행에 **Zoom**을 입력하고 Spacebar 를 눌러 원하는 옵션을 선택하거나 마우스 휠을 굴립니다.

01 객체의 최대 범위를 표시하는 Extents

실습 파일 Part 2\Part2-22.dwg

Zoom 명령에서 일반적으로 가장 자주 사용하는 범위(Extents) 옵션을 이용하면 작업한 모든 도면 영역을 화면에 꽉 채워 보여줍니다.

01 실습 파일 **Part2-22.dwg**를 불러옵니다. 명령 행에 **Zoom**을 입력하고 Spacebar 를 누릅니다.

A 명령 행 한눈에 보기

명령: **ZOOM** Spacebar ← Zoom 명령 입력(Z)

02 서브 메뉴 중 범위(Extents) 옵션을 실행하기 위해 명령 행에 **E**를 입력한 후 Spacebar 를 누릅니다. 도면 객체가 화면에 꽉 채워져서 나타납니다.

A 명령 행 한눈에 보기

윈도우 구석 지정, 축척 비율(nX 또는 nXP) 입력 또는
[전체(A)/중심(C)/동적(D)/범위(E)/이전(P)/축척(S)/윈도우(W)/객체(O)] <실시간>: e Spacebar ← 옵션 E 입력

 하는 TIP Zoom 명령은 화면을 확대·축소하여 보여주는 기능일 뿐, 실제 객체의 크기가 변경되는 것은 아닙니다.

02 확대 영역을 지정하는 Window

실습 파일 Part 2\Part2-22.dwg

윈도우(Window) 옵션은 도면에서 확대할 영역을 직접 지정하는 방법입니다. 특정 부분을 자세히 보기 위해 사각형 영역을 지정하면 그 부분이 작업 화면에 꽉 차 보이도록 도면을 확대합니다.

01 실습 파일 **Part2-22.dwg**를 불러옵니다. 명령 행에 **Zoom**을 입력하고 Spacebar 를 누릅니다.

A 명령 행 한눈에 보기

명령: ZOOM Spacebar ← Zoom 명령 입력 (Z)

02 서브 메뉴 중 윈도우(Window) 옵션을 실행하기 위해 명령 행에 **W**를 입력한 후 Spacebar 를 누릅니다.

A 명령 행 한눈에 보기

윈도우 구석 지정, 축척 비율(nX 또는 nXP) 입력 또는

[전체(A)/중심(C)/동적(D)/범위(E)/이전(P)/축척(S)/윈도우(W)/객체(O)] <실시간>: w Spacebar ← 옵션 W 입력

03 ①② 확대하고자 하는 영역을 지정하기 위해 사각형 선택 영역의 구석점을 각각 클릭합니다.

A 명령 행 한눈에 보기

첫 번째 구석을 지정: ← 확대하려는 영역의 한 구석점 지정

반대 구석 지정: ← 확대하려는 영역에서 대각선 낭향의 구석점 지정

04 사각형 영역으로 지정된 부분이 화면에 확대되어 보입니다.

03 직전 단계 배율로 보여주는 Previous

이전(Previous) 옵션은 바로 전 단계의 배율로 화면을 보여줍니다. 반복 실행하면 계속해서 그 이전의 화면 배율로 나타냅니다.

01 앞의 실습을 이어서 진행합니다. 윈도우(Window) 옵션을 실행한 후 연속하여 명령 행에 **Zoom**을 입력하고 Spacebar 를 누릅니다.

A 명령 행 한눈에 보기

명령: ZOOM Spacebar ← Zoom 명령 입력 (Z)

02 서브 메뉴 중 이전(Previous) 옵션을 실행하기 위해 명령 행에 **P**를 입력한 후 Spacebar 를 누릅니다. 이전 단계의 화면으로 돌아갑니다.

A 명령 행 한눈에 보기

윈도우 구석 지정, 축척 비율(nX 또는 nXP) 입력 또는
[전체(A)/중심(C)/동적(D)/범위(E)/이전(P)/축척(S)/윈도우(W)/객체(O)] <실시간>: p Spacebar ← 옵션 P 입력

04 그 밖의 Zoom 옵션

실습 파일 Part 2\Part2-23.dwg

나머지 Zoom 명령 옵션의 기능과 사용 방법을 알아보겠습니다.

All(A) : 전체

그려진 모든 도면을 현재 화면에 보여줍니다. 한계 영역의 지정 범위 전체를 나타내거나, 객체가 한계 영역을 벗어났을 경우 객체 영역과 한계 영역을 모두 포함하여 화면에 나타냅니다.

01 실습 파일 **Part2-23.dwg**를 불러옵니다. ① 명령 행에 **Zoom**을 입력하고 Spacebar 를 누릅니다. ② 서브 메뉴 중 전체(All) 옵션을 실행하기 위해 명령 행에 **A**를 입력한 후 Spacebar 를 누릅니다.

A 명령 행 한눈에 보기

명령: **ZOOM** Spacebar ← Zoom 명령 입력 (Z)
윈도우 구석 지정, 축척 비율(nX 또는 nXP) 입력 또는
[전체(A)/중심(C)/동적(D)/범위(E)/이전(P)/축척(S)/윈도우(W)/객체(O)] <실시간>: a Spacebar ← 옵션 A 입력

02 도면의 한계 영역이 모두 나타납니다.

바로 통 하는 TIP AutoCAD를 오래 사용한 사람들은 Zoom 명령의 서브 메뉴 옵션을 명령 행어 직접 입력하여 사용합니다. 마우스 휠을 사용해도 편리하게 Zoom 기능을 사용할 수 있습니다.

쉽고 빠른 실무 NOTE — Zoom 명령의 전체(All)와 범위(Extents) 옵션 비교하기

앞에서 설명한 바와 같이 Zoom 명령의 전체(All) 옵션은 한계 영역과 도면의 객체 영역 중에서 더 큰 영역을 기준으로 화면에 나타냅니다. 하지만 Zoom 명령의 범위(Extents) 옵션은 한계 영역과 무관하며 도면의 객체 영역만을 화면에 꽉 차도록 보여줍니다.

▲ 전체(All) 옵션 실행 화면   ▲ 범위(Extents) 옵션 실행 화면

Center(C) : 중심

도면에서 지정한 좌표가 화면의 중심이 됩니다. 화면의 중심점이 될 위치를 도면에서 지정한 후 배율이나 높이를 설정해주면 됩니다.

01 실습 파일 **Part2-23.dwg**를 불러옵니다. ❶ 명령 행에 **Zoom**을 입력하고 Spacebar 를 누릅니다. ❷ 서브 메뉴 중 중심(Center) 옵션을 실행하기 위해 명령 행에 **C**를 입력한 후 Spacebar 를 누릅니다.

A 명령 행 한눈에 보기

명령: ZOOM Spacebar ← Zoom 명령 입력 (Z)
윈도우 구석 지정, 축척 비율(nX 또는 nXP) 입력 또는
[전체(A)/중심(C)/동적(D)/범위(E)/이전(P)/축척(S)/윈도우(W)/객체(O)] <실시간>: c Spacebar ← 옵션 C 입력

02 확대할 영역의 중심점을 지정합니다.

> **A 명령 행 한눈에 보기**
>
> **중심점 지정:** ← 중심점을 클릭해서 지정

03 명령 행에 **10**을 입력하고 Spacebar 를 눌러 배율을 지정합니다. 좌석의 마우스 객체가 10배로 확대되어 보입니다.

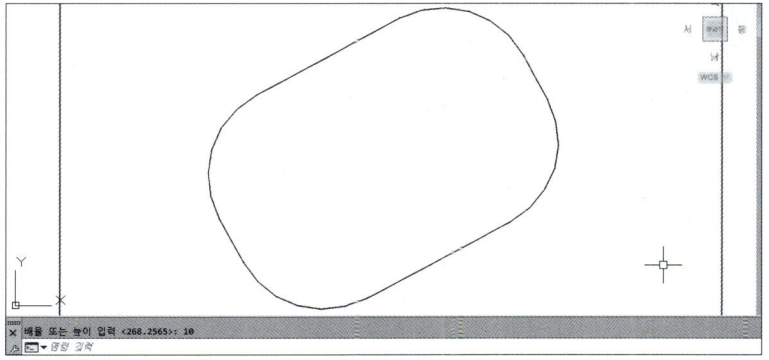

> **A 명령 행 한눈에 보기**
>
> **배율 또는 높이 입력 〈268.2565〉: 10** Spacebar ← 배율 10 지정

🔍 Dynamic(D) : 동적

도면의 전체 영역을 보여주고 화면에 상자가 나타나면 확대하려는 영역에 맞게 크기를 조절하여 지정한 영역만큼 도면을 확대해줍니다. 이 기능은 원하는 부분을 빠르게 볼 수 있는 것이 장점입니다.

01 실습 파일 **Part2-23.dwg**를 불러옵니다. ① 명령 행에 **Zoom**을 입력하고 Spacebar 를 누릅니다. ② 서브 메뉴 중 동적(Dynamic) 옵션을 실행하기 위해 명령 행에 **D**를 입력한 후 Spacebar 를 누릅니다.

A 명령 행 한눈에 보기

명령: ZOOM Spacebar ← Zoom 명령 입력 (Z)
윈도우 구석 지정, 축척 비율(nX 또는 nXP) 입력 또는
[전체(A)/중심(C)/동적(D)/범위(E)/이전(P)/축척(S)/윈도우(W)/객체(O)] ⟨실시간⟩: d Spacebar ← 옵션 D 입력

02 명령을 실행하면 확대할 영역을 표시하는 상자가 나타납니다.

03 상자를 클릭한 후 마우스 포인터를 움직여 확대할 화면 영역의 크기를 조절합니다.

04 상자를 다시 클릭하여 화면 영역 안에 ⊠가 표시되면, 상자를 옮겨 확대해서 볼 도면 영역으로 이동합니다.

05 ❶ 마우스 오른쪽 버튼을 클릭한 후 ❷ 팝업 메뉴에서 [입력]을 클릭하면 상자의 영역만큼 화면을 꽉 차게 확대하여 보여줍니다.

Scale(S) : 축척

현재 화면의 크기를 절대적 또는 상대적 크기로 원하는 배율만큼 확대하거나 축소하여 나타냅니다. 축척(Scale) 옵션에는 nX와 nXP 하위 옵션이 있습니다.

01 실습 파일 **Part2-23.dwg**를 불러옵니다. ❶ 명령 행에 **Zoom**을 입력하고 Spacebar 를 누릅니다. ❷ 서브 메뉴 중 축척(Scale) 옵션을 실행하기 위해 **S**를 입력한 후 Spacebar 를 누릅니다.

> **A 명령 행 한눈에 보기**
>
> 명령: ZOOM Spacebar ← Zoom 명령 입력 (Z)
> 윈도우 구석 지정, 축척 비율(nX 또는 nXP) 입력 또는
> [전체(A)/중심(C)/동적(D)/범위(E)/이전(P)/축척(S)/윈도우(W)/객체(O)] <실시간>: s Spacebar ← 옵션 S 입력

02 원하는 배율을 입력하여 화면의 크기를 조절합니다. 명령 행에 **0.5x**를 입력하고 Spacebar 를 누르면 화면이 처음 화면의 절반 크기로 축소됩니다.

> **A 명령 행 한눈에 보기**
>
> 축척 비율 입력 (nX 또는 nXP): 0.5x Spacebar ← 배율 0.5x 입력

> **바로 통 하는 TIP**   nX는 현재의 작업 영역에서 사용하는 옵션이고, nXP는 [레이아웃] 탭에서 사용하는 옵션입니다. 일반적인 작업 영역에서 화면을 두 배로 확대하려면 '2X'를 입력하고, 세 배로 확대하려면 '3X'를 입력합니다. 반대로 1/2로 축소하려면 '0.5X'를 입력합니다.

🔍 Object(O) : 객체

확대하거나 축소하려는 객체를 선택하면 그 객체를 확대·축소하여 화면 전체에 나타냅니다.

01 실습 파일 **Part2-23.dwg**를 불러옵니다. 컴퓨터 모니터 위에 있는 원형 객체를 확대합니다. 명령 행에 **Zoom**을 입력하고 Spacebar 를 누릅니다.

> **A 명령 행 한눈에 보기**
> 명령: ZOOM Spacebar
> ←Zoom 명령 입력 (Z)

02 서브 메뉴 중 객체(Object) 옵션을 실행하기 위해 명령 행에 **O**를 입력한 후 Spacebar 를 누릅니다.

> **A 명령 행 한눈에 보기**
> 윈도우 구석 지정, 축척 비율(nX 또는 nXP) 입력 또는
> [전체(A)/중심(C)/동적(D)/범위(E)/이전(P)/축척(S)/윈도우(W)/객체(O)] <실시간>: o Spacebar ←옵션 O 입력

03 원하는 객체를 선택하고 Spacebar 를 누르면 선택한 객체가 확대됩니다.

 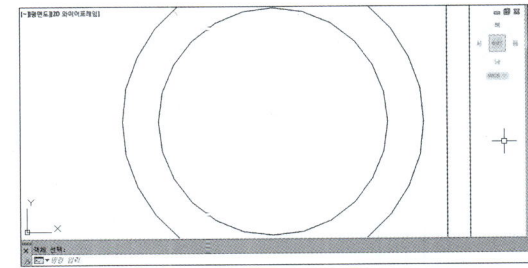

> **A 명령 행 한눈에 보기**
> 객체 선택: 1개를 찾음 ←확대하려는 객체를 클릭해서 선택
> 객체 선택: Spacebar ←명령 실행

🔍 Realtime : 실시간

실시간으로 화면을 확대·축소할 수 있는 기능입니다. 별도의 옵션을 선택하지 않고 바로 Spacebar 를 눌러 사용합니다.

01 실습 파일 **Part2-23.dwg**를 불러옵니다. 명령 행에 **Zoom**을 입력하고 Spacebar 를 누릅니다. 옵션을 선택하지 않고 Spacebar 를 누르면 마우스 포인터가 돋보기 모양으로 바뀝니다.

A 명령 행 한눈에 보기

명령: ZOOM Spacebar ← Zoom 명령 입력 (Z)
윈도우 구석 지정, 축척 비율(nX 또는 nXP) 입력 또는
[전체(A)/중심(C)/동적(D)/범위(E)/이전(P)/축척(S)/윈도우(W)/객체(O)] <실시간>: Spacebar ← 별도 옵션을 선택하지 않고 그대로 Spacebar 눌러 실행
ESC 또는 ENTER 키를 눌러 종료하거나 오른쪽 클릭하여 바로 가기 메뉴를 표시하십시오. ← 마우스 포인터가 돋보기 모양으로 변경

02 이 상태에서 위쪽 방향으로 드래그하면 확대가 되고, 아래쪽 방향으로 드래그하면 축소가 됩니다. 원하는 화면 크기가 되면 Spacebar 를 눌러 실행합니다.

SECTION 02 화면에서 보이지 않는 도면을 당겨오는 Pan

도면을 작성하다 보면 내용이 점점 많아지거나 좌표가 멀리 있어서 객체가 현재 화면 밖으로 벗어나는 경우가 종종 있습니다. 이럴 때는 모든 객체가 한 화면에 나타날 수 있도록 Pan(초점 이동) 명령을 실행하여 도면을 당겨와야 합니다. Pan 명령을 사용하려면 명령 행에 **Pan**을 입력하고 Spacebar 를 누르거나 마우스 휠을 클릭한 채 드래그하여 사용합니다.

01 Pan 명령으로 화면 이동하기

실습 파일 Part 2\Part2-24.dwg

Pan 명령의 기능과 사용 방법을 알아봅니다. Pan 명령을 실행한 후 마우스 포인터가 손바닥 모양으로 바뀌면 상하좌우 원하는 방향으로 화면을 드래그하여 사용합니다.

01 실습 파일 **Part2-24.dwg**를 불러옵니다. 명령 행에 **Pan**을 입력하고 Spacebar 를 누릅니다.

A 명령 행 한눈에 보기

명령: pan Spacebar ← Pan 명령 입력 (P)

바로 통 하는 TIP Pan 명령은 Move 명령과 달리 도면 객체의 좌표를 바꾸지 않고 단순히 사용자 편의상 화면에서 도면 전체가 이동되는 것처럼 보이는 기능입니다.

02 마우스 포인터가 손바닥 모양이 되면 왼쪽으로 드래그합니다. 드래그한 방향으로 화면 전체가 이동하는 것을 확인할 수 있습니다. Spacebar 를 눌러 명령을 종료합니다.

> **A** 명령 행 한눈에 보기
>
> ESC 또는 ENTER 키를 눌러 종료하거나 오른쪽 클릭하여 바로 가기 메뉴를 표시하십시오. Spacebar
>
> ← 화면을 드래그하여 원하는 방향으로 당긴 후 Spacebar 를 눌러 명령 종료

쉽고 빠른 실무 NOTE 투명 명령인 Zoom 명령과 Pan 명령

명령 실행 중에 중복으로 사용할 수 있는 명령을 투명 명령이라고 하는데, 대표적으로 Zoom 명령과 Pan 명령이 있습니다. Zoom 도구 막대를 사용하면 임의의 다른 명령을 실행하는 도중이라도 동시에 사용할 수 있습니다. 임의의 다른 명령을 실행하는 중에 명령 행에서 Zoom 명령을 사용하려면 아포스트로피(')를 먼저 입력한 후 명령 행에 Zoom을 입력해 사용합니다.

02 마우스 휠로 Pan 명령 실행하기

마우스 휠을 위아래로 굴리면 Zoom 명령이 적용되지만 마우스 휠을 클릭한 상태에서 드래그하면 Pan 명령이 바로 실행됩니다. 이때 Spacebar 를 누를 필요 없이 마우스 휠에서 손을 떼기만 해도 Pan 명령에서 자동으로 빠져나옵니다.

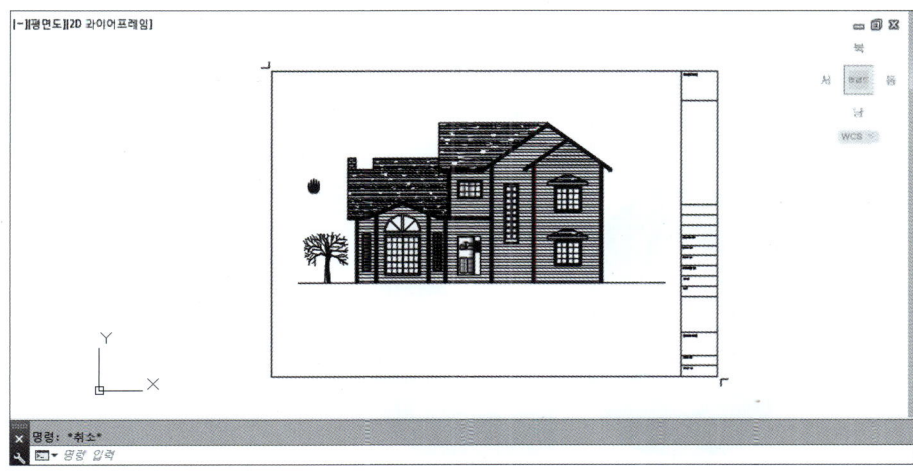

쉽고 빠른 실무 NOTE — Mbuttonpan으로 Pan 명령과 객체 스냅 기능 제어하기

명령 행에 **Mbuttonpan**을 입력하면 옵션으로 0과 1을 선택할 수 있습니다. 명령 행에 **0**을 입력하고 작업 영역을 마우스 휠로 클릭하면 객체 스냅을 지정할 수 있는 팝업 메뉴가 표시됩니다. 다시 명령 행에 **1**을 입력하면 Pan 명령의 기능으로 사용할 수 있습니다.

PART 03

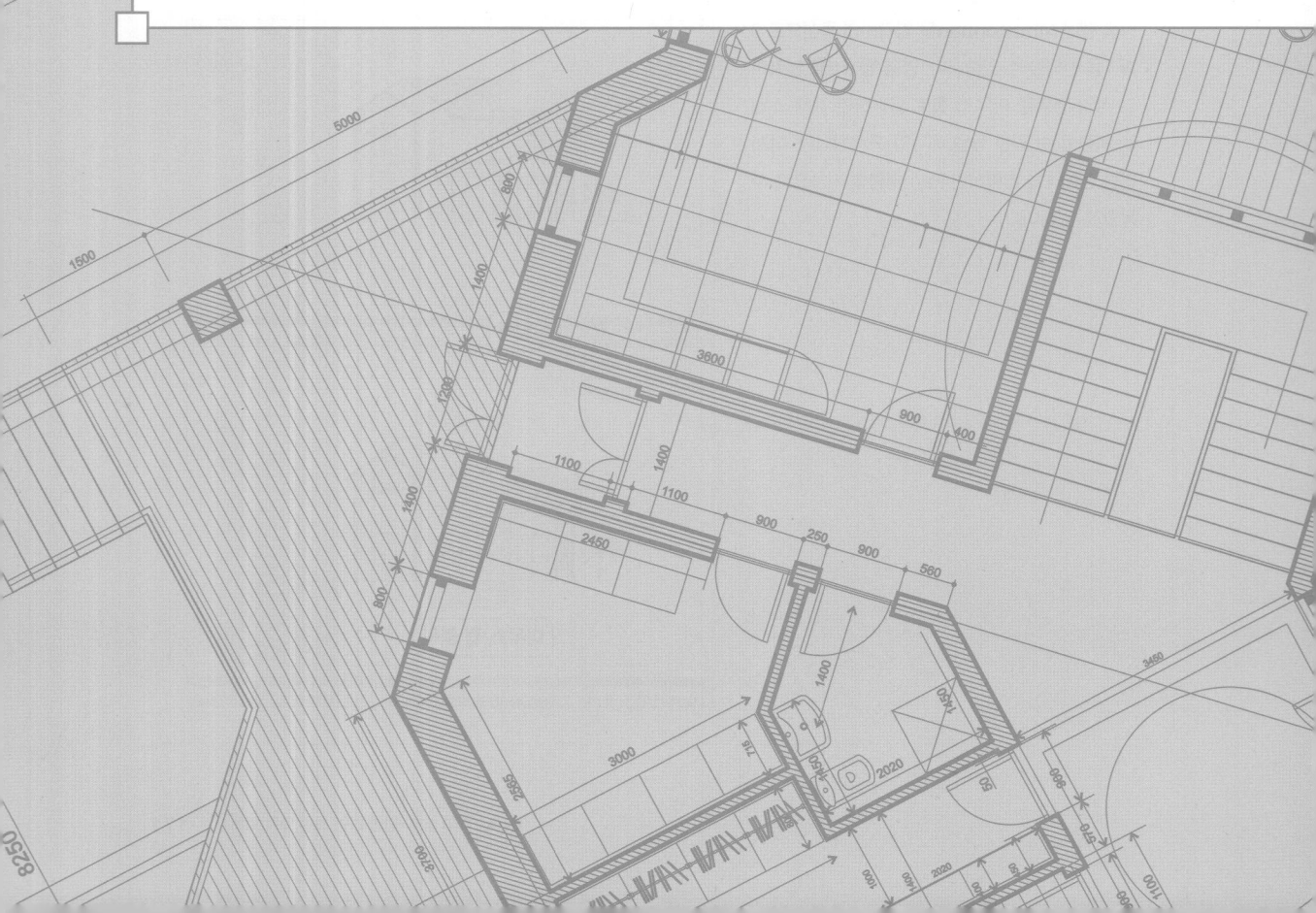

섬세한 도면 작업을 위한 다양한 2D 편집 명령

2D 도면을 작업하기 위해 꼭 알아야 할 기본적인 편집 명령과 그리기 명령을 알아보겠습니다. AutoCAD를 사용할 때 다양한 명령을 제대로 이해하지 못하면 도면 작성이 불가능할 수 있습니다. 편집 및 그리기 명령을 적절히 사용하면 더욱 빠르고 정확하게 도면을 작성할 수 있으므로 반드시 기본 명령을 숙지하고 넘어가도록 합니다.

CHAPTER 01

객체의 이동 · 복사 · 크기 조절

도면 객체를 원하는 지점으로 정확하게 옮기는 Move(이동) 명령, 객체를 원하는 지점으로 이동하여 복사하는 Copy(복사) 명령, 객체의 크기를 전체 도면에 적절하게 확대 · 축소하는 Scale(축척) 명령을 알아보겠습니다.

🎯 학습 목표

도면 객체를 이동 · 복사하고 크기를 조절하는 방법을 익혀봅니다. Move 명령으로 객체를 옮기고 Copy 명령으로 같은 객체를 연속해서 복사해봅니다. 그런 다음 Scale 명령으로 크기를 조절하여 배치해보겠습니다.

▲ 객체 옮기기

▲ 연속 복사하기

▲ 객체 축소하기

▲ 객체 확대하기

SECTION 01 원하는 좌표로 객체를 옮기는 Move

Move(이동) 명령은 선택한 도면의 객체를 옮기는 편집 명령입니다. Move 명령을 사용하려면 명령 행에 **Move**를 입력하고 Spacebar 를 누르거나 [수정] 도구 팔레트-[이동]을 클릭합니다.

동영상 강의 확인하기

01 객체 스냅 이용하여 이동하기

실습 파일 Part 3\Part3-01.dwg

객체 스냅을 이용하여 Move 명령을 적용할 때는 기준점과 이동 지점을 정확히 지정해야 합니다. Move 명령을 사용하여 가로등의 윗부분을 완성해보겠습니다.

01 실습 파일 **Part3-01.dwg**를 불러옵니다. ❶ 명령 행에 **Move**를 입력하고 Spacebar 를 눌러 명령을 실행합니다. ❷ 화면 오른쪽 위의 이동할 원을 클릭하고 Spacebar 를 누릅니다.

A 명령 행 한눈에 보기

명령: **MOVE** Spacebar ← Move 명령 입력 (M)
객체 선택: 1개를 찾음 ← 객체 선택
객체 선택: Spacebar ← 객체를 선택하면 Spacebar

02 원의 맨 아랫부분을 선택해 왼쪽 조명 집기의 꼭지로 옮겨보겠습니다. ① 객체 스냅의 사분점을 지정하기 위해 명령 행에 **Quad**를 입력하고 Spacebar 를 누릅니다. ② 원의 아래쪽 사분점을 클릭하여 기준점으로 지정합니다.

A 명령 행 한눈에 보기

기준점 지정 또는 [변위(D)] 〈변위〉: quad Spacebar ← Quad를 입력해 원의 아래쪽 사분점을 기준점으로 지정

03 객체 스냅의 끝점을 설정하여 조명 집기의 꼭짓점을 이동 지점으로 지정해보겠습니다. ① 명령 행에 **End**를 입력하고 Spacebar 를 누른 후 ② 끝점을 클릭합니다. 원이 조명 집기의 꼭지로 이동한 것을 확인할 수 있습니다.

A 명령 행 한눈에 보기

두 번째 점 지정 또는 〈첫 번째 점을 변위로 사용〉: end Spacebar ← End를 입력해 변위의 두 번째 점 지정

바로 통 하는 TIP 객체 스냅의 끝점(Endpoint)은 AutoCAD를 시작할 때 기본으로 설정된 옵션입니다. 따라서 명령 행에 **End**를 입력하고 Spacebar 를 누른 후 객체 위에 마우스 포인터를 가져가면 끝점이 표시됩니다. 도면 객체에 끝점이 표시되지 않는다면 객체 스냅 설정의 [끝점]을 클릭하여 사용합니다.

쉽고 빠른 실무 NOTE [제도 설정] 대화상자에서 객체 스냅 설정하기

앞으로 예제를 실습할 때 객체 스냅을 계속 사용할 것이므로 객체 스냅을 미리 설정하겠습니다. 작업 화면 아래에 있는 [객체 스냅 □]의 [더 보기 ▼]를 클릭하면 객체 스냅 메뉴가 나타납니다. [객체 스냅 설정]을 클릭하면 [제도 설정] 대화상자가 나타납니다. 이 대화상자에서 객체 스냅을 일괄적으로 지정할 수 있습니다.

04 조명 집기 오른쪽에 따로 떨어져 있는 조명등 객체를 조명 집기 왼쪽 아래로 옮겨보겠습니다. ① 명령 행에 **Move**를 입력하고 Spacebar 를 눌러 명령을 실행합니다. ② 이동할 조명등 객체를 드래그하고 Spacebar 를 눌러 객체를 선택합니다.

A 명령 행 한눈에 보기

명령: **MOVE** Spacebar ← Move 명령 입력 (M)
객체 선택: 반대 구석 지정: 8개를 찾음 ← 이동할 객체 선택
객체 선택: Spacebar ← 이동할 조명등 객체를 선택하고 Spacebar 를 눌러 적용

05 객체 스냅의 중간점 옵션을 이용해 기준점을 지정해보겠습니다. ❶ 중간점 객체 스냅을 설정하기 위해 명령 행에 **Mid**를 입력하고 Spacebar 를 누른 후 ❷ 옮길 조명등 객체의 위쪽 중간점을 클릭합니다.

06 선택한 조명등 객체를 조명 집기로 이동해보겠습니다. ❶ 명령 행에 **Mid**를 입력하고 Spacebar 를 눌러 중간점 객체 스냅을 켭니다. ❷ 조명 집기 왼쪽 사각형의 아랫변 중간점을 클릭하여 조명등 객체를 옮깁니다.

02 좌표 입력하여 이동하기

실습 파일 Part 3\Part3-02.dwg

좌표를 지정하여 객체를 이동하려면 상대좌표나 극좌표를 사용하면 됩니다. 이때 기준점은 특정 위치에 정해진 것이 아니므로 어디에 지정해도 상관없습니다. 다음 예제에서 왼쪽 조명등 객체와 오른쪽 가리개 객체는 서로 50mm 떨어져 있습니다. 가리개 객체를 왼쪽으로 50mm 옮겨서 도면을 완성해보겠습니다.

01 실습 파일 **Part3-02.dwg**를 불러옵니다. 명령 행에 **Move**를 입력하고 Spacebar 를 눌러 명령을 실행합니다.

A 명령 행 한눈에 보기

명령: **MOVE** Spacebar ← Move 명령 입력 (M)

02 이동할 가리개 객체를 드래그해서 선택하고 Spacebar 를 누릅니다.

A 명령 행 한눈에 보기

객체 선택: 반대 구석 지정: 10개를 찾음 ← 객체 선택
객체 선택: Spacebar ← 객체를 선택하고 Spacebar 를 눌러 적용

03 임의의 기준점을 지정합니다. 이때는 좌표를 이용해서 객체를 옮길 것이므로 기준점은 어디에 클릭해도 상관없습니다.

A 명령 행 한눈에 보기

기준점 지정 또는 [변위(D)] <변위>: ← 임의의 기준점 지정

04 객체를 왼쪽 방향으로 50mm만큼 이동하겠습니다. 극좌표를 사용하기 위해 명령 행에 **@50<180**을 입력하고 Spacebar 를 누릅니다. 가리개가 이동합니다.

A 명령 행 한눈에 보기

두 번째 점 지정 또는 <첫 번째 점을 변위로 사용>: @50<180 Spacebar ← 극좌표 @50<180 입력

바로 통하는 TIP 상대좌표를 사용해서 객체를 옮기려면 명령 행에 **@-50,0**을 입력하고 Spacebar 를 누릅니다.

바로 통하는 TIP 극좌표와 상대좌표뿐만 아니라 정수직이나 정수평 방향으로 객체를 이동할 때 마우스 포인터를 원하는 방향에 두고 거리만 입력해도 이동됩니다. 이때 F8 을 눌러 직교(Ortho) 모드를 활성화합니다.

회사통 실무활용

Previous 옵션으로 객체 다시 선택하기

Previous 옵션은 앞 명령에서 선택했던 객체를 다시 선택할 때 사용합니다. 명령 행에 P만 입력하면 바로 앞에 선택했던 모든 객체가 자동으로 선택되므로 무척 편리합니다. Previous 옵션으로 선택하는 방법은 Move 명령뿐 아니라 모든 편집 명령에서 사용할 수 있습니다. 다음 평면도의 의자를 선택해서 이동하고 Previous 옵션으로 다시 선택해보겠습니다.

실습 파일 Part 3\Part3-03.dwg

1 실습 파일 **Part3-03.dwg**를 불러옵니다. 명령 행에 **Move**를 입력하고 Spacebar 를 눌러 명령을 실행합니다.

A 명령 행 한눈에 보기

명령: MOVE Spacebar ← Move 명령 입력 (M)

2 이동할 객체를 드래그해서 선택하고 Spacebar 를 누릅니다.

A 명령 행 한눈에 보기

객체 선택: 반대 구석 지정: 47개를 찾음 ← 이동할 객체 선택

객체 선택: Spacebar ← 이동할 객체를 선택하고 Spacebar 를 눌러 적용

CHAPTER 01 객체의 이동·복사·크기 조절 · **181**

3 선택한 객체를 오른쪽 정수평 방향으로 200mm만큼 이동하겠습니다. ❶ F8 을 눌러 직교 모드를 활성화합니다. ❷ 도면의 아무 곳이나 클릭하여 기준점을 지정합니다. ❸ 마우스 포인터를 기준점의 오른쪽에 둔 상태에서 명령 행에 **200**을 입력하고 Spacebar 를 누릅니다.

A 명령 행 한눈에 보기

기준점 지정 또는 [변위(D)] <변위>: ← 기준점 지정

두 번째 점 지정 또는 <첫 번째 점을 변위로 사용>: <직교 켜기> 200 Spacebar ← 객체를 오른쪽으로 200mm 이동

4 이동한 객체를 다시 옮기기 위해 그대로 Spacebar 를 눌러 Move 명령을 다시 실행합니다.

A 명령 행 한눈에 보기

명령: Spacebar ← Move 명령 입력(M)

바로 통 하는 TIP 이전 단계에서 Move 명령을 완료하고 다시 Spacebar 를 누르면 이전 명령이 그대로 실행되므로 명령 행에 또다시 명령어를 입력할 필요가 없습니다.

05 방금 이동했던 모든 객체를 그대로 선택하겠습니다. ① 명령 행에 **P**를 입력하고 Spacebar 를 누릅니다. 앞 단계에서 선택했던 객체가 그대로 선택되었음을 알 수 있습니다. ② Spacebar 를 누르고 다음 단계로 넘어갑니다.

A 명령 행 한눈에 보기

객체 선택: p 47개를 찾음 ← 옵션 P 입력
객체 선택: Spacebar ← 이동할 객체를 선택하고 Spacebar 를 눌러 적용

06 이번에는 객체를 왼쪽으로 400mm만큼 이동해보겠습니다. ① 도면의 아무 곳이나 클릭하여 기준점을 임의로 지정합니다. ② 마우스 포인터를 객체 왼쪽에 두고 명령 행에 **400**을 입력한 후 Spacebar 를 눌러 명령을 실행합니다.

A 명령 행 한눈에 보기

기준점 지정 또는 [변위(D)] <변위>: ← 기준점 지정
두 번째 점 지정 또는 <첫 번째 점을 변위로 사용>: 400 Spacebar ← 왼쪽으로 400mm 이동

> **바로 통 하는 TIP** Move 명령과 Pan 명령의 차이
>
> Move 명령과 Pan 명령은 모두 객체를 옮기는 명령이라 초보자는 두 기능을 혼동할 수 있습니다. Move 명령은 작업 영역에서 객체의 위치를 다른 위치로 옮기는 기능입니다. 따라서 객체가 이동한 후 좌표가 바뀝니다. 그러나 Pan 명령은 작업 영역 전체를 옮기는 기능입니다. 도화지를 손으로 밀며 이리저리 옮기는 것과 같은 역할이므로 이동 후에도 객체의 좌표는 변하지 않습니다.

SECTION 02 똑같은 모양을 그려주는 Copy

Copy(복사) 명령은 좌표를 이용하여 도면 객체를 지정한 수치만큼 이동·복사하는 편집 명령입니다. 객체 스냅을 사용하면 객체를 원하는 지점에 정확히 이동·복사할 수 있습니다. Copy 명령을 사용하려면 명령 행에 **Copy**를 입력하고 Spacebar 를 누르거나 [수정] 도구 팔레트-[복사🗐]를 클릭합니다.

동영상 강의 확인하기

01 같은 기준점을 이용해 연속 복사하기

실습 파일 Part 3\Part3-04.dwg

객체 스냅을 이용하여 Copy 명령을 사용할 때는 Move 명령과 마찬가지로 정확한 기준점과 이동 지점을 지정하는 것이 중요합니다. 이번에는 크기가 같은 창문을 복사하여 건물 정면도를 완성해보겠습니다.

01 실습 파일 **Part3-04.dwg**를 불러옵니다. 창문을 복사하기 위해 명령 행에 **Copy**를 입력하고 Spacebar 를 눌러 명령을 실행합니다.

> **A** 명령 행 한눈에 보기
> 명령: COPY Spacebar ← Copy 명령 입력 (CO, CP)

02 복사할 객체인 창문만 드래그해서 선택하고 Spacebar 를 누릅니다.

A 명령 행 한눈에 보기

객체 선택: 반대 구석 지정: 9개를 찾음 ← 객체 선택
객체 선택: Spacebar ← 객체를 선택하고 Spacebar 를 눌러 적용

바로 통하는 TIP 화면이 작아 객체 선택이 어렵다면 마우스 휠을 굴려서 화면을 확대합니다.

바로 통하는 TIP 객체를 선택할 때 왼쪽에서 오른쪽으로 드래그하면 Window 선택 방식이 적용되어 선택 영역 안에 완전히 포함된 내용만 선택됩니다. 반대로 오른쪽에서 왼쪽 방향으로 드래그하면 Crossing 선택 방식이 적용되며 선택 영역 안에 조금이라도 걸치는 모든 객체가 선택됩니다.

03 선택한 객체의 기준점을 지정해보겠습니다. 객체 스냅의 끝점을 사용하여 창문 객체의 왼쪽 아래 모서리를 기준점으로 지정합니다.

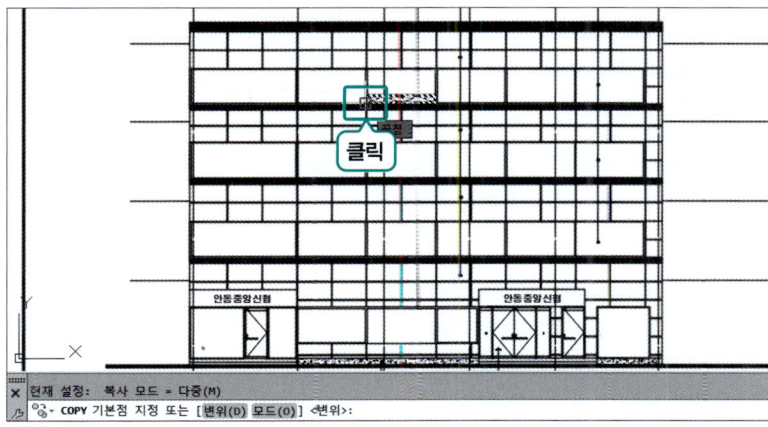

A 명령 행 한눈에 보기

현재 설정: 복사 모드 = 다중(M)
기본점 지정 또는 [변위(D)/모드(O)] <변위>: ← 객체의 기준점 지정

04 복사할 지점을 클릭하면 창문이 복사됩니다.

> **A 명령 행 한눈에 보기**
>
> 두 번째 점 지정 또는 [배열(A)] <첫 번째 점을 변위로 사용>: ← 변위의 첫 번째 점 지정

05 ①② 계속해서 다음 복사할 지점을 지정하여 연속적으로 복사 명령을 적용합니다. ③ Spacebar 를 눌러 도면 작성을 마칩니다.

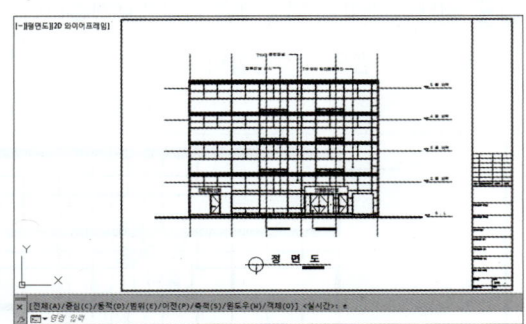

> **A 명령 행 한눈에 보기**
>
> 두 번째 점 지정 또는 [배열(A)/종료(E)/명령 취소(U)] <종료>: ← 변위의 두 번째 점 지정
> 두 번째 점 지정 또는 [배열(A)/종료(E)/명령 취소(U)] <종료>: ← 변위의 세 번째 점 지정
> 두 번째 점 지정 또는 [배열(A)/종료(E)/명령 취소(U)] <종료>: ← 변위의 네 번째 점 지정
> 두 번째 점 지정 또는 [배열(A)/종료(E)/명령 취소(U)] <종료>: ← 변위의 다섯 번째 점 지정
> 두 번째 점 지정 또는 [배열(A)/종료(E)/명령 취소(U)] <종료>: Spacebar ← 명령 종료

바로 통하는 TIP Move 명령과 달리 Copy 명령은 Spacebar 를 눌러도 명령이 종료되지 않으므로 계속해서 다음 복사점을 지정해서 복사할 수 있습니다.

02 좌표 입력하여 복사하기

실습 파일 Part 3\Part3-05.cwg

좌표를 지정하여 객체를 이동·복사하려면 상대좌표나 극좌표를 사용하면 됩니다. 이때 기준점은 특정 위치에 정해진 것이 아니므로 어디에 지정해도 상관없습니다. 다음 예제는 인테리어를 위한 병원 입면도입니다. 도면에 있는 창문, 물받이, 페인트 글라스를 복사해보겠습니다.

01 실습 파일 **Part3-05.dwg**를 불러옵니다. 화면 왼쪽에 있는 창문을 복사해보겠습니다. ❶ 명령행에 **Copy**를 입력하고 Spacebar를 눌러 명령을 실행합니다. ❷ 복사할 창문 객체를 드래그해서 선택하고 Spacebar를 누릅니다.

> **A 명령 행 한눈에 보기**
>
> 명령: **COPY** Spacebar ← Copy 명령 입력 (CO, CP)
> 객체 선택: 반대 구석 지정: 14개를 찾음 ← 객체 선택
> 객체 선택: Spacebar ← 객체를 선택하고 Spacebar를 눌러 적용

02 도면의 아무 곳이나 클릭해서 기준점을 지정합니다. 여기서는 좌표를 이용할 것이므로 기준점은 어디에 클릭해도 상관없습니다.

> **A 명령 행 한눈에 보기**
>
> 현재 설정: 복사 모드 = 다중(M)
> 기본점 지정 또는 [변위(D)/모드(O)] 〈변위〉: ← 객체의 기준점 지정

03 객체를 오른쪽 방향으로 900mm 이동하여 복사하겠습니다. 명령 행에 극좌표 **@900<0**을 입력하고 Spacebar 를 눌러 명령을 실행한 후 Spacebar 를 한 번 더 눌러 명령을 종료합니다.

입력 후 Spacebar 두 번

> **A** 명령 행 한눈에 보기
>
> 두 번째 점 지정 또는 [배열(A)] <첫 번째 점을 변위로 사용>: **@900<0** Spacebar ← 변위의 두 번째 좌표 입력
> 두 번째 점 지정 또는 [배열(A)/종료(E)/명령 취소(U)] <종료>: Spacebar ← 명령 종료

바로 통 하는 TIP 상대좌표를 이용한다면 **@900,0**을 입력하고 Spacebar 를 누릅니다.

04 계속해서 오른쪽에 있는 창문도 900mm 이동·복사하겠습니다. ❶ 명령 행에 **Copy**를 입력하고 Spacebar 를 눌러 명령을 실행합니다. ❷ 복사할 창문 객체를 드래그하여 선택하고 Spacebar 를 누릅니다.

❷ 드래그 후 Spacebar
❶ 입력 후 Spacebar

> **A** 명령 행 한눈에 보기
>
> 명령: **COPY** Spacebar ← Copy 명령 입력 (CO, CP)
> 객체 선택: 반대 구석 지정: 16개를 찾음 ← 객체 선택
> 객체 선택: Spacebar ← 객체를 선택하고 Spacebar 를 눌러 적용

05 기준점을 지정합니다. 이때도 역시 좌표를 이용할 것이므로 기준점은 어디에 클릭해도 상관없습니다.

클릭

> **A** 명령 행 한눈에 보기
>
> 현재 설정: 복사 모드 = 다중(M)
> 기본점 지정 또는 [변위(D)/모드(O)] <변위>:
> ← 객체의 기준점 지정

06 명령 행에 극좌표 **@900<0**을 입력하고 Spacebar 를 눌러 명령을 실행합니다. Spacebar 를 한 번 더 눌러 명령을 종료합니다.

A 명령 행 한눈에 보기

두 번째 점 지정 또는 [배열(A)] <첫 번째 점을 변위로 사용>: **@900<0** Spacebar ← 변위의 두 번째 좌표 입력

두 번째 점 지정 또는 [배열(A)/종료(E)/경로 취소(U)] <종료>: Spacebar ← 명령 종료

바로 통하는 TIP 상대좌표를 이용한다면 **@900,0**을 입력하고 Spacebar 를 누릅니다.

07 가운데에 있는 액자를 오른쪽으로 2,700mm 이동·복사하겠습니다. ❶ 명령 행에 **Copy**를 입력하고 Spacebar 를 눌러 명령을 실행합니다. ❷ 복사할 액자 객체를 드래그하고 Spacebar 를 누릅니다.

A 명령 행 한눈에 보기

명령: **COPY** Spacebar ← **Copy** 명령 입력(CO, CP)

객체 선택: 반대 구석 지정: 24개를 찾음 ← 객체 선택

객체 선택: Spacebar ← 객체를 선택하고 Spacebar 를 눌러 적용

바로 통하는 TIP 객체를 드래그하여 선택할 때 왼쪽에서 오른쪽으로 드래그하면 Window 선택 방식이 적용됩니다. 파란색 상자에 완전히 포함된 내용만 선택됩니다. 반대로 오른쪽에서 왼쪽으로 드래그하면 Crossing 선택 방식이 적용됩니다. 초록색 상자에 조금이라도 포함된 모든 객체가 선택됩니다.

08 기준점을 지정합니다. 이때도 좌표를 이용할 것이므로 기준점은 어디에 클릭해도 상관없습니다.

> **A 명령 행 한눈에 보기**
>
> 현재 설정: 복사 모드 = 다중(M)
>
> 기본점 지정 또는 [변위(D)/모드(O)] <변위>: ← 객체의 기준점 지정

09 명령 행에 극좌표 **@2700<0**을 입력하고 Spacebar 를 눌러 명령을 실행합니다. Spacebar 를 한 번 더 눌러 명령을 종료하고 도면 작성을 마칩니다.

▲ 완성한 도면

> **A 명령 행 한눈에 보기**
>
> 두 번째 점 지정 또는 [배열(A)] <첫 번째 점을 변위로 사용>: @2700<0 Spacebar ← 변위의 두 번째 좌표 입력
>
> 두 번째 점 지정 또는 [배열(A)/종료(E)/명령 취소(U)] <종료>: Spacebar ← 명령 종료

> **바로 통하는 TIP** 상대좌표를 이용한다면 **@2700,0**을 입력하고 Spacebar 를 누릅니다.

> **바로 통하는 TIP** 객체를 복사할 때는 처음부터 정확한 위치를 객체 스냅으로 지정하는 것이 좋습니다. 객체 스냅으로 한번에 정확한 위치에 객체를 복사하면 번거롭게 다시 이동할 필요가 없습니다.

SECTION 03 적절한 크기로 조절하는 Scale

Scale(축척) 명령은 도면 객체의 크기를 확대·축소하는 편집 명령입니다. Scale 명령을 사용하려면 명령 행에 **Scale**을 입력하고 Spacebar 를 누르거나 [수정] 도구 팔레트–[축척]을 클릭합니다.

동영상 강의 확인하기

> **+ 옵션 풀이**
>
> **복사(C)** _ 객체의 크기를 확대·축소한 후 원본을 그대로 남겨놓고 새로운 객체가 지정한 배율로 나타납니다.
> **참조(R)** _ 정확한 수치를 입력하여 확대·축소합니다.

01 Scale 명령으로 객체 축소하기

실습 파일 Part 3\Part3-06.dwg

모양은 같고 크기만 다른 객체를 그리려면 Scale 명령을 이용하는 것이 좋습니다. 객체를 일정한 비율로 확대·축소할 수 있어 매우 유용합니다. 이번 예제에서는 엘리베이터를 축소해보겠습니다.

01 실습 파일 **Part3-06.dwg**를 불러옵니다. ❶ 명령 행에 **Scale**을 입력하고 Spacebar 를 눌러 명령을 실행합니다. ❷ 크기를 변경할 객체를 드래그하여 선택하고 Spacebar 를 누릅니다.

❶ 입력 후 Spacebar
❷ 드래그 후 Spacebar

> **A 명령 행 한눈에 보기**
>
> **명령: SCALE** Spacebar ← Scale 명령 입력 (SC)
> **객체 선택: 반대 구석 지정: 36개를 찾음** ← 축소할 객체 선택
> **객체 선택:** Spacebar ← 축소할 객체를 선택하고 Spacebar 를 눌러 적용

바로 통 하는 TIP 객체를 선택할 때는 객체의 선이 선택 영역 안에 모두 적용되도록 크게 드래그해야 합니다.

02 엘리베이터 객체의 가운데 교차점을 클릭하여 기준점으로 지정합니다. Scale 명령은 기준점을 중심으로 객체의 크기가 확대되거나 축소됩니다.

A 명령 행 한눈에 보기

기준점 지정: ← 기준점 지정

03 엘리베이터의 크기를 절반으로 줄이겠습니다. 명령 행에 **0.5**를 입력하고 Spacebar 를 누릅니다.

A 명령 행 한눈에 보기

축척 비율 지정 또는 [복사(C)/참조(R)]: 0.5

Spacebar ← 축척 비율 0.5 입력

바로 통 하는 TIP 객체를 확대할 때는 설정값을 확대 배율만큼 입력하고, 축소할 때는 소수점으로 입력합니다. 예를 들어 3배로 확대하면 **3**을 입력하고 10배이면 **10**을 입력합니다. 반대로 1/2로 축소하면 0.5, 1/10이면 0.1이 되는 것입니다. 초보자의 경우 객체를 축소할 때 설정값 앞에 마이너스(-)를 입력하는 오류를 범하기도 합니다. 혼동하지 않도록 주의하세요.

04 객체가 축소됩니다.

02 Scale 명령으로 객체 확대하기

실습 파일 Part 3\Part3-07.dwg

객체를 확대하는 방법은 축소하는 과정과 같습니다. 트럭 객체를 두 배로 확대해보겠습니다.

01 실습 파일 **Part3-07.dwg**를 불러옵니다. ❶ 명령 행에 **Scale**을 입력하고 Spacebar 를 눌러 명령을 실행합니다. ❷ 크기를 변경할 객체를 드래그하여 선택하고 Spacebar 를 누릅니다.

A 명령 행 한눈에 보기

명령: SCALE Spacebar ← Scale 명령 입력 (SC)
객체 선택: 반대 구석 지정: 1개를 찾음 ← 확대할 객체 선택
객체 선택: Spacebar ← 확대할 객체를 선택하고 Spacebar 를 눌러 적용

02 객체의 가장 윗변 중간점을 클릭하여 기준점으로 지정합니다.

A 명령 행 한눈에 보기

기준점 지정: mid Spacebar ← 기준점 지정

바로 통 하는 TIP 객체의 상단 중간점을 기준으로 잡아야 객체가 왼쪽과 오른쪽으로 고르게 확대됩니다. 기준점을 어디로 지정하느냐에 따라 결과물의 위치도 달라집니다.

03 객체의 크기를 두 배로 확대하기 위해 **2**를 입력하고 Spacebar 를 누릅니다.

> **A** 명령 행 한눈에 보기
>
> 축척 비율 지정 또는 [복사(C)/참조(R)]: 2 Spacebar ← 축척 비율 2 입력

04 객체가 두 배 확대된 것을 확인할 수 있습니다.

03 Scale 명령의 참조 옵션으로 소수점 단위까지 정확하게 배율 맞추기

실습 파일 Part 3\Part3-08.dwg

Scale 명령은 앞의 경우처럼 두 배, 세 배 등의 형식으로 배율을 입력하여 객체의 크기를 조절할 수도 있지만, 직접 객체의 길이를 입력하여 소수점 아래 몇 자리까지 원하는 수치대로 확대하거나 축소할 수도 있습니다. Scale 명령의 참조(Reference) 옵션을 활용하면 정밀한 구조물을 도면으로 작성할 때 편리합니다. 이번 예제에서는 쌍여닫이문을 특정 길이로 축소해보겠습니다.

01 실습 파일 **Part3-08.dwg**를 불러옵니다. ❶ 명령 행에 **Scale**을 입력하고 Spacebar 를 누릅니다. ❷ 크기를 변경할 객체를 드래그해서 선택하고 Spacebar 를 누릅니다. 이때 아래의 치수선도 함께 선택합니다.

A 명령 행 한눈에 보기

명령: SCALE Spacebar ← Scale 명령 입력 (SC)
객체 선택: 반대 구석 지정: 2개를 찾음 ← 객체 선택
객체 선택: Spacebar ← 객체를 선택하고 Spacebar 를 눌러 적용

02 문의 정중앙에 있는 끝점을 클릭해 기준점으로 지정합니다.

A 명령 행 한눈에 보기

기준점 지정: ← 기준점 지정

03 정확한 크기로 조절하기 위해 서브 메뉴 중 **R**을 입력하고 Spacebar 를 누릅니다.

> **A 명령 행 한눈에 보기**
> 축척 비율 지정 또는 [복사(C)/참조(R)]:
> r Spacebar ←옵션 R 입력

04 명령 행에 참조 길이를 입력하라는 내용이 나오면 현재의 길이인 **2216.76**을 입력하고 Spacebar 를 누릅니다.

> **A 명령 행 한눈에 보기**
> 참조 길이 지정 〈1.0000〉: 2216.76 Spacebar
> ←현재 길이 2216.76 입력

05 새로운 길이를 입력하라는 내용이 나타납니다. 새로운 길이를 **1800**으로 입력합니다. Spacebar 를 누르면 문의 길이가 1,800mm로 축소되었음을 알 수 있습니다.

> **A 명령 행 한눈에 보기**
> 새 길이 지정 또는 [점(P)] 〈1.0000〉: 1800 Spacebar ←새로운 길이 1800 입력 후 종료

현재 길이를 모를 때 Scale 명령의 참조 옵션 활용하기

참조 옵션을 사용하려면 반드시 현재 길이를 알고 있어야 합니다. 그러나 현재 길이는 알 수 없고 새롭게 지정할 길이만 알고 있을 때 사용할 수 있는 방법도 있습니다.

실습 파일 Part 3\Part3-09.dwg

1 실습 파일 **Part3-09.dwg**를 불러옵니다. 명령 행에 **Scale**을 입력하고 Spacebar 를 눌러 명령을 실행합니다.

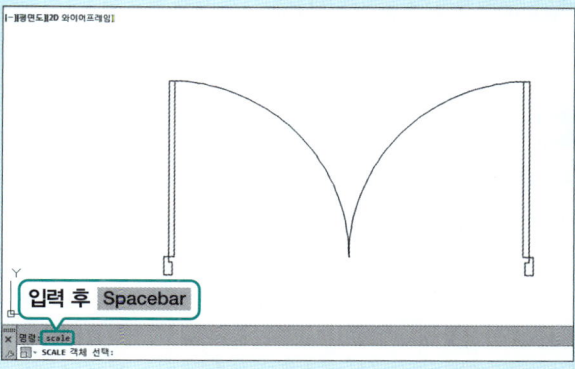

A 명령행 한눈에 보기

명령: SCALE Spacebar ← Scale 명령 입력

2 ❶ 크기를 변경할 객체를 드래그해서 선택하고 Spacebar 를 누릅니다. ❷ 문의 정중앙에 위치한 끝점을 클릭하여 기준점을 지정합니다.

A 명령행 한눈에 보기

객체 선택: 1개를 찾음 ← 축소할 객체 선택
객체 선택: Spacebar ← 축소할 객체를 선택하고 Spacebar 를 눌러 적용
기준점 지정: ← 기준점 지정

3 정확한 크기로 조절하겠습니다. **①** 서브 메뉴 중 **R**(참조)을 입력하고 Spacebar 를 누릅니다. **②** 참조 길이를 입력하라는 내용이 나오면 객체의 왼쪽 끝점을 클릭하여 첫 번째 기준점을 지정합니다.

A 명령 행 한눈에 보기

축척 비율 지정 또는 [복사(C)/참조(R)]: r Spacebar ← 옵션 R 입력
참조 길이 지정 <1.0000>: ← 첫 번째 기준점 지정

4 **①** 객체의 오른쪽 끝점을 클릭하여 두 번째 점을 지정합니다. 이때 반드시 객체 스냅을 설정하여 지정합니다. 현재의 길이를 입력하지 않아도 자동으로 현재의 길이가 지정되었습니다. **②** 새로운 길이를 입력하라는 내용이 나오면 **1800**을 입력하고 Spacebar 를 눌러 도면 작성을 마칩니다.

A 명령 행 한눈에 보기

두 번째 점을 지정: ← 두 번째 점 지정
새 길이 지정 또는 [점(P)] <1.0000>: 1800 Spacebar ← 새로운 길이 1800 입력

5 다른 방법으로 객체를 축소했지만 앞의 결과물과 동일하게 축소된 것을 확인할 수 있습니다.

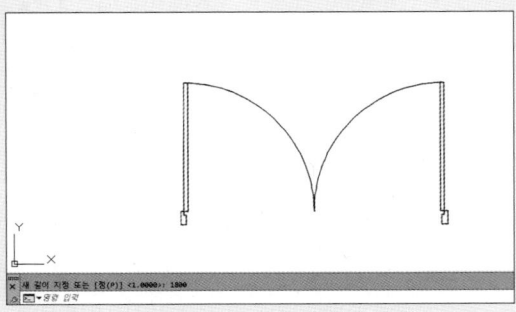

바로 통하는 TIP Scale 명령 옵션 중에 Copy(복사)는 크기를 조절하는 동시에 복사 기능까지 가능합니다.

회사통 실무활용

Move, Copy, Scale 명령으로 병원 입면도 그리기

병원 입면도의 완성 이미지를 참고하여 Move, Copy, Scale 명령을 이용해 본래의 모습으로 표현해봅시다. 출입문은 원래의 위치로 정확히 옮기고 액자는 두 배로 확대합니다. 사각 패널은 세 개로 복사합니다.

실습 파일 Part 3\Part3-10.dwg

1 실습 파일 **Part3-10.dwg**를 불러옵니다. ❶ 명령 행에 **Move**를 입력하고 Spacebar 를 눌러 명령을 실행합니다. ❷ 이동할 출입문을 드래그해서 선택하고 Spacebar 를 누릅니다.

A 명령 행 한눈에 보기

명령: **MOVE** Spacebar ← Move 명령 입력 (M)
객체 선택: 반대 구석 지정: 227개를 찾음 ← 이동할 객체 선택
객체 선택: Spacebar ← 이동할 객체를 선택하고 Spacebar 를 눌러 적용

2 이동할 객체의 끝점을 클릭해서 기준점으로 지정합니다.

A 명령 행 한눈에 보기

기준점 지정 또는 [변위(D)] <변위>: ← 기준점 지정

CHAPTER 01 객체의 이동 · 복사 · 크기 조절 · **199**

3 출입문을 옮길 지점을 정확하게 클릭해서 이동할 위치를 지정해줍니다. 출입문이 이동한 것을 확인할 수 있습니다.

▲ 출입문 아래쪽을 확대한 화면

A 명령 행 한눈에 보기

두 번째 점 지정 또는 〈첫 번째 점을 변위로 사용〉: ← 변위의 두 번째 점 지정

4 이번에는 액자를 두 배로 확대해봅니다. ❶ 명령 행에 **Scale**을 입력하고 Spacebar 를 눌러 명령을 실행합니다. ❷ 크기를 변경할 액자를 드래그하여 선택하고 Spacebar 를 누릅니다.

A 명령 행 한눈에 보기

명령: SCALE Spacebar ← Scale 명령 입력 (SC)

객체 선택: 반대 구석 지정: 61개를 찾음 ← 확대할 객체 선택

객체 선택: Spacebar ← 확대할 객체를 선택하고 Spacebar 를 눌러 적용

5 확대할 기준점을 지정합니다. ① 액자가 아래 방향으로 내려오도록 확대하기 위해 액자의 윗변 중간점을 클릭합니다. ② 액자의 크기가 두 배가 되도록 **2**를 입력하고 Spacebar 를 눌러 명령을 실행합니다.

A 명령 행 한눈에 보기

기준점 지정: mid Spacebar ← 기준점 지정
축척 비율 지정 또는 [복사(C)/참조(R)]: 2 Spacebar ← 비율 2 입력

6 액자가 두 배 크기로 확대되었습니다.

7 작은 사각 패널을 두 번 복사하겠습니다. ❶ 명령 행에 **Copy**를 입력하고 Spacebar 를 눌러 명령을 실행합니다. ❷ 복사할 패널을 드래그하여 선택하고 Spacebar 를 누릅니다. 선택이 제대로 되지 않는다면 마우스 휠을 굴려서 화면을 확대합니다.

A 명령 행 한눈에 보기

명령: COPY Spacebar ← Copy 명령 입력 (CO, CP)
객체 선택: 반대 구석 지정: 6개를 찾음 ← 객체 선택
객체 선택: Spacebar ← 객체를 선택하고 Spacebar 를 눌러 적용

8 패널 아래의 중간점을 클릭하여 복사할 기준점으로 지정합니다.

A 명령 행 한눈에 보기

현재 설정: 복사 모드 = 다중(M)
기본점 지정 또는 [변위(D)/모드(O)] <변위>: mid Spacebar ← 객체의 중간점을 기준점으로 지정, 이미 설정했다면 해당 지점에서 그대로 클릭

9 각 벽체 구분선의 중간점을 클릭하여 복사할 위치로 지정합니다. 복사할 위치에 있는 중간점도 객체 스냅을 이용하여 지정합니다. 복사할 위치를 모두 지정하고 Spacebar 를 눌러 명령을 종료합니다.

A 명령 행 한눈에 보기

두 번째 점 지정 또는 [배열(A)] <첫 번째 점을 변위로 사용>: mid Spacebar ← 변위의 두 번째 좌표 입력, 이미 객체 스냅을 설정했다면 해당 지점에서 그대로 클릭

두 번째 점 지정 또는 [배열(A)/종료(E)/명령 취소(U)] <종료>: mid Spacebar ← 변위의 세 번째 좌표 입력, 이미 객체 스냅을 설정했다면 해당 지점에서 그대로 클릭

두 번째 점 지정 또는 [배열(A)/종료(E)/명령 취소(U)] <종료>: Spacebar ← 명령 종료

10 ❶ 명령 행에 **Zoom**을 입력하고 Spacebar 를 누릅니다. ❷ 서브 메뉴 중 **E**(범위)를 입력한 후 Spacebar 를 눌러 도면 전체가 화면에 다 보이도록 합니다.

A 명령 행 한눈에 보기

명령: **ZOOM** Spacebar ← Zoom 명령 입력 (Z)

윈도우 구석 지정, 축척 비율(nX 또는 nXP) 입력 또는

[전체(A)/중심(C)/동적(D)/범위(E)/이전(P)/축척(S)/윈도우(W)/객체(O)] <실시간>: e Spacebar ← 옵션 E 입력

 TIP Scale 명령과 Zoom 명령의 차이

Scale 명령과 Zoom 명령의 차이는 앞에서 언급했던 Move 명령과 Pan 명령의 차이와 유사합니다. Scale 명령은 실제의 객체 크기가 변경되는 명령이고, Zoom 명령은 객체의 실제 크기는 변함이 없고 화면상에서만 크게 혹은 작게 보여주는 명령입니다.

CHAPTER 02 복잡한 도면을 빠르게 그리고 수정하기

도면 작업의 모든 분야에서 가장 빈번하게 사용하는 Offset(간격 띄우기)과 Trim(자르기) 명령의 기능과 사용법을 실습하겠습니다.

🎯 학습 목표

복잡한 도면을 Line 명령으로만 그린다면 너무 힘든 작업이 될 것입니다. 복잡한 도면을 빠르게 그릴 때 유용한 Offset 명령과 Trim 명령을 익혀봅니다. Offset 명령으로 기준선을 잡은 후 Trim 명령으로 불필요한 선을 정리하겠습니다.

▲ 등간격 복사하기 : Before(좌), After(우)

▲ 불필요한 선 자르기 : Before(좌), After(우)

SECTION 01 일정한 간격을 띄워 복사하는 Offset

Offset(간격 띄우기) 명령은 선택한 객체를 일정한 간격으로 평행하게 복사(등간격 복사)하는 편집 명령입니다. 선택한 객체가 선일 때는 지정된 간격으로 복사되며 원일 때는 내접원이나 외접원으로 그려집니다. 일반적으로 건축 도면에서는 벽체선 등을 그릴 때 자주 사용하고 기계 도면에서는 외곽선을 그릴 때 자주 사용합니다. Offset 명령을 사용하려면 명령 행에 **Offset**을 입력하고 Spacebar 를 누르거나 [수정] 도구 팔레트–[간격 띄우기]를 클릭합니다.

동영상 강의 확인하기

> **+ 옵션 풀이**
>
> **통과점(T)** _ 임의의 지점에 간격 띄우기를 할 때 사용됩니다. 이 경우 정확한 값은 알 수 없으나 띄우려는 지점을 클릭하여 거리와 위치를 지정하는 방법입니다.
> **지우기(E)** _ Offset 명령 실행 후 원본 객체를 지울지를 선택합니다.
> **도면층(L)** _ 간격 띄우기 객체를 현재 사용하는 도면층에서 만들지 원본 객체의 도면층에서 만들지를 선택합니다.

01 Offset 명령으로 간격 띄워 복사하기

실습 파일 Part 3\Part3-11.dwg

Offset 명령은 초반 작업 시 도면의 전반적인 뼈대를 형성하는 과정에서 많이 사용합니다. Offset 명령을 사용하여 주방의 싱크대를 완성해보겠습니다.

01 실습 파일 **Part3-11.dwg**를 불러옵니다. 명령 행에 **Offset**을 입력하고 Spacebar 를 눌러 명령을 실행합니다.

02 싱크대 테두리의 간격을 띄워 복사하겠습니다. 거리값으로 **30**을 입력하고 Spacebar 를 누릅니다.

> **A** 명령 행 한눈에 보기
>
> 현재 설정: 원본 지우기=아니오 도면층=원본 **OFFSETGAPTYPE=0** ← Erase source=No(원본 객체는 지워지지 않게)
> **Layer=Source**(객체의 도면층 유지) **OffsetGAPTYPE=0**(Pline 객체를 간격 띄우기 할 때 세부사항 조정)
> 간격띄우기 거리 지정 또는 [통과점(T)/지우기(E)/도면층(L)] 〈통과점〉: 30 Spacebar ← 띄울 간격을 30으로 조정

03 간격을 띄워 복사할 객체인 사각형을 클릭해 선택합니다.

> **A** 명령 행 한눈에 보기
>
> 간격띄우기할 객체 선택 또는 [종료(E)/명령 취소(U)] 〈종료〉: ← 등간격 복사를 적용할 객체 선택

04 선택한 객체를 기준으로 복사할 방향을 지정하겠습니다. 테두리의 안쪽을 클릭해 기준점을 지정합니다. 테두리 안쪽에 30mm만큼 간격이 띄워져 객체가 복사됩니다.

A 명령 행 한눈에 보기

간격띄우기할 면의 점 지정 또는 [종료(E)/다중(M)/명령 취소(U)] ⟨종료⟩: ← 등간격 복사할 방향을 설정
간격띄우기할 객체 선택 또는 [종료(E)/명령 취소(U)] ⟨종료⟩: Spacebar ← 다른 수치의 등간격 복사를 하기 위해 종료

바로 통하는 TIP 이때 클릭한 지점과 거리는 무관하며 사각형의 안쪽 어느 곳을 지정해도 입력한 수치로만 등간격 복사가 이루어집니다.

05 싱크대의 오른쪽에 있는 가로선을 등간격 복사해보겠습니다. ❶ Spacebar 를 누르면 Offset 명령이 그대로 실행됩니다. ❷ 가로선을 등간격 복사할 거리값으로 **60**을 입력하고 Spacebar 를 누릅니다.

A 명령 행 한눈에 보기

명령: OFFSET Spacebar ← 이전에 사용했으므로 Spacebar 만 눌러 Offset 명령 입력
현재 설정: 원본 지우기=아니오 도면층=원본 OFFSETGAPTYPE=0
간격띄우기 거리 지정 또는 [통과점(T)/지우기(E)/도면층(L)] ⟨30.0000⟩: 60 Spacebar ← 띄울 간격을 60으로 조정

 Copy 명령과 Offset 명령의 차이

일반적으로 Copy 명령은 각각의 객체를 크기나 모양의 차이 없이 그대로 복사하는 기능이고, Offset 명령은 원이나 선을 일정한 값의 간격을 주어 복사(등간격 복사)하는 기능입니다. Offset 명령으로 원의 간격을 띄워 복사하는 경우 객체가 내접원이나 외접원으로 복사되므로 객체의 크기가 변합니다. Copy 명령은 복잡한 객체 모형을 통째로 선택하여 복사할 수도 있지만 Offset 명령은 단일 객체(Entity)만을 선택하여 등간격으로 복사합니다.

06

❶ 등간격 복사할 객체를 클릭하여 선택합니다. 선택한 객체를 기준으로 아래쪽으로 마우스 포인터를 두면 복사될 위치에 객체가 표시됩니다. **❷** 표시된 객체를 클릭하면 지정한 간격만큼 등간격으로 복사됩니다.

A 명령 행 한눈에 보기

간격띄우기할 객체 선택 또는 [종료(E)/명령 취소(U)] <종료>: ← 등간격 복사를 적용할 객체 선택
간격띄우기할 면의 점 지정 또는 [종료(E)/다중(M)/명령 취소(U)] <종료>: ← 등간격 복사할 방향을 설정

A 명령 행 한눈에 보기

간격띄우기할 객체 선택 또는 [종료(E)/명령 취소(U)] <종료>: ← 등간격 복사를 적용할 객체 선택
간격띄우기할 면의 점 지정 또는 [종료(E)/다중(M)/명령 취소(U)] <종료>: ← 등간격 복사할 방향을 설정

07 나머지 네 개의 선도 같은 방법으로 계속해서 등간격 복사를 적용합니다. ❶❷❸ 복사할 간격이 모두 60이므로 연속해서 객체를 클릭하여 명령을 적용한 후 Spacebar 를 눌러 명령을 종료합니다.

> **바로 통 하는 TIP** 거리값이 동일하다면 등간격 복사 명령을 연속적으로 실행합니다.

A 명령 행 한눈에 보기

```
간격띄우기할 객체 선택 또는 [종료(E)/명령 취소(U)] <종료>: ← 등간격 복사를 적용할 객체 선택
간격띄우기할 면의 점 지정 또는 [종료(E)/다중(M)/명령 취소(U)] <종료>: ← 등간격 복사할 방향을 설정
간격띄우기할 객체 선택 또는 [종료(E)/명령 취소(U)] <종료>: ← 등간격 복사를 적용할 객체 선택
간격띄우기할 면의 점 지정 또는 [종료(E)/다중(M)/명령 취소(U)] <종료>: ← 등간격 복사할 방향을 설정
간격띄우기할 객체 선택 또는 [종료(E)/명령 취소(U)] <종료>: ← 등간격 복사를 적용할 객체 선택
간격띄우기할 면의 점 지정 또는 [종료(E)/다중(M)/명령 취소(U)] <종료>: ← 등간격 복사할 방향을 설정
간격띄우기할 객체 선택 또는 [종료(E)/명령 취소(U)] <종료>: ← 등간격 복사를 적용할 객체 선택
간격띄우기할 면의 점 지정 또는 [종료(E)/다중(M)/명령 취소(U)] <종료>: ← 등간격 복사할 방향을 설정
간격띄우기할 객체 선택 또는 [종료(E)/명령 취소(U)] <종료>: Spacebar ← 다른 수치의 등간격 복사를 하기 위해 명령 종료
```

> **바로 통 하는 TIP** Offset 명령 적용 시 객체가 같은 위치에 겹치지 않도록 조심하기
>
> Offset 명령은 간격을 지정한 후 특정 방향으로 간격을 띄워 객체를 복사합니다. Offset 명령으로 복사하기 위해 이전에 선택했던 객체를 다시 동일한 간격과 방향을 지정하여 복사하면 화면에는 아무런 변화가 없는 것처럼 보입니다. 하지만 이 경우는 새로운 객체가 이중으로 겹쳐진 상태입니다. 앞에서 배운 Erase(지우기) 명령을 실행하여 객체 하나만 선택하고 지우면 또 하나의 선이 남아 있음을 알 수 있습니다. 정밀한 기계 도면의 경우 미처 지우지 못한 객체 하나 때문에 전체 공정에 문제가 되는 경우도 있으니 객체가 겹쳐지지 않게 주의해야 합니다.

SECTION 02 | 필요 없는 부분을 자르는 Trim

Trim(자르기) 명령은 불필요한 선의 일부 혹은 전체를 잘라내는 편집 명령입니다. 이 때 경계선을 기준으로 객체를 자를 수도 있고 Erase(지우기) 명령처럼 경계선이 없더라도 단독 객체를 지울 수도 있습니다. Trim 명령을 사용하려면 명령 행에 **Trim**을 입력하고 Spacebar 를 누르거나 [수정] 도구 팔레트-[자르기 ✂]를 클릭합니다.

동영상 강의 확인하기

+ 옵션 풀이

절단 모서리(T) _ 여러 개의 선을 한번에 Trim 명령으로 자를 때 사용하는 기능입니다.
걸치기(C) _ Rectangle 명령으로 그린 직사각형 영역 내에 포함되거나 이 영역과 교차하는 객체를 모두 자르는 기능입니다.
모드(O) _ 빠른 작업과 표준 작업 설정에 대한 옵션입니다.
프로젝트(P) _ 3D 공간에서 자르는 기능입니다.
지우기(R) _ 더 이상 Trim 명령으로 잘리지 않는 객체를 지우는 기능입니다. Trim 명령을 종료하지 않고도 남은 선을 지울 수 있어 편리합니다.
명령 취소(U) _ 바로 이전 단계에 자른 한 객체씩 순서대로 되살립니다. 연속해서 사용할 수 있습니다.

01 Trim 명령으로 계단선 정리하기

실습 파일 Part 3\Part3-12.dwg

Trim 명령은 두 가지 방법으로 사용할 수 있습니다. 그중 하나는 경계선을 지정하여 자르는 방법인데, 경계선이 명확할 때 주로 사용합니다.

01 실습 파일 **Part3-12.dwg**를 불러옵니다. 명령 행에 **Trim**을 입력하고 Spacebar 를 눌러 명령을 실행합니다.

A 명령 행 한눈에 보기
명령: TRIM Spacebar ← Trim 명령 입력 (TR)

02 계단에서 자를 경계선을 선택하겠습니다. 서브 메뉴 중 **T**(절단 모서리)를 입력하고 Spacebar 를 누릅니다.

A 명령 행 한눈에 보기

현재 설정: 투영=UCS, 모서리=없음, 모드=빠른 작업

자를 객체를 선택하거나 Shift 키를 누른 채로 선택하여 확장 또는

[절단 모서리(T)/걸치기(C)/모드(O)/프로젝트(P)/지우기(R)]: t Spacebar ← 옵션 T 입력

03 객체를 자를 때 기준이 될 경계선을 클릭하고 Spacebar 를 누릅니다.

A 명령 행 한눈에 보기

현재 설정: 투영=UCS, 모서리=없음, 모드=빠른 작업

절단 모서리 선택...

객체 선택 또는 〈모두 선택〉: 1개를 찾음 ← 기준이 되는 객체 선택

객체 선택: Spacebar ← 더 이상 선택할 객체가 없으므로 Spacebar 를 눌러 적용

04 자를 부분을 클릭합니다. 경계선 아래쪽의 객체가 하나씩 잘려 제거되는 것을 알 수 있습니다.

A 명령 행 한눈에 보기

자를 객체를 선택하거나 Shift 키를 누른 채로 선택하여 확장 또는
[절단 모서리(T)/걸치기(C)/모드(O)/프로젝트(P)/지우기(R)]: ← 자를 객체를 선택

05 ❶ 계속해서 다른 객체들도 같은 방법으로 지정하여 잘라냅니다. ❷ Spacebar 를 눌러 명령을 종료하여 완성합니다.

A 명령 행 한눈에 보기

자를 객체를 선택하거나 Shift 키를 누른 채로 선택하여 확장 또는
[절단 모서리(T)/걸치기(C)/모드(O)/프로젝트(P)/지우기(R)]: ← 연속하여 잘라낼 객체를 숫자만큼 선택
자를 객체를 선택하거나 Shift 키를 누른 채로 선택하여 확장 또는
[절단 모서리(T)/걸치기(C)/모드(O)/프로젝트(P)/지우기(R)/명령취소(U)]: Spacebar ← 명령 종료

바로 통하는 TIP 잘라낼 객체를 지정할 때는 객체를 드래그해서 한번에 선택할 수도 있습니다. 이 기능은 Fence(울타리) 옵션을 참고합니다.

02 경계선을 지정하지 않고 Trim 명령으로 창문틀 정리하기

실습 파일 Part 3\Part3-13.dwg

Trim 명령을 적용하는 두 가지 방법 중 나머지 하나는 경계선을 지정하지 않고 자르는 방법입니다. 주로 경계선이 여기저기 분산되어 있는 경우에 사용하는 방법입니다.

01 실습 파일 **Part3-13.dwg**를 불러옵니다. 명령 행에 **Trim**을 입력하고 Spacebar 를 눌러 명령을 실행합니다.

A 명령 행 한눈에 보기

명령: TRIM Spacebar ← 명령 행에 Trim 입력 (TR)
현재 설정: 투영=UCS, 모서리=없음, 모드=빠른 작업
자를 객체를 선택하거나 Shift 키를 누른 채로 선택하여 확장 또는
[절단 모서리(T)/걸치기(C)/모드(O)/프로젝트(P)/지우기(R)]: ← 잘라낼 객체를 선택

02 자를 부분을 클릭하면 객체가 자동으로 잘려 제거됩니다.

A 명령 행 한눈에 보기

자를 객체를 선택하거나 Shift 키를 누른 채로 선택하여 확장 또는
[절단 모서리(T)/걸치기(C)/모드(O)/프로젝트(P)/지우기(R)/명령취소(U)]: ← 잘라낼 객체를 선택

03 잘라낼 객체를 클릭하여 제거합니다.

A 명령 행 한눈에 보기

자를 객체를 선택하거나 Shift 키를 누른 채로 선택하여 확장 또는
[절단 모서리(T)/걸치기(C)/모드(O)/프로젝트(P)/지우기(R)/명령취소(U)]: ← 잘라낼 객체를 선택

04 계속해서 다른 객체들도 같은 방법으로 지정하여 창문틀을 잘라냅니다.

A 명령 행 한눈에 보기

자를 객체를 선택하거나 Shift 키를 누른 채로 선택하여 확장 또는
[절단 모서리(T)/걸치기(C)/모드(O)/프로젝트(P)/지우기(R)/명령취소(U)]: ← 잘라낼 객체를 연속으로 선택

05 원하는 모든 객체를 자른 후 Spacebar 를 눌러 명령을 종료합니다.

A 명령 행 한눈에 보기

자를 객체를 선택하거나 Shift 키를 누른 채로 선택하여 확장 또는
[절단 모서리(T)/걸치기(C)/모드(O)/프로젝트(P)/지우기(R)/명령취소(U)]: Spacebar ← 명령 종료

03 Fence 옵션으로 여러 개의 선을 한번에 잘라내기

실습 파일 Part 3\Part3-14.dwg

도면을 작업하다 보면 수평선을 경계로 하여 여러 개의 선을 잘라내야 할 때가 있습니다. 이때 자를 선 객체들을 하나하나 클릭하지 않고 Fence(울타리) 옵션을 사용해 객체를 한번에 선택하여 잘라보겠습니다.

01 실습 파일 **Part3-14.dwg**를 불러옵니다. ❶ 명령 행에 **Trim**을 입력하고 Spacebar를 눌러 명령을 실행합니다. ❷ 서브 메뉴 중 **T**(절단 모서리)를 입력하고 Spacebar를 누릅니다. ❸ 자를 객체들의 경계선인 수평선을 클릭하고 Spacebar를 누릅니다.

> **A** 명령 행 한눈에 보기
>
> 명령: TRIM Spacebar ← 명령 행에 Trim 입력 (TR)
> 현재 설정: 투영=UCS, 모서리=없음, 모드=빠른 작업
> 자를 객체를 선택하거나 Shift 키를 누른 채로 선택하여 확장 또는
> [절단 모서리(T)/걸치기(C)/모드(O)/프로젝트(P)/지우기(R)]: T [Spacebar] ← 옵션 T 입력
> 절단 모서리 선택...
> 객체 선택 또는 <모두 선택>: 1개를 찾음 ← 기준이 되는 객체 선택
> 객체 선택: Spacebar ← 경계선 선택을 마치면 Spacebar 를 누르고 다음 단계로 진행

02 자를 부분을 선택하기 전에 여러 개의 객체를 한번에 잘라내기 위해 서브 메뉴를 선택하겠습니다. **F**를 입력하고 Spacebar를 눌러 울타리 옵션을 실행합니다.

> **A** 명령 행 한눈에 보기
>
> 자를 객체를 선택하거나 Shift 키를 누른 채로 선택하여 확장 또는
> [절단 모서리(T)/걸치기(C)/모드(O)/프로젝트(P)/지우기(R)]: F
> Spacebar ← 여러 개의 객체를 한번에 자르기 위해 F 입력

03 울타리의 위치를 지정합니다. ❶ 자를 객체의 가장 왼쪽 여백을 클릭해 첫 번째 위치를 지정합니다. ❷ 가장 오른쪽 여백을 클릭해 두 번째 지점을 지정합니다. 이때 자를 객체가 모두 울타리에 걸치도록 합니다.

A 명령 행 한눈에 보기

첫 번째 울타리 점 또는 선택/끌기 커서 지정: ← 울타리의 첫 번째 점 지정
다음 울타리 점 지정 또는 [명령 취소(U)]: ← 울타리의 두 번째 점 지정

> **바로 통하는 TIP** 울타리의 임의의 점을 지정할 때 반드시 왼쪽에서 오른쪽으로 지정할 필요는 없습니다. 다만 자르려는 객체를 모두 포함하도록 울타리를 지정합니다.

04 Spacebar 를 눌러 울타리에 걸친 여러 개의 선을 한번에 잘라냅니다. 다시 Spacebar 를 눌러 명령을 종료합니다.

A 명령 행 한눈에 보기

다음 울타리 점 지정 또는 [명령 취소(U)]: Spacebar ← 더 이상 지정할 객체가 없다면 Spacebar 를 누르고 실행
자를 객체 선택하거나 Shift 키를 누른 채로 선택하여 확장 또는
[절단 모서리(T)/걸치기(C)/모드(O)/프로젝트(P)/지우기(R)/명령취소(U)]: Spacebar ← 명령 종료

회사통 실무활용

Offset, Trim 명령으로 아파트 평면도 외벽선 그리기

아파트 평면도처럼 복잡한 건축 도면을 Line 명령으로만 그린다면 너무나 힘든 작업이 될 것입니다. 복잡한 도면을 빠르게 그려야하는 실무에서는 Offset 명령으로 기준선을 잡은 후 Trim 명령을 이용하여 정리하는 방법을 사용합니다.

실습 파일 없음

완성된 이미지의 치수를 참고하여 다음과 같이 아파트 평면도의 외벽선을 그려보겠습니다. 모든 치수는 중심선을 기준으로 표시했으며 벽체의 두께는 200mm로 설정했습니다.

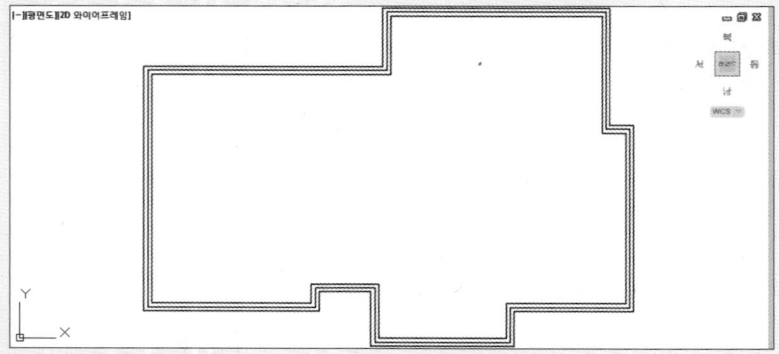

1 새 창을 열고 새로운 도면 영역을 지정합니다. 한계 영역을 여유 있게 지정하기 위해 명령 행에 **Limits**를 입력하고 Spacebar를 누릅니다. 왼쪽 구석은 이미 지정되어 있으므로 Spacebar를 한 번 더 누릅니다.

입력 후 Spacebar 두 번

A 명령 행 한눈에 보기

명령: LIMITS Spacebar ← Limits 명령 입력
모형 공간 한계 재설정:
왼쪽 아래 구석 지정 또는 [켜기(ON)/끄기(OFF)] ⟨0.0000,0.0000⟩: Spacebar ← 왼쪽 아래 구석 지정을 지정 (⟨0,0⟩이라고 입력되어 있으므로 그대로 Spacebar 를 눌러 다음 단계로 진행)

2 여유 있게 X축은 20,000mm, Y측은 15,000mm로 지정하겠습니다. **①** 명령 행에 **20000, 15000**을 입력하고 Spacebar 를 누릅니다. **②** 지정한 한계 영역이 화면에 다 보이도록 **Zoom**을 입력하고 Spacebar 를 누릅니다. **③** 서브 메뉴 중 **All**(전체)을 입력하고 Spacebar 를 눌러 명령을 실행합니다.

A 명령 행 한눈에 보기

오른쪽 위 구석 지정 〈420.0000,297.0000〉: 20000,15000 Spacebar
← 오른쪽 위 구석을 지정하기 위해 20000, 15000 입력

명령: ZOOM Spacebar ← Zoom 명령 입력
윈도우 구석 지정, 축척 비율(nX 또는 nXP) 입력 또는
[전체(A)/중심(C)/동적(D)/범위(E)/이전(P)/축척(S)/윈도우(W)/객체(O)] 〈실시간〉: all Spacebar 모형 재생성 중. ← 옵션 All 입력

3 도면의 작업 영역을 지정한 후 벽체의 세로 기준선을 그리겠습니다. **①** 명령 행에 **Line**을 입력하고 Spacebar 를 눌러 명령을 실행합니다. **②** 임의의 지점을 클릭하여 시작점을 지정합니다. **③** F8 을 눌러 직교 모드를 활성화하고 마우스 포인터를 선 아래쪽에 둡니다. **④** 명령 행에 **9000**을 입력하고 Spacebar 를 두 번 눌러 그리기를 마칩니다.

A 명령 행 한눈에 보기

명령: LINE Spacebar ← Line 명령 입력 (L)
첫 번째 점 지정: ← 그리고자 하는 선분의 첫 시작점을 클릭
다음 점 지정 또는 [명령 취소(U)]: 〈직교 켜기〉 9000 Spacebar ← 다음 점을 지정하기 위해 마우스 포인터를 수직 아래 방향에 두고 9000을 입력 후 Spacebar 를 눌러 다음 단계로 진행
다음 점 지정 또는 [명령 취소(U)]: Spacebar ← Spacebar 를 한 번 더 누르고 그리기 종료

4 도면의 작업 영역을 지정하고 벽체의 가로 기준선을 그리겠습니다. ① 명령 행에 **Line**을 입력하고 Spacebar를 눌러 명령을 실행합니다. ② 선의 시작점을 세로선의 위쪽 끝점에 지정하고 마우스 포인터를 선 오른쪽에 둡니다. ③ 명령 행에 **12500**을 입력하고 Spacebar를 두 번 눌러 가로 기준선을 완성합니다.

A 명령 행 한눈에 보기

명령: LINE Spacebar ← Line 명령 입력 (L)
첫 번째 점 지정: ← 그리고자 하는 선분의 첫 시작점을 클릭
다음 점 지정 또는 [명령 취소(U)]: 12500 Spacebar ← 다음 점을 지정하기 위해 마우스 포인터를 선 오른쪽 방향에 두고 12500을 입력 후 Spacebar 를 눌러 다음 단계로 진행
다음 점 지정 또는 [명령 취소(U)]: Spacebar ← Spacebar 를 한 번 더 누르고 그리기 종료

5 기준선을 등간격 복사하겠습니다. 먼저 세로 기준선에서 4,200mm 떨어진 지점에 가장 가까운 하단 세로선을 그려보겠습니다. ① 명령 행에 **Offset**을 입력하고 Spacebar 를 누릅니다. ② 명령 행에 **4200**을 입력하고 Spacebar 를 누릅니다. ③ 세로선을 클릭합니다.

A 명령 행 한눈에 보기

명령: OFFSET Spacebar ← Offset 명령 입력 (O)
현재 설정: 원본 지우기=아니오 도면층=원본 OFFSETGAPTYPE=0
간격띄우기 거리 지정 또는 [통과점(T)/지우기(E)/도면층(L)] <통과점>: 4200 Spacebar ← 간격의 거리 입력
간격띄우기할 객체 선택 또는 [종료(E)/명령 취소(U)] <종료>: ← 복사할 객체 선택

6 오른쪽 임의의 지점을 클릭하여 등간격 복사합니다. 세로선을 그린 후 Spacebar 를 눌러 명령을 마칩니다.

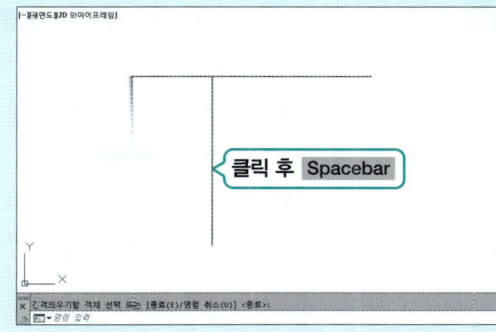

A 명령 행 한눈에 보기

간격띄우기할 면의 점 지정 또는 [종료(E)/다중(M)/명령 취소(U)] <종료>: ← 간격의 방향을 설정
간격띄우기할 객체 선택 또는 [종료(E)/명령 취소(U)] <종료>: Spacebar ← 명령 종료

7 연속해서 세로 하단의 모든 선들을 왼쪽부터 차례대로 등간격 복사하겠습니다. ❶ Offset 명령을 다시 실행하기 위해 Spacebar 를 누릅니다. ❷ 명령 행에 **1500**을 입력하고 Spacebar 를 누릅니다. ❸ 오른쪽 세로 기준선을 클릭한 후 ❹ 기준선의 오른쪽 임의의 지점을 클릭하여 선을 등간격 복사합니다. ❺ 같은 방법으로 3,400mm, 3,000mm씩 등간격 복사합니다.

A 명령 행 한눈에 보기

명령: **OFFSET** Spacebar ← **Offset 명령 입력 (O)**
현재 설정: 원본 지우기=아니오 도면층=원본 **OFFSETGAPTYPE=0**
간격띄우기 거리 지정 또는 [통과점(T)/지우기(E)/도면층(L)] <4200.0000>: 1500 Spacebar ← 간격의 거리 입력
간격띄우기할 객체 선택 또는 [종료(E)/명령 취소(U)] <종료>: ← 복사할 객체 선택
간격띄우기할 면의 점 지정 또는 [종료(E)/다중(M)/명령 취소(U)] <종료>: ← 간격의 방향을 설정
간격띄우기할 객체 선택 또는 [종료(E)/명령 취소(U)] <종료>: Spacebar ← 명령 종료

 등간격 복사할 때는 기준선을 기준으로 오른쪽 방향을 클릭하면 지정한 간격만큼 오른쪽으로 등간격 복사됩니다.

8 이번에는 하단의 가로선을 등간격 복사하겠습니다. ❶ 명령 행에 **Offset**을 입력하고 Spacebar 를 누릅니다. ❷ 명령 행에 **8500**을 입력하고 Spacebar 를 누릅니다. ❸ 맨 위쪽 가로 기준선을 클릭한 후 기준선 하단 임의의 지점을 클릭하여 등간격 복사합니다. ❹ 가로선이 그려지면 Spacebar 를 눌러 명령을 마칩니다.

> **A 명령 행 한눈에 보기**
>
> **명령: OFFSET** Spacebar ← Offset 명령 입력 (O)
> 현재 설정: 원본 지우기=아니오 도면층=원본 OFFSETGAPTYPE=0
> 간격띄우기 거리 지정 또는 [통과점(T)/지우기(E)/도면층(L)] ⟨3000.0000⟩: 8500 Spacebar ← 간격의 거리 입력
> 간격띄우기할 객체 선택 또는 [종료(E)/명령 취소(U)] ⟨종료⟩: ← 복사할 객체 선택
> 간격띄우기할 면의 점 지정 또는 [종료(E)/다중(M)/명령 취소(U)] ⟨종료⟩: ← 간격의 방향을 설정
> 간격띄우기할 객체 선택 또는 [종료(E)/명령 취소(U)] ⟨종료⟩: Spacebar ← 명령 종료

바로 통 하는 TIP 등간격 복사할 때는 기준선을 기준으로 아래쪽을 클릭하면 지정한 간격만큼 아래로 등간격 복사가 됩니다. 반대로 기준선의 위쪽을 클릭하면 위로 등간격 복사가 됩니다.

9 같은 방법으로 하단의 가로선을 차례대로 900mm, 500mm씩 등간격 복사합니다.

> **A 명령 행 한눈에 보기**
>
> **명령: OFFSET** Spacebar ← Offset 명령 입력 (O)
> 현재 설정: 원본 지우기=아니오 도면층=원본 OFFSETGAPTYPE=0
> 간격띄우기 거리 지정 또는 [통과점(T)/지우기(E)/도면층(L)] ⟨8500.0000⟩: 900 Spacebar ← 간격의 거리 입력
> 간격띄우기할 객체 선택 또는 [종료(E)/명령 취소(U)] ⟨종료⟩: ← 복사할 객체 선택
> 간격띄우기할 면의 점 지정 또는 [종료(E)/다중(M)/명령 취소(U)] ⟨종료⟩: ← 간격의 방향을 설정
> 간격띄우기할 객체 선택 또는 [종료(E)/명령 취소(U)] ⟨종료⟩: Spacebar ← 명령 종료

10 Offset 명령을 이용해 세로 기준선을 왼쪽부터 차례대로 ❶❷ 6,000mm, ❸❹ 5,500mm씩 등간격 복사합니다.

A 명령 행 한눈에 보기

명령: OFFSET `Spacebar` ← Offset 명령 입력 (O)

현재 설정: 원본 지우기=아니오 도면층=원본 **OFFSETGAPTYPE=0**

간격띄우기 거리 지정 또는 [통과점(T)/지우기(E)/도면층(L)] <500.0000>: 6000 `Spacebar` ← 간격의 거리 입력

간격띄우기할 객체 선택 또는 [종료(E)/명령 취소(U)] <종료>: ← 복사할 객체 선택

간격띄우기할 면의 점 지정 또는 [종료(E)/다중(M)/명령 취소(U)] <종료>: ← 간격의 방향을 설정

간격띄우기할 객체 선택 또는 [종료(E)/명령 취소(U)] <종료>: `Spacebar` ← 명령 종료

A 명령 행 한눈에 보기

명령: OFFSET `Spacebar` ← Offset 명령 입력 (O)

현재 설정: 원본 지우기=아니오 도면층=원본 **OFFSETGAPTYPE=0**

간격띄우기 거리 지정 또는 [통과점(T)/지우기(E)/도면층(L)] <500.0000>: 5500 `Spacebar` ← 간격의 거리 입력

간격띄우기할 객체 선택 또는 [종료(E)/명령 취소(U)] <종료>: ← 복사할 객체 선택

간격띄우기할 면의 점 지정 또는 [종료(E)/다중(M)/명령 취소(U)] <종료>: ← 간격의 방향을 설정

간격띄우기할 객체 선택 또는 [종료(E)/명령 취소(U)] <종료>: `Spacebar` ← 명령 종료

11 Offset 명령을 이용해 상단의 가로 기준선을 위부터 차례대로 **①②** 1,500mm, **③④** 3,000mm씩 등 간격 복사합니다. 중심선을 완성합니다.

A 명령 행 한눈에 보기

명령: **OFFSET** Spacebar ← Offset 명령 입력(O)

현재 설정: 원본 지우기=아니오 도면층=원본 **OFFSETGAPTYPE=0**

간격띄우기 거리 지정 또는 [통과점(T)/지우기(E)/도면층(L)] ⟨5500.0000⟩: **1500** Spacebar ← 간격의 거리 입력

간격띄우기할 객체 선택 또는 [종료(E)/명령 취소(U)] ⟨종료⟩: ← 복사할 객체 선택

간격띄우기할 면의 점 지정 또는 [종료(E)/다중(M)/명령 취소(U)] ⟨종료⟩: ← 간격의 방향을 설정

간격띄우기할 객체 선택 또는 [종료(E)/명령 취소(U)] ⟨종료⟩: Spacebar ← 명령 종료

A 명령 행 한눈에 보기

명령: **OFFSET** Spacebar ← Offset 명령 입력(O)

현재 설정: 원본 지우기=아니오 도면층=원본 **OFFSETGAPTYPE=0**

간격띄우기 거리 지정 또는 [통과점(T)/지우기(E)/도면층(L)] ⟨5500.0000⟩: **3000** Spacebar ← 간격의 거리 입력

간격띄우기할 객체 선택 또는 [종료(E)/명령 취소(U)] ⟨종료⟩: ← 복사할 객체 선택

간격띄우기할 면의 점 지정 또는 [종료(E)/다중(M)/명령 취소(U)] ⟨종료⟩: ← 간격의 방향을 설정

간격띄우기할 객체 선택 또는 [종료(E)/명령 취소(U)] ⟨종료⟩: Spacebar ← 명령 종료

12 이번에는 벽체의 두께를 부여하도록 합니다. 벽체의 두께를 미리 200mm로 정했으므로 ❶❷❸❹ 벽체 중심선을 기준으로 안쪽과 바깥쪽에 각각 100mm씩 Offset 명령으로 등간격 복사합니다.

A 명령 행 한눈에 보기

명령: OFFSET `Spacebar` ← Offset 명령 입력 (O)

현재 설정: 원본 지우기=아니오 도면층=원본 OFFSETGAPTYPE=0

간격띄우기 거리 지정 또는 [통과점(T)/지우기(E)/도면층(L)] <3000.0000>: **100** `Spacebar` ← 간격의 거리 입력

간격띄우기할 객체 선택 또는 [종료(E)/명령 취소(U)] <종료>: ← 복사할 객체 선택

간격띄우기할 면의 점 지정 또는 [종료(E)/다중(M)/명령 취소(U)] <종료>: ← 간격의 방향을 설정

간격띄우기할 객체 선택 또는 [종료(E)/명령 취소(U)] <종료>: `Spacebar` ← 명령 종료

▲ 확대해서 본 벽체선 모습

13 같은 방법으로 모든 중심선에 벽체의 두께를 부여합니다. 총 두께가 200mm이므로 중심선을 기준으로 안쪽과 바깥쪽에 각각 100mm씩 등간격 복사합니다.

> **A** 명령 행 한눈에 보기
>
> **명령: OFFSET** Spacebar ← Offset 명령 입력 (O)
> 현재 설정: 원본 지우기=아니오 도면층=원본 OFFSETGAPTYPE=0
> 간격띄우기 거리 지정 또는 [통과점(T)/지우기(E)/도면층(L)] <3000.0000>: **100** Spacebar ← 간격의 거리 입력
> 간격띄우기할 객체 선택 또는 [종료(E)/명령 취소(U)] <종료>: ← 복사할 객체 선택
> 간격띄우기할 면의 점 지정 또는 [종료(E)/다중(M)/명령 취소(U)] <종료>: ← 간격의 방향을 설정
> 간격띄우기할 객체 선택 또는 [종료(E)/명령 취소(U)] <종료>: ← 복사할 객체 선택
> 간격띄우기할 면의 점 지정 또는 [종료(E)/다중(M)/명령 취소(U)] <종료>: ← 간격의 방향을 설정
> 간격띄우기할 객체 선택 또는 [종료(E)/명령 취소(U)] <종료>: ← 복사할 객체 선택
> 간격띄우기할 면의 점 지정 또는 [종료(E)/다중(M)/명령 취소(U)] <종료>: ← 간격의 방향을 설정
> 간격띄우기할 객체 선택 또는 [종료(E)/명령 취소(U)] <종료>: ← 복사할 객체 선택
> 간격띄우기할 면의 점 지정 또는 [종료(E)/다중(M)/명령 취소(U)] <종료>: ← 간격의 방향을 설정
> 간격띄우기할 객체 선택 또는 [종료(E)/명령 취소(U)] <종료>: ← 나머지 개수만큼 복사할 객체 선택
> 간격띄우기할 면의 점 지정 또는 [종료(E)/다중(M)/명령 취소(U)] <종료>: ← 간격의 방향을 설정
> 간격띄우기할 객체 선택 또는 [종료(E)/명령 취소(U)] <종료>: Spacebar ← 명령 종료

바로 통 하는 TIP 중심선이 많으면 선을 혼동할 수 있습니다. 세밀한 작업을 위해 마우스 휠을 굴려 원하는 위치를 확대·축소하거나 Zoom 명령과 Pan 명령을 활용하여 도면을 완성합니다.

14 등간격 복사를 완료하면 필요 없는 객체를 잘라내기 위한 기준선을 정리해야 합니다. 등간격 복사한 도면의 가장 외곽선에는 경계선이 미치지 못하므로 경계선을 연결해보겠습니다. 직교 기능을 이용해 연결할 것이므로 객체 스냅 메뉴의 [직교 직교]를 클릭하거나 객체 스냅 메뉴의 [객체 스냅 설정]을 클릭하고 [제도 설정] 대화상자에서 [직교]에 체크하여 기능을 설정합니다.

15 ① 연결할 경계선을 클릭합니다. ② 왼쪽 끝의 파란색 사각형(그립)을 정확하게 클릭하고 ③ 연장하고자 하는 경계선까지 드래그합니다. ④ Esc 를 누르면 경계선이 연장됩니다.

바로 통하는 TIP 명령을 실행하지 않고 객체의 길이를 늘이는 방법은 228쪽의 쉽고 빠른 실무 NOTE를 참고하세요.

16 같은 방법으로 객체를 경계까지 연장합니다. 이러한 기능은 객체의 끝 지점이나 모서리 지점을 연장할 때 사용할 수 있습니다.

| 쉽고 빠른 실무 NOTE | 연결되지 않은 모서리 연결하기 |

연결되지 않은 모서리가 있으면 Stretch(신축) 명령을 응용하여 모서리를 연결한 후 도면을 완성합니다. 명령 행에 아무런 내용도 입력하지 않은 채 해당 객체를 드래그합니다.

17 이제 필요 없는 부분의 객체를 잘라내겠습니다. 명령 행에 **Trim**을 입력하고 Spacebar 를 눌러 명령을 실행합니다. 자를 부분이 분산되어 있으므로 경계를 선택하지 않고 자르기(Trim) 명령을 실행합니다.

> A 명령 행 한눈에 보기
>
> 명령: **TRIM** Spacebar ← Trim 명령 입력 (TR)
> 현재 설정: 투영=UCS 모서리=없음, 모드=빠른 작업

18 Trim 명령으로 잘라낼 부분을 클릭합니다.

A 명령 행 한눈에 보기

자를 객체를 선택하거나 Shift 키를 누른 채로 선택하여 확장 또는
[절단 모서리(T)/걸치기(C)/모드(O)/프로젝트(P)/지우기(R)/명령취소(U)]: ← 잘라낼 객체를 선택

19 계속해서 자를 부분을 클릭하여 모두 잘라냅니다.

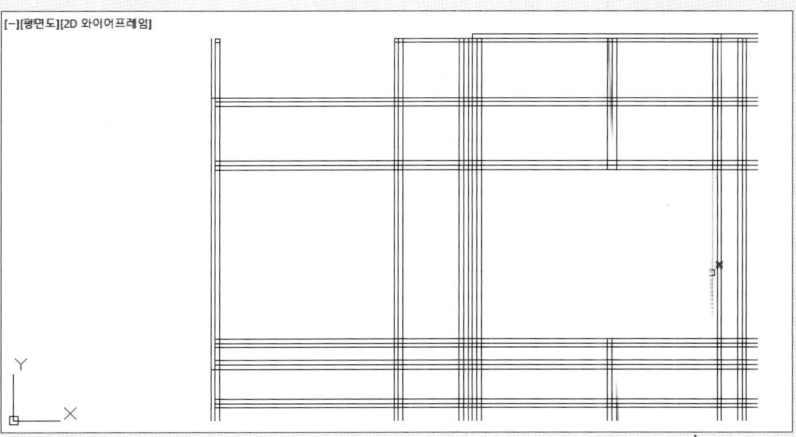

A 명령 행 한눈에 보기

자를 객체를 선택하거나 Shift 키를 누른 채로 선택하여 확장 또는
[절단 모서리(T)/걸치기(C)/모드(O)/프로젝트(P)/지우기(R)/명령취소(U)]: ← 계속해서 잘라낼 객체를 선택
자를 객체를 선택하거나 Shift 키를 누른 채로 선택하여 확장 또는
[절단 모서리(T)/걸치기(C)/모드(O)/프로젝트(P)/지우기(R)/명령취소(U)]: ← 계속해서 잘라낼 객체를 선택
자를 객체를 선택하거나 Shift 키를 누른 채로 선택하여 확장 또는
[절단 모서리(T)/걸치기(C)/모드(O)/프로젝트(P)/지우기(R)/명령취소(U)]: Spacebar ← 계속해서 잘라낼 객체를 선택, 완성하면 Spacebar 를 눌러 명령 종료

20 Trim 명령을 완료한 후 한쪽으로 치우친 도면을 원래의 위치로 보이도록 하겠습니다. ① 명령 행에 **Zoom**을 입력하고 Spacebar 를 누릅니다. ② 서브 메뉴 중 **E**(범위)를 입력하고 Spacebar 를 누릅니다.

A 명령 행 한눈에 보기

명령: **ZOOM** Spacebar ← Zoom 명령 입력 (Z)
윈도우 구석 지정, 축척 비율(nX 또는 nXP) 입력 또는
[전체(A)/중심(C)/동적(D)/범위(E)/이전(P)/축척(S)/윈도우(W)/객체(O)] <실시간>: e Spacebar ← 옵션 E 입력

바로 통 하는 TIP 실습하는 과정이 책의 예제 도면과 다르더라도 크게 상관없습니다. Trim 명령과 Erase 명령을 병행하여 결과물만 같도록 표현하면 됩니다.

21 군데군데 남은 선을 지우겠습니다. 명령 행에 **Erase**를 입력하고 Spacebar 를 누릅니다. 남아 있는 선을 클릭해서 객체를 지우고 Spacebar 를 눌러 명령을 종료합니다.

A 명령 행 한눈에 보기

명령: **ERASE** Spacebar ← Erase 명령 입력 (E)
객체 선택: ← 지울 객체를 모두 선택
객체 선택: Spacebar ← 명령 종료

22 벽체 사이에 미세하게 남은 선들은 Trim 명령을 이용하여 막히는 곳이 없도록 정리합니다. ❶ 명령 행에 **Trim**을 입력하고 Spacebar 를 눌러 명령을 실행합니다. ❷ 잘라낼 객체를 클릭하여 선택하고 Spacebar 를 눌러 작업을 마무리합니다.

▲ 그림처럼 막히는 곳이 없도록 자르기

A 명령 행 한눈에 보기

명령: **TRIM** Spacebar ← Trim 명령 입력 (TR)
현재 설정: 투영=UCS, 모서리=없음, 모드=빠른 작업
자를 객체를 선택하거나 Shift 키를 누른 채로 선택하여 확장 또는
[절단 모서리(T)/걸치기(C)/모드(O)/프로젝트(P)/지우기(R)]: ← 잘라낼 객체를 선택
자를 객체를 선택하거나 Shift 키를 누른 채로 선택하여 확장 또는
[절단 모서리(T)/걸치기(C)/모드(O)/프로젝트(P)/지우기(R)/명령취소(U)]: Spacebar ← 계속해서 잘라낼 객체를 선택, 완성하면 Spacebar 를 눌러 명령 종료

23 Trim 명령으로 정리를 완료한 후 한쪽으로 치우친 도면을 원래의 위치로 보이도록 Zoom 명령을 실행합니다. ❶ 명령 행에 **Zoom**을 입력하고 Spacebar 를 누릅니다. ❷ 서브 메뉴 중 **E**(범위)를 입력하고 Spacebar 를 누릅니다.

▲ 완성된 도면

A 명령 행 한눈에 보기

명령: **ZOOM** Spacebar ← Zoom 명령 입력 (Z)
윈도우 구석 지정, 축척 비율(nX 또는 nXP) 입력 또는
[전체(A)/중심(C)/동적(D)/범위(E)/이전(P)/축척(S)/윈도우(W)/객체(O)] <실시간>: e Spacebar ← 옵션 E 입력

CHAPTER 03

객체를 연장하고 늘이거나 줄이기

선이나 호의 길이를 연장하는 Extend(연장) 명령과 객체의 길이나 크기를 조절하는 Stretch(신축) 명령에 대해 알아보겠습니다. 예제를 실습하며 해당 명령을 충분히 습득하고 실무에서는 어떻게 사용되는지 자세히 배워보겠습니다.

🎯 학습 목표

도면 작업 시간을 단축하는 명령을 익혀봅니다. 선을 연장하거나 이미 그려진 도면을 토대로 선을 연장하여 새로운 도면을 빠르게 그리는 Extend(연장) 명령과 도면 일부분의 크기를 변경·조절할 수 있는 Stretch(신축) 명령을 실행해보겠습니다.

▲ 경계선까지 연장하기 : Before(좌), After(우)

▲ 늘이고 줄이기 : Before(좌), After(우)

SECTION 01 객체를 경계선까지 연결하는 Extend

Extend(연장) 명령은 도면의 선들을 지정한 경계선까지 연장하는 편집 명령으로, 경계선으로 지정되는 선은 연장할 선의 연장선상에 있어야 사용할 수 있습니다. Extend 명령은 선을 연장하는 일차적인 목적뿐만 아니라 이미 그려진 도면을 토대로 선을 연장하여 새로운 도면을 더욱 빠르게 완성할 수 있습니다. Extend 명령을 사용하려면 명령 행에 **Extend**를 입력하고 Spacebar 를 누르거나 [수정] 도구 팔레트-[연장]을 클릭합니다. 이때 표준 모드(S)로 설정한 후 사용하는 것이 좋습니다.

동영상 강의 확인하기

◀ Extend 명령 선택 화면

+ 옵션 풀이

경계 모서리(B) _ 연장할 경계를 지정할 때 사용하는 기능입니다.
울타리(F) _ 여러 개의 선을 한꺼번에 연장할 때 사용하는 기능입니다.
걸치기(C) _ Rectangle 명령으로 그린 영역 내에 포함되거나 이 영역에 교차하는 객체를 모두 연장하는 기능입니다.
모드(O) _ 빠른 작업(Q)과 표준 작업(S) 설정에 대한 옵션입니다.
프로젝트(P) _ 3D 공간에서 연장하는 기능입니다.
모서리(E) _ 경계선과 교차되지 않는 객체의 일부분을 연장할지에 대한 옵션입니다.
명령 취소(U) _ 바로 이전 단계에 연장한 객체들을 순서대로 하나씩 취소합니다. 연속해서 사용할 수 있습니다.

바로 통 하는 TIP 업그레이드된 모드(Mode) 설정

AutoCAD 2021 버전부터는 Trim 명령과 마찬가지로 Extend 기능이 업그레이드되어 모드(Mode) 설정에서 빠른 작업(Q)과 표준(S)을 선택할 수 있습니다.

▲ 모드(Mode) 설정

▲ 표준(S)으로 설정

01 Extend 명령으로 계단선 연장하기

실습 파일 Part 3\Part3-16.dwg

Extend(연장) 명령을 사용하면 실수로 자른 객체를 다시 연결하거나, 연결하려는 선의 각도를 모를 때도 쉽게 선을 연장할 수 있습니다. 이번 예제에서는 계단선의 미완성 부분을 연장해보겠습니다.

01 실습 파일 **Part3-16.dwg**를 불러옵니다. ❶ 명령 행에 **Extend**를 입력하고 Spacebar 를 누릅니다. ❷ 경계를 설정하기 위해 서브 메뉴 중 **B**(경계 모서리)를 입력하고 Spacebar 를 누릅니다.

A 명령 행 한눈에 보기

명령: **EXTEND** Spacebar ← Extend 명령 입력 (EX)
현재 설정: 투영=UCS, 모서리=없음, 모드=빠른 작업
연장할 객체 선택 또는 Shift 키를 누른 채 선택하여 자르기 또는
[경계 모서리(B)/걸치기(C)/모드(O)/프로젝트(P)]: **B** Spacebar ← 옵션 B 입력

02 선 객체를 어디까지 연장할지 경계가 될 기준선을 클릭하고 Spacebar 를 누릅니다.

A 명령 행 한눈에 보기

현재 설정: 투영= UCS 모서리=없음, 모드=빠른 작업
경계 모서리 선택 ...
객체 선택 또는 〈모두 선택〉: ← 기준이 되는 객체 선택
객체 선택: Spacebar ← 경계선을 선택하면 Spacebar 를 누르고 다음 단계로 진행

03 연장하려는 객체를 클릭합니다. 앞에서 지정한 경계선까지 대각선 객체가 연장되었습니다.

> **A 명령 행 한눈에 보기**
>
> 연장할 객체 선택 또는 Shift 키를 누른 채 선택하여 자르기 또는
> [경계 모서리(B)/걸치기(C)/모드(O)/프로젝트(P)]: ← 연장할 객체 선택

04 ①② 계속해서 연장하려는 계단 지지대를 클릭하고 **③** Spacebar 를 누릅니다. 끊어졌던 계단의 지지대가 연장되었습니다.

> **A 명령 행 한눈에 보기**
>
> 연장할 객체 선택 또는 Shift 키를 누른 채 선택하여 자르기 또는
> [경계 모서리(B)/걸치기(C)/모드(O)/프로젝트(P)/명령취소(U)]: ← 연속해서 연장할 객체 선택
> 연장할 객체 선택 또는 Shift 키를 누른 채 선택하여 자르기 또는
> [경계 모서리(B)/걸치기(C)/모드(O)/프로젝트(P)/명령취소(U)]: Spacebar ← 연장할 객체를 선택하고 Spacebar 를 눌러 명령 종료

CHAPTER 03 객체를 연장하고 늘이거나 줄이기 • **235**

05 계단의 모서리 부분을 연장하기 위해 다시 한번 Extend 명령을 실행합니다. 반복되는 명령이므로 Spacebar 만 누르면 실행됩니다.

A 명령 행 한눈에 보기

명령: Spacebar ← Spacebar 를 눌러 명령 반복 실행

06 연장하려는 계단의 모서리 선을 클릭하여 선을 연장합니다.

A 명령 행 한눈에 보기

현재 설정: 투영= UCS 모서리=없음, 모드=빠른 작업
객체 선택 또는 〈모두 선택〉: Spacebar ← 경계선을 선택하지 않고 Spacebar 를 눌러 다음 단계로 진행
연장할 객체 선택 또는 Shift 키를 누른 채 선택하여 자르기 또는
[경계 모서리(B)/걸치기(C)/모드(O)/프로젝트(P)/명령취소(U)]: ← 연속해서 연장할 객체 선택

07 오른쪽 아래 계단선도 클릭하여 연장한 후 Spacebar 를 눌러 도면 작성을 마칩니다.

> **A** 명령 행 한눈에 보기
>
> 연장할 객체 선택 또는 Shift 키를 누른 채 선택하여 자르기 또는
> [경계 모서리(B)/걸치기(C)/모드(O)/프로젝트(P)/명령취소(U)]: ← 연속해서 연장할 객체 선택
> 연장할 객체 선택 또는 Shift 키를 누른 채 선택하여 자르기 또는
> [경계 모서리(B)/걸치기(C)/모드(O)/프로젝트(P)/명령취소(U)]: Spacebar ← 연장할 객체를 선택하고 Spacebar 를 눌러 명령 종료

쉽고 빠른 실무 NOTE Extend 명령이 적용되지 않는 경우

Extend 명령으로 연장이 되지 않는 경우는 다음과 같이 두 가지가 있습니다.

1 연장하려는 선의 끝 방향이 경계 선과 교차할 수 없는 선상에 있는 경우입니다. 이때는 Extend 명령의 서브 메뉴를 활용하여 선을 연장할 수 있습니다.

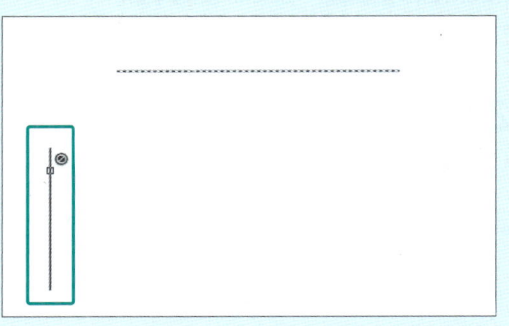

2 연장하려는 선을 클릭할 때 마우스 포인터의 위치가 현재 선 길이의 1/2 이내에 지정되어 있지 않은 경우입니다. 연장하려는 선을 클릭하는 마우스 포인터의 위치는 경계선과 가까운 쪽으로 1/2 지점 이내에 있어야 연장할 선이 화면에 표시됩니다. 연장할 선이 보이지 않는 가장 흔한 경우이므로 주의합니다.

02 Fence 옵션으로 여러 개의 선을 연장하기

실습 파일 Part 3\Part3-17.dwg

연장할 객체가 많으면 Fence(울타리) 옵션을 활용할 수 있습니다.

01 실습 파일 **Part3-17.dwg**를 불러옵니다. 회의 테이블 객체 위에 있는 의자 세트 객체의 끊어진 선을 회의 테이블 객체까지 연장해보겠습니다. 명령 행에 **Extend**를 입력하고 Spacebar 를 누릅니다.

A 명령 행 한눈에 보기

명령: **EXTEND** Spacebar ← Extend 명령 입력 (EX)

02 ❶ 객체를 연장할 경계를 설정하기 위해 서브 메뉴 중 **B**(경계 모서리)를 입력하고 Spacebar 를 누릅니다. ❷ 기준이 될 객체를 클릭하고 Spacebar 를 누릅니다.

A 명령 행 한눈에 보기

현재 설정: 투영=UCS, 모서리=없음, 모드=빠른 작업
연장할 객체 선택 또는 Shift 키를 누른 채 선택하여 자르기 또는
[경계 모서리(B)/걸치기(C)/모드(O)/프로젝트(P)]: B Spacebar ← 옵션 B 입력
경계 모서리 선택...
객체 선택 또는 〈모두 선택〉: 1개를 찾음 ← 기준이 되는 객체 선택
객체 선택: Spacebar ← 경계선 선택을 마치면 Spacebar 를 누르고 다음 단계로 진행

03 연장할 객체가 많으므로 서브 메뉴의 Fence(울타리) 옵션을 실행하겠습니다. **F**를 입력하고 Spacebar 를 누릅니다.

> **A** 명령 행 한눈에 보기
>
> 연장할 객체 선택 또는 Shift 키를 누른 채 선택하여 자르기 또는
> [경계 모서리(B)/걸치기(C)/모드(O)/프로젝트(P)]:
> f Spacebar ← 옵션 F 입력

04 연장하려는 의자 세트 객체의 세로선들을 지정합니다. ❶ 자를 객체의 맨 왼쪽에 임의의 점을 클릭합니다. ❷ 가장 오른쪽 임의의 점을 클릭한 후 Spacebar 를 눌러 명령을 실행합니다.

> **A** 명령 행 한눈에 보기
>
> 첫 번째 울타리 점 또는 선택/끌기 커서 지정: ← 첫 번째 울타리 위치 지정
> 다음 울타리 점 지정 또는 [명령 취소(U)]: ← 두 번째 울타리 위치 지정
> 다음 울타리 점 지정 또는 [명령 취소(U)]: Spacebar ← 울타리 위치를 지정하고 Spacebar 를 눌러 다음 단계로 진행

> **바로 통하는 TIP** Fence 옵션으로 임의의 점을 지정할 때 반드시 왼쪽에서 오른쪽으로 지정할 필요는 없습니다. Trim 명령과 마찬가지로 연장하려는 객체를 모두 포함하도록 울타리를 지정하면 됩니다. 다만 연결할 객체선의 1/2 지점 이내의 위치에 울타리를 지정해야 명령이 실행됩니다.

05 객체가 연장됩니다. Spacebar 를 눌러 도면 작성을 마칩니다.

> **A** 명령 행 한눈에 보기
>
> 연장할 객체 선택 또는 Shift 키를 누른 채 선택하여 자르기 또는
> [경계 모서리(B)/걸치기(C)/모드(O)/프로젝트(P)]/명령취소(U): Spacebar ← 객체가 연장되면 Spacebar 를 눌러 명령 종료

SECTION 02 | 객체를 늘이고 줄이는 Stretch

Stretch(신축) 명령은 객체를 강제로 늘이거나 줄이는 명령입니다. 이 기능은 실무에서 도면 일부분의 크기를 변경할 때 객체를 새롭게 그리지 않고 기존의 객체를 바로 늘이거나 줄여서 크기를 빠르게 변경할 수 있게 해줍니다. Stretch 명령을 사용하려면 명령 행에 **Stretch**를 입력하고 Spacebar 를 누르거나 [수정] 도구 팔레트-[신축]을 클릭합니다.

동영상 강의 확인하기

01 Crossing 선택 방법으로 객체 늘이고 줄이기

실습 파일 Part 3\Part3-18.dwg

Stretch 명령을 이용하면 별도의 과정 없이 도면 일부분의 크기를 변경할 수 있습니다. 다음 예제는 가구 도면의 가로 크기를 변경하는 과정입니다. 객체를 선택하는 방법 중 화면의 오른쪽에서 왼쪽으로 마우스를 드래그하는 Crossing 선택 방법으로 가구 객체를 늘여보겠습니다.

01 실습 파일 **Part3-18.dwg**를 불러옵니다. 명령 행에 **Stretch**를 입력하고 Spacebar 를 누릅니다.

입력 후 Spacebar

A 명령 행 한눈에 보기

명령: **STRETCH** Spacebar ← Stretch 명령 입력 (S)

02 Crossing 선택 방법으로 객체를 선택합니다. 늘일 객체의 오른쪽에서 왼쪽으로 드래그하여 선택한 후 Spacebar 를 누릅니다.

> **A** 명령 행 한눈에 보기
>
> 걸침 윈도우 또는 걸침 폴리곤만큼 신축할 객체 선택...
> 객체 선택: 반대 구석 지정: 34개를 찾음 ← Crossing 선택 방법으로 객체 선택
> 객체 선택: Spacebar ← 객체를 모두 선택하고 Spacebar 를 눌러 다음 단계 진행

03 Stretch 명령은 기준점을 지정하여 선택한 객체를 늘이거나 줄입니다. ① F8 을 눌러 직교 모드를 활성화하고 ② 객체를 오른쪽으로 200mm만큼 늘이기 위해 마우스를 포인터를 객체 오른쪽에 두고 임의의 기준점을 클릭합니다. ③ 명령 행에 **200**을 입력한 후 Spacebar 를 눌러 명령을 실행합니다. 가구가 가로로 200mm만큼 늘어납니다.

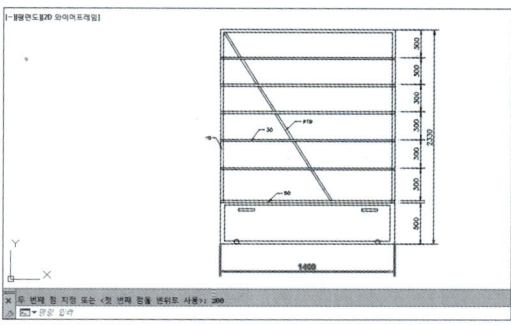

> **A** 명령 행 한눈에 보기
>
> 기준점 지정 또는 [변위(D)] 〈변위〉: ← Stretch 명령을 시작하는 기준점 지정
> 두 번째 점 지정 또는 〈첫 번째 점을 변위로 사용〉: 200 Spacebar ← 마우스 포인터를 기준점 오른쪽에 두고 원하는 크기 지정

그립으로 Stretch 명령 구현하기

회사통 실무활용

명령이 실행되지 않은 상태에서 객체를 선택하면 객체가 파란색 사각형과 파란 배경의 진한 선으로 표시됩니다. 파란색 사각형을 그립(Grip, 맞물림)이라고 합니다. 그립을 클릭한 후 드래그하면 그립을 중심으로 선의 길이가 변경되므로 Stretch 명령과 같은 작업을 진행할 수 있습니다.

실습 파일 Part 3\Part3-19.dwg

1 실습 파일 **Part3-19.dwg**를 불러옵니다. 명령 행에 아무 명령도 입력하지 않고 사선 객체를 클릭합니다.

A 명령 행 한눈에 보기

명령: ← 명령 행에 아무 내용도 입력하지 않고 객체 선택

2 선택한 객체의 오른쪽 지점의 그립을 클릭합니다. 이때 명령 행을 확인하면 Stretch 명령이 자동으로 실행되었음을 알 수 있습니다.

A 명령 행 한눈에 보기

** 신축 ** ← Stretch 명령 자동 실행

3 마우스 포인터를 그대로 상단의 끝점으로 옮겨 클릭합니다.

A 명령 행 한눈에 보기

신축점 지정 또는 [기준점(B)/복사(C)/명령 취소(U)/종료(X)]: ← 원하는 지점을 지정

4 선택된 객체를 해제하기 위해 Esc 를 누릅니다. 사선 객체가 늘어났습니다.

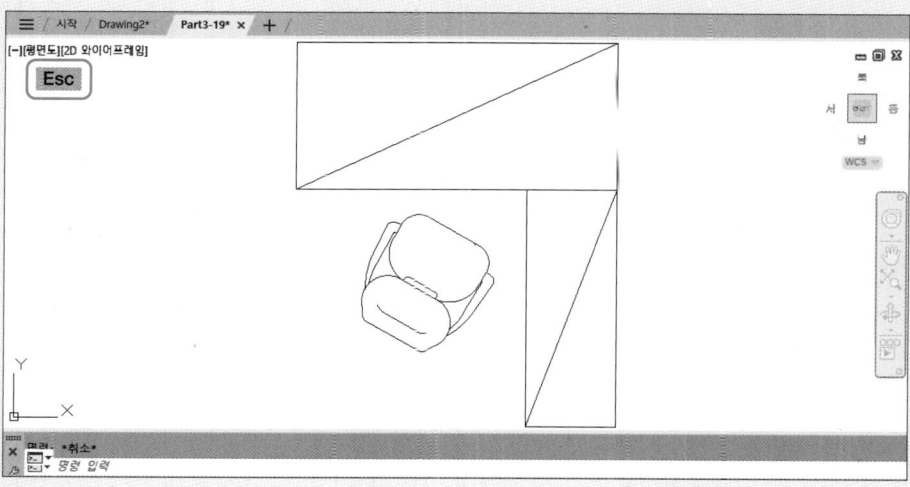

A 명령 행 한눈에 보기

명령: *취소* ← Esc 를 눌러 선택 해제

바로 통 하는 TIP 이때 Esc 를 누르지 않고 Spacebar 를 누르면 도움말이 나타납니다.

Extend 명령으로 가구 측면도 그리기

Extend 명령을 이용하여 가구 정면도를 측면도로 수정해보겠습니다.

실습 파일 Part 3\Part3-20.dwg

1 실습 파일 **Part3-20.dwg**를 불러옵니다. 명령 행에 **Extend**를 입력하고 Spacebar 를 누릅니다.

A 명령 행 한눈에 보기

명령: **EXTEND** [Spacebar] extend ← 명령어 입력 (EX)

2 경계를 설정하기 위해 명령 행에 서브 메뉴 중 **B**(경계 모서리)를 입력하고 Spacebar 를 누릅니다.

A 명령 행 한눈에 보기

현재 설정: 투영=UCS, 모서리=없음, 모드=빠른 작업
연장할 객체 선택 또는 Shift 키를 누른 채 선택하여 자르기 또는
[경계 모서리(B)/걸치기(C)/모드(O)/프로젝트(P)]: B Spacebar ← 옵션 B 입력

3 연장하고 싶은 객체의 경계선을 지정하고 Spacebar 를 누릅니다.

A 명령 행 한눈에 보기

현재 설정: 투영= UCS 모서리=없음, 모드=빠른 작업
경계 모서리 선택...
객체 선택 또는 〈모두 선택〉: 1개를 찾음 ← 기준이 되는 객체 선택
객체 선택: Spacebar ← 경계선을 선택하고 Spacebar 를 눌러 다음 단계로 진행

4 연장하려는 객체를 각각 선택합니다. 먼저 가구의 다리 부분 맨 우쪽 선을 클릭해서 측면도까지 선을 연장합니다.

A 명령 행 한눈에 보기

연장할 객체 선택 또는 Shift 키를 누른 채 선택하여 자르기 또는
[경계 모서리(B)/걸치기(C)/모드(O)/프로젝트(P)]: ← 연장할 객체 선택
연장할 객체 선택 또는 Shift 키를 누른 채 선택하여 자르기 또는
[경계 모서리(B)/걸치기(C)/모드(O)/프로젝트(P)/명령취소(U)]: ← 연장할 객체 선택

5 계속해서 아래 선을 클릭하여 측면도까지 선을 연장합니다.

A 명령 행 한눈에 보기

연장할 객체 선택 또는 Shift 키를 누른 채 선택하여 자르기 또는

[경계 모서리(B)/걸치기(C)/모드(O)/프로젝트(P)/명령취소(U)]: ← 연장할 객체 선택

연장할 객체 선택 또는 Shift 키를 누른 채 선택하여 자르기 또는

[경계 모서리(B)/걸치기(C)/모드(O)/프로젝트(P)/명령취소(U)]: ← 연장할 객체 선택

6 연장할 선 객체를 모두 선택하고 Spacebar 를 눌러 명령을 종료합니다.

A 명령 행 한눈에 보기

연장할 객체 선택 또는 Shift 키를 누른 채 선택하여 자르기 또는

[경계 모서리(B)/걸치기(C)/모드(O)/프로젝트(P)/명령취소(U)]: ← 연장할 객체 선택

연장할 객체 선택 또는 Shift 키를 누른 채 선택하여 자르기 또는

[경계 모서리(B)/걸치기(C)/모드(O)/프로젝트(P)/명령취소(U)]: Spacebar ← 연장할 객체 선택을 마치면 Spacebar 를 눌러 명령 종료

7 선을 연장하면서 가구 정면도와 측면도 사이에 불필요한 선이 생겼습니다. 불필요한 객체를 잘라내기 위해 명령 행에 **Trim**을 입력하고 Spacebar 를 눌러 명령을 실행합니다.

A 명령 행 한눈에 보기

명령: **TRIM** Spacebar ← 명령 행에 Trim 입력 (TR)

8 ❶ 불필요한 선을 모두 클릭하여 잘라냅니다. ❷ 객체 자르기를 마치면 Spacebar 를 눌러 도면을 완성합니다.

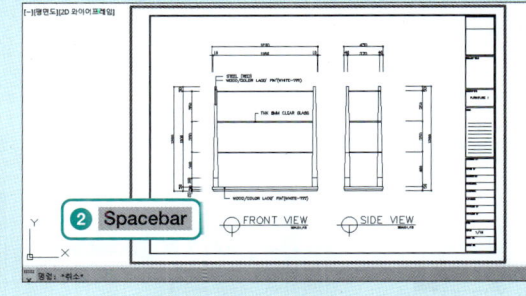

A 명령 행 한눈에 보기

현재 설정: 투영=UCS, 모서리=없음, 모드=빠른 작업

자를 객체를 선택하거나 Shift 키를 누른 채로 선택하여 확장 또는

[절단 모서리(T)/걸치기(C)/모드(O)/프로젝트(P)/지우기(R)]: ← 잘라낼 객체를 선택

자를 객체를 선택하거나 Shift 키를 누른 채로 선택하여 확장 또는

[절단 모서리(T)/걸치기(C)/모드(O)/프로젝트(P)/지우기(R)]: ← 잘라낼 객체를 선택

자를 객체를 선택하거나 Shift 키를 누른 채로 선택하여 확장 또는

[절단 모서리(T)/걸치기(C)/모드(O)/프로젝트(ㄱ)/지우기(R)/명령취소(U)]: Spacebar ← 객체 자르기를 모두 마치면 Spacebar 를 눌러 명령 종료

Stretch 명령으로 주방 크기 변경하기

Stretch 명령을 이용하여 도면의 주방 크기를 변경하겠습니다.

실습 파일 Part 3\Part3-21.dwg

1 실습 파일 **Part3-21.dwg**를 불러옵니다. 명령 행에 **Stretch**를 입력하고 Spacebar 를 누릅니다.

A 명령 행 한눈에 보기

명령: **STRETCH** Spacebar ← Stretch 명령 입력 (S)

2 Crossing 선택 방법을 이용해 오른쪽에서 왼쪽으로 주방의 영역을 드래그합니다. 크기를 바꿀 객체를 선택하면 Spacebar 를 누릅니다.

A 명령 행 한눈에 보기

걸침 윈도우 또는 걸침 폴리곤만큼 신축할 객체 선택...

객체 선택: 반대 구석 지정: 23개를 찾음 ← Crossing 선택 방법으로 객체 선택

객체 선택: Spacebar ← 객체를 선택하면 Spacebar 를 누르고 다음 단계 진행

3 ❶ 임의의 지점을 클릭하여 Stretch 명령을 실행할 기준점을 지정합니다. ❷ 오른쪽 수평 방향으로 객체를 늘이기 위해 F8 을 눌러 직교 모드를 활성화합니다.

A 명령 행 한눈에 보기
기준점 지정 또는 [변위(D)] <변위>: ← Stretch 명령을 시작하는 기준점 지정

4 오른쪽으로 500mm만큼 늘이기 위해 명령 행에 극좌표 @500<0을 입력합니다. 마우스 휠을 굴려 도면 전체가 나타나도록 합니다. 치수선의 길이를 확인해보면 3,000mm에서 3,500mm로 늘어났음을 알 수 있습니다.

A 명령 행 한눈에 보기
두 번째 점 지정 또는 <첫 번째 점을 변위로 사용>: @500<0 Spacebar ← 선택한 객체를 오른쪽으로 500mm 늘임

 하는 TIP 객체를 늘일 때 마우스 포인터를 객체 오른쪽 방향에 두고 **500**을 입력하거나 상대좌표인 **@500,0**을 입력합니다.

CHAPTER 03 객체를 연장하고 늘이거나 줄이기 **249**

CHAPTER 04
객체를 회전하고 반사하기

도면을 작성하다 보면 같은 객체라도 회전하거나 방향을 바꿔야 할 경우가 많습니다. 이런 경우에 유용하게 사용하는 명령이 바로 Rotate(회전) 명령과 Mirror(대칭) 명령입니다. 이 두 가지 명령의 기능과 사용 방법을 알아보겠습니다.

🎯 학습 목표

평면도에서 동일한 객체의 방향을 반복해서 바꾸는 방법을 익혀봅니다. Rotate 명령으로 객체를 회전하고 Mirror 명령으로 객체를 대칭해보겠습니다.

▲ 시계 방향으로 회전하기 : Before(좌), After(우)

▲ 수평으로 대칭하기 : Before(좌), After(우)

SECTION 01 방향을 맞춰 회전하는 Rotate

Rotate(회전) 명령은 기준점을 중심으로 원하는 각도만큼 객체를 회전하는 편집 명령입니다. 시계 반대 방향 회전은 +값을 가지며 시계 방향 회전은 -값을 적용합니다. Rotate 명령을 사용하려면 명령 행에 **Rotate**를 입력하고 Spacebar 를 누르거나 [수정] 도구 팔레트-[회전 ○]을 클릭합니다.

동영상 강의 확인하기

01 Rotate 명령으로 시계·시계 반대 방향으로 회전하기

실습 파일 Part 3\Part3-22.dwg

Rotate 명령으로 여러 객체를 한번에 회전할 수 있습니다. 다음 예제에서 PC방의 좌석을 회전해서 옮겨보겠습니다.

01 실습 파일 **Part3-22.dwg**를 불러옵니다. ❶ 명령 행에 **Rotate**를 입력하고 Spacebar 를 누릅니다. ❷ 왼쪽 아래에 있는 의자, 책상, 컴퓨터로 이루어진 좌석 1열을 드래그하여 선택하고 Spacebar 를 누릅니다.

A 명령 행 한눈에 보기

명령: ROTATE Spacebar ← Rotate 명령 입력 (RO)
현재 UCS에서 양의 각도: 측정 방향=시계 반대 방향 기준 방향=0 ← 현재 UCS에서 시계 반대 방향을 양(+)의 값으로 하는 설정이 지정됨
객체 선택: 반대 구석 지정: 746개를 찾음 ← 객체 선택
객체 선택: Spacebar ← 객체를 선택하고 Spacebar 를 눌러 다음 단계 진행

> **바로 통 하는 TIP** 도면에서 좌석만 선택해야 하므로 왼쪽에서 오른쪽으로 드래그하여 선택하는 Window 선택 방법을 사용합니다.

02 객체가 회전할 축인 임의의 기준점을 선택해보겠습니다. 좌석과 벽면의 교차점을 클릭하여 지정합니다.

A 명령 행 한눈에 보기

기준점 지정: ← 기준점 지정

쉽고 빠른 실무 NOTE | 기준점에 따른 회전 반경

선택된 객체의 회전 반경은 회전축이 되는 기준점에 따라 달라지므로 도면 상황에 맞게 알맞은 기준점을 지정해야 합니다.

▲ 기준점을 왼쪽 상단 모서리로 지정한 경우

▲ 기준점을 오른쪽 중간점으로 지정한 경우

03 현재 위치에서 좌석을 오른쪽 아래로 향하게 하려면 시계 방향으로 회전해야 합니다. 따라서 현재 위치에서 90° 회전할 것이므로 명령 행에 **-90**을 입력하고 Spacebar 를 누릅니다.

A 명령 행 한눈에 보기

회전 각도 지정 또는 [복사(C)/참조(R)] <0>: **-90** Spacebar ← 회전 각도 -90 지정

바로 통하는 TIP 이때 좌석 객체가 AutoCAD 극좌표에서 배운 대로 0° 위치로 오게 되지만 원래 90° 위치부터 출발하였으므로 회전한 각도는 -90°가 되는 것입니다. +값을 입력하려면 **270**을 입력해도 됩니다.

04 좌석이 시계 방향으로 회전됩니다.

05 좌석을 다시 오른쪽 기둥 옆으로 이동하겠습니다. 명령 행에 **Move**를 입력하고 Spacebar 를 누릅니다.

A 명령 행 한눈에 보기

명령: **MOVE** Spacebar ← Move 명령 입력 (M)

06 회전할 객체는 앞선 객체와 동일하므로 Previous 선택 방법을 사용합니다. 명령 행에 **P**를 입력하고 Spacebar 를 눌러 객체를 선택합니다. 한 번 더 Spacebar 를 눌러 다음 단계를 진행합니다.

> **A 명령 행 한눈에 보기**
> 객체 선택: **p** 746개를 찾음 ← 옵션 P를 입력하여 이전 객체 그대로 선택
> 객체 선택: Spacebar ← 객체를 모두 선택하고 Spacebar 를 눌러 다음 단계 진행

07 임의의 기준점을 지정합니다. 좌석의 가장 오른쪽 하단 모서리를 클릭합니다.

> **A 명령 행 한눈에 보기**
> 기준점 지정 또는 [변위(D)] <변위>: ← 기준점 지정

08 오른쪽에 있는 기둥과 벽체선의 교차점을 클릭하여 명령을 실행하면 좌석 객체가 원하는 위치로 이동됩니다.

> **A 명령 행 한눈에 보기**
> 두 번째 점 지정 또는 <첫 번째 점을 변위로 사용>: ← 객체 스냅을 설정하여 정확히 이동점 지정

02 객체를 회전하면서 복사하기

실습 파일 Part 3\Part3-22.dwg

원본 객체는 그대로 남겨두고 회전하여 복사할 수 있습니다.

01 실습 파일 **Part3-22.dwg**를 불러옵니다. ❶ 명령 행에 **Rotate**를 입력하고 Spacebar 를 누릅니다. ❷ 회전하여 복사할 객체를 드래그하여 선택하고 Spacebar 를 누릅니다.

> **A** 명령 행 한눈에 보기
>
> 명령: ROTATE Spacebar ← Rotate 명령 입력 (RO)
> 현재 UCS에서 양의 각도: 측정 방향=시계 반대 방향 기준 방향=0
> 객체 선택: 반대 구석 지정: 746개를 찾음 ← 객체 선택
> 객체 선택: Spacebar ← 객체를 선택하고 Spacebar 를 눌러 다음 단계 진행

02 객체를 회전할 기준점을 지정합니다. 여기에서는 좌석과 벽체의 교차점을 클릭하여 지정합니다.

> **A** 명령 행 한눈에 보기
>
> 기준점 지정: ← 기준점 지정

03 원본 객체를 복사하기 위해 서브 메뉴 중 **C**(복사)를 입력하고 Spacebar 를 누릅니다.

A 명령 행 한눈에 보기

회전 각도 지정 또는 [복사(C)/참조(R)] <0>: c Spacebar 선택한 객체의 사본을 회전합니다. ← 옵션 C 입력

04 객체를 시계 방향으로 복사하여 회전할 것이므로 명령 행에 **-90**을 입력하고 Spacebar 를 눌러 명령을 실행합니다.

A 명령 행 한눈에 보기

회전 각도 지정 또는 [복사(C)/참조(R)] <0>: -90 Spacebar ← 회전 각도 입력

05 원본 객체는 그대로 남아 있고 같은 객체가 하나 더 생성되어 회전되었음을 알 수 있습니다.

SECTION 02 거울처럼 반사하는 Mirror

초등학교 미술 시간에 그렸던 데칼코마니를 기억하나요? Mirror(대칭) 명령은 데칼코마니나 거울처럼 객체를 반사하여 대칭이 되도록 이동하는 편집 명령입니다. 서브 메뉴를 선택하기에 따라 원본 객체를 삭제하거나 그대로 남겨두고 복사할 수도 있습니다. Mirror 명령을 사용하려면 명령 행에 **Mirror**를 입력하고 Spacebar 를 누르거나 [수정] 도구 팔레트-[대칭 ⚠]을 클릭합니다.

동영상 강의 확인하기

01 Mirror 명령으로 원본 객체 복사하기

실습 파일 Part 3\Part3-22.dwg

Mirror 명령을 이용하여 원본 객체를 수직 방향으로 대칭하여 복사하겠습니다.

01 실습 파일 **Part3-22.dwg**를 불러옵니다. ❶ 명령 행에 **Mirror**를 입력하고 Spacebar 를 눌러 명령을 실행합니다. ❷ 대칭 복사할 객체를 선택하고 Spacebar 를 누릅니다.

A 명령 행 한눈에 보기

명령: **MIRROR** Spacebar ← Mirror 명령 입력 (MI)
객체 선택: 반대 구석 지정: 746개를 찾음 ← 객체 선택
객체 선택: Spacebar ← 객체를 선택하면 Spacebar 를 눌러 다음 단계로 진행

02 대칭할 객체가 선택되었으면 대칭 복사의 기준이 될 대칭선을 지정해야 합니다. 좌우 대칭하기 위해 선택한 객체의 오른쪽 아래에 있는 교차점을 클릭하여 대칭선의 첫 번째 점으로 지정합니다.

A 명령 행 한눈에 보기
대칭선의 첫 번째 점 지정: ← 대칭선의 첫 번째 점 지정

03 선택한 객체의 오른쪽 위 교차점을 클릭하여 대칭선이 될 기준선의 두 번째 점으로 지정합니다.

A 명령 행 한눈에 보기
대칭선의 두 번째 점 지정: ← 대칭선의 두 번째 점 지정

바로 통하는 TIP 대칭선이 수평, 수직 방향일 때는 F8 을 눌러 직교 모드를 활성화하면 대칭선 지정이 편리합니다.

04 원본 객체를 남겨놓을 것인지 지울 것인지의 여부를 묻습니다. 지우지 않을 것이므로 **N**(아니오)을 입력하고 Spacebar 를 누르면 대칭 복사됩니다.

A 명령 행 한눈에 보기
원본 객체를 지우시겠습니까? [예(Y)/아니오(N)] <N>: n Spacebar ← 옵션 N 입력

쉽고 빠른 실무 NOTE — Mirror 명령을 실행할 때 문자의 대칭 복사를 방지하는 Mirrtext

Mirror 명령을 실행할 때 문자가 함께 대칭된다면 도면을 작성할 때 상당히 곤란할 것입니다. 특별한 경우가 아니고서는 도면에서 도장에 찍혀 나온 것처럼 문자를 뒤집어서 표현할 일은 흔하지 않기 때문입니다. 이때는 Mirrtext 명령을 이용해 도면은 대칭하되 문자는 대칭되지 않도록 설정한 후 도면을 작성합니다.

명령 행에 **Mirrtext**를 입력하고 Spacebar 를 눌러 명령을 실행한 후 Mirrtext의 값으로 **0**을 입력하고 Spacebar 를 누릅니다. 그러면 문자가 대칭되지 않고 그대로 객체가 복사됩니다. **1**을 입력하고 Spacebar 를 누르면 문자까지 뒤집어져 복사됩니다.

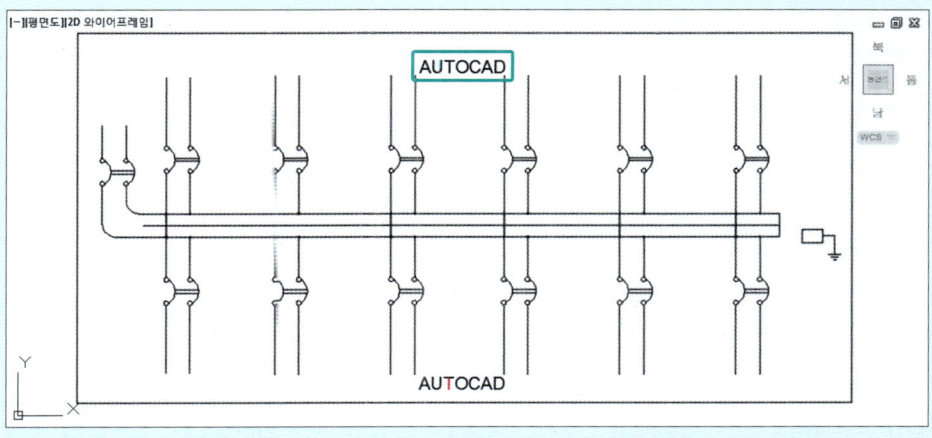

▲ Mirrtext 설정값이 0인 경우 : 문자가 대칭되지 않고 도면만 복사

▲ Mirrtext 설정값이 1인 경우 : 문자와 도면 모두 대칭 복사

회사통 실무활용
Rotate, Mirror 명령으로 상가 평면도 완성하기

건축 및 인테리어 도면을 작업하다 보면 창문이나 출입문을 나타내는 비슷한 종류의 문 객체를 많이 그립니다. 그때마다 문을 하나씩 그리면 비효율적이므로 이미 그려놓은 객체(Block)를 사용하거나 필요한 문을 복사하여 사용합니다. 복사한 문을 올바른 방향으로 표시하기 위해서는 회전과 대칭 명령을 활용해야 하는 경우가 많이 생기므로 이번 예제에서 충분히 습득하는 것이 좋습니다.

실습 파일 Part 3\Part3-23.dwg

1 실습 파일 **Part3-23.dwg**를 불러옵니다. 원 안에 있는 쌍여닫이문과 외여닫이문을 필요한 곳으로 이동하겠습니다. 명령 행에 **Move**를 입력하고 Spacebar 를 눌러 명령을 실행합니다.

A 명령 행 한눈에 보기

명령: MOVE Spacebar ← Move 명령 입력 (M)

2 먼저 쌍여닫이문을 선택하고 Spacebar 를 눌러 다음 단계로 넘어갑니다.

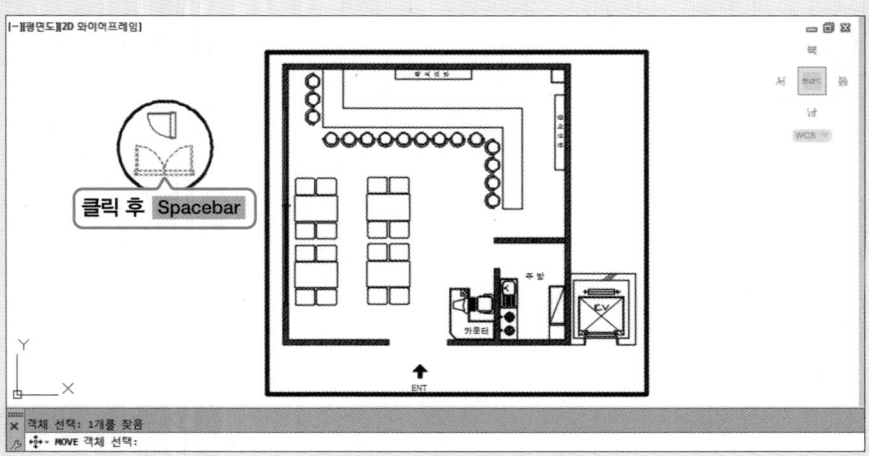

A 명령 행 한눈에 보기

객체 선택: 1개를 찾음 ← 객체 선택

객체 선택: Spacebar ← Spacebar 를 눌러 다음 단계로 진행

3 ① 쌍여닫이문의 중간점을 클릭하여 기준점으로 지정합니다. ② 쌍여닫이문을 삽입할 지점을 클릭하여 이동합니다.

A 명령 행 한눈에 보기

기준점 지정 또는 [변위(D)] 〈변위〉: mid Spacebar ← 필요한 객체 스냅을 지정하고 기준점 지정
두 번째 점 지정 또는 〈첫 번째 점을 변위로 사용〉: ← 변위의 두 번째 점 지정

4 이동한 문과 삽입할 위치를 자세히 보기 위해 마우스 휠을 굴려서 작업 화면을 확대합니다.

CHAPTER 04 객체를 회전하고 반사하기 · **261**

5 문의 위치를 알맞은 방향으로 맞춰보겠습니다. ❶ 명령 행에 **Rotate**를 입력하고 Spacebar 를 눌러 명령을 실행합니다. ❷ 회전할 객체인 쌍여닫이문을 클릭하여 선택하고 Spacebar 를 누릅니다.

A 명령 행 한눈에 보기

명령: ROTATE Spacebar ← Rotate 명령 입력 (RO)
현재 UCS에서 양의 각도: 측정 방향=시계 반대 방향 기준 방향=0
객체 선택: 1개를 찾음 ← 객체 선택
객체 선택: Spacebar ← 객체를 선택하면 Spacebar 를 눌러 다음 단계 진행

6 객체의 중간점을 클릭하여 회전축의 기준점으로 지정합니다.

A 명령 행 한눈에 보기

기준점 지정: mid Spacebar
← 기준점 지정, 이미 객체 스냅을 설정했다면 해당 지점에서 그대로 클릭

7 문이 열리는 위치를 정반대로 바꾸기 위해 회전값을 **180**으로 입력하고 Spacebar 를 누릅니다.

A 명령 행 한눈에 보기

회전 각도 지정 또는 [복사(C)/참조(R)] <0>: 180 Spacebar ← 회전 각도 180 입력

08 회전한 쌍여닫이문을 정확한 지점으로 이동해보 겠습니다. **①** 명령 행에 **Move**를 입력하고 Spacebar 를 눌러 명령을 실행합니다. **②** 객체를 클릭하여 선택하고 Spacebar 를 누릅니다.

> **A 명령 행 한눈에 보기**
> 명령: MOVE Spacebar ← Move 명령 입력 (M)
> 객체 선택: 1개를 찾음 ← 객체 선택
> 객체 선택: Spacebar ← 객체를 선택하면 Spacebar 를 눌러 다음 단계 진행

09 객체 스냅을 사용하여 문의 왼쪽 끝점을 기준점으로 지정합니다.

> **A 명령 행 한눈에 보기**
> 기준점 지정 또는 [변위(D)] <변위>: ← 기준점 지정

10 이동하려는 지점을 클릭하면 쌍여닫이문이 정확히 이동합니다.

> **A 명령 행 한눈에 보기**
> 두 번째 점 지정 또는 <첫 번째 점을 변위로 사용>: ← 변위의 두 번째 점 지정

CHAPTER 04 객체를 회전하고 반사하기 **263**

11 이제 외여닫이문을 원하는 지점에 삽입해보겠습니다. ① 명령 행에 **Zoom**을 입력하고 Spacebar를 눌러 명령을 실행합니다. ② 서브 메뉴 중 **E**(범위)를 입력하여 화면 전체가 보이도록 설정합니다.

A 명령 행 한눈에 보기

명령: **ZOOM** Spacebar ← Zoom 명령 입력 (Z)
윈도우 구석 지정, 축척 비율(nX 또는 nXP) 입력 또는
[전체(A)/중심(C)/동적(D)/범위(E)/이전(P)/축척(S)/윈도우(W)/객체(O)] <실시간>: e Spacebar ← 옵션 E 입력

12 외여닫이문을 제대로 표현하려면 반대 방향으로 대칭해야 합니다. ① 명령 행에 **Mirror**를 입력하고 Spacebar를 눌러 명령을 실행합니다. ② 대칭할 외여닫이문 객체를 선택하고 Spacebar를 누릅니다.

A 명령 행 한눈에 보기

명령: **MIRROR** Spacebar ← Mirror 명령 입력 (MI)
객체 선택: 1개를 찾음 ← 객체 선택
객체 선택: Spacebar ← 객체를 선택하면 Spacebar 를 눌러 다음 단계 진행

13 대칭할 경계선의 첫 번째 점을 클릭하여 지정합니다.

A 명령 행 한눈에 보기

대칭선의 첫 번째 점 지정: ← 대칭선의 첫 번째 점 지정

14 대칭할 경계선의 두 번째 점을 클릭하여 지정합니다.

A 명령 행 한눈에 보기

대칭선의 두 번째 점 지정: ← 대칭선의 두 번째 점 지정

15 원본 객체를 지우겠느냐는 메시지가 나타납니다. 원본 객체를 지우기 위해 명령 행에 **Y**를 입력하고 Spacebar를 누릅니다. 외여닫이문의 원본 객체가 삭제됩니다.

 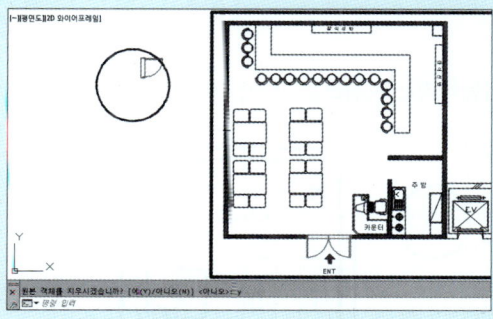

A 명령 행 한눈에 보기

원본 객체를 지우시겠습니까? [예(Y)/아니오(N)] ⟨N⟩: y Spacebar ← 옵션 Y 입력

CHAPTER 04 객체를 회전하고 반사하기 · **265**

16 대칭한 외여닫이문을 이동해보겠습니다. ❶ 명령 행에 **Move**를 입력하고 Spacebar 를 눌러 명령을 실행합니다. ❷ 외여닫이문을 클릭하여 선택하고 Spacebar 를 누릅니다.

A 명령 행 한눈에 보기

명령: MOVE Spacebar ← Move 명령 입력 (M)
객체 선택: 1개를 찾음 ← 객체 선택
객체 선택: Spacebar ← 객체를 선택하면 Spacebar 를 눌러 다음 단계 진행

17 외여닫이문의 교차점을 클릭하여 객체를 옮길 때의 기준점을 지정합니다.

A 명령 행 한눈에 보기

기준점 지정 또는 [변위(D)] ⟨변위⟩: ← 기준점 지정

18 이동하려는 지점으로 객체를 움직이는 동시에 마우스 휠을 굴려서 이동하려는 지점을 확대합니다.

바로 통 하는 TIP 이동하려는 지점에 마우스 포인터를 위치시키고 마우스 휠을 굴리면 해당 지점을 기준으로 확대·축소됩니다.

19 외여닫이문을 옮길 정확한 지점을 클릭합니다.

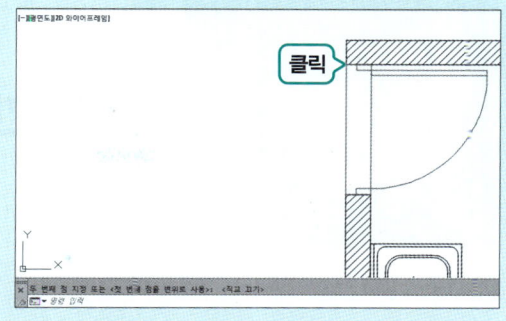

> **A 명령 행 한눈에 보기**
> 두 번째 점 지정 또는 〈첫 번째 점을 변위로 사용〉: ← 변위의 두 번째 점 지정

20 도면이 모두 보이도록 설정해보겠습니다. ❶ 명령 행에 **Zoom**을 입력하고 Spacebar를 누릅니다. ❷ 서브 메뉴 중 **E**(범위)를 입력해서 도면이 다 보이도록 합니다.

> **A 명령 행 한눈에 보기**
> 명령: ZOOM Spacebar ← Zoom 명령 입력 (Z)
> 윈도우 구석 지정, 축척 비율(nX 또는 nXP), 입력 또는
> [전체(A)/중심(C)/동적(D)/범위(E)/이전(P)/축척(S)/윈도우(W)/객체(O)] 〈실시간〉: e Spacebar ← 옵션 E 입력

21 불필요한 객체를 지우겠습니다. ❶ 명령 행에 **Erase**를 입력하고 Spacebar를 눌러 명령을 실행합니다. ❷ 왼쪽 원을 클릭하고 Spacebar를 눌러 원을 지웁니다.

▲ 완성된 도면

> **A 명령 행 한눈에 보기**
> 명령: ERASE Spacebar ← Erase 명령 입력 (E)
> 객체 선택: 1개를 찾음 ← 객체 선택
> 객체 선택: Spacebar ← 객체를 선택하면 Spacebar 를 눌러 객체 지우기

CHAPTER 05
각진 객체를 정리하기

Fillet(모깎기) 명령과 Chamfer(모따기) 명령은 일일이 극좌표와 상대좌표를 계산하지 않고도 도면 객체의 각진 모서리를 간단하게 다듬어주는 편리한 기능입니다. 모든 분야에서 도면의 기본 구성 요소는 각진 형태가 많습니다. 요소의 모서리를 부드럽게 정리할 때 Fillet 명령과 Chamfer 명령을 쓰면 Trim(자르기) 명령과 Erase(지우기) 명령까지 한번에 적용한 효과를 얻을 수 있어 많이 쓰입니다.

🎯 학습 목표

도면을 이루는 사각형 객체를 정리하는 방법을 익혀봅니다. 모서리를 둥글게 정리하거나 각이 지도록 표현하여 간단하게 다듬어보겠습니다.

▲ 폴리선 모깎기 : Before(좌), After(우)

▲ 사각형 모따기 : Before(좌), After(우)

SECTION 01 모서리를 둥글게 만드는 Fillet

Fillet(모깎기) 명령은 반지름값을 입력하여 교차하는 두 개의 호나 선의 모서리를 둥글게 만드는 기능입니다. 제품이나 건축, 기계 도면 등에서 상당히 빈번하게 사용하는 기능이므로 꼭 기억해두도록 합니다. Fillet 명령을 사용하기 위해서는 명령 행에 **Fillet**을 입력하고 Spacebar 를 누르거나 [수정] 도구 팔레트-[모깎기 ⌐]를 클릭합니다.

동영상 강의 확인하기

▲ Fillet 명령 선택 화면

+ 옵션 풀이

명령 취소(U) _ Fillet 명령 실행 중에 바로 전 단계를 취소할 경우에 사용합니다. 또 다른 서브 메뉴인 다중 옵션을 사용할 경우 반복 사용할 수 있습니다.

폴리선(P) _ 폴리선(Polyline)으로 그린 객체를 한꺼번에 모깎기할 경우에 사용합니다. 폴리선이란 선과 모양은 흡사하지만 모든 객체가 하나로 인식되는 선을 말합니다.

반지름(R) _ 반지름값을 부여할 때 사용합니다.

자르기(T) _ 모깎기할 때 교차하는 기존의 객체를 그대로 남겨놓을지, 자를지를 설정하는 기능입니다.

다중(M) _ 구 버전에서는 Fillet 명령을 한 번 입력하면 단 한 차례씩만 실행할 수 있었지만 다중 옵션을 선택하면 한 번 실행한 명령을 여러 차례 반복해서 실행할 수 있습니다.

01 Fillet 명령으로 각진 모서리 둥글게 만들기

실습 파일 Part 3\Part3-24.dwg

Fillet 명령은 객체의 모서리를 정리할 때 많이 사용합니다. 화장실 기구를 완성해보며 Fillet 명령의 사용법을 알아보겠습니다.

01 실습 파일 **Part3-24.dwg**를 불러옵니다. 명령 행에 **Fillet**을 입력하고 Spacebar 를 눌러 명령을 실행합니다.

A 명령 행 한눈에 보기

명령: **FILLET** Spacebar ← Fillet 명령 입력 (F)

02 반지름을 지정하겠습니다. 명령 행에 서브 메뉴 중 **R**(반지름)을 입력하고 Spacebar 를 누릅니다.

A 명령 행 한눈에 보기

현재 설정: 모드 = 자르기, 반지름 = 0.0000
첫 번째 객체 선택 또는 [명령 취소(U)/폴리선(P)/반지름(R)/자르기(T)/다중(M)]: **r** Spacebar ← 옵션 R 입력

바로 통하는 TIP 서브 메뉴를 입력할 때는 대소문자 구분 없이 첫 문자만 입력합니다. **R**을 입력한 뒤 Spacebar 를 누릅니다.

03 모깎기 반지름을 설정하겠습니다. 명령 행에 **40**을 입력하고 Spacebar 를 누릅니다.

> **A 명령 행 한눈에 보기**
> 모깎기 반지름 지정(0): 40 Spacebar
> ← 반지름값 40 입력

04 모서리를 깎을 첫 번째 선을 클릭하여 지정합니다.

> **A 명령 행 한눈에 보기**
> 첫 번째 객체 선택 또는 [명령 취소(U)/폴리선(P)/반지름(R)/자르기(T)/다중(M)]: ← 첫 번째 객체 선택

05 두 번째 선을 클릭하여 지정합니다.

> **A 명령 행 한눈에 보기**
> 두 번째 객체 선택 또는 Shift 키를 누른 채 선택하여 구석
> 적용 또는 [반지름(R)]: ← 두 번째 객체 선택

06 앞서 입력한 반지름값(40)으로 모서리가 둥글게 깎입니다.

07 나머지 세 개의 모서리를 한번에 깎아보겠습니다. Spacebar 를 눌러서 명령을 실행합니다. 현재 반지름이 **40**으로 지정되어 있음을 확인할 수 있습니다. 바로 앞에 사용한 값이 그대로 기억되어 있기 때문입니다.

> **A 명령 행 한눈에 보기**
>
> 명령: FILLET Spacebar ← Fillet 명령 입력
> 현재 설정: 모드 = 자르기, 반지름 = 40.0000

08 Fillet 명령을 다른 모서리에도 반복해서 실행하기 위해 서브 메뉴 중 **M**(다중)을 입력하고 Spacebar 를 누릅니다.

> **A 명령 행 한눈에 보기**
>
> 첫 번째 객체 선택 또는 [명령 취소(U)/폴리선(P)/반지름(R)/자르기(T)/다중(M)]: m Spacebar ← 옵션 M 입력

272 • PART 03 섬세한 도면 작업을 위한 다양한 2D 편집 명령

09 첫 번째 선을 클릭하여 지정합니다.

> **A 명령 행 한눈에 보기**
>
> 첫 번째 객체 선택 또는 [명령 취소(U)/폴리선(P)/반지름(R)/자르기(T)/다중(M)]: ← 첫 번째 객체 선택

10 두 번째 선을 클릭하여 지정합니다.

> **A 명령 행 한눈에 보기**
>
> 두 번째 객체 선택 또는 Shift 키를 누른 채 선택하여 구석 적용 또는 [반지름(R)]: ← 두 번째 객체 선택

11 첫 번째 선과 두 번째 선의 모서리가 입력한 반지름값으로 둥글게 깎입니다. 계속해서 Fillet 명령이 실행되고 있음을 알 수 있습니다.

CHAPTER 05 각진 객체를 정리하기 • **273**

12 연속하여 나머지 모서리도 같은 방법으로 Fillet 명령을 실행하여 완성합니다. Spacebar 를 눌러 명령을 종료합니다.

> **A 명령 행 한눈에 보기**
>
> 첫 번째 객체 선택 또는 [명령 취소(U)/폴리선(P)/반지름(R)/자르기(T)/다중(M)]: ← 첫 번째 객체 선택
> 두 번째 객체 선택 또는 Shift 키를 누른 채 선택하여 구석 적용 또는 [반지름(R)]: ← 두 번째 객체 선택

> **A 명령 행 한눈에 보기**
>
> 첫 번째 객체 선택 또는 [명령 취소(U)/폴리선(P)/반지름(R)/자르기(T)/다중(M)]: ← 첫 번째 객체 선택
> 두 번째 객체 선택 또는 Shift 키를 누른 채 선택하여 구석 적용 또는 [반지름(R)]: ← 두 번째 객체 선택
> 첫 번째 객체 선택 또는 [명령 취소(U)/폴리선(P)/반지름(R)/자르기(T)/다중(M)]: Spacebar ← 명령 종료

02 Fillet 명령으로 폴리선의 모깎기

실습 파일 Part 3\Part3-25.dwg

여러 개의 객체가 하나로 뭉쳐있는 폴리선(Polyline)도 Fillet 명령으로 한번에 모서리를 정리할 수 있습니다. 이번 예제에서는 싱크대 객체의 모서리를 둥글게 만들어보겠습니다.

01 실습 파일 **Part3-25.dwg**를 불러옵니다. 명령 행에 **Fillet**을 입력하고 Spacebar 를 누릅니다.

A 명령 행 한눈에 보기

명령: fillet Spacebar ← Fillet 명령 입력(F)

02 반지름을 지정하기 위해 서브 메뉴 중 **R**(반지름)을 입력하고 Spacebar 를 누릅니다.

A 명령 행 한눈에 보기

현재 설정: 모드 = 자르기, 반지름 = 0
첫 번째 객체 선택 또는 [명령 취소(U)/폴리선(P)/반지름(R)/자르기(T)/다중(M)]: r Spacebar ← 옵션 R 입력

03 반지름값을 **50**으로 입력하고 Spacebar 를 누릅니다.

> **A 명령 행 한눈에 보기**
> 모깎기 반지름 지정 <0>: 50 Spacebar
> ← 반지름값 50 입력

04 이 예제의 도면 객체는 네 변이 서로 연결된 폴리선이므로 서브 메뉴 중 **P**(폴리선)를 입력하고 Spacebar 를 누릅니다.

> **A 명령 행 한눈에 보기**
> 첫 번째 객체 선택 또는 [명령 취소(U)/폴리선(P)/반지름(R)/자르기(T)/다중(M)]: p Spacebar ← 옵션 P 입력

05 싱크대의 테두리 사각형을 선택하면 네 개의 모서리가 한꺼번에 둥글게 깎입니다.

> **A 명령 행 한눈에 보기**
> 2D 폴리선 선택 또는 [반지름(R)]: ← 사각형 선택
> 4 선은(는) 모깎기 됨

Fillet 명령으로 건축 벽체선 정리하기

건축 도면의 벽체선을 정리할 때 Trim 명령을 사용해서 불필요한 부분을 잘라낼 수도 있지만 Fillet 명령을 사용하면 더욱 편리합니다. 예제를 따라 하면서 사용법을 알아보겠습니다.

실습 파일 Part 3\Part3-26.dwg

1 실습 파일 **Part3-26.dwg**를 불러옵니다. 명령 행에 **Fillet**을 입력하고 Spacebar 를 누릅니다.

A 명령 행 한눈에 보기
명령: FILLET Spacebar ← Fillet 명령 입력 (F)

2 외벽선의 모서리를 직각으로 표현하기 위해 반지름값은 0이어야 합니다. ❶ 현재 반지름값이 '0'으로 지정되어 있음을 확인합니다. ❷❸ Fillet 명령을 적용할 모서리를 클릭하면 모서리가 직각으로 정리됩니다.

A 명령 행 한눈에 보기
현재 설정: 모드 = 자르기, 반지름 = 0.0000
첫 번째 객체 선택 또는 [명령 취소(U)/폴리선(P)/반지름(R)/자르기(T)/다중(M)]: ← 첫 번째 객체 선택
두 번째 객체 선택 또는 Shift 키를 누른 채 선택하여 구석 적용 또는 [반지름(R)]: ← 두 번째 객체 선택

쉽고 빠른 실무 NOTE — 연결되지 않은 모서리 연결하기

모서리를 직각으로 만들어 정리할 때는 반드시 남겨야 할 객체의 부분을 클릭해야 합니다. 객체의 바깥 부분을 선택하면 바깥쪽의 선택한 두 부분만 남습니다. 이 객체 선택 방법은 실무에서 중요하므로 꼭 기억해둡니다.

▲ 수평 객체의 바깥 부분 선택　　▲ 수직 객체의 바깥 부분 선택　　▲ 수평·수직 객체의 바깥 부분만 남음

---

3 나머지 객체도 모서리를 정리해보겠습니다. ❶ Spacebar 를 눌러서 앞선 명령을 실행합니다. ❷ 현재 반지름값이 '0'으로 지정되어 있음을 확인합니다.

A 명령 행 한눈에 보기

명령: FILLET Spacebar ← Fillet 명령 입력
현재 설정: 모드 = 자르기, 반지름 = 0.0000

4 여러 개의 모서리를 한번에 둥글게 하기 위해 서브 메뉴 중 **M**(다중)을 입력하고 Spacebar 를 누릅니다.

A 명령 행 한눈에 보기

첫 번째 객체 선택 또는 [명령 취소(U)/폴리선(P)/반지름(R)/자르기(T)/다중(M)]: m Spacebar ← 옵션 M 클릭

5 첫 번째 선을 클릭하여 지정합니다.

A 명령 행 한눈에 보기
첫 번째 객체 선택 또는 [명령 취소(U)/폴리선(P)/반지름(R)/자르기(T)/다중(M)]: ← 첫 번째 객체 선택

6 두 번째 선을 클릭하여 지정합니다.

A 명령 행 한눈에 보기
두 번째 객체 선택 또는 Shift 키를 누른 채 선택하여 구석 적용 또는 [반지름(R)]: ← 두 번째 객체 선택

7 첫 번째 선과 두 번째 선의 모서리가 직각으로 정리됩니다. 계속해서 Fillet 명령이 실행되고 있음을 알 수 있습니다.

CHAPTER 05 각진 객체를 정리하기 · **279**

8 연속하여 나머지 모서리도 같은 방법으로 Fillet 명령을 사용하여 완성합니다.

> **A 명령 행 한눈에 보기**
>
> **첫 번째 객체 선택 또는 [명령 취소(U)/폴리선(P)/반지름(R)/자르기(T)/다중(M)]:** ← 연속해서 첫 번째 객체 선택
> **두 번째 객체 선택 또는 Shift 키를 누른 채 선택하여 구석 적용 또는 [반지름(R)]:** ← 연속해서 두 번째 객체 선택
> **첫 번째 객체 선택 또는 [명령 취소(U)/폴리선(P)/반지름(R)/자르기(T)/다중(M)]:** ← 연속해서 첫 번째 객체 선택
> **두 번째 객체 선택 또는 Shift 키를 누른 채 선택하여 구석 적용 또는 [반지름(R)]:** ← 연속해서 두 번째 객체 선택

9 벽체의 안쪽 모서리도 같은 방법으로 Fillet 명령을 실행하여 완성합니다. `Spacebar`를 눌러 명령을 종료합니다.

> **A 명령 행 한눈에 보기**
>
> **첫 번째 객체 선택 또는 [명령 취소(U)/폴리선(P)/반지름(R)/자르기(T)/다중(M)]:** ← 연속해서 첫 번째 객체 선택
> **두 번째 객체 선택 또는 Shift 키를 누른 채 선택하여 구석 적용 또는 [반지름(R)]:** ← 연속해서 두 번째 객체 선택
> **첫 번째 객체 선택 또는 [명령 취소(U)/폴리선(P)/반지름(R)/자르기(T)/다중(M)]:** ← 연속해서 첫 번째 객체 선택
> **두 번째 객체 선택 또는 Shift 키를 누른 채 선택하여 구석 적용 또는 [반지름(R)]:** ← 연속해서 두 번째 객체 선택
> **첫 번째 객체 선택 또는 [명령 취소(U)/폴리선(P)/반지름(R)/자르기(T)/다중(M)]:** `Spacebar` ← 명령 종료

SECTION 02 모서리를 반듯하게 만드는 Chamfer

Chamfer(모따기) 명령은 거리값을 지정하여 교차하는 두 직선의 모서리를 각지게 만드는 기능으로, 건축, 기계 도면에서 자주 사용합니다. Chamfer 명령을 사용하기 위해서는 명령 행에 **Chamfer**를 입력하고 Spacebar 를 누르거나 [수정] 도구 팔레트-[모따기 ◢]를 클릭합니다.

▲ Chamfer 명령 선택 화면

+ 옵션 풀이

명령 취소(U) _ Chamfer 명령 실행 중에 바로 전 단계를 취소할 때 사용합니다. 또 서브 메뉴 중 다중 옵션(M)을 사용할 경우 반복 사용할 수 있습니다.

플리선(P) _ 폴리선(Polyline)으로 그린 객체를 한꺼번에 모따기할 경우에 사용합니다.

거리(D) _ 거리를 부여할 때 사용합니다.

각도(A) _ 첫 번째 객체의 거리와 두 번째 객체의 각도를 사용하여 모따기할 경우에 사용합니다.

자르기(T) _ 모따기를 실행할 때 교차하는 기존의 객체를 그대로 남겨놓을지 자를지를 설정하는 기능입니다.

메서드(M) _ 모따기 방식을 지정합니다.

다중(M) _ 구 버전에서는 Chamfer 명령을 한 번 입력하여 단 한 차례씩만 실행할 수 있었지만 다중 옵션을 선택하면 여러 차례 반복해서 실행할 수 있습니다.

01 Chamfer 명령으로 사각형 모서리에 모따기

실습 파일 Part 3\Part3-27.dwg

Chamfer(모따기) 명령은 Fillet(모깎기) 명령과 달리 모서리가 깎이는 거리를 모두 지정해야 합니다. 다음 기계 도면을 예제로 Chamfer 명령의 사용법을 알아보겠습니다.

01 실습 파일 **Part3-27.dwg**를 불러옵니다. 명령 행에 **Chamfer**를 입력하고 Spacebar 를 누릅니다.

A 명령 행 한눈에 보기

명령: **CHAMFER** Spacebar ← Chamfer 명령 입력 (CHA)

02 Chamfer 명령의 환경 설정을 표시하는 내용이 나타납니다. 거리를 지정하기 위해 서브 메뉴 중 **D**(거리)를 입력하고 Spacebar 를 누릅니다.

A 명령 행 한눈에 보기

(자르기 모드) 현재 모따기 거리1 = 0, 거리2 = 0
첫 번째 선 선택 또는 [명령 취소(U)/폴리선(P)/거리(D)/각도(A)/자르기(T)/메서드(E)/다중(M)]: d Spacebar ← 옵션 D 입력

03 첫 번째 거리값을 **10**으로 입력하고 Spacebar 를 누릅니다.

> **A 명령 행 한눈에 보기**
> 첫 번째 모따기 거리 지정 〈0〉: 10 Spacebar
> ← 첫 번째 거리 10 입력

04 두 번째 거리값을 **10**으로 입력하고 Spacebar 를 누릅니다.

> **A 명령 행 한눈에 보기**
> 두 번째 모따기 거리 지정 〈10〉: 10 Spacebar
> ← 두 번째 거리 10 입력

05 모따기할 첫 번째 선을 클릭하여 선택합니다.

> **A 명령 행 한눈에 보기**
> 첫 번째 선 선택 또는 [명령 취소(U)/폴리선(P)/거리(D)/각도(A)/자르기(T)/메서드(E)/다중(M)]: ← 첫 번째 선 선택

06 모따기할 두 번째 선을 클릭하여 선택합니다. 선택한 두 객체의 모서리가 지정한 거리값(10)만큼 모따기됩니다.

> **A 명령 행 한눈에 보기**
>
> 두 번째 선 선택 또는 Shift 키를 누른 채 선택하여 구석 적용 또는 [거리(D)/각도(A)/메서드(M)]: ← 두 번째 선 선택

07 계속해서 다른 모서리에 모따기 명령을 실행하기 위해 Spacebar 를 누릅니다. 앞에서 지정한 거리가 그대로 기록되어 있음을 알 수 있습니다.

> **A 명령 행 한눈에 보기**
>
> 명령: CHAMFER Spacebar ← Chamfer 명령 입력 (CHA)
> (자르기 모드) 현재 모따기 거리1 = 10, 거리2 = 10

08 같은 거리로 지정할 것이므로 거리는 그대로 유지합니다. 모따기할 다른 객체를 선택합니다. '10'의 거리값으로 모따기가 됩니다.

A 명령 행 한눈에 보기

첫 번째 선 선택 또는 [명령 취소(U)/폴리선(P)/거리(D)/각도(A)/자르기(T)/메서드(E)/다중(M)]: ←첫 번째 선 선택
두 번째 선 선택 또는 Shift 키를 누른 채 선택하여 구석 적용 또는 [거리(D)/각도(A)/메서드(M)]: ←두 번째 선 선택

바로 통하는 TIP 객체를 잘못 지정하여 다른 이미지가 나타났다면 명령 행에 U를 입력한 후 Spacebar 를 눌러 실행 취소 명령을 실행합니다. Ctrl + Z 를 누르면 앞에서 입력한 명령이 삭제됩니다.

02 Polyline 옵션으로 모따기

실습 파일 Part 3\Part3-28.dwg

Chamfer 명령의 폴리선(Polyline)은 모든 객체가 서로 연결되어 있습니다. 따라서 모서리마다 객체를 따로 지정해서 모따지 않고 폴리선 객체를 한번에 모따기해야 합니다.

01 실습 파일 **Part3-28.dwg**를 불러옵니다. 명령 행에 **Chamfer**를 입력하고 Spacebar 를 누릅니다.

A 명령 행 한눈에 보기

명령: CHAMFER Spacebar ← Chamfer 명령 입력 (CHA)

02 Chamfer 명령의 환경 설정을 표시하는 내용이 나타납니다. 거리를 지정하기 위해 서브 메뉴 중 **D**(거리)를 입력하고 Spacebar 를 누릅니다.

A 명령 행 한눈에 보기

(자르기 모드) 현재 모따기 거리1 = 0.0000, 거리2 = 0.0000
첫 번째 선 선택 또는 [명령 취소(U)/폴리선(P)/거리(D)/각도(A)/자르기(T)/메서드(E)/다중(M)]: d Spacebar ← 옵션 D 입력

03 ❶❷ 첫 번째 거리값과 두 번째 거리값을 각각 **15**로 입력하고 Spacebar 를 누릅니다.

A 명령 행 한눈에 보기

첫 번째 모따기 거리 지정 〈0.0000〉: 15 Spacebar ← 첫 번째 거리 15 입력
두 번째 모따기 거리 지정 〈15.0000〉: 15 Spacebar ← 두 번째 거리 15 입력

04 키보드 테두리는 네 변이 모두 연결된 폴리선 객체입니다. 서브 메뉴 중 **P**(폴리선)를 입력하고 Spacebar 를 누릅니다.

A 명령 행 한눈에 보기

첫 번째 선 선택 또는 [명령 취소(U)/폴리선(P)/거리(D)/각도(A)/자르기(T)/메서드(E)/다중(M)]: p Spacebar ← 옵션 P 입력

05 키보드 테두리를 클릭하고 Spacebar 를 누릅니다. 네 개의 모서리가 한꺼번에 모따기된 것을 확인할 수 있습니다.

A 명령 행 한눈에 보기

2D 폴리선 선택 또는 [거리(D)/각도(A)/메서드(M)]: ← 키보드 객체의 테두리 선택
4 선은(는) 모따기됨

> **바로 통 하는 TIP** 공부에는 왕도가 없다고 하지만 공부를 잘하는 사람에게는 나름의 방식이 있습니다. AutoCAD에서도 명령을 잘 적용할 수 있는 노하우가 있습니다. 아마 지금쯤 느낀 독자도 있을 것입니다. 바로 화면 하단에 있는 명령 행을 항상 확인하면서 작업을 진행하는 것입니다. 명령 행에는 늘 모든 답이 나와 있습니다. 처음 AutoCAD를 접했을 때의 생소한 느낌이 없어지면 침착하게 명령 행을 확인하면서 다음 단계로 진행하는 습관을 기르도록 합니다. AutoCAD에는 무수한 명령이 있고 하나의 명령에는 여러 종류의 서브 메뉴가 있으므로 그 모든 과정을 외우기는 역부족이며 시간 낭비입니다. 거듭 강조하지만 명령 행을 꼭 확인하여 AutoCAD가 제공하는 편의를 최대한 활용하도록 합니다.

Fillet 명령으로 주택 정면도 제작하기

건축 도면을 작성할 때 문과 창을 그리면 항상 각진 모서리로 나타납니다. 이때 Fillet 명령을 이용해 모서리를 부드럽게 수정한다면 더욱 완성도 높은 도면을 제작할 수 있습니다.

실습 파일 Part 3\Part3-29.dwg

1 실습 파일 **Part3-29.dwg**를 불러옵니다. 명령 행에 **Fillet**을 입력하고 Spacebar를 누릅니다.

A 명령 행 한눈에 보기

명령: FILLET Spacebar ← Fillet 명령 입력 (F)

2 연결되지 않은 문 모서리를 직각이 되도록 연결하겠습니다. ① 반지름을 **0**으로 입력하고 Spacebar를 누릅니다. ②③ 모깎기할 모서리를 클릭하여 선택합니다.

A 명령 행 한눈에 보기

현재 설정: 모드 = 자르기, 반지름 = 0.0000
첫 번째 객체 선택 또는 [명령 취소(U)/폴리선(P)/반지름(R)/자르기(T)/다중(M)]: ← 첫 번째 객체 선택
두 번째 객체 선택 또는 Shift 키를 누른 채 선택하여 구석 적용 또는 [반지름(R)]: ← 두 번째 객체 선택

3 문의 왼쪽 아래 모서리도 정리하겠습니다. ❶ Spacebar 를 눌러서 명령을 실행합니다. ❷ 현재 반지름이 이미 '0'으로 지정되어 있음을 확인할 수 있습니다.

A 명령 행 한눈에 보기

명령: FILLET Spacebar ← Fillet 명령 입력
현재 설정: 모드 = 자르기, 반지름 = 0.0000

4 첫 번째 선을 클릭하여 지정합니다.

A 명령 행 한눈에 보기

첫 번째 객체 선택 또는 [명령 취소(U)/폴리선(P)/반지름(R)/자르기(T)/다중(M)]: ← 첫 번째 객체 선택

5 두 번째 선을 클릭하여 지정합니다. 모서리가 직각으로 접하게 되어 문 형태가 완성됩니다.

A 명령 행 한눈에 보기

두 번째 객체 선택 또는 Shift 키를 누른 채 선택하여 구석 적용 또는 [반지름(R)]: ← 두 번째 객체 선택

06 문 내부 디자인을 완성하기 위해 문 내부 모서리를 기준으로 145×880 크기의 직사각형을 그립니다. ① 명령 행에 **Line**을 입력하고 Spacebar 를 눌러 명령을 실행합니다. ② 직사각형 객체의 기준점(끝점)을 클릭하여 지정합니다.

A 명령 행 한눈에 보기

명령: **LINE** Spacebar ← Line 명령 입력 (L)
첫 번째 점 지정: ← 기준점 지정

07 극좌표를 사용하여 직사각형을 그리겠습니다. 가로 방향으로 145mm만큼 0° 방향으로 그리기 위해 명령 행에 **@145<0**을 입력하고 Spacebar 를 누릅니다.

A 명령 행 한눈에 보기

다음 점 지정 또는 [명령 취소(U)]: **@145<0** Spacebar ← 극좌표 @145<0 입력

08 이번에는 세로 방향으로 880mm만큼 90° 방향으로 그리겠습니다. 명령 행에 **@880<90**을 입력하고 Spacebar 를 누릅니다.

A 명령 행 한눈에 보기

다음 점 지정 또는 [명령 취소(U)]: **@880<90** Spacebar ← 극좌표 @880<90 입력

09 이번에는 다시 가로 방향으로 145mm만큼 180° 방향으로 그리겠습니다. 명령 행에 **@145〈180**을 입력하고 Spacebar 를 누릅니다.

> **A 명령 행 한눈에 보기**
>
> 다음 점 지정 또는 [닫기(C)/명령 취소(U)]: **@145〈180** Spacebar
> ← 극좌표 @145〈180 입력

10 이번에는 세로 방향으로 880mm만큼 270° 방향으로 입력하여 직사각형을 완성하겠습니다. 명령 행에 **@880〈270**을 입력하고 Spacebar 를 누릅니다. 한 번 더 Spacebar 를 눌러 명령을 종료합니다.

> **A 명령 행 한눈에 보기**
>
> 다음 점 지정 또는 [닫기(C)/명령 취소(U)]: **@880〈270** Spacebar ← 극좌표 @880〈270 입력
> 다음 점 지정 또는 [닫기(C)/명령 취소(U)]: Spacebar ← 명령 종료

11 이번에는 방금 그린 직사각형을 이동하겠습니다. ① 명령 행에 **Move**를 입력한 후 Spacebar 를 눌러 명령을 실행합니다. ② 이동할 객체를 드래그하여 선택하고 Spacebar 를 누릅니다.

> **A 명령 행 한눈에 보기**
>
> 명령: **MOVE** Spacebar ← Move 명령 입력(M)
> 객체 선택: 반대 구석 지정: 4개를 찾음 ← 객체 선택
> 객체 선택: Spacebar ← 객체를 모두 선택하고 Spacebar

> **바로 통 하는 TIP** 필요한 객체만 완전히 포함하여 선택하기 위해 왼쪽에서 오른쪽 구석점으로 드래그하는 Window 선택 방식을 사용합니다.

CHAPTER 05 각진 객체를 정리하기

12 임의의 점을 클릭하여 기준점을 지정합니다. 상대좌표를 이용하여 객체를 옮길 것이므로 기준점으로 어느 지점을 클릭해도 상관없습니다.

A 명령 행 한눈에 보기

기준점 지정 또는 [변위(D)] 〈변위〉: ← 기준점 지정

13 상대좌표를 이용하여 옮길 곳을 지정합니다. 가로 105mm, 세로 125mm만큼 이동하기 위해 명령 행에 **@105,125**를 입력하고 Spacebar 를 눌러 명령을 실행합니다.

A 명령 행 한눈에 보기

두 번째 점 지정 또는 〈첫 번째 점을 변위로 사용〉: @105,125 Spacebar ← 변위의 두 번째 점 지정

14 완성한 직사각형의 모서리를 둥글게 모깎기하겠습니다. 명령 행에 **Fillet**을 입력하고 Spacebar 를 누릅니다.

A 명령 행 한눈에 보기

명령: FILLET Spacebar ← Fillet 명령 입력 (F)

15 모서리의 반지름값을 지정하겠습니다. ❶ 서브 메뉴 중 **R**을 입력하고 Spacebar 를 누릅니다. ❷ 명령 행에 **23**을 입력하고 Spacebar 를 눌러 명령을 실행합니다.

> **A** 명령 행 한눈에 보기
>
> 현재 설정: 모드 = 자르기, 반지름 = 0.0000
> 첫 번째 객체 선택 또는 [명령 취소(U)/폴리선(P)/반지름(R)/자르기(T)/다중(M)]: r Spacebar ← 옵션 R 입력
> 모깎기 반지름 지정 <0.0000>: 23 Spacebar ← 반지름값 23 입력

16 첫 번째 객체를 클릭하여 지정합니다.

> **A** 명령 행 한눈에 보기
>
> 첫 번째 객체 선택 또는 [명령 취소(U)/폴리선(P)/반지름(R)/자르기(T)/다중(M)]: ← 첫 번째 객체 선택

17 두 번째 객체를 클릭하여 지정합니다. 왼쪽 위 모서리가 모깎기됩니다.

> **A** 명령 행 한눈에 보기
>
> 두 번째 객체 선택 또는 Shift 키를 누른 채 선택하여 구석 적용 또는 [반지름(R)]: ← 두 번째 객체 선택

18 계속해서 나머지 세 모서리도 같은 방법을 사용하여 반지름값(23)으로 모깎기합니다.

19 이번에는 Copy 명령을 사용하여 원본 도면과 같이 객체를 복사합니다. ❶ 명령 행에 **Copy**를 입력하고 `Spacebar`를 눌러 명령을 실행합니다. ❷ 복사할 객체를 클릭하여 선택하고 `Spacebar`를 누릅니다.

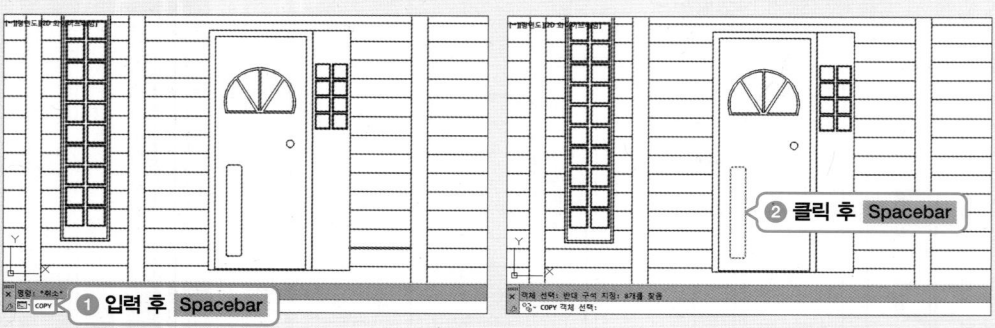

> **A** 명령 행 한눈에 보기
>
> **명령: COPY** `Spacebar` ← Copy 명령 입력 (CO, CP)
> **객체 선택:** 반대 구석 지정: 8개를 찾음 ← 객체 선택
> **객체 선택:** `Spacebar` ← 객체를 모두 선택하고 `Spacebar`를 눌러 실행

20 복사할 기준점을 클릭하여 지정합니다. 정확한 좌표로 객체를 복사할 것이므로 기준점으로 어느 지점을 클릭해도 상관없습니다.

> **A** 명령 행 한눈에 보기
>
> **현재 설정:** 복사 모드 = 다중(M)
> **기본점 지정 또는 [변위(D)/모드(O)] <변위>:** ← 기준점 지정

21 직사각형 객체를 우측으로 225mm만큼 0° 방향으로 이동할 것이므로 **@225<0**을 입력하고 Spacebar 를 눌러 명령을 실행합니다.

A 명령 행 한눈에 보기

두 번째 점 지정 또는 [배열(A)] <첫 번째 점을 변위로 사용>:
두 번째 점 지정 또는 [배열(A)/종료(E)/명령 취소(U)] <종료>: **@225<0** Spacebar ← 변위의 첫 번째 점 지정

22 직사각형 객체를 연속해서 우측으로 450mm만큼 0° 방향으로 이동할 것이므로 **@450<0**을 입력하고 Spacebar 를 눌러 명령을 실행합니다.

A 명령 행 한눈에 보기

두 번째 점 지정 또는 [배열(A)/종료(E)/명령 취소(U)] <종료>: **@450<0** Spacebar ← 변위의 두 번째 점 지정
두 번째 점 지정 또는 [배열(A)/종료(E)/명령 취소(U)] <종료>: Spacebar ← 명령 종료

바로 통 하는 TIP 객체를 여러 번 복사하더라도 그 기준은 처음에 선택했던 객체입니다. 그래서 직사각형 객체를 이동할 때 225mm의 두 배 거리인 450mm를 설정하는 것입니다.

▲ 완성 도면

▲ 이미지를 넣어 재구성한 정면도

CHAPTER
06
다양하게 그리고 일정하게 배열하기

이번 CHAPTER에서는 다양한 그리기 명령으로 객체를 그려보겠습니다. 반복되는 객체를 그릴 때 객체를 하나만 그리고 정확한 위치에 복사해서 정렬하는 Array(배열) 명령을 알아보겠습니다.

🎯 학습 목표

다양한 그리기 명령과 배열 복사 편집 명령을 익혀봅니다. Rectangle 명령으로 가구 도면의 테이블이나 기계 부품을 그리고, Array 명령으로 같은 도면 요소를 일정한 간격으로 복사하여 배열해보겠습니다.

▲ 다양한 형태의 객체 그리기

▲ 일정한 간격으로 복사하기

SECTION 01 직사각형을 그리는 Rectangle

Rectangle(직사각형) 명령은 직사각형을 그리는 편집 명령으로 사각형을 쉽고 빠르게 그릴 수 있습니다. Rectangle 명령을 사용하려면 명령 행에 **Rectangle**을 입력하고 Spacebar 를 누르거나 [그리기] 도구 팔레트-[직사각형 □]을 클릭합니다.

동영상 강의 확인하기

+ 옵션 풀이

모따기(C) _ 직사각형의 모서리를 모따기할 때 사용합니다.
고도(E) _ 고도를 부여하며 3D에서 사용합니다.
모깎기(F) _ 직사각형의 모서리를 모깎기할 때 사용합니다.
두께(T) _ 두께를 부여하며 3D에서 사용합니다.
폭(W) _ 선가중치(선 두께)를 부여합니다.

01 상대좌표로 직사각형을 한번에 그리기

실습 파일 Part 3\Part3-30.dwg

Rectangle 명령을 실행하면 임의의 사각형을 그리거나 상대좌표를 이용하여 정확한 수치의 사각형을 그릴 수 있습니다. 상대좌표로 사각형을 그릴 때는 화면의 왼쪽 하단을 첫 번째 지점으로 지정해야 반대 지점의 좌표를 양(+)의 값으로 입력할 수 있어서 편리합니다.

01 실습 파일 **Part3-30.dwg**를 열고 명령 행에 **Rectangle**을 입력한 후 Spacebar 를 누릅니다.

A 명령 행 한눈에 보기

명령: RECTANGLE Spacebar ← Rectangle 명령 입력 (REC)

CHAPTER 06 다양하게 그리고 일정하게 배열하기 • **297**

02 아래 선의 왼쪽 끝점을 클릭하여 첫 번째 구석점으로 지정합니다.

A 명령 행 한눈에 보기

첫 번째 구석점 지정 또는 [모따기(C)/고도(E)/모깎기(F)/두께(T)/폭(W)]: ← 첫 번째 구석점 지정

03 대각선 방향의 반대 구석점을 지정하기 위해 상대좌표를 입력합니다. 가로 100mm, 세로 170mm 의 직사각형에 테두리를 그릴 것이므로 명령 행에 **@100,170**을 입력하고 Spacebar 를 누릅니다.

A 명령 행 한눈에 보기

다른 구석점 지정 또는 [영역(A)/치수(D)/회전(R)]: **@100,170** Spacebar ← 상대좌표로 반대쪽 구석점 입력

04 사각형 테두리를 완성했습니다.

02 Chamfer 옵션으로 모서리가 깎인 직사각형 그리기

실습 파일 Part 3\Part3-31.dwg

Rectangle 명령을 실행하여 직사각형을 그릴 때 Chamfer 옵션을 사용하면 미리 모따기한 직사각형을 그릴 수 있습니다.

01 실습 파일 **Part3-31.dwg**를 불러옵니다. 명령 행에 **Rectangle**을 입력하고 Spacebar 를 누릅니다.

A 명령 행 한눈에 보기

명령: **RECTANGLE** Spacebar ← Rectangle 명령 입력 (REC)

02 모서리를 모따기할 것이므로 Chamfer 옵션을 사용하겠습니다. 서브 메뉴 중 **C**(모따기)를 입력하고 Spacebar 를 누릅니다.

A 명령 행 한눈에 보기

첫 번째 구석점 지정 또는 [모따기(C)/고도(E)/모깎기(F)/두께(T)/폭(W)]: c Spacebar ― 옵션 C 입력

03 모따기 거리는 가로와 세로 모두 15mm입니다. 첫 번째 거리와 두 번째 거리를 모두 **15**로 입력하고 Spacebar 를 누릅니다.

A 명령 행 한눈에 보기

직사각형의 첫 번째 모따기 거리 지정 <0.0000>: 15 Spacebar ← 첫 번째 거리 15 입력
직사각형의 두 번째 모따기 거리 지정 <15.0000>: 15 Spacebar ← 두 번째 거리 15 입력

04 첫 번째 구석점을 지정하기 위해 왼쪽 하단의 점을 클릭하여 지정합니다. 마우스 포인터를 안쪽으로 조금 움직여보면 모따기가 되는 것을 알 수 있습니다.

A 명령 행 한눈에 보기

첫 번째 구석점 지정 또는 [모따기(C)/고도(E)/모깎기(F)/두께(T)/폭(W)]: node Spacebar ← 첫 번째 구석점 지정

바로 통 하는 TIP 점을 지정할 때는 객체 스냅 메뉴의 [노드 □ 노드]를 클릭한 후 지정합니다. 명령 행에 **nod**나 **node**를 입력해도 됩니다.

05 상대좌표를 사용하여 반대 구석점을 지정합니다. 테두리의 크기가 가로 320mm, 세로 320mm 이므로 명령 행에 **@320,320**을 입력하고 Spacebar 를 누릅니다. 모따기된 직사각형이 완성됩니다.

| A | 명령 행 한눈에 보기 |

다른 구석점 지정 또는 [영역(A)/치수(D)/회전(R)]: **@320,320** Spacebar ← 상대좌표 @320,320으로 두 번째 구석점 지정

03 Fillet 옵션으로 모서리가 둥근 직사각형 그리기

실습 파일 Part 3\Part3-32.dwg

Rectangle 명령으로 직사각형을 그릴 때 Fillet 옵션을 사용하면 미리 모서리를 모깎기하여 그릴 수 있습니다.

01 실습 파일 **Part3-32.dwg**를 불러옵니다. 명령 행에 **Rectangle**을 입력하고 Spacebar 를 누릅니다.

| A | 명령 행 한눈에 보기 |

명령: **RECTANGLE** Spacebar ← Rectangle 명령 입력 (REC)

02 모서리가 둥근 의자를 그리기 위해 Fillet 옵션을 사용하겠습니다. 서브 메뉴 중 **F**(모깎기)를 입력하고 Spacebar 를 누릅니다.

A 명령 행 한눈에 보기

첫 번째 구석점 지정 또는 [모따기(C)/고도(E)/모깎기(F)/두께(T)/폭(W)]: f Spacebar ← 옵션 F 입력

03 모서리의 반지름을 40mm로 설정할 것이므로 명령 행에 **40**을 입력하고 Spacebar 를 누릅니다.

A 명령 행 한눈에 보기

직사각형의 모깎기 반지름 지정 〈0.0000〉: 40 Spacebar ← 반지름 40 입력

04 첫 번째 구석점(끝점)을 클릭하여 지정합니다.

A 명령 행 한눈에 보기

첫 번째 구석점 지정 또는 [모따기(C)/고도(E)/모깎기(F)/두께(T)/폭(W)]: ← 첫 번째 구석점 지정

05 두 번째 구석점을 지정하겠습니다. 의자의 크기가 가로세로 도두 300mm이므로 명령 행에 **@300,300**을 입력하고 Spacebar 를 누릅니다.

> **A** 명령 행 한눈에 보기
>
> 다른 구석점 지정 또는 [영역(A)/치수(D)/회전(ㅋ)]: **@300,300** Spacebar ← 두 번째 구석점 @300,300 지정

06 의자 객체 윗부분과 겹치는 객체를 자르기 위해 Trim 명령을 사용합니다. 명령 행에 **Trim**을 입력하고 Spacebar 를 누릅니다.

> **A** 명령 행 한눈에 보기
>
> 명령: **TRIM** Spacebar ← 명령 행에 Trim 입력 (TR)

CHAPTER 06 다양하게 그리고 일정하게 배열하기 • **303**

07 ❶❷ 자를 객체를 모두 클릭하여 제거합니다.

> **A 명령 행 한눈에 보기**
>
> 현재 설정: 투영=UCS, 모서리=없음, 모드=빠른 작업
>
> 자를 객체를 선택하거나 Shift 키를 누른 채로 선택하여 확장 또는
>
> [절단 모서리(T)/걸치기(C)/모드(O)/프로젝트(P)/지우기(R)]: ← 잘라낼 객체를 선택
>
> 자를 객체를 선택하거나 Shift 키를 누른 채로 선택하여 확장 또는
>
> [절단 모서리(T)/걸치기(C)/모드(O)/프로젝트(P)/지우기(R)/명령취소(U)]: ← 잘라낼 객체를 선택

08 `Spacebar` 를 눌러 명령을 종료합니다. 의자에서 겹치는 객체가 모두 제거되었습니다.

> **A 명령 행 한눈에 보기**
>
> 자를 객체를 선택하거나 Shift 키를 누른 채로 선택하여 확장 또는
>
> [절단 모서리(T)/걸치기(C)/모드(O)/프로젝트(P)/지우기(R)/명령취소(U)]: [Spacebar] ← `Spacebar` 를 눌러 명령 종료

SECTION 02 다각형, 타원형, 다중점 그리기 – Polygon, Ellipse, Point

AutoCAD에는 Rectangle 명령 외에도 여러 가지 도형이나 점을 그릴 수 있는 명령이 있습니다. 다각형(Polygon)과 타원형(Ellipse), 다중점(Point)을 그리는 방법을 알아보겠습니다.

01 Polygon 명령으로 다각형 그리기

Polygon(다각형) 명령을 사용하여 원에 외접하고 내접하는 다각형을 그려보겠습니다. Polygon 명령을 사용하려면 명령 행에 **Polygon**을 입력하고 Spacebar 를 누르거나 [그리기] 도구 팔레트–[폴리곤 ▣]을 클릭합니다.

▲ Polygon 명령 선택 화면

01 새 도면 파일을 열고 화면 중앙에 반지름이 100mm인 원을 그려보겠습니다. ❶ 명령 행에 **Circle**을 입력하고 Spacebar 를 눌러 명령을 실행합니다. ❷ 임의의 지점을 클릭하여 중심점을 지정합니다. ❸ 원의 반지름값으로 **100**을 입력한 후 Spacebar 를 누릅니다.

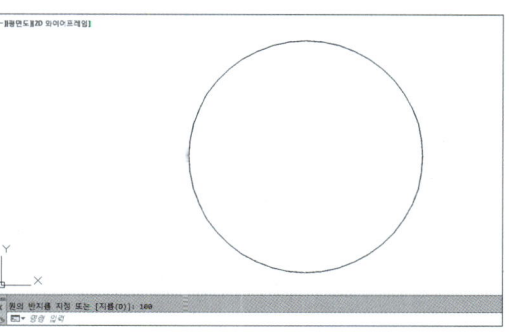

A 명령 행 한눈에 보기

명령: CIRCLE Spacebar ← Circle 명령 입력 (C)
원에 대한 중심점 지정 또는 [3점(3P)/2점(2P)/Ttr – 접선 접선 반지름(T)]: ← 중심점 지정
원의 반지름 지정 또는 [지름(D)] : 100 Spacebar ← 반지름값 100 입력

02 원에 내접한 다각형을 그리겠습니다. 명령 행에 **Polygon**을 입력하고 Spacebar 를 누릅니다.

> **A** 명령 행 한눈에 보기
>
> 명령: **POLYGON** Spacebar
> ← Polygon 명령 입력 (POL)

03 오각형을 그리겠습니다. 명령 행에 면의 개수 **5**를 입력하고 Spacebar 를 누릅니다.

> **A** 명령 행 한눈에 보기
>
> 면의 수 입력 〈4〉: 5 Spacebar
> ← 면의 개수 5 입력

04 원의 중심점을 클릭하여 오각형의 중심점으로 지정합니다. 정확한 중심점을 지정하기 위해 객체 스냅을 설정하고 작업을 진행합니다.

> **A** 명령 행 한눈에 보기
>
> 폴리곤의 중심을 지정 또는 [모서리(E)]:
> ← 다각형의 중심을 지정

 바로 통 하는 TIP 화면에 꽉 찰 정도로 원이 크다면 마우스 휠을 아래로 굴려 원의 크기를 적절하게 조절합니다.

05 원에 내접하는 다각형을 그리기 위해 서브 메뉴 중 **I**(Inner, 내접)를 입력하고 Spacebar 를 누릅니다.

> **A** 명령 행 한눈에 보기
>
> 옵션을 입력 [원에 내접(I)/원에 외접(C)] <I>: I Spacebar ← 옵션 I 입력

06 반지름값을 원의 반지름과 같은 100mm로 지정하기 위해 명령 행에 **100**을 입력하고 Spacebar 를 누릅니다.

> **A** 명령 행 한눈에 보기
>
> 원의 반지름 지정: 100 Spacebar
> ← 원의 반지름값 100 지정

07 원에 외접하는 삼각형을 그리겠습니다. ❶ 앞선 명령을 그대로 실행하기 위해 Spacebar 를 눌러 Polygon 명령을 실행합니다. ❷ 명령 행에 면의 개수 **3**을 입력하고 Spacebar 를 눌러 삼각형을 그립니다.

> **A** 명령 행 한눈에 보기
>
> 명령: POLYGON Spacebar ← Polygon 명령 입력
> 면의 수 입력 <5>: 3 Spacebar ← 면의 개수 3 입력

08 원의 중심점을 클릭하여 삼각형의 중심점으로 지정합니다.

> **A** 명령 행 한눈에 보기
>
> 폴리곤의 중심을 지정 또는 [모서리(E)]:
> ← 다각형의 중심을 지정

09 원에 외접하는 삼각형을 그리기 위해 서브 메뉴 중 **C**(외접)를 입력하고 Spacebar 를 누릅니다.

> **A** 명령 행 한눈에 보기
>
> 옵션을 입력 [원에 내접(I)/원에 외접(C)] ⟨I⟩: C Spacebar ← 옵션 C 입력

10 내접원과 동일하게 반지름값을 **100**으로 입력하고 Spacebar 를 누릅니다. 원에 외접하는 삼각형이 완성됩니다.

> **A** 명령 행 한눈에 보기
>
> 원의 반지름 지정: 100 Spacebar ← 원의 반지름값 100 지정

02 Ellipse 명령으로 타원 그리기

실습 파일 Part 3\Part3-33.dwg

Ellipse(타원형) 명령은 타원을 그리는 편집 명령입니다. Ellipse 명령을 사용하려면 명령 행에 **Ellipse**를 입력하고 Spacebar 를 누르거나 [그리기] 도구 팔레트–[타원 ⊙]을 클릭합니다.

01 실습 파일 **Part3-33.dwg**를 불러옵니다. 의자 사이에 타원형 테이블을 그려 테이블 세트를 완성해보겠습니다. 명령 행에 **Ellipse**를 입력하고 Spacebar 를 누릅니다.

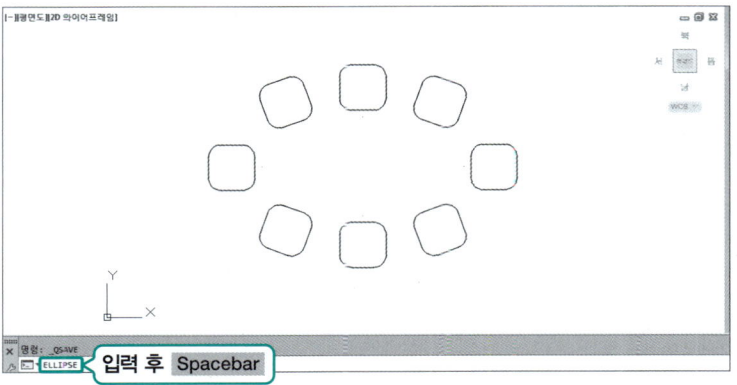

A 명령 행 한눈에 보기

명령: **ELLIPSE** Spacebar ← Ellipse 명령 입력 (EL)

02 그려 넣을 테이블 타원의 X축 첫 번째 끝점을 지정하겠습니다. 화면 왼쪽의 점(노드)을 클릭하여 지정합니다.

A 명령 행 한눈에 보기

타원의 축 끝점 지정 또는 [호(A)/중심(C)]: **NODE** Spacebar ← 타원 축의 끝점 지정

바로 통하는 TIP 점을 지정할 때는 객체 스냅 메뉴의 [노드 ▫ 노드]를 클릭한 후 지정합니다.

03 테이블 타원의 X축 두 번째 끝점을 지정하겠습니다. 테이블 타원의 X축 길이를 2,400mm로 설정하기 위해 명령 행에 극좌푯값 **@2400<0**을 입력하고 Spacebar 를 눌러 명령을 실행합니다.

A 명령 행 한눈에 보기

축의 다른 끝점 지정: **@2400<0** Spacebar ← 타원 축의 끝점 지정

> **바로 통 하는 TIP** 상대좌표를 이용하려면 '@2400,0'을 입력합니다.

04 테이블 타원의 Y축 폭을 1,200mm로 설정하기 위해 명령 행에 **600**을 입력하고 Spacebar 를 눌러 타원을 완성합니다.

A 명령 행 한눈에 보기

다른 축으로 거리를 지정 또는 [회전(R)]: **600** Spacebar ← 다른 축으로 거리를 지정

> **바로 통 하는 TIP** Ellipse 명령의 첫 번째 축의 길이를 지정할 때는 첫 번째 축 전체의 길이를 입력합니다. 두 번째 축의 길이를 지정할 때는 타원의 중심에서 축이 시작되므로 두 번째 축 전체 값의 절반만 입력합니다.

03 Point 명령으로 점 찍기

Point(다중점) 명령은 점 객체를 그리는 편집 명령입니다. Point 명령을 사용하려면 명령 행에 **Point**를 입력하고 Spacebar 를 누르거나 [그리기] 도구 팔레트-[다중점]을 클릭합니다. 이때 점을 정확하게 지정하는 객체 스냅의 노드(Node) 옵션을 사용합니다.

01 새 도면 파일을 엽니다. 명령 행에 **Point**를 입력하고 Spacebar 를 누릅니다.

A 명령 행 한눈에 보기

명령: POINT Spacebar ← Point 명령 입력 (PO)

02 절대좌표로 점 위치를 지정합니다. 명령 행에 **1000,1000**을 입력하고 Spacebar 를 눌러 명령을 실행합니다.

A 명령 행 한눈에 보기

현재 점 모드: PDMODE=0 PDSIZE=0.0000
점 지정: 1000,1000 Spacebar ← 절대좌표로 점 지정

> **바로 통하는 TIP** 처음에 Point 명령으로 점을 찍어도 점 크기가 너무 작아 잘 보이지 않을 수 있습니다. 점을 크게 보려면 마우스 휠을 위로 굴려 화면을 확대하거나 점 스타일을 수정합니다. 점 스타일 설정은 315쪽을 참고합니다.

03 ❶ 명령 행에 **Point**를 입력하고 Spacebar 를 누릅니다. ❷ 명령 행에 점의 절대좌푯값 **2000,1000** 을 입력하고 Spacebar 를 눌러 명령을 실행합니다.

A 명령 행 한눈에 보기

명령: POINT Spacebar ← Point 명령 입력 (PO)
현재 점 모드: PDMODE=0 PDSIZE=0.0000
점 지정: 2000,1000 Spacebar ← 절대좌표로 점 지정

04 ❶ 명령 행에 **Point**를 입력하고 Spacebar 를 누릅니다. ❷ 명령 행에 점의 절대좌푯값 **3000,2000** 을 입력하고 Spacebar 를 눌러 명령을 실행합니다.

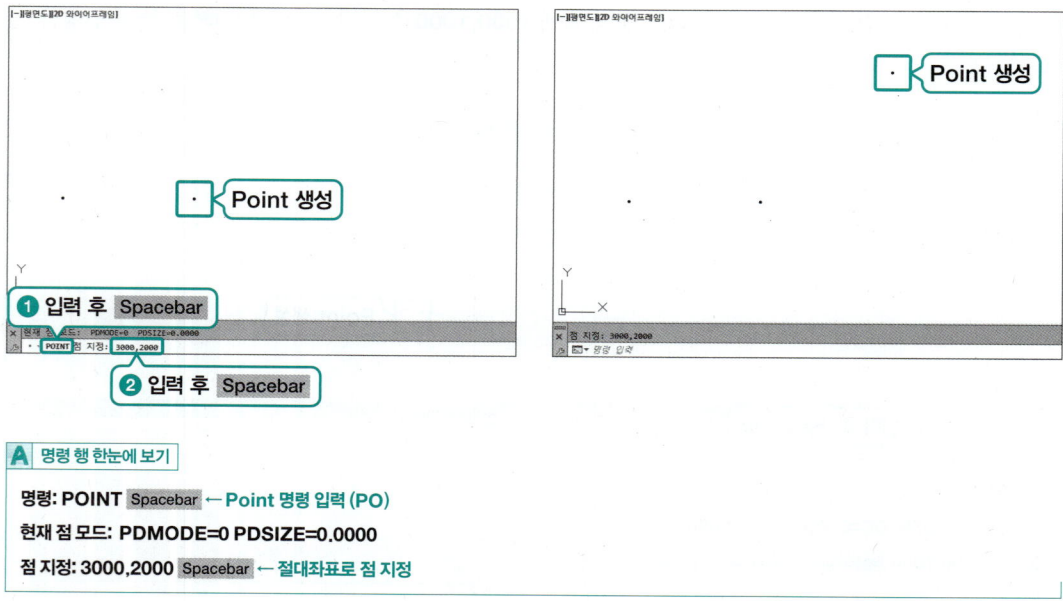

A 명령 행 한눈에 보기

명령: POINT Spacebar ← Point 명령 입력 (PO)
현재 점 모드: PDMODE=0 PDSIZE=0.0000
점 지정: 3000,2000 Spacebar ← 절대좌표로 점 지정

05 ❶ 명령 행에 **Point**를 입력하고 Spacebar 를 누릅니다. ❷ 명령 행에 점의 절대좌푯값 **2000,2000**을 입력하고 Spacebar 를 눌러 명령을 실행합니다.

A 명령 행 한눈에 보기

명령: **POINT** Spacebar ← Point 명령 입력 (PO)
현재 점 모드: PDMODE=0 PDSIZE=0.0000
점 지정: **2000,2000** Spacebar ← 절대좌표로 점 지정

06 점을 따라 선을 연결하겠습니다. 명령 행에 **Line**을 입력하고 Spacebar 를 누릅니다.

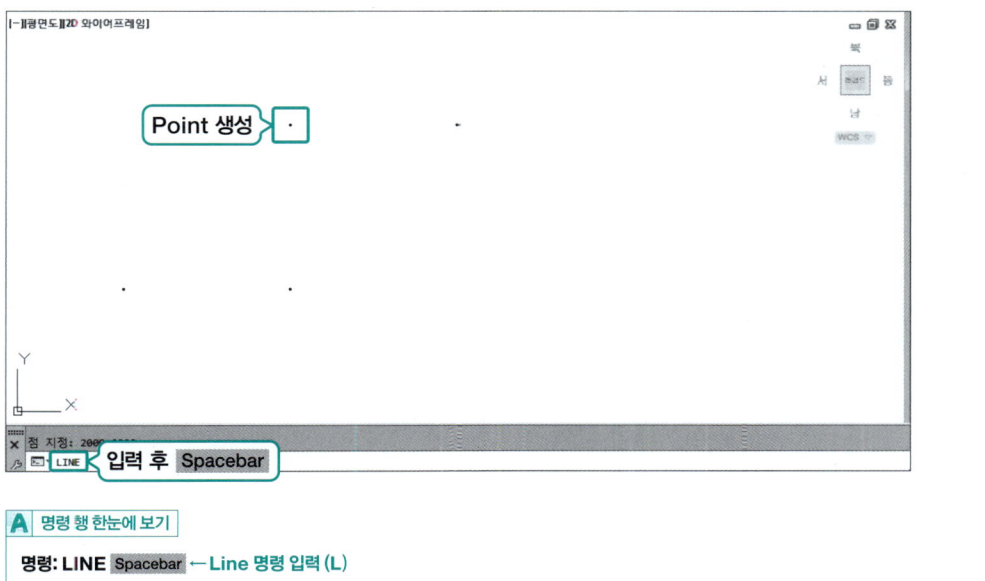

A 명령 행 한눈에 보기

명령: **LINE** Spacebar ← Line 명령 입력 (L)

07 ❶ 명령 행에 **Node**를 입력하고 Spacebar 를 눌러 명령을 실행합니다. ❷❸❹❺ 각 꼭짓점을 클릭해 연결합니다.

> **A** 명령 행 한눈에 보기
>
> 첫 번째 점 지정: **NODE** Spacebar ← Node 명령으로 첫 번째 점 지정
> 다음 점 지정 또는 [명령 취소(U)]: **NODE** Spacebar ← Node 명령으로 두 번째 점 지정, 이미 설정했다면 해당 지점에서 그대로 클릭

 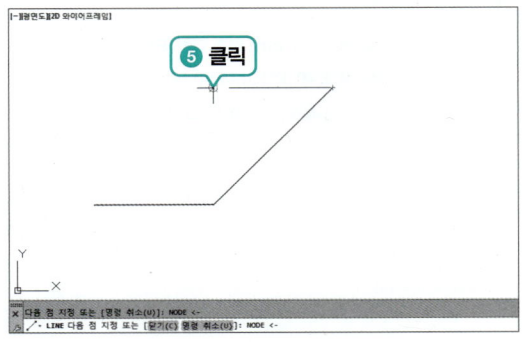

> **A** 명령 행 한눈에 보기
>
> 다음 점 지정 또는 [명령 취소(U)]: **NODE** Spacebar ← Node 명령으로 세 번째 점 지정, 이미 설정했다면 해당 지점에서 그대로 클릭
> 다음 점 지정 또는 [닫기(C)/명령 취소(U)]: **NODE** Spacebar ← Node 명령으로 네 번째 점 지정, 이미 설정했다면 해당 지점에서 그대로 클릭

쉽고 빠른 실무 NOTE   점 객체 활용하기

점 객체는 일반적으로 원 또는 호의 중심을 표시할 때 사용하거나 객체가 분할된 위치를 표시하기 위해 사용합니다. 작업 화면에 나타나는 점 스타일은 한 도면에 하나의 스타일만 표시됩니다.

08 ① 마지막 꼭짓점을 클릭하여 사각형을 완성한 후 ② Spacebar 를 눌러 명령을 종료합니다.

A 명령 행 한눈에 보기

다음 점 지정 또는 [닫기(C)/명령 취소(U)]: Spacebar ← Spacebar 를 눌러 명령 종료

쉽고 빠른 실무 NOTE — 점 스타일을 설정하는 DDptype 명령

DDptype은 점 스타일을 설정하는 명령입니다. 명령 행에 **DDptype**를 입력하고 Spacebar 를 눌러 명령을 실행합니다. [점 스타일] 대화상자가 나타나면 점 객체의 모양과 크기를 지정할 수 있습니다.

1 점 객체의 모양을 선택합니다.

2 점 크기 : 점의 크기를 입력합니다.

3 화면에 상대적인 크기 설정 : 작업 화면의 크기에 따라 상대적으로 점 크기를 조절하는 옵션이며, 단위는 %입니다.

4 절대 단위로 크기 설정 : 작업 화면의 크기와 상관없이 절대 단위 크기로 설정하는 옵션이며, 단위는 Unite입니다

SECTION 03 일정한 간격으로 정렬하는 Array

Array(배열) 명령은 이전에 알아보았던 Copy(복사) 명령과 조금 다릅니다. Array 명령은 간격을 맞추어 사각 혹은 원형 배열 등으로 다중 복사하는 명령입니다. Array 명령을 사용하기 위해서는 명령 행에 **Array**를 입력하고 Spacebar 를 누르거나 [수정] 도구 팔레트-[배열囲]을 클릭합니다.

동영상 강의 확인하기

01 Rectangular Array 옵션으로 직사각형 배열하기

실습 파일 Part 3\Part3-34.dwg

Rectangular Array(직사각형 배열) 옵션은 선택한 객체를 행과 열의 방향으로 원하는 개수만큼 일정한 간격으로 다중 복사하는 기능입니다.

01 실습 파일 **Part3-34.dwg**를 불러옵니다. 명령 행에 **Array**를 입력하고 Spacebar 를 누릅니다.

A 명령 행 한눈에 보기

명령: **ARRAY** Spacebar ← **Array 명령 입력 (AR)**

02 문을 복사하여 사각으로 배열하겠습니다. ❶ 왼쪽 하단에 있는 문을 드래그하여 선택하고 Spacebar 를 누릅니다. ❷ 서브 메뉴 중 **R**(직사각형)을 입력하고 Spacebar 를 누릅니다.

A 명령 행 한눈에 보기

객체 선택: 반대 구석 지정: 60개를 찾음

객체 선택: Spacebar ← 객체를 선택하면 Spacebar 를 누르고 다음 단계로 진행

배열 유형 입력 [직사각형(R)/경로(PA)/원형(FO)] ⟨직사각형⟩: R Spacebar ← 옵션 R 입력

03 계속해서 행을 지정하겠습니다. ❶ 서브 메뉴 중 **R**(행)을 입력하고 Spacebar 를 누릅니다. ❷ 행의 개수 **2**를 입력하고 Spacebar 를 누릅니다.

A 명령 행 한눈에 보기

유형 = 직사각형 연관 = 예

그립을 선택하여 배열을 편집하거나 [연관(AS)/기준점(B)/개수(COU)/간격두기(S)/열(COL)/행(R)/레벨(L)/종료(X)] ⟨종료⟩: r Spacebar

← 옵션 R 입력

행 수 입력 또는 [표현식(E)] ⟨3⟩: 2 Spacebar ← 행의 개수 2 입력

04 행의 간격은 3,000mm, 각도는 0°로 설정하겠습니다. ❶ 명령 행에 **3000**을 입력하고 Spacebar 를 누릅니다. ❷ 각도 **0**을 입력하고 Spacebar 를 눌러 명령을 실행합니다.

> **A** 명령 행 한눈에 보기
>
> 행 사이의 거리 지정 또는 [합계(T)/표현식(E)] ⟨3150⟩: 3000 Spacebar ← 행 사이의 거리 3000 입력
>
> 행 사이의 증분 고도 지정 또는 [표현식(E)] ⟨0⟩: 0 Spacebar ← 각도 0 입력

05 계속해서 열을 지정하겠습니다. 서브 메뉴 중 **Col**(열)을 입력하고 Spacebar 를 누릅니다.

> **A** 명령 행 한눈에 보기
>
> 그립을 선택하여 배열을 편집하거나 [연관(AS)/기준점(B)/개수(COU)/간격두기(S)/열(COL)/행(R)/레벨(L)/종료(X)] ⟨종료⟩: COL Spacebar
> ← 옵션 Col 입력

06 열 개수를 입력합니다. 명령 행에 **3**을 입력하고 Spacebar 를 누릅니다.

> **A 명령 행 한눈에 보기**
>
> 열 수 입력 또는 [표현식(E)] <4>: **3** Spacebar
> ← 열의 개수 3 입력

07 열 간격을 입력합니다. 명령 행에 **2000**을 입력하고 Spacebar 를 누릅니다.

> **A 명령 행 한눈에 보기**
>
> 열 사이의 거리 지정 또는 [합계(T)/표현식(E)]
> <1350>: **2000** Spacebar
> ← 열 사이의 거리 2000 입력

08 모든 지정을 마치면 Spacebar 를 눌러 명령을 종료합니다.

▲ Dimension 명령을 사용하여 치수를 표시한 화면

> **A 명령 행 한눈에 보기**
>
> 그립을 선택하여 배열을 편집하거나 [연관(AS)/기준점(B)/개수(COU)/간격두기(S)/열(COL)/행(R)/레벨(L)/종료(X)] <종료>: Spacebar
> ← 다 지정하면 명령 종료

 Dimension 명령에 대한 자세한 설명은 PART 05를 참고하세요.

02 Polar Array 옵션으로 원형 배열하기

실습 파일 Part 3\Part3-35.dwg

Polar Array(원형 배열) 옵션은 선택한 객체를 중심을 지정하여 원하는 개수만큼 원하는 각도로 다중 복사하는 기능입니다.

01 실습 파일 **Part3-35.dwg**를 불러옵니다. ❶ 명령 행에 **Array**를 입력하고 `Spacebar` 를 누릅니다. ❷ 객체를 드래그하여 선택한 후 `Spacebar` 를 누릅니다.

> **A 명령 행 한눈에 보기**
>
> 명령: **array** `Spacebar` ← Array 명령 입력 (AR)
> 객체 선택: 반대 구석 지정: 3개를 찾음 ← 객체 선택
> 객체 선택: `Spacebar` ← 객체를 모두 선택하면 `Spacebar` 를 눌러 다음 단계로 진행

02 ❶ 객체를 원형 배열하기 위해 서브 메뉴 중 **Po**(원형 배열)를 입력하고 `Spacebar` 를 누릅니다. ❷ 객체 스냅을 사용하여 원형 배열의 중심점을 지정합니다.

> **A 명령 행 한눈에 보기**
>
> 배열 유형 입력 [직사각형(R)/경로(PA)/원형(PO)] ⟨직사각형⟩: **po** `Spacebar` ← 옵션 Po 입력 후 객체 선택
> 유형 = 원형 연관 = 예
> 배열의 중심점 지정 또는 [기준점(B)/회전축(A)]: ← 중심점 지정

03 식물 잎이 원형으로 복사됩니다. 잎의 개수를 지정하기 위해 서브 메뉴 중 I(항목)를 입력하고 Spacebar 를 누릅니다.

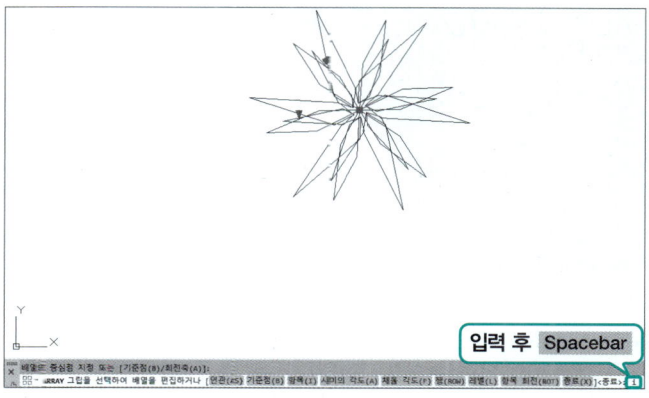

A 명령 행 한눈에 보기

그립을 선택하여 배열을 편집하거나 [연관(AS)/기준점(B)/항목(I)/사이의 각도(A)/채울 각도(F)/행(ROW)/레벨(L)/항목 회전(ROT)/종료(X)] <종료>: i Spacebar ← 옵션 I 선택

04 현재 선택된 잎의 개수까지 포함한 식물 잎의 총 개수를 입력합니다. 명령 행에 **10**을 입력하고 Spacebar 를 누릅니다.

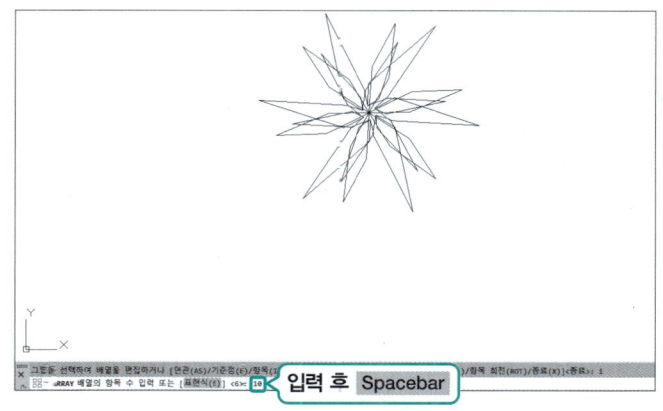

A 명령 행 한눈에 보기

배열의 항목 수 입력 또는 [표현식(E)] <6>: 10 Spacebar ← 총 개수 10 입력

05 배열의 개수를 모두 지정하면 Spacebar 를 눌러 명령을 종료합니다.

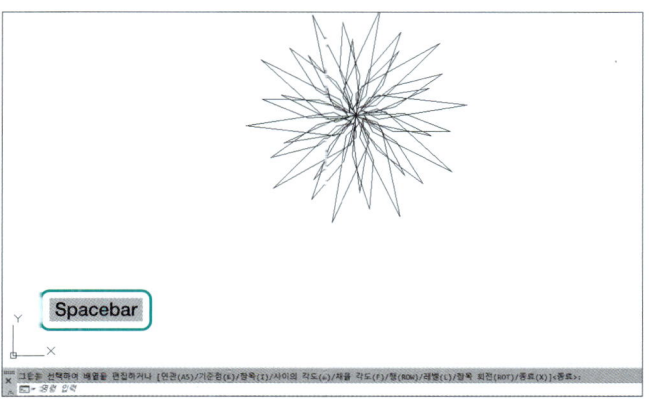

A 명령 행 한눈에 보기

그립을 선택하여 배열을 편집하거나 [연관(AS)/기준점(B)/항목(I)/사이의 각도(A)/채울 각도(F)/행(ROW)/레벨(L)/항목 회전(ROT)/종료(X)] <종료>: Spacebar ← 명령 종료

CHAPTER 07
여러 개의 선을 하나로 그리기

Pline(폴리선) 명령은 여러 개의 선(Line)과 호(Arc)를 하나로 묶어서 표현합니다. 간격을 띄워서 배치해야 하는 건축 도면의 벽체선이나 간격을 한번에 띄어야 하는 기계 도면을 제작할 때 아주 유용합니다. 특히 Pline 명령은 3D 솔리드 모델링을 할 때 상당히 유용하므로 잘 알아두는 것이 좋습니다. 실무 작업을 대비하여 폴리선을 선으로 분해하는 방법과 선을 폴리선으로 묶는 방법을 알아보겠습니다.

🎯 학습 목표

건축 도면의 벽체선은 전체 간격을 띄우거나 입체 도면을 표현할 때 폴리선으로 분해해야 합니다. 이번에는 폴리선으로 벽체선을 그리고, 다시 분해하는 방법을 알아보겠습니다.

▲ 객체 그리기

▲ 객체 분해하고 다시 연결하기

SECTION 01 | 모든 선을 하나로 묶는 Pline

Pline(Polyline, 폴리선) 명령은 서로 연결된 선을 하나의 객체로 인식시키는 편집 명령입니다. Pline 명령을 사용하려면 명령 행에 **Pline**을 입력하고 Spacebar 를 누르거나 [그리기] 도구 팔레트-[폴리선]을 클릭합니다.

동영상 강의 확인하기

+ 옵션 풀이

호(A) _ 호를 그리는 옵션입니다.
반폭(H) _ 입력된 수치의 반을 폭으로 지정합니다.
길이(L) _ 선의 길이를 지정합니다.
명령 취소(U) _ 앞에 적용했던 명령을 취소합니다.
폭(W) _ 선의 폭을 지정합니다.

01 Pline 명령으로 여러 가지 객체 그리기

폴리선은 선과는 다른 형태로 객체를 표현할 수 있습니다. 선과 호를 번갈아가면서 사용할 수 있고, 객체마다 두께도 다르게 지정할 수 있습니다.

01 새 도면 파일을 엽니다. 폴리선으로 화살표를 그려보겠습니다. ❶ 명령 행에 **Pline**을 입력하고 Spacebar 를 누릅니다. ❷ 첫 번째 점을 임의로 지정합니다. ❸ 객체를 정수평으로 그리기 위해 F8 을 눌러 직교 모드를 활성화합니다.

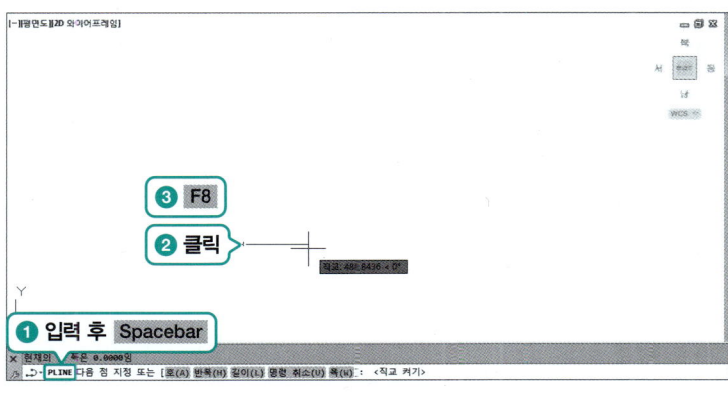

A 명령 행 한눈에 보기

명령: PLINE Spacebar ← Pline 명령 입력 (PL)
시작점 지정: 〈직교 켜기〉
현재의 선 폭은 0.0000임 ← 시작점 지정

02 선에 두께를 부여하기 위해 서브 메뉴 중 **W**(폭)를 명령 행에 입력하고 Spacebar 를 누릅니다.

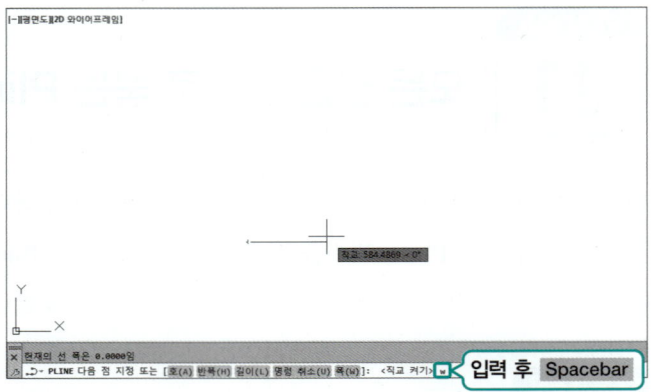

A 명령 행 한눈에 보기

다음 점 지정 또는 [호(A)/반폭(H)/길이(L)/명령 취소(U)/폭(W)]: w Spacebar ← 옵션 W 입력

03 선의 폭을 일정하게 지정하겠습니다. ❶ 명령 행에 시작 폭을 **5**로 입력하고 Spacebar 를 누릅니다. ❷ 끝 폭 **5**를 입력하고 Spacebar 를 누릅니다.

A 명령 행 한눈에 보기

시작 폭 지정 〈0.0000〉: 5 Spacebar ← 시작 폭 5 입력
끝 폭 지정 〈5.0000〉: 5 Spacebar ← 끝 폭 5 입력

04 화살표의 길이를 100mm로 설정합니다. 명령 행에 **100**을 입력한 후 Spacebar 를 누릅니다.

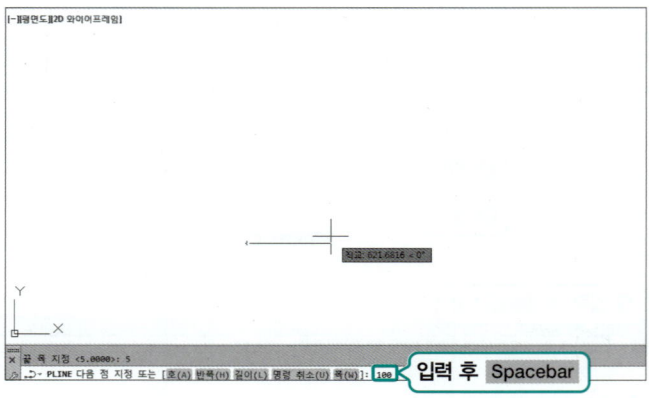

A 명령 행 한눈에 보기

다음 점 지정 또는 [호(A)/반폭(H)/길이(L)/명령 취소(U)/폭(W)]: 100 Spacebar ← 길이 100 입력

05 화살촉을 그려보겠습니다. 서브 메뉴 중 **W**를 명령 행에 입력하고 Spacebar 를 눌러 명령을 실행합니다.

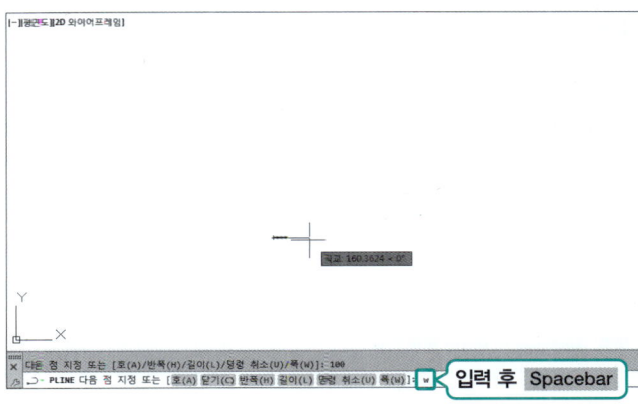

> **A 명령 행 한눈에 보기**
>
> 다음 점 지정 또는 [호(A)/닫기(C)/반폭(H)/길이(L)/명령 취소(U)/폭(W)]: w Spacebar
> ← 옵션 W 입력

06 시작점과 끝점의 폭을 다르게 지정합니다. ❶ 명령 행에 시작 폭을 **25**로 입력하고 Spacebar 를 누릅니다. ❷ 끝 폭을 **0**으로 입력하고 Spacebar 를 누릅니다.

> **A 명령 행 한눈에 보기**
>
> 시작 폭 지정 <5.0000>: 25 Spacebar ← 시작 폭 25 입력
> 끝 폭 지정 <25.0000>: 0 Spacebar ← 끝 폭 0 입력

07 마우스 휠을 굴려 화살표가 화면의 중앙으로 오도록 합니다. 명령 행에 화살촉의 길이 **20**을 입력하고 Spacebar 를 눌러 화살표를 완성합니다. Spacebar 를 한 번 더 눌러 명령을 종료합니다.

> **A 명령 행 한눈에 보기**
>
> 다음 점 지정 또는 [호(A)/닫기(C)/반폭(H)/길이(L)/명령 취소(U)/폭(W)]: 20 Spacebar ← 길이 20 입력
> 다음 점 지정 또는 [호(A)/닫기(C)/반폭(H)/길이(L)/명령 취소(U)/폭(W)]: Spacebar ← 명령 종료

CHAPTER 07 여러 개의 선을 하나로 그리기 • **325**

08 선 두께가 다른 사각형 객체를 그려보겠습니다. Pline 명령을 다시 실행하기 위해 Spacebar 를 누릅니다.

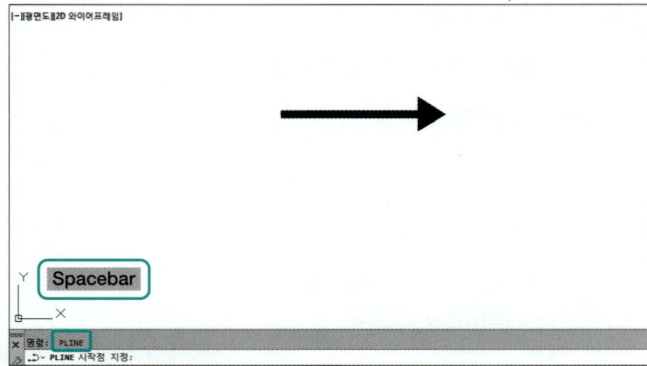

> **A** 명령 행 한눈에 보기
> 명령: Spacebar ← Pline 명령 입력

09 ❶ 시작점을 임의로 지정합니다. ❷ 선의 두께를 부여하기 위해 서브 메뉴 중 **W**(폭)를 입력하고 Spacebar 를 눌러 명령을 실행합니다.

> **A** 명령 행 한눈에 보기
> 시작점 지정: ← 시작점 지정
> 현재의 선 폭은 0.0000임
> 다음 점 지정 또는 [호(A)/반폭(H)/길이(L)/명령 취소(U)/폭(W)]: w Spacebar ← 옵션 W 입력

10 시작점과 끝점의 폭을 지정합니다. ❶ 명령 행에 시작 폭을 **5**로 입력하고 Spacebar 를 누릅니다. ❷ 끝 폭을 **0**으로 입력하고 Spacebar 를 누릅니다.

> **A** 명령 행 한눈에 보기
> 시작 폭 지정 〈0.0000〉: 5 Spacebar
> ← 시작 폭 5 입력
> 끝 폭 지정 〈5.0000〉: 0 Spacebar
> ← 끝 폭 0 입력

11 극좌표의 0° 방향으로 마우스 포인터를 움직인 상태에서 명령 행에 **100**을 입력하고 Spacebar를 눌러 명령을 실행합니다.

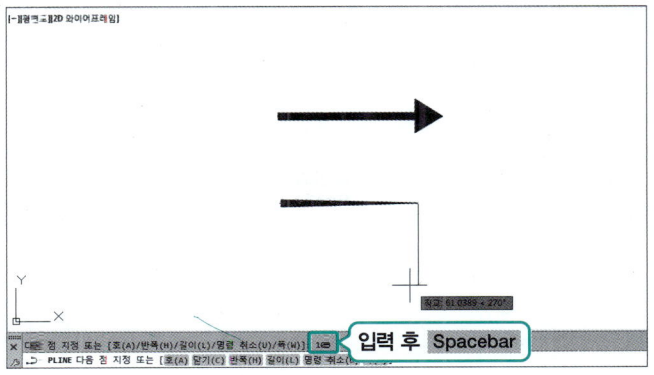

> **A 명령 행 한눈에 보기**
>
> 다음 점 지정 또는 [호(A)/반폭(H)/길이(L)/명령 취소(U)/폭(W)]: 100 Spacebar ← 100 입력

12 선 두께를 부여하겠습니다. ❶ 서브 메뉴 중 **W**(폭)를 입력하고 Spacebar를 누릅니다. ❷ 명령 행에 시작 폭을 **0**으로 입력하고 Spacebar를 누른 후 ❸ 끝 폭을 **5**로 입력하고 Spacebar를 누릅니다.

 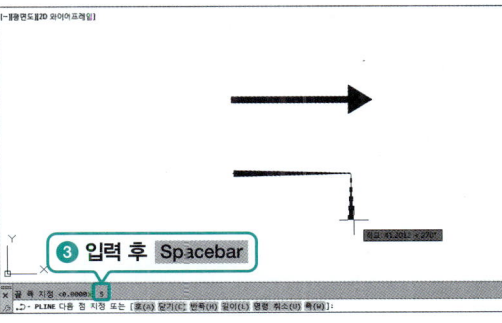

> **A 명령 행 한눈에 보기**
>
> 다음 점 지정 또는 [호(A)/닫기(C)/반폭(H)/길이(L)/명령 취소(U)/폭(W)]: w Spacebar ← 옵션 W 입력
> 시작 폭 지정 <0.0000>: 0 Spacebar ← 시작 폭 0 입력
> 끝 폭 지정 <0.0000>: 5 Spacebar ← 끝 폭 5 입력

13 극좌표의 270° 방향으로 마우스 포인터를 옮기고 명령 행에 **100**을 입력한 후 Spacebar를 누릅니다.

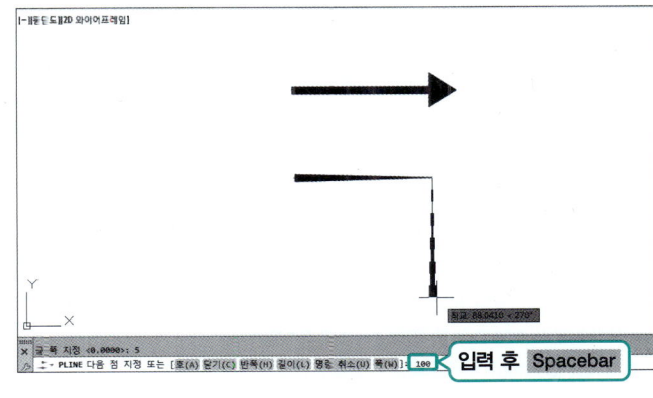

> **A 명령 행 한눈에 보기**
>
> 다음 점 지정 또는 [호(A)/닫기(C)/반폭(H)/길이(L)/명령 취소(U)/폭(W)]: 100 Spacebar ← 길이 100 입력

CHAPTER 07 여러 개의 선을 하나로 그리기 • **327**

14 선 두께를 부여하겠습니다. ① 서브 메뉴 중 **W**를 입력하고 Spacebar 를 눌러 명령을 실행합니다. ② 명령 행에 시작 폭을 **5**로 입력하고 Spacebar 를 누릅니다. ③ 끝 폭을 **0** 으로 입력하고 Spacebar 를 누릅니다.

A 명령 행 한눈에 보기

다음 점 지정 또는 [호(A)/닫기(C)/반폭(H)/길이(L)/명령 취소(U)/폭(W)]: w Spacebar ← 옵션 W 입력
시작 폭 지정 〈5.0000〉: 5 Spacebar ← 시작 폭 5 입력
끝 폭 지정 〈0.0000〉: 0 Spacebar ← 끝 폭 0 입력

15 극좌표의 180° 방향으로 마우스를 옮기고 명령 행에 **100**을 입력한 후 Spacebar 를 누릅니다.

A 명령 행 한눈에 보기

다음 점 지정 또는 [호(A)/닫기(C)/반폭(H)/길이(L)/명령 취소(U)/폭(W)]: 100 Spacebar ← 길이 100 입력

16 선 두께를 부여하겠습니다. ① 서브 메뉴 중 **W**를 입력하고 Spacebar 를 눌러 명령을 실행합니다. ② 명령 행에 시작 폭을 **0**으로 입력하고 Spacebar 를 누릅니다. ③ 끝 폭을 **5**로 입력하고 Spacebar 를 누릅니다.

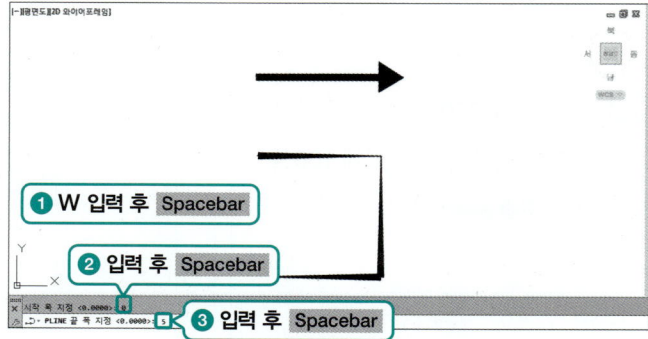

A 명령 행 한눈에 보기

다음 점 지정 또는 [호(A)/닫기(C)/반폭(H)/길이(L)/명령 취소(U)/폭(W)]: w Spacebar ← 옵션 W 입력
시작 폭 지정 〈5.0000〉: 0 Spacebar ← 시작 폭 0 입력
끝 폭 지정 〈0.0000〉: 5 Spacebar ← 끝 폭 5 입력

17 ❶ 극좌표의 90° 방향으로 마우스 포인터를 옮기고 명령 행에 **100**을 입력한 후 Spacebar 를 누릅니다. 사각형이 완성되면 Spacebar 를 한 번 더 눌러 명령을 종료합니다.

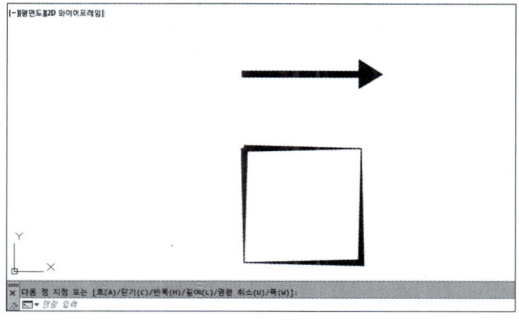

A 명령 행 한눈에 보기

다음 점 지정 또는 [호(A)/닫기(C)/반폭(H)/길이(L)/명령 취소(U)/폭(W)]: 100 Spacebar ← 길이 100 입력
다음 점 지정 또는 [호(A)/닫기(C)/반폭(H)/길이(L)/명령 취소(U)/폭(W)]: Spacebar ← 명령 종료

쉽고 빠른 실무 NOTE | 폴리선 객체 선택의 특징

폴리선을 클릭하면 모든 선이 하나의 객체로 선택되는 것을 알 수 있습니다. 이 점이 바로 선과 폴리선의 차이입니다. 폴리선의 두께를 지정하지 않은 채로 임의의 사각형을 그리고, Line 명령을 사용해 비슷한 형태의 사각형을 그립니다. 그런 다음 Pick Box를 사용하여 각 사각형의 선을 하나씩 선택해봅니다. 두 객체가 모양은 비슷해도 사용하는 명령에 따라 객체가 선택되는 구성이 확연히 다름을 알 수 있습니다. 선으로 된 사각형은 선 객체가 각각 분해되어 있지만 폴리선은 모든 선 객체가 연결되어 하나의 객체로 인식됩니다.

▲ 선을 Pick Box로 선택하면 객체가 따로 선택됨

▲ 폴리선을 Pick Box로 선택하면 전체 객체가 하나로 선택됨

SECTION 02 객체를 분해 · 연결 · 묶기 – Explode, Pedit, Group

앞에서 Pline 명령과 Line 명령으로 그린 객체를 선택할 때 어떠한 차이가 있는지 살펴보았습니다. 이번에는 Explode 명령으로 폴리선을 선으로 분해하는 방법과 Pedit 명령으로 선을 폴리선으로 묶는 방법을 알아보겠습니다. Group 명령으로 여러 객체를 한번에 묶어주는 방법도 알아보겠습니다.

01 Explode 명령으로 폴리선 분해하기

실습 파일 Part 3\Part3-36.dwg

Explode 명령은 폴리선을 선으로 분해하는 편집 명령입니다. Explode 명령은 폴리선뿐만 아니라 묶인 객체를 분해할 때도 사용합니다. Explode 명령을 사용하려면 명령 행에 **Explode**를 입력하고 Spacebar 를 누르거나 [수정] 도구 팔레트-[분해]를 클릭합니다.

01 실습 파일 **Part3-36.dwg**를 불러옵니다. 명령 행에 **Explode**를 입력하고 Spacebar 를 누릅니다.

A 명령 행 한눈에 보기

명령: EXPLODE Spacebar ← Explode 명령 입력 (X)

바로 통하는 TIP 명령 실행 전 객체를 선택해보면 하나의 그룹으로 묶여 있음을 알 수 있습니다.

02 분해할 객체를 클릭하여 선택하고 Spacebar 를 누릅니다.

A 명령 행 한눈에 보기

객체 선택: 1개를 찾음 ← 객체 선택
객체 선택: Spacebar ← 명령 종료
해치 경계 연관이 제거됨.

03 Pick Box를 사용하여 한 객체씩 선택해보면 각 객체가 분해된 것을 알 수 있습니다.

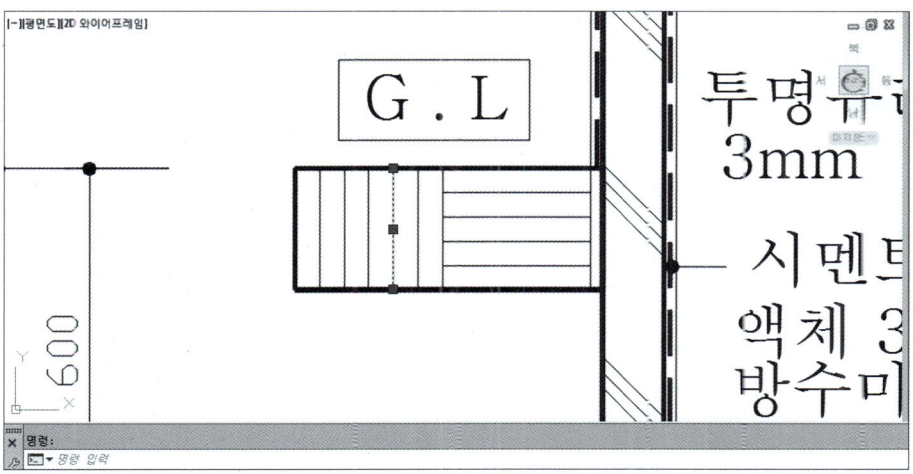

바로 통 하는 TIP Dimension Lines(치수선), Polyline(폴리선), Block(블록), Hatch(해치), Mesh(메쉬), Polygon(다각형), Mtext(여러 줄 문자) 등은 Explode 명령으로 분해할 수 있습니다. 반면에 Text(문자), Point(다중점), Circle(원), Ellipse(타원형), Line(선) 등은 Explode 명령으로 분해할 수 없습니다.

02 Pedit 명령으로 선 객체 다시 연결하기

실습 파일 Part 3\Part3-36.dwg

여러 객체를 묶은 폴리선을 선으로 분해한 뒤에 분해된 선을 다시 폴리선으로 연결해야 하는 상황이 생길 수 있습니다. 이때 사용하는 명령이 Pedit(폴리선 편집) 명령입니다. Pedit 명령을 사용하려면 명령 행에 **Pedit**를 입력하고 Spacebar 를 누릅니다.

> **+ 옵션 풀이**
>
> 닫기(C) _ 폴리선의 시작점과 끝점을 닫아줍니다.
> 결합(J) _ 여러 개의 끝점이 연결되어 있는 객체를 하나의 폴리선으로 묶어줍니다.
> 폭(W) _ 폴리선의 두께를 변경합니다.
> 정점 편집(E) _ 폴리선의 정점을 편집합니다.
> 맞춤(F) _ 폴리선의 정점을 지나며 큰 곡선으로 만듭니다.
> 스플라인(S) _ 부드러운 곡선으로 만듭니다.
> 비곡선화(D) _ 곡선으로 표현된 객체를 직선으로 만듭니다.
> 선종류생성(L) _ 폴리선의 정점 부근에서 선종류를 지정합니다.
> 반전(R) _ 반전 효과를 줍니다.
> 명령 취소(U) _ 전 단계의 과정을 취소합니다.

01 실습 파일 **Part3-36.dwg**를 불러옵니다. 분해된 객체를 묶어보겠습니다. ① 명령 행에 **Pedit**를 입력하고 Spacebar 를 누릅니다. ② 기준이 되는 객체를 클릭하여 선택합니다.

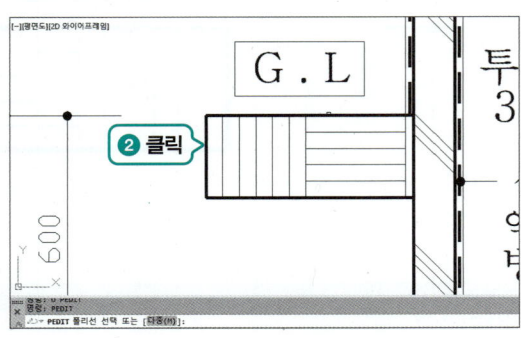

> **A 명령 행 한눈에 보기**
>
> 명령: **PEDIT** Spacebar ← Pedit 명령 입력 (PE)
> 폴리선 선택 또는 [다중(M)]: ← 기준 객체 선택

02 서브 메뉴 중 **J**(결합)를 입력하고 Spacebar 를 눌러 명령을 실행합니다.

A 명령 행 한눈에 보기

옵션 입력 [닫기(C)/결합(J)/폭(W)/정점 편집(E)/맞춤(F)/스플라인(S)/비곡선화(D)/선종류생성(L)/반전(R)/명령 취소(U)]: j Spacebar
← 옵션 J 입력

03 ❶❷❸❹ 테두리 사각형의 객체를 모두 클릭하여 지정하고 Spacebar 를 누릅니다.

A 명령 행 한눈에 보기

객체 선택: 1개를 찾음

객체 선택: 1개를 찾음, 총 2개

객체 선택: 1개를 찾음, 총 3개

객체 선택: 1개를 찾음, 총 4개 ← 객체 선택

객체 선택: Spacebar ← 객체를 모두 선택하면 Spacebar 를 누르고 다음 단계로 진행

04 명령 행에 폴리선에 선택한 객체가 포함되었다는 메시지가 나타나면 Spacebar 를 눌러 명령을 종료합니다.

▲ 폴리선으로 묶인 모습

> **A 명령 행 한눈에 보기**
>
> 3개의 세그먼트가 폴리선에 추가됨
> 옵션 입력 [열기(O)/결합(J)/폭(W)/정점 편집(E)/맞춤(F)/스플라인(S)/비곡선화(D)/선종류생성(L)/반전(R)/명령 취소(U)]:
> Spacebar ← 명령 종료
> 해치 경계 연관이 제거됨.

03 Group 명령으로 객체를 그룹으로 묶기

실습 파일 Part 3\Part3-37.dwg

이번에는 조경 도면의 보도 블록처럼 수많은 선이 패턴처럼 구성된 객체를 어떻게 묶는지 알아보겠습니다. 이러한 패턴은 Group(그룹) 명령을 사용하여 묶습니다. Group 명령을 사용하려면 명령 행에 **Group**을 입력하고 Spacebar 를 누릅니다.

01 실습 파일 **Part3-37.dwg**를 불러옵니다. 명령 행에 **Group**을 입력하고 Spacebar 를 누릅니다.

> **A 명령 행 한눈에 보기**
>
> 명령: **GROUP** Spacebar ← Group 명령 입력

02 이름을 지정하겠습니다. ❶ 서브 메뉴 중 **N**(이름)을 입력하고 Spacebar 를 누릅니다. ❷ 그룹 이름을 **BLOCK**으로 입력한 후 Spacebar 를 눌러 이름을 지정합니다.

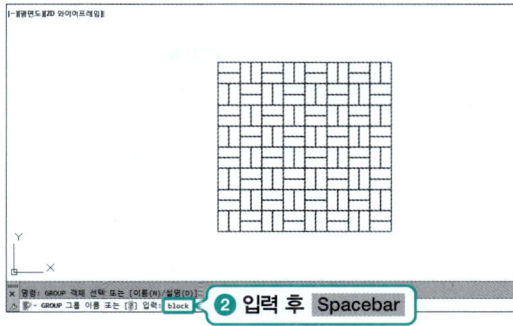

A 명령 행 한눈에 보기

객체 선택 또는 [이름(N)/설명(D)]: n Spacebar ← 이름 선택
그룹 이름 또는 [?] 입력: block Spacebar ← 이름 BLOCK 입력

03 모든 객체를 드래그하여 선택하고 Spacebar 를 누릅니다. 객체를 Pick Box로 선택해보면 모든 객체가 하나의 객체로 그룹화되어 있으며 그룹 이름이 'BLOCK'으로 지정된 것을 알 수 있습니다.

A 명령 행 한눈에 보기

객체 선택 또는 [이름(N)/설명(D)]: 반대 구석 지정: 128개를 찾음 ← 객체 선택
객체 선택 또는 [이름(N)/설명(D)]: Spacebar ← 명령 종료
"BLOCK" 그룹이 작성되었습니다.

CHAPTER 07 여러 개의 선을 하나로 그리기 • **335**

회사통 실무활용
건축 벽체선을 하나의 객체로 묶고 분해하기

도면을 작성하다 보면 Line 명령을 사용하여 작성한 도면이라 할지라도 필요에 따라 폴리선으로 만들어야 하는 경우가 있습니다. 반대로 하나의 객체로 이루어진 선의 조합이더라도 각 선을 분해하여 개별 선으로 표현해야 하는 경우도 있습니다. 건축 실무에서의 객체 분해 및 그룹 적용 방법을 알아보겠습니다.

실습 파일 Part 3\Part3-38.dwg

1 실습 파일 **Part3-38.dwg**를 불러옵니다. 분해된 선들을 하나로 묶기 위해 명령 행에 **Pedit**를 입력하고 Spacebar를 눌러 명령을 실행합니다.

입력 후 Spacebar

A 명령 행 한눈에 보기

명령: PEDIT Spacebar ← Pedit 명령 입력 (PE)

2 먼저 외곽 벽체선부터 묶어주겠습니다. ❶ 외곽의 벽체선 중 하나를 클릭하여 선택합니다. ❷ 명령 행에 '전환하기를 원하십니까?'라는 메시지가 나타나면 **Y**를 입력하고 Spacebar를 누릅니다.

❶ 클릭

❷ 입력 후 Spacebar

A 명령 행 한눈에 보기

폴리선 선택 또는 [다중(M)]: ← 폴리선 선택
선택된 객체가 폴리선이 아님
전환하기를 원하십니까? ⟨Y⟩ y Spacebar ← Y 입력

3 명령 행에 서브 메뉴가 나타납니다. 여러 객체를 묶기 위해 **J**(결합)를 입력한 후 Spacebar 를 눌러 명령을 실행합니다.

입력 후 Spacebar

A 명령 행 한눈에 보기

옵션 입력 [닫기(C)/결합(J)/폭(W)/정점 편집(E)/맞춤(F)/스플라인(S)/비곡선화(D)/선종류생성(L)/반전(R)/명령 취소(U)]: **j** Spacebar
← 옵션 J 입력

4 외곽의 벽체선들을 모두 선택하고 Spacebar 를 누릅니다.

클릭 후 Spacebar

A 명령 행 한눈에 보기

객체 선택: 1개를 찾음
객체 선택: 1개를 찾음, 총 2개
객체 선택: 1개를 찾음, 총 3개
객체 선택: 1개를 찾음, 총 4개
객체 선택: 1개를 찾음, 총 5개
객체 선택: 1개를 찾음, 총 6개
객체 선택: 1개를 찾음, 총 7개
객체 선택: 1개를 찾음, 총 8개
객체 선택: 1개를 찾음, 총 9개
객체 선택: 1개를 찾음, 총 10개 ← 객체 선택
객체 선택: Spacebar ← 객체를 모두 선택하면 Spacebar 를 눌러 다음 단계 진행

CHAPTER 07 여러 개의 선을 하나로 그리기 · **337**

05 아홉 개의 세그먼트가 폴리선에 추가되었다는 메시지가 나타납니다. 더 실행할 명령이 없으므로 Spacebar 를 누르고 명령을 종료합니다. 외곽 벽체선을 선택해보면 하나로 묶인 것을 확인할 수 있습니다.

A 명령 행 한눈에 보기

9개의 세그먼트가 폴리선에 추가됨
옵션 입력 [열기(O)/결합(J)/폭(W)/정점 편집(E)/맞춤(F)/스플라인(S)/비곡선화(D)/선종류생성(L)/반전(R)/명령 취소(U)]: Spacebar
←명령 종료

06 계속해서 방금 묶었던 벽체선을 다시 분해해보겠습니다. 명령 행에 **Explode**를 입력하고 Spacebar 를 누릅니다.

A 명령 행 한눈에 보기

명령: **EXPLODE** Spacebar ← Explode 명령 입력 (X)

7 분해할 벽체선을 클릭하고 Spacebar 를 눌러 명령을 종료합니다.

> **A** 명령 행 한눈에 보기
>
> **객체 선택: 1개를 찾음** ← 객체 선택
>
> **객체 선택:** Spacebar ← 명령 종료

8 객체를 선택해보면 다시 분해되었음을 알 수 있습니다.

CHAPTER 08
다양한 선 그리기와 유용한 편집 명령 살펴보기

이번에는 다양한 선 그리기 명령과 편집 명령을 알아봅니다. 여기에서 다룰 명령들은 사용 빈도는 낮지만 작업 분야에 따라 적절하게 사용한다면 작업 시간을 절약할 수 있습니다. 본인에게 유용한 명령을 알아두고 실무에서 꼭 활용합니다.

🎯 학습 목표

다양한 그리기 명령과 실무 도면 작성에 유용한 편집 명령을 익혀봅니다. 광선, 건축선, 나선 등을 그리는 명령과 객체를 정렬하는 명령을 알아보겠습니다.

▲ 다양한 선 그리기

▲ 객체 정렬하기

SECTION 01

자유 곡선, 광선, 구성선, 여러 줄, 나선 그리기 – Spline, Ray, Xline, Mline, Helix

Spline(스플라인), Ray(광선), Xline-Construction Line(구성선), Mline(여러 줄), Helix(나선) 등의 선 그리기 명령을 알아보겠습니다. 이러한 명령들은 도면을 그릴 때 매번 사용하지는 않지만 상황에 따라 요긴하게 쓰일 수 있으므로 부가적으로 학습해두면 좋습니다.

01 Spline 명령으로 자유 곡선 그리기

Spline(스플라인) 명령은 정형화되지 않은 자유로운 곡선을 그리는 명령입니다. Spline 명령을 사용하려면 명령 행에 **Spline**을 입력하고 Spacebar 를 누르거나 [그리기] 도구 팔레트-[스플라인 맞춤 ⌁] 을 클릭합니다.

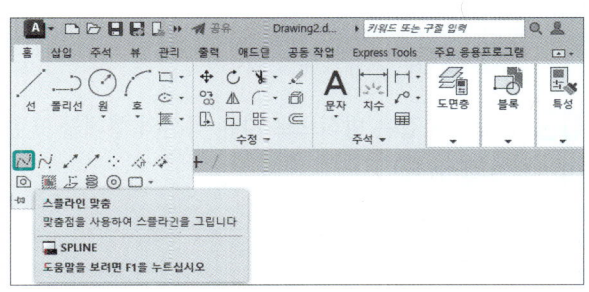

▲ Spline 명령 선택 화면

바로 통 하는 TIP [그리기] 도구 팔레트의 [더 보기 ▼]를 클릭해 도구 팔레트를 확장한 후 [스플라인 ⌁]을 클릭합니다.

01 새 도면 파일을 엽니다. ❶ 명령 행에 **Spline**을 입력하고 Spacebar 를 누릅니다. ❷ 임의의 첫 번째 점을 클릭하여 지정합니다.

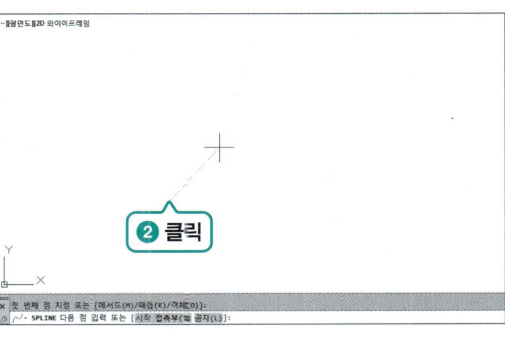

A 명령 행 한눈에 보기

명령: SPLINE Spacebar ← Spline 명령 입력 (SPL)
현재 설정: 메서드=맞춤 매듭=현
첫 번째 점 지정 또는 [메서드(M)/매듭(K)/객체(O)]: ← 첫 번째 점 지정

02 ❶ 그림과 같이 두 번째 점을 클릭하여 지정합니다. ❷ 계속해서 세 번째 점을 클릭하여 지정합니다.

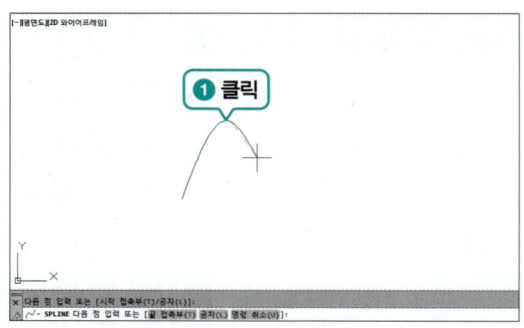

> **A** 명령 행 한눈에 보기
>
> 다음 점 입력 또는 [시작 접촉부(T)/공차(L)]: ← 다음 점 지정

> **A** 명령 행 한눈에 보기
>
> 다음 점 입력 또는 [끝 접촉부(T)/공차(L)/명령 취소(U)]:
> ← 다음 점 지정

03 연속하여 같은 방식으로 자유 곡선의 형태를 표현합니다. 곡선을 모두 그린 후 Spacebar 를 눌러 명령을 종료합니다.

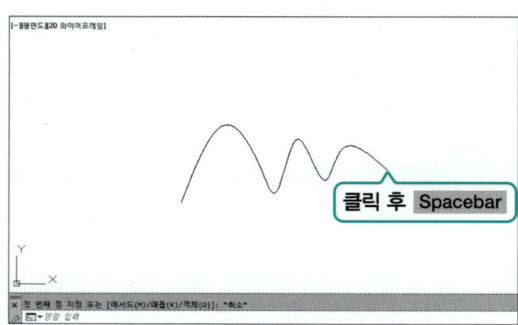

> **A** 명령 행 한눈에 보기
>
> 다음 점 입력 또는 [끝 접촉부(T)/공차(L)/명령 취소(U)/닫기(C)]: ← 계속해서 다음 점 지정
> 다음 점 입력 또는 [끝 접촉부(T)/공차(L)/명령 취소(U)/닫기(C)]:
> 다음 점 입력 또는 [끝 접촉부(T)/공차(L)/명령 취소(U)/닫기(C)]:
> 다음 점 입력 또는 [끝 접촉부(T)/공차(L)/명령 취소(U)/닫기(C)]:
> 다음 점 입력 또는 [끝 접촉부(T)/공차(L)/명령 취소(U)/닫기(C)]: Spacebar ← 명령 종료

02 Ray 명령으로 광선 그리기

실습 파일 Part 3\Part3-39.dwg

Ray(광선) 명령은 임의의 출발점으로부터 한 방향으로 무한한 선을 그리는 명령이며 도면을 작성할 때 기준선으로 사용합니다. Ray 명령을 사용하려면 명령 행에 **Ray**를 입력하고 Spacebar 를 누르거나 [그리기] 도구 팔레트-[광선 ☒]을 클릭합니다.

▲ Ray 명령 선택 화면

01 실습 파일 **Part3-39.dwg**를 불러옵니다. 명령 행에 **Ray**를 입력하고 Spacebar 를 누릅니다.

02 시작점(교차점)을 클릭하여 지정합니다.

03 통과할 지점(끝점)을 정확히 클릭하여 지정합니다.

> **A** 명령 행 한눈에 보기
>
> **통과점을 지정:** ← 통과점 지정

04 계속해서 통과할 지점(끝점)을 모두 지정하여 완성합니다.

> **A** 명령 행 한눈에 보기
>
> **통과점을 지정:** ← 연속해서 통과점 지정

05 통과점 지정을 마치면 Spacebar 를 눌러 명령을 종료합니다. 광선 그리기가 완성되었습니다.

> **A** 명령 행 한눈에 보기
>
> **통과점을 지정:** Spacebar ← 통과점을 모두 지정하면 Spacebar 를 눌러 명령 종료

03 Xline 명령으로 구성선 그리기

실습 파일 Fart 3\Part3-40.dwg

Xline 명령, 즉 Xline-Construction Line(구성선) 명령은 양방향으로 시작과 끝이 없는 무한선을 그리는 명령입니다. 작업 범위가 큰 도면에 사용하기 편리해서 건축이나 토목 도면에서 많이 사용합니다. Xline 명령을 사용하려면 명령 행에 **Xline**을 입력하고 Spacebar 를 누르거나 [그리기] 도구 팔레트-[구성선☒]을 클릭합니다.

▲ Xline 명령 선택 화면

01 실습 파일 **Part3-40.dwg**를 불러옵니다. 명령 행에 **Xline**을 입력하고 Spacebar 를 누릅니다.

A 명령 행 한눈에 보기

명령: XLINE Spacebar ← Xline 명령 입력 (XL)

02 수직선과 수평선을 그리겠습니다. ① F8 을 눌러 직교 모드를 활성화합니다. ② 시작점(끝점)을 클릭하여 지정합니다.

A 명령 행 한눈에 보기

점 지정 또는 [수평(H)/수직(V)/각도(A)/이등분(B)/간격띄우기(O)]: ← 시작점 지정

03 통과점(끝점)을 방향에 맞게 클릭하여 지정하고 Spacebar 를 눌러 명령을 종료합니다.

A 명령 행 한눈에 보기

통과점을 지정: ← 통과점 지정
통과점을 지정: Spacebar ← 명령 종료

04 ① Spacebar 를 눌러 Xline 명령을 다시 실행합니다. ② 계속해서 첫 번째 점과 끝점 방향을 맞추어 시작점과 통과점을 지정한 후 Spacebar 를 눌러 건축 중심선을 하나씩 그립니다. 수직선과 수평선을 모두 그려 도면을 완성합니다.

 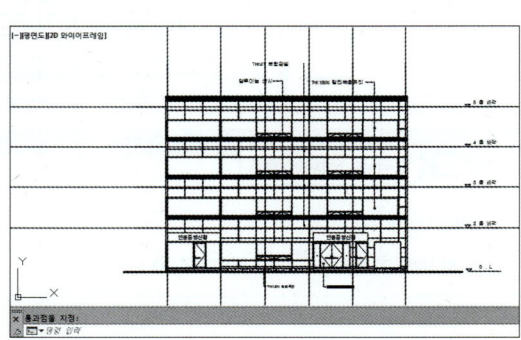

04 Mline 명령으로 여러 줄 그리기

Mline(여러 줄) 명령은 여러 개의 선을 한번에 그리는 명령입니다. 초기 설정값은 이중선이며 삼중선, 사중선 등으로 나타낼 수 있습니다. Mline 명령을 사용하려면 명령 행에 **Mline**을 입력하고 Spacebar 를 누릅니다.

01 새 도면 파일을 엽니다. ❶ 명령 행에 **Mline**을 입력하고 Spacebar 를 누릅니다. ❷ 도면에서 임의의 점을 클릭해 시작점으로 지정합니다.

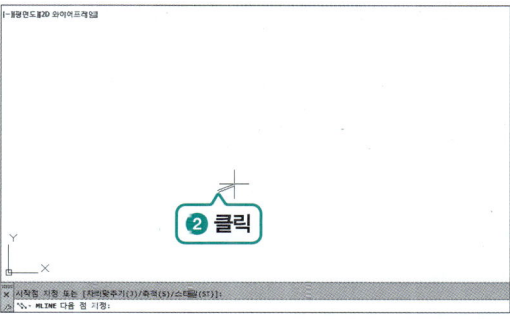

A 명령 행 한눈에 보기

명령: MLINE Spacebar ← Mline 명령 입력 (ML)
현재 설정: 자리맞추기 = 맨 위, 축척 = 20.00, 스타일 = STANDARD
시작점 지정 또는 [자리맞추기(J)/축척(S)/스타일(ST)]: ← 시작점 지정

02 다음 점을 시작점에서 0° 방향으로 200mm 이동한 지점에 지정해보겠습니다. 명령 행에 극좌표인 **@200<0**을 입력하고 Spacebar 를 누릅니다.

A 명령 행 한눈에 보기

다음 점 지정: @200<0 Spacebar ← 다음 점 지정

03 90° 방향으로 200mm의 선을 그려보겠습니다. 명령 행에 **@200〈 90**을 입력하고 Spacebar 를 누릅니다.

바로 통 하는 **TIP** 객체의 크기가 크다면 마우스 휠을 굴려서 화면을 축소합니다.

A 명령 행 한눈에 보기

다음 점 지정 또는 [명령 취소(U)]: **@200〈90** Spacebar ← 다음 점 지정

04 180° 방향으로 200mm의 선을 그려보겠습니다. 명령 행에 **@200〈180**을 입력하고 Spacebar 를 누릅니다.

A 명령 행 한눈에 보기

다음 점 지정 또는 [닫기(C)/명령 취소(U)]: **@200〈180** Spacebar ← 다음 점 지정

05 사각형을 닫기 위해 서브 메뉴 중 **C**(닫기)를 입력하고 Spacebar 를 눌러 명령을 종료합니다.

A 명령 행 한눈에 보기

다음 점 지정 또는 [닫기(C)/명령 취소(U)]: **c** Spacebar ← 옵션 C 입력

05 Helix 명령으로 나선 그리기

Helix(나선) 명령은 스프링 모양의 3D 나선을 그리는 편집 명령입니다. Helix 명령을 사용하려면 명령 행에 **Helix**를 입력하고 Spacebar 를 누르거나 [그리기] 도구 팔레트-[나선]을 클릭합니다.

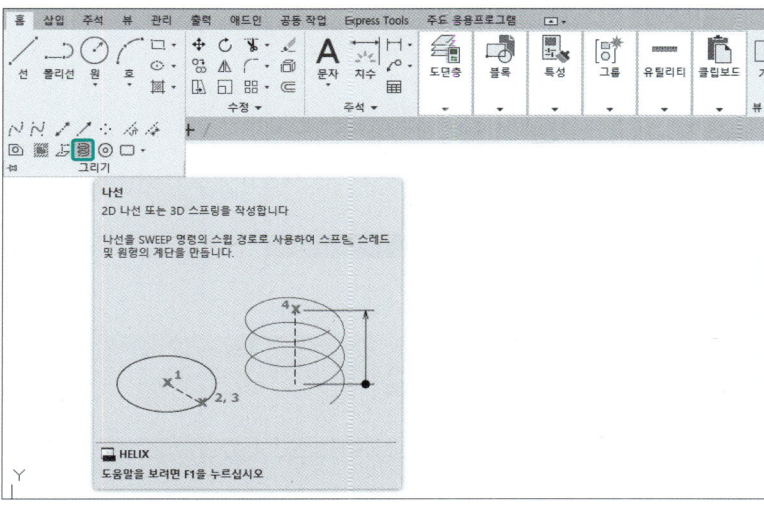
▲ Helix 명령 선택 화면

+ 옵션 풀이

축 끝점(A) _ 나선 축의 끝점을 지정합니다.   회전(T) _ 회전 개수를 지정합니다.
회전 높이(H) _ 회전 높이를 지정합니다.   비틀기(W) _ 비트는 방향을 지정합니다.

01 새 도면 파일을 엽니다. Helix 명령은 3D 이미지를 생성하므로 먼저 명령 행에 **-Vpoint**를 입력하고 Spacebar 를 누릅니다.

A 명령 행 한눈에 보기

명령: -VPOINT Spacebar ← Vpoint 명령 입력

바로 통 하는 TIP Vpoint 명령은 545쪽에서 자세히 알아보겠습니다.

02 명령 행에 좌푯값을 **1,-1,1**로 입력하고 Spacebar 를 누릅니다.

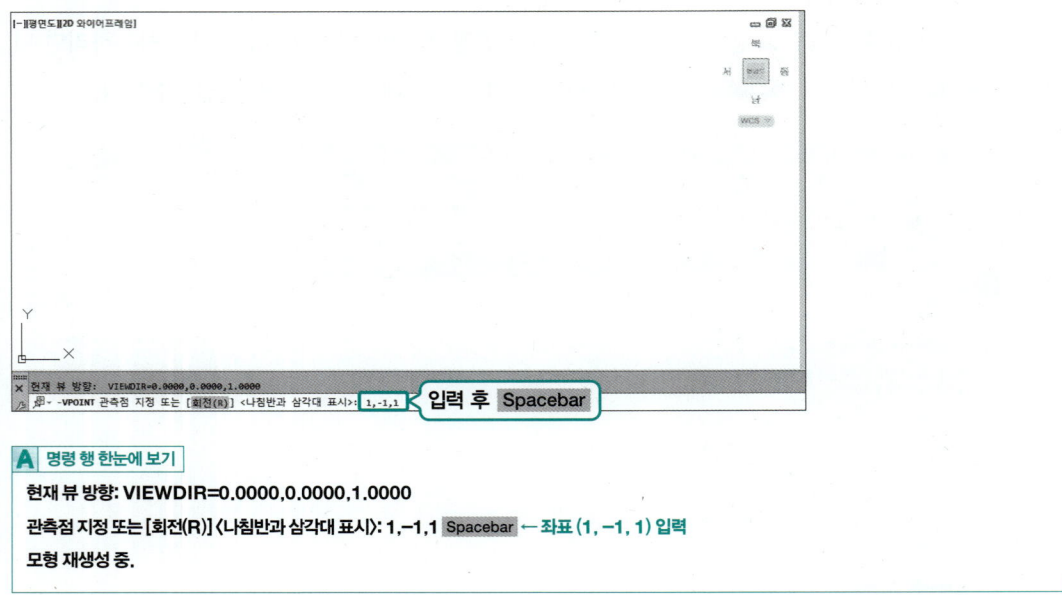

A 명령 행 한눈에 보기

현재 뷰 방향: VIEWDIR=0.0000,0.0000,1.0000
관측점 지정 또는 [회전(R)] <나침반과 삼각대 표시>: **1,-1,1** Spacebar ← 좌표 (1, -1, 1) 입력
모형 재생성 중.

바로 통 하는 TIP PART 07에서 자세히 언급하겠지만 좌푯값을 '1,-1,1'로 지정하면 남동 방향에서 바라본 3D 화면으로 표시합니다.

03 ❶ 명령 행에 **Helix**를 입력하고 Spacebar 를 누릅니다. ❷ 임의의 지점을 클릭하여 나선의 기준 중심점을 지정합니다.

A 명령 행 한눈에 보기

명령: **HELIX** Spacebar ← Helix 명령 입력
회전 수 = 3.0000 비틀기=CCW
기준 중심점 지정: ← 나선의 중심점 지정

04 ❶ 나선 밑면의 반지름값을 **20**으로 입력하고 Spacebar 를 누릅니다. ❷ 꼭대기의 반지름값을 **30**으로 입력하고 Spacebar 를 누릅니다.

❶ 입력 후 Spacebar   ❷ 입력 후 Spacebar

A 명령 행 한눈에 보기

밑면 반지름 지정 또는 [지름(D)] ⟨1.0000⟩: 20 Spacebar ← 밑면 반지름값 20 입력
상단 반지름 지정 또는 [지름(D)] ⟨20.0000⟩: 30 Spacebar ← 꼭대기 반지름값 30 입력

05 나선의 높이를 **50**으로 입력하고 Spacebar 를 누릅니다.

입력 후 Spacebar

A 명령 행 한눈에 보기

나선 높이 지정 또는 [축 끝점(A)/회전(T)/회전 높이(H)/비틀기(W)] ⟨1.0000⟩: 50 Spacebar ← 나선높이 50 입력

SECTION 02 정렬, 길이 조정, 끊기 – Align, Lengthen, Break

도면을 작성할 때 사용하는 편집 기능을 알아보겠습니다. Align(정렬) 명령, Lengthen(길이 조정) 명령, Break(끊기) 명령은 Copy(복사) 명령이나 Move(이동) 명령처럼 빈번하게 사용하는 명령은 아니지만 실무에서 유용하게 쓰이므로 알아두는 것이 좋습니다.

01 Align 명령으로 객체 정렬하기

실습 파일 Part 3\Part3-41.dwg

Align 명령은 Move, Rotate, Scale 명령의 기능을 모두 실행하므로 객체를 정렬할 때 매우 유용합니다. Align 명령을 사용하려면 명령 행에 **Align**을 입력하고 Spacebar 를 누릅니다.

01 실습 파일 **Part3-41.dwg**를 불러옵니다. 명령 행에 **Align**을 입력하고 Spacebar 를 누릅니다.

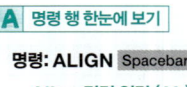

A 명령 행 한눈에 보기

명령: ALIGN Spacebar
← Align 명령 입력 (AL)

02 정렬하려는 객체인 의자를 클릭하여 선택하고 Spacebar 를 누릅니다.

A 명령 행 한눈에 보기

객체 선택: 반대 구석 지정: 1개를 찾음 ← 객체 선택
객체 선택: Spacebar ← Spacebar 를 눌러 다음 단계로 진행

03 첫 번째 근원점을 지정합니다. 의자의 윗모서리(끝점)를 클릭합니다.

> **A 명령 행 한눈에 보기**
> 첫 번째 근원점 지정: ← 첫 번째 근원점 지정

04 의자를 정렬할 대상점을 지정합니다. 첫 번째 대상점인 책상의 왼쪽 상단 모서리(끝점)를 클릭하여 지정합니다.

> **A 명령 행 한눈에 보기**
> 첫 번째 대상점 지정: ← 첫 번째 대상점 지정

05 두 번째 근원점(끝점)을 클릭하여 지정합니다.

> **A 명령 행 한눈에 보기**
> 두 번째 근원점 지정: ← 두 번째 근원점 지정

06 두 번째 대상점(끝점)을 클릭하여 지정합니다.

> **A** 명령 행 한눈에 보기
>
> **두 번째 대상점 지정:** ← 두 번째 대상점 지정

07 Spacebar 를 두 번 눌러 명령을 실행한 뒤 종료합니다. 의자가 테이블과 평행한 위치에 자동으로 정렬됩니다.

> **A** 명령 행 한눈에 보기
>
> 세 번째 근원점 지정 또는 〈계속〉: Spacebar ← 더 이상 지정할 것이 없으므로 Spacebar 를 눌러 다음 단계로 진행
> 정렬점을 기준으로 객체에 축척을 적용합니까? [예(Y)/아니오(N)] 〈N〉: Spacebar ← 명령 종료

02 Lengthen 명령으로 객체 늘이기

실습 파일 Part 3\Part3-42.dwg

Lengthen(길이 조정) 명령은 객체의 길이를 변경하는 편집 명령입니다. 호의 길이나 선의 길이 모두를 변경할 수 있어 건축, 인테리어 도면의 중심선을 연장할 때나 기계 도면에서 객체의 길이를 조정할 때 유용합니다. Lengthen 명령을 사용하려면 명령 행에 **Lengthen**을 입력하고 Spacebar 를 누르거나 [수정] 도구 팔레트-[길이조정 /]을 클릭합니다.

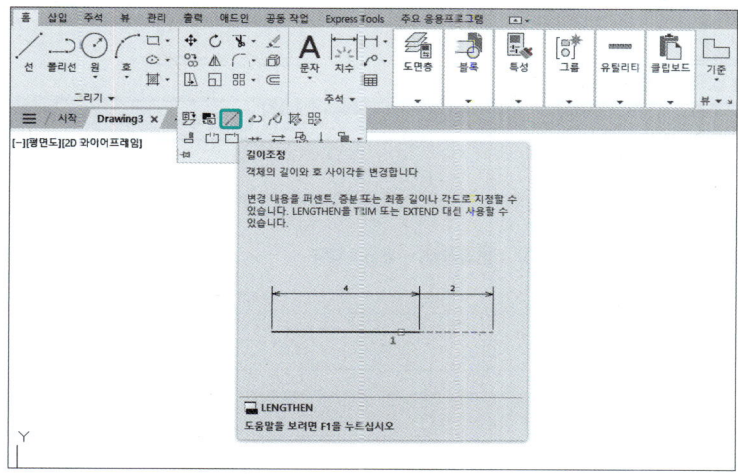

▲ Lengthen 명령 선택 화면

+ 옵션 풀이

증분(DE) _ Lengthen 명령에서 가장 사용 빈도가 높으며 선의 길이나 각도를 조절합니다.
퍼센트(P) _ 객체를 변화하려는 수치를 백분율로 입력합니다. 초기 설정값은 100% 기준입니다.
합계(T) _ 객체를 한꺼번에 지정할 수 있습니다.
동적(DY) _ 실시간으로 객체의 변화를 보여줍니다.

바로 통하는 TIP [수정] 도구 팔레트의 [더 보기 ▼]를 클릭해 팔레트를 확장한 후 [길이조정 /]을 클릭합니다.

01 실습 파일 **Part3-42.dwg**를 불러옵니다. 여러 선 객체의 길이를 한꺼번에 변경하겠습니다. ❶ 명령 행에 **Lengthen**을 입력하고 Spacebar 를 누릅니다. ❷ 서브 메뉴 중 **T**(합계)를 입력하고 Spacebar 를 눌러 명령을 실행합니다. ❸ 조정할 길이인 **5**를 입력하고 Spacebar 를 누릅니다.

A 명령 행 한눈에 보기

명령: LENGTHEN Spacebar ←Lengthen 명령 입력 (LEN)
측정할 객체 또는 [증분(DE)/퍼센트(P)/합계(T)/동적(DY)] 선택 <합계(T)>: t Spacebar ←옵션 T 입력
전체 길이 또는 [각도(A)] 지정 <1.0000>: 5 Spacebar ←길이 5 입력

02 한번에 여러 개의 객체를 지정하겠습니다. 서브 메뉴 중 **F**(울타리)를 입력하고 Spacebar 를 눌러 명령을 실행합니다.

A 명령 행 한눈에 보기

변경할 객체 선택 또는 [명령 취소(U)]: f Spacebar
←옵션 F 입력

03 ❶❷ 객체의 왼쪽 임의의 점과 오른쪽 임의의 점을 차례대로 클릭하여 울타리를 지정합니다.

A 명령 행 한눈에 보기

첫 번째 울타리 점 또는 선택/끌기 커서 지정: ←첫 번째 울타리 지정
다음 울타리 점 지정 또는 [명령 취소(U)]: ←두 번째 울타리 지정

04 Spacebar 를 눌러 명령을 종료합니다. 선 객체가 길어진 것을 알 수 있습니다.

A 명령 행 한눈에 보기

변경할 객체 선택 또는 [명령 취소(U)]: Spacebar ← 명령 종료

03 Break 명령으로 객체 분리하기

실습 파일 Part 3\Part3-43.dwg

Break(끊기) 명령은 기존의 객체에 두 점을 지정하여 그 사이를 자르거나 분리하는 편집 명령입니다. 원과 호는 시계 반대 방향으로 끊기가 실행됩니다. Break 명령을 사용하려면 명령 행에 'Break'를 입력하고 Spacebar 를 누르거나 [수정] 도구 팔레트-[끊기]를 클릭합니다.

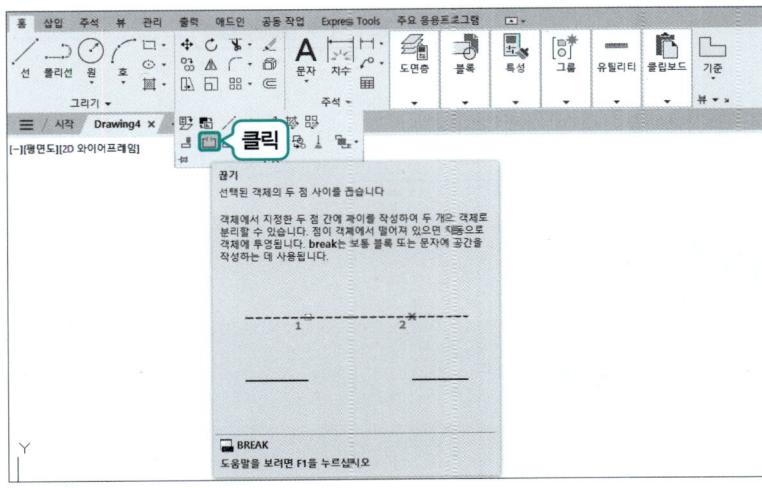

▲ Break 명령 선택 화면

01 실습 파일 **Part3-43.dwg**를 불러옵니다. ❶ 명령 행에 **Break**를 입력하고 Spacebar 를 누릅니다. ❷ 편집할 객체를 클릭하여 선택합니다.

> **A** 명령 행 한눈에 보기
>
> 명령: **BREAK** Spacebar ← Break 명령 입력 (BR)   객체 선택: ← 객체 선택

바로 통하는 TIP 위 실습 도면은 모든 분야의 도면에서 흔히 사용하는 방위표입니다.

02 분리할 객체의 첫 번째 점을 지정하겠습니다. 서브 메뉴 중 **F**를 입력하고 Spacebar 를 눌러 명령을 실행합니다.

> **A** 명령 행 한눈에 보기
>
> 두 번째 끊기점을 지정 또는 [첫 번째 점(F)]: f
> ← 옵션 F 입력

03 분리할 객체의 첫 번째 점(끝점)을 클릭하여 지정합니다.

> **A** 명령 행 한눈에 보기
>
> 첫 번째 끊기점 지정: ← 첫 번째 끊기 점 지정

04 분리할 객체의 두 번째 점(끝점)을 클릭하여 지정합니다.

> **A** 명령 행 한눈에 보기
>
> 두 번째 끊기점을 지정: ← 두 번째 끊기 점 지정

05 지정한 첫 번째 점과 두 번째 점 사이가 잘려진 것을 확인할 수 있습니다.

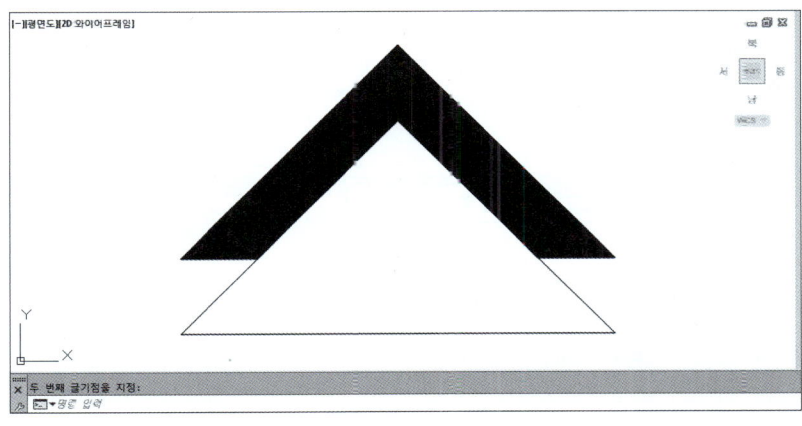

CHAPTER 08 다양한 선 그리기와 유용한 편집 명령 살펴보기 • **359**

회사통 실무활용 | Lengthen 명령으로 도면의 중심선 연장하기

Lengthen(길이 조정) 명령은 Extend(연장) 명령과 달리 별도의 경계선을 지정하지 않고도 객체를 연장할 수 있습니다. 건축, 기계 도면에서 중심선을 원하는 길이로 연장할 때 유용합니다. 다음 예제에서 벽체 안에 점선으로 표시된 중심선을 연장해보겠습니다.

실습 파일 Part 3\Part3-44.dwg

1 실습 파일 **Part3-44.dwg**를 불러옵니다. 명령 행에 **Lengthen**을 입력하고 Spacebar 를 눌러 명령을 실행합니다.

A 명령 행 한눈에 보기

명령: LENGTHEN Spacebar
← Lengthen 명령 입력 (LEN)

2 일정한 길이를 지정합니다. ❶ 서브 메뉴 중 **DE**(증분)를 입력하고 Spacebar 를 눌러 다음 단계로 넘어갑니다. ❷ 연장 길이를 **200**으로 입력하고 Spacebar 를 누릅니다.

A 명령 행 한눈에 보기

측정할 객체 또는 [증분(DE)/퍼센트(P)/합계(T)/동적(DY)] 선택 〈합계(T)〉: de Spacebar ← 옵션 DE 입력
증분 길이 또는 [각도(A)] 입력 〈0.0000〉: 200 Spacebar ← 길이 200 입력

3 연장할 중심선을 선택하면 길이가 연장됩니다. ❶❷❸❹ 중심선의 양 끝을 한 번씩 클릭하여 같은 길이로 연장하여 완성합니다.

A 명령 행 한눈에 보기

변경할 객체 선택 또는 [명령 취소(U)]: ← 변경할 객체 선택
변경할 객체 선택 또는 [명령 취소(U)]: ← 변경할 객체 선택
변경할 객체 선택 또는 [명령 취소(U)]: ← 변경할 객체 선택
변경할 객체 선택 또는 [명령 취소(U)]: ← 변경할 객체 선택
변경할 객체 선택 또는 [명령 취소(U)]: ← 변경할 객체 선택
변경할 객체 선택 또는 [명령 취소(U)]: ← 변경할 객체 선택

4 중심선을 모두 연장한 후 Spacebar 를 눌러 명령을 종료합니다.

A 명령 행 한눈에 보기

변경할 객체 선택 또는 [명령 취소(U)]: Spacebar ← 명령 종료

PART 04

도면을 멋지게 꾸며주는 다양한 명령

이번 PART에서는 그리기 명령으로 만든 2D 도면을 한 차원 높은 이미지로 나타낼 수 있는 명령과 설정을 알아봅니다. AutoCAD를 사용하여 좀 더 빠르고 효율적으로 작업하는 방법과 도면을 꾸며 훨씬 더 멋진 이미지를 만드는 방법을 알아봅니다.

CHAPTER 01

문자 입력과 편집 및 표 그리기

AutoCAD에서는 기호나 선으로 모든 작업 내용을 함축하여 도면을 표현하지만 이미지로 표현하기 힘든 부분은 문자를 사용합니다. 문자를 사용하는 명령은 Dtext(단일 행 문자) 명령과 Mtext(여러 줄 문자) 명령이 있습니다. 도면의 일람표 등을 작성할 때 Table(표 그리기) 명령을 이용하면 선을 하나하나 그릴 필요가 없어서 편리합니다. 문자를 입력하는 두 가지 명령과 표를 그리는 방법을 알아보겠습니다.

🎯 학습 목표

실무 도면에 문자를 입력하는 방법을 익혀봅니다. 문자 입력은 도면을 이해하기 위한 필수 요소로 작업에 대한 방법을 지시하거나 사용되는 재질, 성분, 구성 등의 표시와 같은 내용 전달에 많이 사용합니다.

▲ 단일 행 문자 입력하기

▲ 여러 줄 문자 입력하기

▲ 오류 문자 수정하기

▲ 표 그리기

SECTION 01 문자를 입력하는 Dtext

실무 도면에서 문자는 정확히 입력해야 합니다. Dtext(단일 행 문자)는 문자를 여러 줄로 입력했을 경우 각 행을 각기 다른 단일 객체로 인식하는 문자 입력 명령입니다. Mtext(여러 줄 문자)는 한 줄이나 여러 줄로 입력한 후 선택했을 때 모두 하나의 객체로 인식하는 명령입니다.

01 Dtext 명령으로 단일 행 문자 입력하기

실습 파일 Part 4\Part4-01.dwg

Dtext(단일 행 문자)를 사용하여 문자를 입력하는 방법입니다. Dtext 명령을 사용하려면 명령 행에 **Dtext**를 입력하고 Spacebar 를 누르거나 [주석] 도구 팔레트-[단일 행 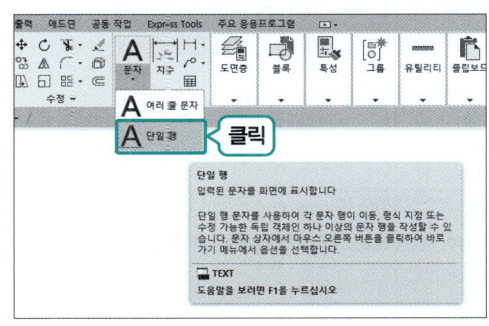]을 클릭합니다.

▲ Dtext 명령 선택 화면

+ 옵션 풀이

자리 맞추기(J) _ 문자를 입력할 때 배열 방법을 선택합니다.
스타일(S) _ 스타일을 지정하여 문자를 입력합니다.

01 실습 파일 **Part4-01.dwg**를 불러옵니다. 명령 행에 **Dtext**를 입력하고 Spacebar 를 누릅니다.

A 명령 행 한눈에 보기

명령: **DTEXT** Spacebar
← Dtext 명령 입력 (DT)

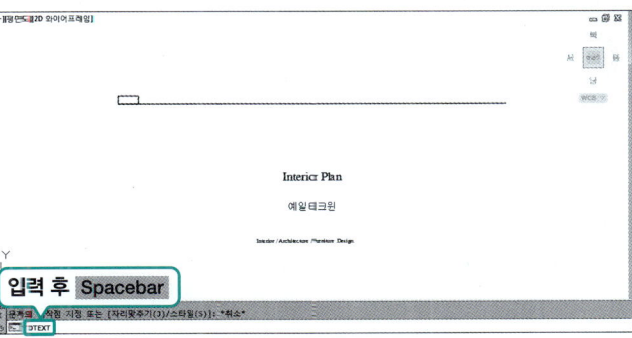

02 임의의 지점을 클릭하여 문자의 시작점을 지정합니다.

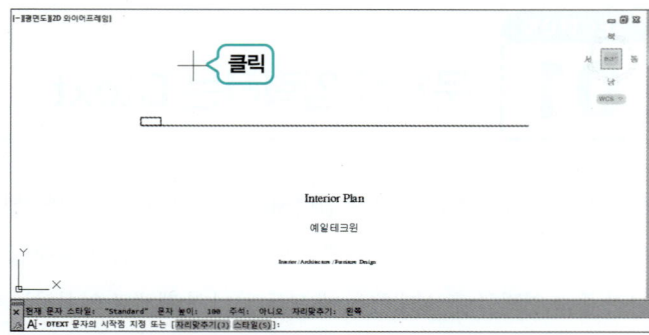

A 명령 행 한눈에 보기

현재 문자 스타일: "Standard" 문자 높이: 100 주석: 아니오 자리맞추기: 왼쪽
문자의 시작점 지정 또는 [자리맞추기(J)/스타일(S)]: ← 시작점 지정

03 문자 높이를 1,200mm로 설정하기 위해 명령 행에 **1200**을 입력하고 Spacebar 를 누릅니다.

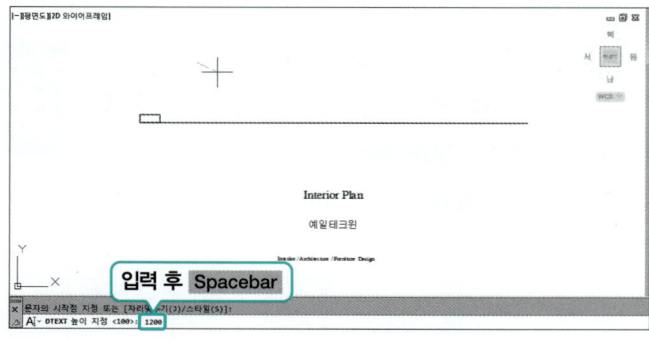

A 명령 행 한눈에 보기

높이 지정 <100>: 1200 Spacebar ← 문자 높이 1200 입력

바로 통하는 TIP 문자 높이(크기)는 축척을 고려하여 입력합니다. 예를 들어 도면을 출력할 때 축척이 1/100이고 용지에 출력할 문자의 높이가 4mm 정도라면 4mm×100=400이므로 문자의 높이를 400으로 입력합니다. 최종 축척이 정해지지 않았다면 문자 입력 후 Scale(축척) 명령으로 문자의 높이를 눈으로 확인 및 비교하면서 지정합니다.

04 문자의 회전 각도를 지정합니다. 명령 행에 **0**을 입력하고 Spacebar 를 누릅니다.

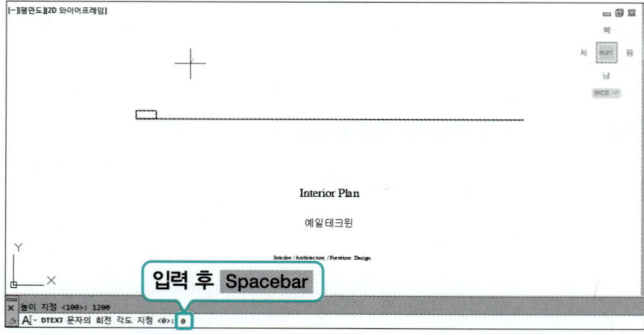

A 명령 행 한눈에 보기

문자의 회전 각도 지정 <0>: 0 Spacebar ← 회전 각도 0 입력

05 화면에 커서가 깜빡입니다. **KOREA 소아병원 인테리어 공사**를 입력하고 Enter 를 두 번 눌러 종료합니다. 이때 내용을 아래에 한 줄 더 쓰려던 Enter 를 두 번 누르는 대신 Enter 를 한 번만 누르고 연속해서 내용을 입력합니다.

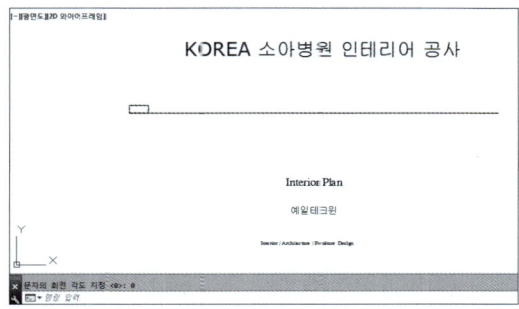

바로 통 하는 TIP Dtext 명령에서 Spacebar 는 문자를 한 칸 띄우는 역할입니다. 명령을 종료할 때는 Enter 를 두 번 누릅니다.

06 문자를 보기 좋게 옮겨보겠습니다. 명령 행에 **Move**를 입력하고 Spacebar 를 누릅니다.

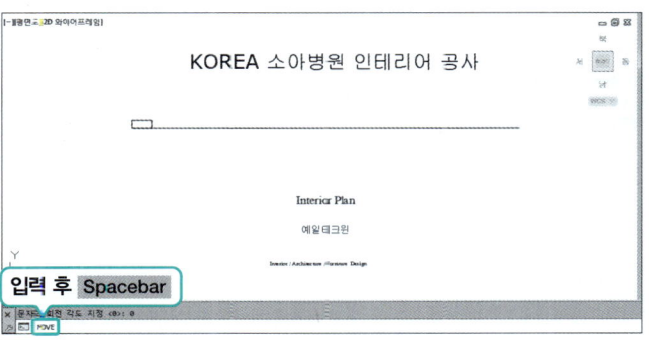

A 명령 행 한눈에 보기

명령: **M**OVE Spacebar ← Move 명령 입력 (M)

07 문자 객체를 클릭하여 선택하고 Spacebar 를 누릅니다.

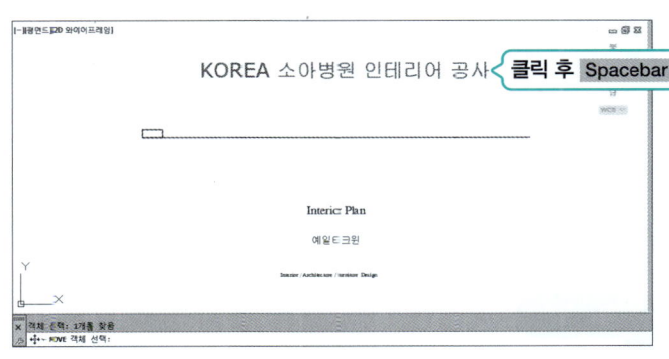

A 명령 행 한눈에 보기

객체 선택: 1개를 찾음 ← 객체 선택
객체 선택 Spacebar : ← Spacebar 를 눌러 다음 단계 진행

08 ❶ 임의의 지점을 클릭하여 기준점을 지정합니다. ❷ 문자 객체를 옮길 알맞은 위치를 클릭하여 문자 객체를 이동합니다.

 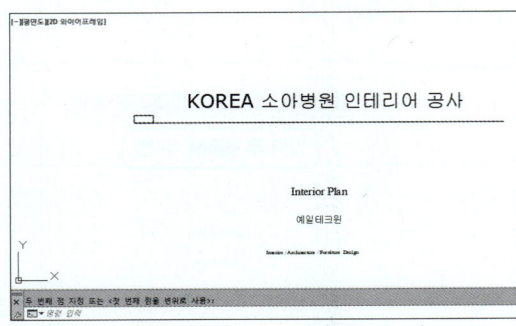

A 명령 행 한눈에 보기

기준점 지정 또는 [변위(D)] <변위>: ← 기준점 지정
두 번째 점 지정 또는 <첫 번째 점을 변위로 사용>: ← 변위 지정

02 Mtext 명령으로 여러 줄 문자 입력하기

실습 파일 Part 4\Part4-02.dwg

Mtext(여러 줄 문자) 명령은 문장 전체를 하나의 객체로 인식하므로 [문자 편집기] 도구 팔레트를 사용하여 편리하게 편집할 수 있습니다. Mtext 명령을 사용하려면 명령 행에 **Mtext**를 입력하고 Spacebar 를 누르거나 [주석] 도구 팔레트-[여러 줄 문자 A 여러 줄 문자]를 클릭합니다.

▲ Mtext 명령 선택 화면

+ 옵션 풀이

높이(H) _ 높이를 지정합니다.
선 간격두기(L) _ 선 사이의 간격을 지정합니다.
스타일(S) _ 스타일을 지정하여 문자를 입력합니다.
열(C) _ 열을 지정합니다.

자리맞추기(J) _ 문자를 입력할 때 배열 방법을 선택합니다.
회전(R) _ 회전 정도를 지정합니다.
폭(W) _ 폭을 지정합니다.

01 실습 파일 **Part4-02.dwg**를 불러옵니다. 도면 하단에 있는 표의 사각형 칸에 각각 문자를 입력해보겠습니다. 명령 행에 **Mtext**를 입력하고 Spacebar 를 누릅니다.

> **A** 명령 행 한눈에 보기
>
> 명령: **MTEXT** Spacebar ← Mtext 명령 입력(T)

> **바로 통 하는 TIP** [SHX 파일 누락] 메시지가 나타나면 [누락된 SHX 파일을 무시하고 계속]을 클릭합니다. 이 메시지는 문자 스타일과 기호의 일부가 누락되었을 때 나타납니다.

02 문자를 입력할 첫 번째 구석점을 지정합니다.

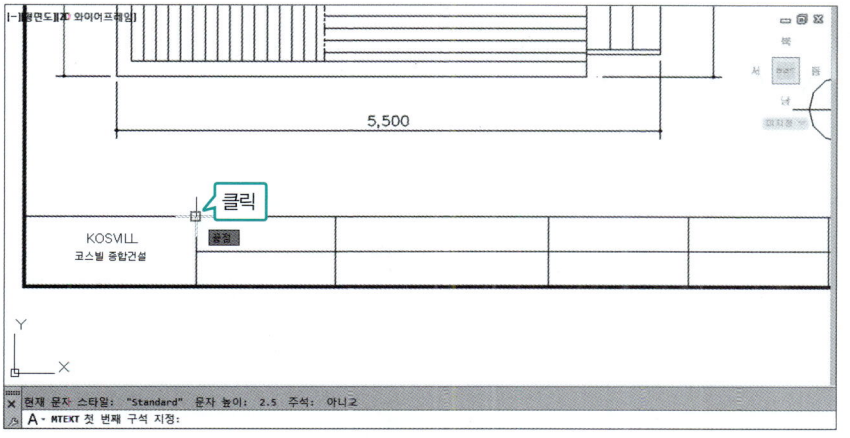

> **바로 통 하는 TIP** 도면을 작성할 때는 Zoom 명령이나 마우스 휠을 굴려 화면 크기를 알맞게 조절합니다.

> **A** 명령 행 한눈에 보기
>
> 현재 문자 스타일: "Standard" 문자 높이: 2.5 주석: 아니오
> 첫 번째 구석 지정: ← 첫 번째 구석점 지정

03 문자 높이를 지정합니다. ❶ 명령 행에 서브 메뉴 중 **H**(높이)를 입력하고 Spacebar 를 누릅니다.
❷ **100**을 입력하고 Spacebar 를 눌러 다음 단계로 넘어갑니다.

A 명령 행 한눈에 보기

반대 구석 지정 또는 [높이(H)/자리맞추기(J)/선 간격두기(L)/회전(R)/스타일(S)/폭(W)/열(C)]: h ← 옵션 H 입력
높이 지정 〈2.5〉: 100 ← 문자 높이 100 입력

04 두 번째 구석점을 지정합니다. 예시 문자가 있는 영역을 클릭하면 문자 입력 창이 나타납니다.

바로 통 하는 TIP 입력하는 문자 크기가 작다면 두 번째 구석점을 여유 있게 당겨서 문자 영역을 넓게 지정합니다. 그렇지 않으면 문자가 세로로 입력됩니다.

A 명령 행 한눈에 보기

반대 구석 지정 또는 [높이(H)/자리맞추기(J)/선 간격두기(L)/회전(R)/스타일(S)/폭(W)/열(C)]: ← 반대 구석점 지정 후 문자 입력

05 ❶ 문자를 입력하는 창에 **PROJECT TITLE**을 입력합니다.
❷ 상단의 [닫기]-[문서 편집기 닫기]를 클릭합니다.

06 문자가 한쪽 모서리에 치우쳐 있으므로 적당한 위치로 옮깁니다. 명령 행에 **Move**를 입력하고 Spacebar 를 누릅니다.

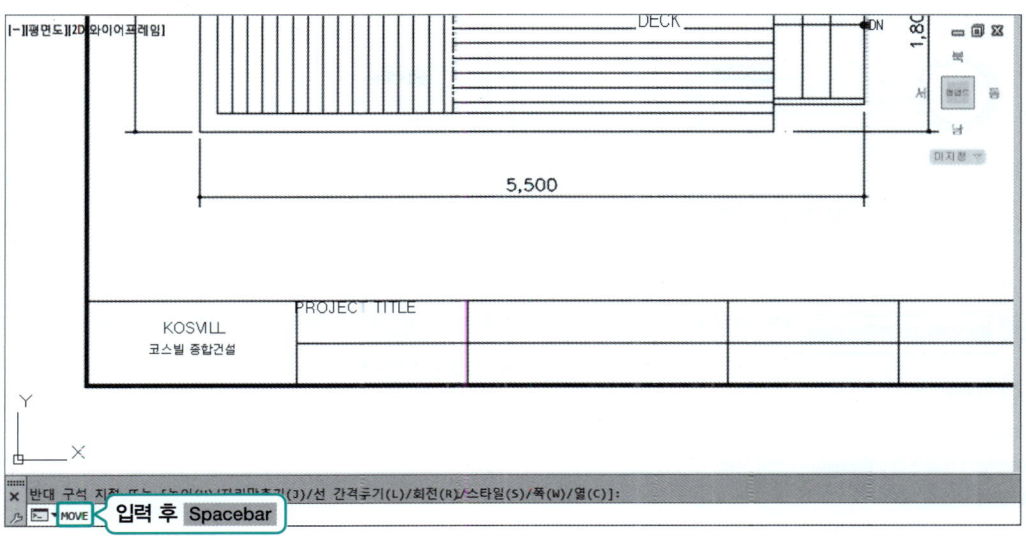

A 명령 행 한눈에 보기

명령: MOVE Spacebar ← Move 명령 입력 (M)

07 ❶ 문자를 클릭하여 선택한 후 Spacebar 를 누릅니다. ❷ 문자를 드래그하여 적당한 위치로 옮긴 후 클릭하여 위치를 지정합니다.

A 명령 행 한눈에 보기

객체 선택: 1개를 찾음 Spacebar ← 객체 선택
객체 선택: Spacebar ← Spacebar 를 눌러 다음 단계로 진행

A 명령 행 한눈에 보기

기준점 지정 또는 [변위(D)] 〈변위〉: ← 기준점 지정
두 번째 점 지정 또는 〈첫 번째 점을 변위로 사용〉: 〈직교 끄기〉
← 변위의 두 번째 점 지정

08 입력한 문자를 복사해 나머지 공간에 옮겨보겠습니다. ❶ 명령 행에 **Copy**를 입력하고 Spacebar 를 눌러 명령을 실행합니다. ❷ 복사할 문자를 클릭해 선택한 후 Spacebar 를 누릅니다. ❸ 복사할 곳의 기준점(끝점)을 클릭합니다.

▲ 기준점을 지정한 화면

A 명령 행 한눈에 보기

명령: **COPY** Spacebar ← Copy 명령 입력 (CO, CP)
객체 선택: 1개를 찾음 Spacebar ← 객체 선택
객체 선택: Spacebar
현재 설정: 복사 모드 = 다중(M)
기본점 지정 또는 [변위(D)/모드(O)] <변위>: ← 기준점 지정

09 다른 빈칸에도 문자 객체를 복사합니다. ❶❷ 빈칸마다 같은 위치에 복사 지점을 클릭하여 지정합니다. 이때 기준점을 정확하게 지정한다면 작업을 두 번 하지 않아도 됩니다.

A 명령 행 한눈에 보기

두 번째 점 지정 또는 [배열(A)] <첫 번째 점을 변위로 사용>: ← 변위의 두 번째 점 지정
두 번째 점 지정 또는 [배열(A)/종료(E)/명령 취소(U)] <종료>: ← 변위의 세 번째 점 지정
두 번째 점 지정 또는 [배열(A)/종료(E)/명령 취소(U)] <종료>: ← 변위의 네 번째 점 지정

10 문자 객체를 모두 복사했으면 Spacebar 를 눌러 명령을 종료합니다.

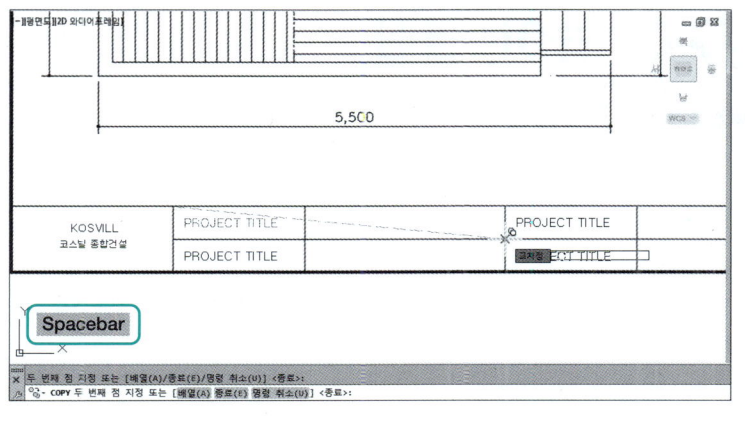

바로 통하는 TIP Mtext(여러 줄 문자) 명령을 입력하고 Explode(분해) 명령을 실행하면 문자가 분해되어 한 행씩을 각각의 객체로 인식하는 Dtext(단일 행 문자)가 됩니다. Explode 명령의 사용법은 330쪽을 참조하세요.

A 명령 행 한눈에 보기

두 번째 점 지정 또는 [배열(A)/종료(E)/명령 취소(U)] <종료>: Spacebar ← 명령 종료

쉽고 빠른 실무 NOTE   [문자 편집기] 도구 팔레트

Mtext 명령에서 문자를 입력하는 창을 선택하면 화면 상단에 [문자 편집기] 도구 팔레트가 나타납니다. 이 도구 팔레트에서 문자 서식을 설정할 수 있습니다. 문자를 더블클릭해도 [문자 편집기] 도구 팔레트가 나타납니다.

1 스타일
문자 유형과 문자의 높이(크기)를 지정합니다. 도면의 특성에 맞는 스타일로 지정합니다.

2 형식 지정
굵게 혹은 기울임꼴로 문자를 바꿉니다. 밑줄이나 도버라인(윗줄)을 추가할 수 있고 글꼴과 색상도 지정합니다. 하단의 화살표를 클릭하여 문자의 기울기 각도를 지정할 수 있으며 문자 사이의 간격이나 폭을 늘리거나 줄일 수도 있습니다.

3 단락
문자의 위치를 지정합니다. 행 간격을 지정하고 문장을 좌우 혹은 가운데로 정렬합니다. 문장의 자리를 맞추거나 분산할 수도 있습니다. 문자 앞에 글머리 기호나 번호 매기기 여부를 설정합니다.

4 삽입
특수 문자(기호)를 선택하여 입력합니다. 도면의 작업 날짜, 도면 번호, 제목 등의 정보를 필드로 삽입해두면 해당하는 정보가 변경될 때 자동으로 바뀝니다.

5 옵션
문자를 검색하거나 대치하고 철자 오류 등을 찾아냅니다. 또 명령 취소와 복구를 실행합니다. 눈금자를 화면에 표시할지 여부를 설정합니다. 문장을 여러 줄 작성하기 위한 세부 옵션을 지정합니다.

문자의 높이, 글꼴, 색상 지정하기

Mtext 명령의 각 옵션을 사용하여 문자를 꾸며봅니다.

실습 파일 없음

1 새 도면 파일을 엽니다. ❶ 명령 행에 **Mtext**를 입력하고 Spacebar 를 누릅니다. ❷ 문자를 입력할 영역을 지정하기 위해 첫 번째 구석점을 클릭하고 ❸ 두 번째 구석점을 클릭합니다.

> **A** 명령 행 한눈에 보기
>
> **명령: MTEXT** Spacebar ← Mtext 명령 입력 (T)
> **현재 문자 스타일: "Standard" 문자 높이: 2.5 주석: 아니오**
> **첫 번째 구석 지정:** ← 첫 번째 구석점 지정
> **반대 구석 지정 또는 [높이(H)/자리맞추기(J)/선 간격두기(L)/회전(R)/스타일(S)/폭(W)/열(C)]:** ← 반대 구석점 지정 후 문자 입력

2 임의로 문자를 입력합니다. 문자가 작다면 마우스 휠을 굴려 화면을 확대합니다.

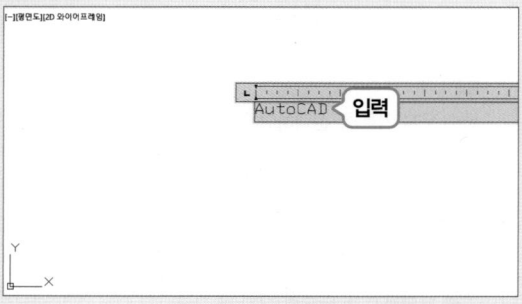

> **바로 통 하는 TIP** 이때 문자 입력 영역을 크게 지정하느냐 작게 지정하느냐에 따라 문자 입력 창 모양이 다르게 보입니다. 이와 상관없이 문자를 입력합니다.

3 군자를 드래그하여 변경할 문자열을 모두 선택합니다.

4 [형식 지정] 도구 팔레트에서 글꼴을 변경해보겠습니다. [글꼴]에서 [궁서체]를 클릭하여 지정합니다.

5 [스타일] 도구 팔레트에서 문자의 높이를 [1]로 선택하여 지정합니다. 문자의 크기가 작아집니다.

CHAPTER 01 문자 입력과 편집 및 표 그리기 · **375**

6 [형식 지정] 도구 팔레트에서 색상을 [초록색]으로 지정합니다. 문자의 색상이 바뀝니다.

7 변경할 내용이 완료되면 상단의 [닫기]-[문서 편집기 닫기]를 클릭하여 화면으로 나옵니다. 마우스 휠을 굴려서 화면을 적당하게 확대 또는 축소합니다.

바로 통 하는 TIP Mtext 명령을 입력하여 원하는 한글 문자를 입력한 뒤 글꼴 목록에서 @이 붙어 있는 글꼴을 지정하면 문자가 옆으로 누워서 나타나는 것을 알 수 있습니다.

쉽고 빠른 실무 NOTE 특수 문자(기호) 입력하기

특수 문자(기호)를 입력하려면 [문자 편집기] 도구 팔레트-[삽입]-[기호]에서 원하는 특수 문자(기호)를 선택하여 입력합니다.

▲ 특수 문자(기호) 입력 예

 흔히 사용하는 특수 문자(기호)는 단축키를 외워서 쓰도록 합니다.

특수 문자(기호)	단축키
Ø	%%C
°	%%D
±	%%P

SECTION 02 오류 문자를 수정하는 DDedit

DDedit(문자 수정) 명령은 잘못 쓴 문자를 고치는 편집 명령입니다. DDedit 명령을 사용하려면 명령 행에 **DDedit**를 입력하고 Spacebar 를 누릅니다.

01 DDedit 명령으로 문자 수정하기

실습 파일 Part 4\Part4-03.dwg

DDedit(문자 수정) 명령은 실행한 후 연속해서 사용할 수 있으므로 오타를 한번에 수정할 때 매우 유용합니다.

01 실습 파일 **Part4-03.dwg**를 불러옵니다. Mtext 명령으로 문자를 입력한 도면입니다. ❶ 명령 행에 **DDedit**를 입력하고 Spacebar 를 누릅니다. ❷ 수정하려는 문자 객체를 클릭하여 선택합니다.

A 명령 행 한눈에 보기

명령: DDEDIT Spacebar ← DDedit 명령어 입력 (ED)
현재 설정: 편집 모드 = Multiple
주석 객체 선택 또는 [명령 취소(U)/모드(M)]: ← 수정 객체 선택

 바로 통 하는 TIP DDedit 명령을 사용하지 않고 문자 객체를 더블클릭해도 수정할 수 있습니다.

02 'PROJECT TITLE'을 지우고 **DRAWING TITLE**을 입력하여 수정합니다.

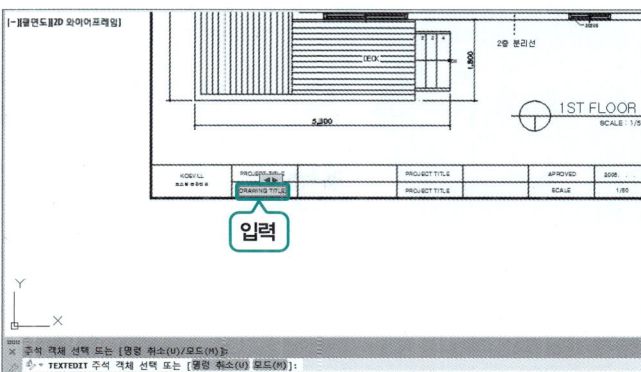

> **A** 명령 행 한눈에 보기
>
> 주석 객체 선택 또는 [명령 취소(U)/모드(M)]:
> ← 수정 객체 선택

03 계속해서 'PROJECT TITLE'을 지우고 **DESIGNED BY**를 입력하여 수정합니다.

> **A** 명령 행 한눈에 보기
>
> 주석 객체 선택 또는 [명령 취소(U)/모드(M)]:
> ← 수정 객체 선택

04 ❶ 마지막으로 아래 칸의 'PROJECT TITLE'을 지우고 **DRAWING BY**를 입력한 후 ❷ [닫기]-[문서 편집기 닫기]를 클릭해 화면으로 나옵니다.

> **A** 명령 행 한눈에 보기
>
> 주석 객체 선택 또는 [명령 취소(U)/모드(M)]: ← 수정 객체 선택

회사통 실무활용
Spell 명령으로 영문 철자 수정하기

Spell(철자 검사) 명령은 영문 단어의 철자를 쉽게 수정할 수 있는 명령입니다. Spell 명령을 사용하면 헷갈리는 영문 단어를 고치기 위해 더 이상 사전을 뒤지며 헤맬 필요가 없습니다.

실습 파일 없음

1 새 도면 파일을 엽니다. 명령 행에 **Mtext**를 입력한 후 Spacebar를 눌러 명령을 실행합니다.

A 명령 행 한눈에 보기
명령: MTEXT Spacebar ← Mtext 명령 입력 (T)

2 ① 임의의 지점을 클릭하여 문자를 입력할 첫 번째 구석점을 지정합니다. ② 오른쪽 아래에 두 번째 구석점을 지정하면 문자 입력 창이 나타납니다. ③ **Interier**를 입력합니다. ④ [닫기]-[문서 편집기 닫기]를 클릭합니다. 문자 크기가 너무 작거나 크다면 마우스 휠을 굴려 화면을 확대하거나 축소합니다.

A 명령 행 한눈에 보기
현재 문자 스타일: "Standard" 문자 높이: 2.5 주석: 아니오
첫 번째 구석 지정: ← 첫 번째 구석점 지정
반대 구석 지정 또는 [높이(H)/자리맞추기(J)/선 간격두기(L)/회전(R)/스타일(S)/폭(W)/열(C)]: ← 반대 구석점 지정 후 문자 입력

3 철자 검사를 해보겠습니다. ❶ 명령 행에 **Spell**을 입력하고 Spacebar 를 누르면 [철자 검사] 대화상자가 나타납니다. ❷ [시작]을 클릭합니다.

A 명령 행 한눈에 보기

명령: SPELL Spacebar ← Spell 명령 입력

4 영문 철자를 틀리게 입력한 'Interier' 문자가 [사전에 없음] 영역에 나타납니다. ❶ [제안 사항] 영역에서 올바른 철자인 [Interior]를 클릭하고 ❷ [변경]을 클릭합니다.

5 '철자 확인 완료'라는 메시지가 나타나면 [확인]을 클릭합니다.

6 [철자 검사] 대화상자에서 [닫기]를 클릭하면 앞에서 입력한 영문이 철자법에 맞게 수정되었음을 확인할 수 있습니다.

SECTION 03 표를 그려주는 Table

Table(테이블) 명령은 표를 그리는 편집 명령입니다. Line(선) 명령으로 표를 그리지 않아도 Table 명령을 사용하여 빠르고 편리하게 표를 그릴 수 있습니다. Table 명령을 사용하려면 명령 행에 **Table**을 입력한 후 Spacebar 를 누르거나 [주석] 도구 팔레트-[테이블 ▦]을 클릭합니다.

01 Table 명령으로 표 그리기

Table 명령으로 표를 그려봅니다.

01 새 도면 파일을 엽니다. 명령 행에 **Table**을 입력한 후 Spacebar 를 눌러 명령을 실행합니다.

> **A 명령 행 한눈에 보기**
> 명령: TABLE Spacebar ← Table 명령 입력

02 [테이블 삽입] 대화상자가 나타납니다. 대화상자의 오른쪽에 있는 [행 및 열 설정] 영역에서 사용자가 필요로 하는 개수만큼 표 크기를 지정합니다. ❶ [열], [열 폭], [데이터 행], [행 높이]를 각각 **5**, **30**, **3**, **1**로 설정하고 ❷ [확인]을 클릭합니다.

03 화면상에 표가 나타나고 마우스 포인터의 위치를 따라 표가 움직입니다. 적당한 위치를 클릭하여 표를 삽입합니다.

A 명령 형 한눈에 보기

삽입점 지정: ← 표를 삽입할 지점 지정

04 셀에 커서가 깜박이면 원하는 내용을 입력합니다. 문자 기입 방법은 Mtext 명령의 문자 입력 방법과 같습니다. ❶ 1번 행에 **테이블 그리기**를 입력하고 Enter 를 누른 후 ❷ 나머지 항에는 칸마다 숫자, 알파벳, 특수 문자를 임의로 입력합니다. Mtext 명령에서 설명했던 [주석] 도구 팔레트를 활용하여 원하는 표를 완성합니다.

바로 통 하는 TIP 현재 셀에서 오른쪽 셀로 넘어갈 때는 Tab 을 누릅니다. 행의 가장 오른쪽 셀에서 Tab 을 누르면 다음 행의 가장 왼쪽 셀로 이동합니다. 역으로 왼쪽 셀로 이동할 때는 Shift 와 Tab 을 누릅니다. 혹은 키보드의 방향키를 이용해 셀을 이동할 수 있습니다.

바로 통 하는 TIP 완성된 표는 하나의 객체로 인식되기 때문에 앞에서 배웠던 다른 명령을 사용하여 원하는 대로 수정할 수 있습니다. 예를 들어 Scale 명령을 이용해 크기를 조절할 수 있고 Copy 명령으로 복사할 수도 있습니다.

바로 통 하는 TIP 표에 문자를 입력한 후 작업 화면의 빈 곳을 클릭하면 표가 완성됩니다.

CHAPTER 02 패턴과 그라데이션 표현하기

실무 도면을 보면 타일처럼 일정한 모양의 객체가 연속해서 들어가 있는 경우가 많습니다. 많은 선이나 도형으로 이루어져 있는 패턴을 일일이 그리거나 편집하자면 시간이 무척 오래 걸릴 것입니다. 이때 특정한 영역이나 객체에 일정한 모양을 지정하는 명령인 Hatch(해치) 명령을 사용하면 보다 효율적으로 도면을 작성할 수 있습니다. 색감의 변화를 표현하는 Gradient(그라데이션)의 사용법도 알아보겠습니다.

🎯 학습 목표

건축, 인테리어 도면에 필요한 Hatch 명령과 Gradient 명령을 익혀봅니다. Hatch 명령은 도면 경계를 정확히 지정하여 구체적인 재질을 표현할 수 있고 Gradient 명령은 객체의 색을 점층법 혹은 점강법으로 표현할 수 있습니다.

▲ 해치 그리기

▲ 그라데이션으로 객체에 물든 듯한 색상 입히기

SECTION 01 같은 모양을 연속해서 그리는 Hatch

Hatch 명령은 건축 도면의 상세도나 입면도, 기계 도면의 단면도에서 많이 사용하는 편집 명령입니다. Hatch 명령을 사용하려면 명령 행에 **Hatch** 또는 **BHatch**를 입력하고 Spacebar 를 누르거나 [그리기] 도구 팔레트–[해치 ▨]를 클릭합니다.

01 Pick Point를 사용하여 해치 그리기

실습 파일 Part 4\Part4-04.dwg

Hatch 명령은 먼저 패턴의 유형을 선택하고 해치를 입력할 영역을 지정해야 합니다. 영역을 지정하는 방법은 두 가지가 있는데 그중 하나는 Pick Point(추가점 선택) 방법입니다. Pick Point는 특정 영역 안에 점을 찍어 패턴을 입력할 경계를 지정합니다.

01 실습 파일 **Part4-04.dwg**를 불러옵니다. ❶ 명령 행에 **Hatch**를 입력하고 Spacebar 를 누릅니다. ❷ 서브 메뉴의 **T**(설정)를 입력하고 Spacebar 를 누릅니다. [해치 및 그라데이션] 대화상자가 나타납니다.

A 명령 행 한눈에 보기

명령: **HATCH** Spacebar ← Hatch 명령 입력 (H)
내부 점 선택 또는 [객체 선택(S)/명령 취소(U)/설정(T)]: T Spacebar ← 옵션 T 입력

CHAPTER 02 패턴과 그라데이션 표현하기 • 385

02 입력할 패턴을 지정하겠습니다. ❶ 왼쪽 상단의 [유형 및 패턴] 영역의 [패턴]에서 [더 보기 ...]를 클릭합니다. [해치 패턴 팔레트] 대화상자가 나타나면 여러 가지 패턴을 보고 알맞은 패턴을 선택합니다. 예제 도면의 가장 위에 있는 '토사층'부터 패턴을 지정해보겠습니다. ❷ [AR-CONC]를 클릭하고 ❸ [확인]을 클릭합니다.

03 패턴이 [AR-CONC]로 지정되었습니다. ❶ 영역 지정을 위하여 [경계] 영역의 [추가: 점 선택 ▦]을 클릭합니다. ❷ 도면 가장 위의 사각형 경계 안을 클릭합니다. ❸ 서브 메뉴의 **T**(설정)를 입력하고 Spacebar 를 눌러 [해치 및 그라데이션] 대화상자로 돌아옵니다.

A 명령 행 한눈에 보기

내부 점 선택 또는 [객체 선택(S)/명령 취소(U)/설정(T)]:
내부 점 선택 또는 [객체 선택(S)/명령 취소(U)/설정(T)]: 모든 것 선택...
가시적인 모든 것 선택 중...
선택된 데이터 분석 중...
내부 고립영역 분석 중...
내부 점 선택 또는 [객체 선택(S)/명령 취소(U)/설정(T)]: t Spacebar ← 옵션 T 입력

04 [해치 및 그라데이션] 대화상자의 왼쪽 하단에 있는 [미리보기]를 클릭하여 도면을 미리 확인합니다.

05 앞서 패턴을 지정했던 도면의 사각형 객체가 검은색으로 꽉 차게 표시됩니다. 지정한 해치 패턴의 크기가 너무 조밀하거나 너무 큰 경우에는 빈 상태로 표시됩니다. Esc 를 눌러 [해치 및 그라데이션] 대화상자로 돌아옵니다.

A 명령 행 한눈에 보기

선택하거나 Esc 키를 눌러 대화상자로 복귀 또는 <오른쪽 클릭하여 해치 승인>: Esc ← Esc 를 눌러 [해치 및 그라데이션] 대화상자로 복귀

06 ❶ 해치 패턴의 크기를 조절하기 위해 [각도 및 축척] 영역의 [축척]을 **22**로 입력합니다. ❷ [미리보기]를 클릭합니다.

바로 통 하는 TIP 크기를 지정할 때는 미리 보기를 확인하는 작업을 여러 번 반복하여 적절한 크기로 조절하는 것이 좋습니다. 패턴마다 배율이 모두 달라서 같은 1배율이라도 딱 맞아떨어지는 패턴이 있고 크기가 맞지 않아서 입력조차 되지 않는 경우도 있습니다.

07 해치가 알맞은 크기로 조정되었습니다.

08 현재 도면의 해치를 그대로 승인하기 위해 Enter 를 두 번 누릅니다.

> **바로 통 하는 TIP** 미리 보기 후에 해치를 그대로 지정하기 위해서는 반드시 Enter 를 눌러야 합니다.

> **A 명령 행 한눈에 보기**
> 내부 점 선택 또는 [객체 선택(S)/명령 취소(U)/설정(T)]:
> Enter Enter ← 해치 승인

09 ❶ Hatch 명령을 다시 실행하기 위해 Spacebar 를 누릅니다. ❷ 서브 메뉴의 **T**(설정)를 입력하고 Spacebar 를 눌러 [해치 및 그라데이션] 대화상자를 불러옵니다.

> **A 명령 행 한눈에 보기**
> 명령: HATCH Spacebar ← Hatch 명령 입력 (H)
> 내부 점 선택 또는 [객체 선택(S)/명령 취소(U)/설정(T)]: t Spacebar ← 옵션 T 입력

10 입력할 패턴을 지정하겠습니다. ❶ [유형 및 패턴] 영역의 [패턴]에서 [더 보기]를 클릭합니다.
❷ 스크롤바를 아래로 내려서 [HEX]를 선택하고 ❸ [확인]을 클릭합니다.

11 ❶ 영역을 지정하기 위해 [경계] 영역의 [추가:점 선택]을 클릭합니다. ❷ 도면의 두 번째 사각형 객체의 안쪽을 클릭합니다. ❸ 서브 메뉴 중 **T**(설정)를 입력하고 Spacebar 를 눌러 [해치 및 그라데이션] 대화상자로 돌아옵니다.

A 명령 행 한눈에 보기

내부 점 선택 또는 [객체 선택(S)/명령 취소(U)/설정(T)]:
내부 점 선택 또는 [객체 선택(S)/명령 취소(U)/설정(T)]: 모든 것 선택...
가시적인 모든 것 선택 중...
선택된 데이터 분석 중...
내부 고립영역 분석 중...
내부 점 선택 또는 [객체 선택(S)/명령 취소(U)/설정(T)]: t Spacebar ← 옵션 T 입력

12 [미리보기]를 클릭하여 도면을 미리 확인합니다. 이번에도 해치 패턴의 크기가 너무 조밀하여 사각형 객체가 검은색으로 꽉 차게 표시됩니다.

13 ❶ Esc 를 눌러 [해치 및 그라데이션] 대화상자로 돌아옵니다. ❷ 패턴의 크기를 조절하기 위해 [각도 및 축척] 영역의 [축척(S)]을 **425**로 입력합니다. ❸ 다시 [미리보기]를 클릭합니다.

> **A 명령 행 한눈에 보기**
>
> 선택하거나 Esc 키를 눌러 대화상자로 복귀 또는 〈오른쪽 클릭하여 해치 승인〉:
> Esc ← Esc 를 눌러 [해치 및 그라데이션] 대화상자로 복귀

14 해치가 알맞은 크기로 조정되었습니다. 현재 도면의 해치를 그대로 승인하기 위해 Enter 를 두 번 누릅니다.

> **A 명령 행 한눈에 보기**
>
> 객체 선택 또는 [내부 점 선택(K)/명령 취소(U)/설정(T)]: Enter Enter ← 해치 승인

15 연속하여 Hatch 명령을 실행하기 위해 Spacebar 를 누릅니다. 서브 메뉴의 **T**(설정)를 입력하고 Spacebar 를 눌러 [해치 및 그라데이션] 대화상자를 불러옵니다. ❶ 입력할 패턴을 지정하기 위해 [유형 및 패턴] 영역-[견본]의 미리 보기를 클릭합니다. ❷ 나타나는 [해치 패턴 팔레트] 대화상자에서 [AR-B816]을 클릭하고 ❸ [확인]을 클릭하여 [해치 및 그라데이션] 대화상자로 돌아옵니다. ❹ 영역을 지정하기 위해 [경계] 영역의 [추가:점 선택]을 클릭합니다.

A 명령 행 한눈에 보기

명령: **HATCH** Spacebar ← Hatch 명령 입력 (H)
내부 점 선택 또는 [객체 선택(S)/명령 취소(U)/설정(T)]: t Spacebar ← 옵션 T 입력

16 ❶ 세 번째 사각형 객체를 클릭하여 선택합니다. ❷ 서브 메뉴의 **T**(설정)를 입력하고 Spacebar 를 눌러 [해치 및 그라데이션] 대화상자로 돌아옵니다.

A 명령 행 한눈에 보기

내부 점 선택 또는 [객체 선택(S)/명령 취소(U)/설정(T)]:
내부 점 선택 또는 [객체 선택(S)/명령 취소(U)/설정(T)]: 모든 것 선택...
가시적인 모든 것 선택 중...
선택된 데이터 분석 중...
내부 고립영역 분석 중...
내부 점 선택 또는 [객체 선택(S)/명령 취소(U)/설정(T)]: t Spacebar ← 옵션 T 선택

17 ❶ [각도 및 축척] 영역의 [각도] 항목에는 **8.5**를, [축척] 항목에는 **10**을 입력합니다. ❷ 대화상자 왼쪽 하단의 [미리보기]를 클릭하여 도면을 미리 확인합니다. 해치가 알맞은 크기로 조정되었습니다. ❸ 현재 도면의 해치를 승인하기 위해 Enter 를 두 번 누릅니다.

A 명령 행 한눈에 보기

명령: 내부 점 선택 또는 [객체 선택(S)/명령 취소(U)/설정(T)]: Enter Enter ← 해치 승인

18 마지막 '연암층' 상자의 해치를 지정하겠습니다. Hatch 명령을 다시 실행하기 위해 Spacebar 를 누르고 서브 메뉴 **T**(설정)를 입력한 후 Spacebar 를 눌러 명령을 실행합니다. [유형 및 패턴] 영역–[견본]의 미리 보기를 클릭해서 원하는 패턴을 선택합니다. ❶ [NET]를 클릭하고 ❷ [확인]을 클릭합니다.

A 명령 행 한눈에 보기

명령: HATCH Spacebar ← Hatch 명령 입력 (H)
내부 점 선택 또는 [객체 선택(S)/명령 취소(U)/설정(T)]: t Spacebar ← 옵션 T 입력

19 영역을 지정하기 위해 [경계] 영역의 [추가: 점 선택]을 클릭합니다. ❶ 도견이 나타나면 가장 아래에 있는 사각형을 클릭하여 선택합니다. ❷ 서브 메뉴 중 **T**(설정)를 입력하고 Spacebar 를 눌러 대화상자로 돌아옵니다.

A 명령 행 한눈에 보기

내부 점 선택 또는 [객체 선택(S)/명령 취소(U)/설정(T)]:
내부 점 선택 또는 [객체 선택(S)/명령 취소(U)/설정(T)]: 모든 것 선택...
가시적인 모든 것 선택 중...
선택된 데이터 분석 중...
내부 고립영역 분석 중...
내부 점 선택 또는 [객체 선택(S)/명령 취소(U)/설정(T)]: t Spacebar ←옵션 T 입력

20 ❶ [각도 및 축척] 영역의 [각도]를 **0**으로, [축척]을 **637.5**로 입력합니다. ❷ 왼쪽 하단의 [미리보기]를 클릭하여 도면을 미리 확인합니다.

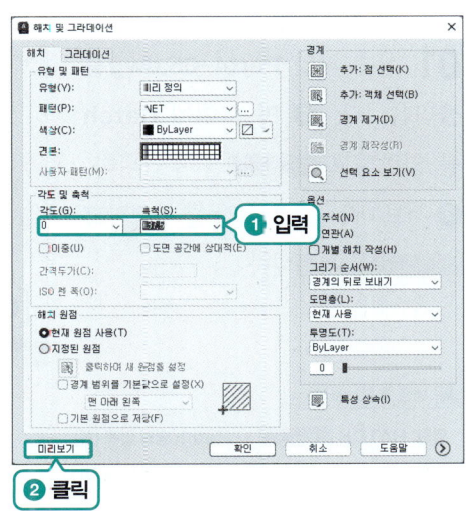

21 입력된 현재 도면의 해치를 그대로 승인하기 위해 Enter 를 두 번 눌러 도면 작성을 마칩니다.

> **A 명령 행 한눈에 보기**
>
> 내부 점 선택 또는 [객체 선택(S)/명령 취소(U)/설정(T)]: Enter Enter ←해치 승인

> **바로 통하는 TIP** Hatch 명령의 [각도] 및 [축척]은 언제 어떻게 사용할까?
>
> [해치 및 그라데이션] 대화상자에서 [축척]은 말 그대로 패턴의 크기를 지정하는 옵션이며, [각도]는 패턴의 기울기를 지정하는 옵션입니다. 지정한 패턴의 축척이 너무 크거나 너무 작으면 패턴이 화면에서 보이지 않으므로 축척을 적당히 조절하도록 합니다. 각도는 시계 반대 방향이 양(+)의 값을 가진다는 것을 잘 기억했다가 착오 없이 사용합니다.

02 객체 선택 옵션으로 해치 그리기

실습 파일 Part 4\Part4-05.dwg

객체 선택(Select Object) 방법을 사용하여 해치를 그려보겠습니다. 객체 선택 옵션은 원하는 객체를 통째로 지정하여 패턴을 입력하는 방법입니다. 경계가 교차되어 있어도 선택한 객체 전체에 패턴을 입력할 수 있습니다.

01 실습 파일 **Part4-05.dwg**를 불러옵니다. ❶ 명령 행에 **Hatch**를 입력하고 Spacebar 를 누릅니다. ❷ 서브 메뉴 중 **T**(설정)를 입력하고 Spacebar 를 누릅니다.

> **A 명령 행 한눈에 보기**
>
> 명령: HATCH Spacebar ←Hatch 명령 입력 (H)
> 내부 점 선택 또는 [객체 선택(S)/명령 취소(U)/설정(T)]: t Spacebar ←옵션 T 입력

02 [해치 및 그라데이션] 대화상자가 나타납니다. ❶ 입력할 패턴을 지정하기 위하여 [유형 및 패턴] 영역-[견본]의 미리 보기를 클릭합니다. ❷ [해치 패턴 팔레트] 대화상자에서 [SOLID]를 클릭하고 ❸ [확인]을 클릭합니다.

03 ❶ 해치 영역을 지정하기 위하여 [경계] 영역의 [추가: 객체 선택]을 클릭합니다. ❷ 도면에서 사각형을 클릭하고 ❸ 서브 메뉴 중 **T**(설정)를 입력한 후 Spacebar 를 눌러 [해치 및 그라데이션] 대화상자로 돌아옵니다. 원과 다각형이 사각형에 가려져 있지만 사각형 전체가 선택됩니다.

A 명령 행 한눈에 보기

내부 점 선택 또는 [객체 선택(S)/명령 취소(U)/설정(T)]:

객체 선택 또는 [내부 점 선택(K)/명령 취소(U)/설정(T)]:1개를 찾음

객체 선택 또는 [내부 점 선택(K)/명령 취소(U)/설정(T)]: t Spacebar ← 옵션 T 입력

바로 통 하는 TIP 객체 선택 방법으로 패턴을 입력할 영역을 지정할 때는 반드시 해당 객체의 선을 선택해야만 합니다. AutoCAD 입문자라면 객체 선 내부의 빈 공간에도 객체가 존재한다고 생각하기 쉽지만 빈 공간은 보이는 그대로 빈 공간일 뿐입니다. 내부의 공간을 선택하면 아무것도 선택되지 않기 때문에 객체의 선을 선택해야 합니다.

04 ❶ [색상]에서 [초록색]을 클릭하고 ❷ [미리보기]를 클릭하여 도면을 확인합니다. ❸ Enter 를 두 번 눌러 해치를 승인합니다.

> **A** 명령 행 한눈에 보기
>
> 선택하거나 Esc 키를 눌러 대화상자로 복귀 또는 〈오른쪽 클릭하여 해치 승인〉:
> 객체 선택 또는 [내부 점 선택(K)/명령 취소(U)/설정(T)]: Enter Enter ←해치 승인

05 ❶ 연속하여 Hatch 명령을 실행하기 위해 Spacebar 를 누릅니다. ❷ 서브 메뉴 중 **T**(설정)를 입력한 후 Spacebar 를 눌러 [해치 및 그라데이션] 대화상자를 불러옵니다.

> **A** 명령 행 한눈에 보기
>
> 명령: **HATCH** Spacebar ←Hatch 명령 입력 (H)
> 내부 점 선택 또는 [객체 선택(S)/명령 취소(U)/설정(T)]: t Spacebar ←옵션 T 입력

바로 통 하는 TIP Spacebar 를 눌러도 Hatch 명령이 실행되지 않는다면 먼저 Esc 를 눌러 모든 명령을 종료한 후 명령 행에 Hatch를 입력하고 Spacebar 를 눌러 명령을 실행합니다.

06 입력할 패턴을 지정하겠습니다. ❶ [우형 및 패턴]-[견본]의 미리 보기를 클릭하여 [해치 패턴 팔레트] 대화상자를 불러옵니다. ❷ [기타 미리 정의] 탭에서 [SOLID]를 클릭하고 ❸ [확인]을 클릭합니다.

07 ❶ 영역을 지정하기 위해 [경계] 영역의 [추가: 객체 선택]을 클릭합니다. ❷ 도면의 원을 클릭하여 선택합니다. ❸ 서브 메뉴 중 **T**(설정)를 입력한 후 Spacebar 를 눌러 [해치 및 그라데이션] 대화상자로 돌아옵니다.

> **A** 명령 행 한눈에 보기
>
> 내부 점 선택 또는 [객체 선택(S)/명령 취소(U)/설정(T)]:
>
> 객체 선택 또는 [내부 점 선택(K)/명령 취소(U)/설정(T)]:1개를 찾음
>
> 객체 선택 또는 [내부 점 선택(K)/명령 취소(U)/설정(T)]: t Spacebar ← 옵션 T 입력

08 ① [색상]에서 [노란색]을 클릭하고 ② [미리보기]를 클릭하여 도면을 확인합니다. ③ 현재 도면의 해치를 그대로 승인하기 위해 Enter 를 두 번 눌러 Hatch 명령을 완료합니다.

> **A 명령 행 한눈에 보기**
>
> 선택하거나 Esc 키를 눌러 대화상자로 복귀 또는 〈오른쪽 클릭하여 해치 승인〉:
> 객체 선택 또는 [내부 점 선택(K)/명령 취소(U)/설정(T)]: Enter Enter ← 해치 승인

09 ① 연속하여 Hatch 명령을 실행하기 위해 Spacebar 를 누릅니다. ② 서브 메뉴 중 **T**(설정)를 입력한 후 Spacebar 를 눌러 [해치 및 그라데이션] 대화상자를 불러옵니다.

> **A 명령 행 한눈에 보기**
>
> 명령: **HATCH** Spacebar ← Hatch 명령 입력 (H)
> 내부 점 선택 또는 [객체 선택(S)/명령 취소(U)/설정(T)]: t Spacebar ← 옵션 T 입력

10 입력할 패턴을 지정하겠습니다. ❶ [유형 및 패턴] 영역-[견본]의 미리 보기를 클릭하여 [해치 패턴 팔레트] 대화상자를 불러옵니다. ❷ [기타 미리 정의] 탭에서 [SOLID]를 클릭하고 ❸ [확인]을 클릭합니다.

11 ❶ 영역을 지정하기 위해 [경계] 영역의 [추가: 객체 선택]을 클릭합니다. ❷ 도면의 다각형 객체를 클릭하여 선택합니다. ❸ 서브 메뉴 중 **T**(설정)를 입력한 후 Spacebar 를 눌러 [해치 및 그라데이션] 대화상자로 돌아옵니다.

A 명령 행 한눈에 보기

내부 점 선택 또는 [객체 선택(S)/명령 취소(U)/설정(T)]:

객체 선택 또는 [내부 점 선택(K)/명령 취소(U)/설정(T)]:1개를 찾음

객체 선택 또는 [내부 점 선택(K)/명령 취소(U)/설정(T)]: t Spacebar ← 옵션 T 입력

12 ❶ [색상]에서 [선홍색]을 클릭하고 ❷ 대화상자 하단의 [미리보기]를 클릭하여 도면을 확인합니다. ❸ 현재 도면의 해치를 그대로 승인하기 위해 Enter 를 두 번 누릅니다.

A 명령 행 한눈에 보기

선택하거나 Esc 키를 눌러 대화상자로 복귀 또는 〈오른쪽 클릭하여 해치 승인〉:
객체 선택 또는 [내부 점 선택(K)/명령 취소(U)/설정(T)]: Enter Enter ← 해치 승인

쉽고 빠른 실무 NOTE | **Hatch 명령이 적용되지 않는 세 가지 경우**

Hatch 명령은 많은 선과 기호로 이루어진 패턴이므로 용량을 많이 차지합니다. 그런 만큼 다른 명령에 비해 입력하기 매우 까다롭습니다. 실무를 하다 보면 Hatch 명령이 적용되지 않아 곤란한 경우를 종종 겪게 됩니다. 세 가지 경우를 알아보겠습니다.

1 해치 설정 크기가 맞지 않는 경우

[해치 및 그라데이션] 대화상자에서 [축척]을 조절하여 사용합니다. [해치 및 그라데이션] 대화상자에서 [축척] 입력란을 클릭하고 키보드의 방향키를 누르거나 원하는 배율을 직접 입력하여 크기를 설정할 수 있습니다.

▲ [해치 및 그라데이션] 대화상자에서 [축척]을 조절

2 패턴을 입력할 경계선이 모두 연결되어 있지 않는 경우

패턴을 입력할 객체의 경계선이 미세하게 한 부분이라도 끊어져 있으면 Hatch 명령을 적용할 수 없습니다. 패턴을 적용할 객체의 경계선을 잘 살펴보고 경계선을 모두 연결한 뒤 Hatch 명령을 적용합니다.

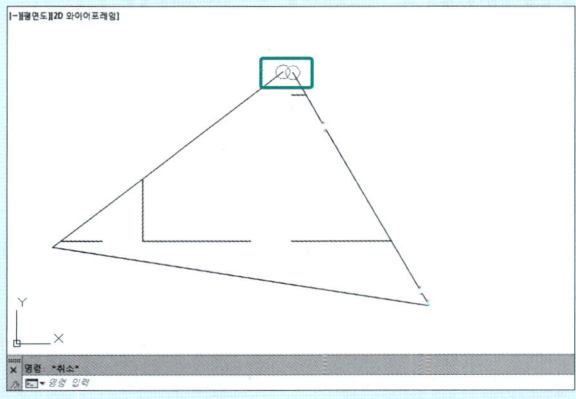

▲ 경계선이 모두 연결되지 않은 객체에 Hatch 명령을 지정할 때 나타나는 경고 메시지

▲ 연결 부분을 빨간색 원으로 표시함

3 도면 영역이 큰 경우(건축 도면, 토목 도면, 지적도 등)

Line 명령으로 선을 그어 도면 영역을 임의로 분할하고 Hatch 명령을 적용합니다. 적용을 마치면 임의의 경계선은 지우도록 합니다.

▲ 임의로 경계선을 그어 도면 영역을 분할함

 TIP 도면 영역을 분할하여 적용해도 패턴의 경계 부분이 어색하지 않고 자연스럽게 연결됩니다.

회사통 실무활용

같은 패턴으로 해치를 그리는 Matchprop 명령 적용하기

실무를 하다 보면 모든 작업을 완료한 후 해치를 다시 수정해야 할 일이 생기기도 합니다. 예를 들어 각각 다른 패턴을 부여한 객체를 같은 패턴으로 통합해야 하는 경우입니다. 이때 아주 편리한 기능이 Match Properties(특성 일치) 명령입니다.

실습 파일 Part 4\Part4-06.dwg

Matchprop 명령을 사용하려면 명령 행에 **Matchprop**를 입력하고 Spacebar 를 누르거나 [특성] 도구 팔레트-[특성]-[특성 일치]를 클릭합니다.

▲ Matchprop 명령 선택 화면

1 실습 파일 **Part4-06.dwg**를 불러옵니다. 벽체를 이루는 객체를 모두 벽돌 패턴으로 변경해보겠습니다. 명령 행에 **Matchprop**를 입력하고 Spacebar 를 누릅니다.

A 명령 행 한눈에 보기

명령: MATCHPROP Spacebar
←Matchprop 명령 입력 (MA)

2 특성 일치를 적용할 원본 객체를 선택합니다. 여기서는 벽돌 패턴이 지정된 객체를 클릭하여 선택합니다.

A 명령 행 한눈에 보기

원본 객체를 선택하십시오: ← 원본 객체를 선택
현재 활성 설정: 색상 도면층 선종류 선축척 선가중치 투명도 두께 플롯 스타일 치수 문자 해치 폴리선 뷰포트 테이블 재료 다중 지시선 중심 객체

3 마우스 포인터가 붓 모양으로 바뀝니다. 패턴을 적용할 대상 객체를 클릭합니다. 선택한 객체가 벽돌 패턴으로 변경됩니다. 이때 이미 Hatch 명령이 적용되어 패턴이 지정된 객체 영역을 클릭해야 합니다. 빈 공간을 클릭하면 특성 일치가 적용되지 않습니다.

A 명령 행 한눈에 보기

대상 객체를 선택 또는 [설정(S)]: ← 대상 객체를 선택

4 계속해서 패턴을 적용할 대상 객체를 클릭하여 변경합니다. Spacebar 를 눌러 명령을 종료합니다.

A 명령 행 한눈에 보기

대상 객체를 선택 또는 [설정(S)]: ← 대상 객체를 선택
대상 객체를 선택 또는 [설정(S)]: Spacebar ← 모두 마치면 Spacebar 를 눌러 명령 종료

바로 통하는 TIP Matchprop 명령은 원본 객체를 한 번 지정하면 대상 객체는 몇 번이고 연속으로 클릭해서 원본 객체와 같은 속성으로 변경할 수 있습니다.

SECTION 02 색감의 변화를 표현하는 Gradient

그라데이션 효과는 그래픽 프로그램에서 통용되는 의미로 진한 색부터 차차 흐리게 표현되는 기법입니다. 일종의 점층법 혹은 점강법의 효과를 주어 단계적으로 일관성 있게 변화를 부여합니다. Gradient(그라데이션) 명령을 사용하려면 명령 행에 **Gradient**를 입력하고 Spacebar 를 누르거나 [그리기] 도구 팔레트-[그라데이션▨]을 클릭합니다.

▲ Gradient 명령 선택 화면

01 Gradient 명령으로 물든 듯한 색상 입히기

실습 파일 Part 4\Part4-07.dwg

Gradient(그라데이션) 명령을 사용하여 객체의 빈 공간에 색상을 입혀보겠습니다.

01 실습 파일 **Part4-07.dwg**를 불러옵니다. 명령 행에 **Gradient**를 입력하고 Spacebar 를 누릅니다.

> **A 명령 행 한눈에 보기**
> 명령: GRADIENT Spacebar
> ← Gradient 명령 입력

02 서브 메뉴 중 **T**(설정)를 입력하고 Spacebar 를 누릅니다.

A 명령 행 한눈에 보기

내부 점 선택 또는 [객체 선택(S)/명령 취소(U)/설정(T)]: t Spacebar ← 옵션 T 입력

03 [해치 및 그라데이션] 대화상자가 나타나면 [색상] 영역의 [한 색]에서 [더 보기...]를 클릭합니다.

바로 통하는 TIP 앞에서 익혔던 Hatch 명령의 대화상자와 Gradient 명령의 대화상자가 같다는 점을 눈치채셨나요? [해치 및 그라데이션] 대화상자는 [해치] 탭과 [그라데이션] 탭으로 구분되어 있으며 Hatch 명령에서는 [해치] 탭이, Gradient 명령에서는 [그라데이션] 탭이 자동으로 나타납니다.

04 ❶ [색상 선택] 대화상자에서 [색상 색인] 탭-[색상]에 **253**을 입력하고 ❷ [확인]을 클릭합니다. [한 색]이 회색으로 지정되었음을 확인할 수 있습니다.

05 ❶ [경계] 영역의 [추가: 점 선택]을 클릭한 뒤 ❷ 앞에서 설정한 색상을 입힐 영역을 클릭하여 지정합니다.

A 명령 행 한눈에 보기

내부 점 선택 또는 [객체 선택(S)/명령 취소(U)/설정(T)]:
내부 점 선택 또는 [객체 선택(S)/명령 취소(U)/설정(T)]: 모든 것 선택...
가시적인 모든 것 선택 중...
선택된 데이터 분석 중...
내부 고립영역 분석 중...

06 ❶ 서브 메뉴 중 **T**(설정)를 입력하고 Spacebar 를 눌러 [해치 및 그라데이션] 대화상자로 다시 돌아옵니다. 색상을 입힐 형식을 지정합니다. ❷ 왼쪽 상단의 [GR_LINEAR]를 클릭합니다. ❸ [미리보기]를 클릭해 도면을 미리 확인합니다.

A 명령 행 한눈에 보기

내부 점 선택 또는 [객체 선택(S)/명령 취소(U)/설정(T)]: t Spacebar ← 옵션 T 입력

07 원하는 대로 색상을 입혔으면 그대로 Enter 를 두 번 눌러 그라데이션을 적용합니다. 만약 원하는 이미지가 아니라면 서브 메뉴 중 **T**(설정)를 입력하고 Spacebar 를 눌러 **03~04**과정을 참고하여 색상과 형식을 다시 지정합니다.

A 명령 행 한눈에 보기

선택하거나 Esc 키를 눌러 대화상자로 복귀 또는 〈오른쪽 클릭하여 해치 승인〉: Enter Enter ← Enter 를 두 번 눌러 지정

08 이번에는 객체 내부의 색상을 지정해보겠습니다. ❶ Gradient 명령을 다시 실행하기 위해 Spacebar 를 누릅니다. ❷ 서브 메뉴에서 **T**(설정)를 입력하고 Spacebar 를 누릅니다.

A 명령 행 한눈에 보기

명령: GRADIENT Spacebar ← Gradient 명령 입력
내부 점 선택 또는 [객체 선택(S)/명령 취소(U)/설정(T)]: t Spacebar ← 옵션 T 입력

09 [해치 및 그라데이션] 대화상자가 나타나면 [색상] 영역의 [한 색]에서 [더 보기]를 클릭합니다.

CHAPTER 02 패턴과 그라데이션 표현하기 • **407**

10 ❶ [색상 색인] 탭-[색상]에 **123**을 입력하고 ❷ [확인]을 클릭합니다. [한 색]이 민트색으로 지정됩니다.

11 ❶ [경계] 영역의 [추가: 점 선택]을 클릭한 뒤 ❷ 앞에서 설정한 색상을 입힐 영역을 클릭하여 지정합니다. ❸ 서브 메뉴 중 **T**(설정)를 입력하고 Spacebar 를 눌러 대화상자로 다시 돌아옵니다.

A 명령 행 한눈에 보기

내부 점 선택 또는 [객체 선택(S)/명령 취소(U)/설정(T)]:
내부 점 선택 또는 [객체 선택(S)/명령 취소(U)/설정(T)]: 모든 것 선택...
가시적인 모든 것 선택 중...
선택된 데이터 분석 중...
내부 고립영역 분석 중...
내부 점 선택 또는 [객체 선택(S)/명령 취소(U)/설정(T)]: t Spacebar ←옵션 T 입력

12 색상을 입힐 형식을 지정합니다. ❶ 왼쪽 상단의 [GR_LINEAR]을 클릭합니다. ❷ 이때 방향을 반대로 회전하기 위해 [각도]에 **180**을 입력합니다. ❸ [미리보기]를 클릭해 도면을 확인합니다.

13 원하는 대로 색상이 지정되었으면 그대로 Enter 를 두 번 눌러 Gradient 명령을 적용합니다.

A 명령 행 한눈에 보기

선택하거나 Esc 키를 눌러 대화상자로 복귀 또는 <오른쪽 클릭하여 해치 승인>: Enter Enter ← Enter 를 두 번 눌러 지정

CHAPTER 02 패턴과 그라데이션 표현하기 • **409**

CHAPTER 03

도면층으로 복잡한 도면 객체를 나눠서 관리하기

이번에는 대부분의 그래픽 디자인 프로그램에 나오는 도면층(Layer)이 AutoCAD에서는 어떤 기능을 하는지 알아보겠습니다. 기존 AutoCAD 사용자라도 도면층을 만드는 방법은 알지만 제대로 활용하지 못하는 경우가 많으므로 잘 알아두어 활용하도록 합니다.

🎯 학습 목표

도면층을 만드는 방법을 익혀봅니다. 건축, 인테리어 실무에서 도면층은 무엇이며 어떻게 사용하는지, 그리고 도면층을 제어하는 방법을 알아보겠습니다.

▲ 도면층에 속성 부여하고 제어하기

SECTION 01 도면 구성 요소를 구분하는 도면층

Layer(도면층) 기능을 제대로 사용하면 도면 작성 시간이 상당히 단축됩니다. 모든 분야에서 빈번하게 사용하는 Layer 명령은 어떤 기능을 하며 어떻게 사용하는지 살펴보겠습니다. 도면층을 만들어 사용하려면 명령 행에 **Layer**를 입력하고 Spacebar 를 누르거나 [도면층] 도구 팔레트-[도면층 특성]을 클릭합니다.

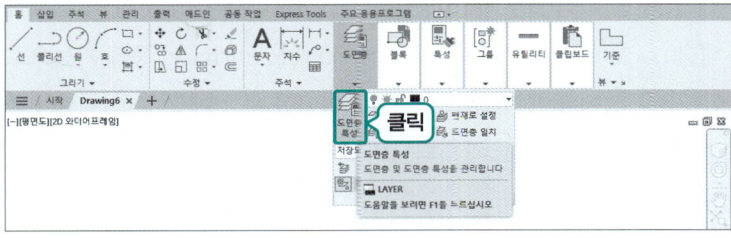

▲ Layer 명령 선택 화면

01 도면층 이해하기

🔍 입력 장치

도면층은 한 도면에 객체 요소가 많을 때 유용하게 활용할 수 있는 기능입니다. 객체 요소가 많을 때 하나의 층에 모든 도면 요소를 그리는 것이 아니라 요소별로 나누어 따로따로 여러 개의 층으로 분리하여 도면을 작성할 수 있습니다. 인테리어 도면을 예로 든다면 벽체선을 그린 투명한 층과 문이나 창문을 그린 투명한 층, 치수선을 기입한 투명한 층을 모두 따로 구분하여 도면을 작성하는 식입니다. 이렇게 해서 그린 투명한 층이 겹쳐져서 하나의 도면을 이룹니다.

▲ 도면층을 분리한 이미지

 우리가 보고 있는 AutoCAD의 작업 화면은 종이처럼 불투명한 면이 아니라 투명한 공간과 같습니다.

도면층을 사용하는 목적

도면층을 사용하는 목적은 도면 객체를 특성에 따라 편리하게 관리하기 위함입니다. 필요에 따라 도면층 일부의 설정을 변경하면 화면상에 나타나지 않거나 출력되지 않아서 한 장의 도면으로 여러 장의 도면을 표현할 수 있습니다. 당장 필요하지 않은 객체는 꺼두어 작업 속도를 빠르게 할 수 있습니다.

02 도면층 활용 방법

각각의 도면층에 색상, 선 모양, 선 굵기 등의 속성을 지정하여 특성을 구분합니다. 구분된 각 객체를 켜기/끄기(On/Off), 잠금/잠금 해제(Lock/Unlock), 동결/동결 해제(Freeze/Thaw) 등의 기능으로 제어하여 사용합니다. 도면층의 이름은 특성에 맞게 지정하여 누구나 알아볼 수 있게 기입하는 것이 좋습니다. 현재 설정된 도면층은 화면 상단의 도구 팔레트에 나타나며 색상은 흰색(White), 선 모양은 실선(Continuous)이 기본값(Default)입니다.

▲ 여러 가지 도면층

바로 통하는 TIP 건축 도면의 경우 도면층의 개수가 너무 적으면 모든 요소를 세분화할 수 없습니다. 반대로 너무 많으면 요소를 찾기가 어렵습니다. 따라서 도면층은 15~20개 정도로 만듭니다. 어쩔 수 없이 도면층 개수가 많아지면 도면층 필터를 사용하여 도면층을 빠르게 찾을 수 있습니다. 도면층 필터 기능 사용법은 424쪽을 참고하세요.

03 도면 객체에 속성 부여하기

실습 파일 Part 4\Part4-08.dwg

[도면층 특성 관리자] 대화상자에서 도면층을 만들어보겠습니다.

01 실습 파일 **Part4-08.dwg**를 불러옵니다. [도면층] 도구 팔레트-[도면층 특성]을 클릭하여 실행합니다.

02 [도면층 특성 관리자] 대화상자가 나타납니다. [도면층 특성 관리자] 대화상자에서 [새 도면층]을 클릭합니다.

CHAPTER 03 도면층으로 복잡한 도면 객체를 나눠서 관리하기 • 413

03 새로운 도면층인 [도면층1]이 생성됩니다. [도면층1] 대신 새로운 이름을 입력하겠습니다. ❶ [도면층1]이 이미 블록으로 지정되어 있으므로 **외곽선**을 입력하고 ❷ 대화상자 내의 빈 공간을 클릭합니다. 이름이 변경됩니다.

> **바로 통하는 TIP** 도면층의 이름을 변경할 때는 변경하려는 이름을 클릭한 후 1~2초 후에 다시 한번 더 클릭하면 변경할 수 있습니다.

04 색상을 지정하기 위하여 [색상] 영역을 클릭하면 [색상 선택] 대화상자가 나타납니다.

05 ❶ [색상 색인] 탭에서 [선홍색]을 선택한 후 ❷ [확인]을 클릭합니다. 외곽선의 색상이 [선홍색]으로 변경되었습니다.

06 선 굵기를 변경하겠습니다. ① [선가중치] 영역을 클릭합니다. ② [선가중치] 대화상자가 나타나면 스크롤바를 내려 [0.30mm]를 클릭합니다. ③ [확인]을 클릭하면 선 굵기가 변경됩니다.

07 연속해서 필요한 도면층을 만들어보겠습니다. ① [새 도면층]을 클릭합니다. ② 03 과정을 참고해 새 도면층 이름을 **중심선**으로 변경합니다.

 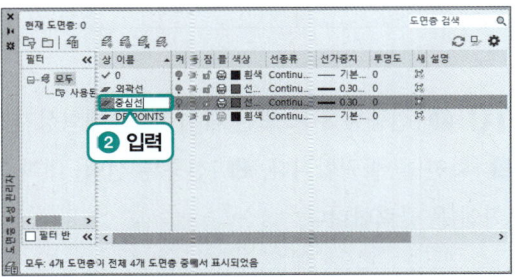

08 04~05 과정을 참고해서 색상은 [파란색]으로 지정합니다.

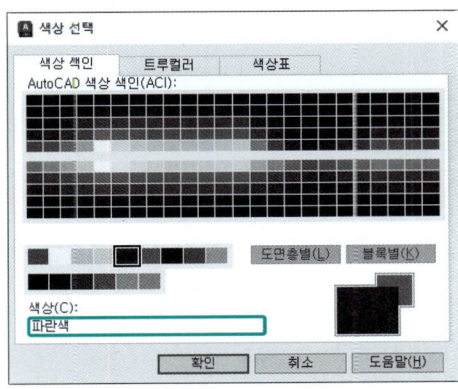

09 선 모양을 지정하겠습니다. ❶ [선종류] 영역을 클릭해 [선종류 선택] 대화상자를 불러옵니다. 현재 나타나 있는 선은 실선이므로 중심선을 꺼내오기 위해 ❷ [로드]를 클릭합니다.

10 ❶ [선종류 로드 또는 다시 로드] 대화상자가 나타나면 스크롤바를 내려 [CENTER]를 클릭하고 ❷ [확인]을 클릭합니다. ❸ [선종류 선택] 대화상자에서 [CENTER]를 클릭해 선종류로 지정하고 ❹ [확인]을 클릭합니다.

11 [중심선] 도면층의 선종류가 [CENTER]로 변경되었습니다. ❶❷ 06 과정을 참고해 [선가중치]를 [기본값]으로 설정합니다.

12 마지막으로 치수선 도면층을 하나 더 생성합니다. ❶ [새 도면층]을 클릭한 후 ❷ 이름을 **치수선**으로 변경합니다.

 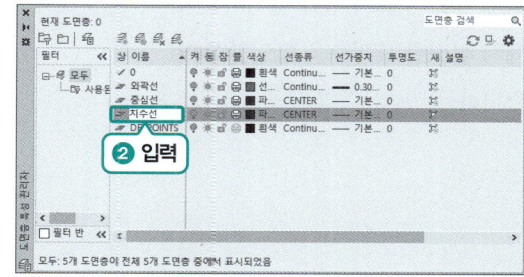

13 04 과정을 참고해 색상은 [흰색]으로 변경하고, 선 모양은 10 과정을 참고해 [Continuous], 선가중치는 06 과정을 참고해 [기본값]으로 변경합니다.

 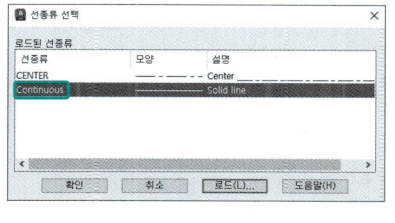

> **바로 통하는 TIP** AutoCAD 도면층에서 설정하는 흰색은 도면에서 검은색으로 나타납니다. 작상 영역에 검은색이 있더라도 놀라지 마세요.

14 색상, 선 모양, 선가중치를 모두 변경하면 [도면층 특성 관리자] 대화상자 왼쪽 상단에 있는 [닫기]를 클릭해 대화상자를 닫습니다.

CHAPTER 03 도면층으로 복잡한 도면 객체를 나눠서 관리하기 • **417**

15 도면층이 바르게 만들어졌는지 확인해보겠습니다. [도면층] 도구 팔레트의 표시 창을 클릭하면 앞에서 설정한 도면층을 확인할 수 있습니다.

16 이제부터 각 객체에 도면층을 적용해보겠습니다. 치수선 객체를 클릭하여 선택합니다.

17 ❶ 상단의 도면층 표시 창에서 [치수선]을 클릭하여 지정합니다. ❷ Esc 를 눌러 선택을 해제합니다.

418 • PART 04 도면을 멋지게 꾸며주는 다양한 명령

18 중심선 객체를 해당 도면층으로 지정하기 위하여 클릭하여 선택합니다.

19 ❶ 상단의 도면층 표시 창에서 [중심선]을 클릭합니다. ❷ Esc 를 눌러 선택을 해제합니다.

20 ❶ 외곽선을 해당 도면층으로 지정하기 위하여 원하는 외곽선 객체를 차례로 클릭하여 선택합니다. ❷ 상단의 도면층 표시 창에서 [외곽선]을 클릭하고 ❸ Esc 를 눌러 선택을 해제합니다.

바로 통 하는 TIP 선택하려는 객체 위에 마우스 포인터를 놓고 가운데 휠을 굴려서 확대하며 작업합니다.

21 객체를 하나씩 선택한 후 도면층 표시 창을 확인합니다. 각 도면층이 제대로 설정되었음을 확인할 수 있습니다.

쉽고 빠른 실무 NOTE — 선 굵기가 제대로 표시되지 않아요!

선 굵기가 제대로 표시되지 않을 경우 다음과 같이 해결합니다. ❶ 화면 하단의 상태 표시줄에서 가장 오른쪽에 위치한 [사용자화]를 클릭하고 ❷ [선가중치]에 체크합니다. ❸ 상태 표시줄의 [선가중치]를 클릭하면 선 굵기가 표현됩니다.

◀ 선가중치를 적용한 모습

쉽고 빠른 실무 NOTE — [도면층 특성 관리자] 대화상자

[도면층 특성 관리자] 대화상자의 기능을 제대로 파악하면 도면층을 편리하게 관리할 수 있습니다.

1 새 도면층( )
새로운 도면층을 생성합니다. 아이콘을 클릭하면 도면층 목록에 [도면층1], [도면층2]와 같은 임의의 이름을 가진 도면층이 생깁니다. 원하는 이름을 입력하고 Enter 를 누르면 이름을 변경할 수 있습니다.

2 새 도면층 VP가 모든 뷰포트에서 동결됨( )
새로운 도면층을 생성하고 기존의 모든 배치 뷰포트에서 동결합니다. 이 아이콘은 [모형] 탭과 [배치] 탭에서 사용할 수 있습니다.

3 도면층 삭제( )
사용하지 않는 도면층을 삭제합니다. 도면층을 선택한 후 이 아이콘을 클릭하면 도면층이 삭제됩니다. 단, 현재 작업 중인 도면층이나 객체가 포함된 도면층, 외부 참조된 도면층은 삭제되지 않습니다.

4 현재로 설정( )
선택한 도면층을 기본 설정 도면층인 현재 도면층으로 지정합니다. 현재 도면층은 앞으로 객체를 그릴 도면층입니다.

5 새 특성 필터( )
도면층을 필터링할 때 알맞은 조건별로 구분합니다.

6 새 그룹 필터( )
새로운 필터 그룹을 만듭니다. 마우스 오른쪽 버튼을 클릭하면 상세한 내용을 지정할 수 있습니다.

7 도면층 상태 관리자( )
현재 도면을 여러 옵션에 따라 관리합니다.

▲ 도면층 상태 관리자

04 도면층 관리하기 – 켜기/끄기, 잠금/잠금 해제, 동결/동결 해제

앞에서 만든 도면층을 관리해보겠습니다. [도면층 특성 관리자] 대화상자나 [도면층] 도구 팔레트에서 각 아이콘을 클릭할 때마다 해당 기능이 적용되거나 해제됩니다.

켜기/끄기(/)

켜기/끄기(On/Off) 기능은 해당 도면층을 표시하거나 가리는 기능입니다. 도면층을 끄면 화면에서 보이지 않습니다. 켜기/끄기 기능은 당장 필요한 도면층은 아니지만 차후에 사용할 여지가 있는 경우에 완전히 삭제하지 않고 활용할 수 있도록 놔둘 때 사용합니다.

▲ 외곽선 도면층을 끄기로 설정하여 도면층이 보이지 않게 한 화면

잠금/잠금 해제(/)

잠금/잠금 해제(Lock/Unlock)는 해당 도면층을 잠그거나 해제하는 기능입니다. 잠긴 도면층에서는 어떤 객체도 편집할 수 없습니다. 예를 들어 건물을 리모델링할 때 가구나 내벽을 삭제하더라도 힘을 받는 구조물인 기둥을 지워서는 안 됩니다. 이때 기둥이 있는 도면층을 잠금으로 설정하여 기둥을 보호할 수 있습니다.

▲ [중심선] 도면층을 잠금으로 설정하기

▲ [중심선] 도면층을 잠금으로 설정하고 도면을 모두 지운 화면

동결/동결 해제

동결/동결 해제(Freeze/Thaw)는 화면상에 해당 도면층이 나타나지 않고 실제로도 동결한 도면층이 존재하지 않게 만드는 기능입니다. 즉 도면층의 용량을 줄여서 작업 속도를 빠르게 하는 기능입니다. 용량이 큰 도면을 작성할 때는 이 기능을 사용할 것을 권장합니다.

▲ [치수선] 도면층을 동결하기

바로 통하는 TIP 도면층 관리 명령어

도면층 켜기	명령 행에 **LAYON** 입력 후 Spacebar
도면층 끄기	명령 행에 **LAYOFF** 입력 후 Spacebar
도면층 잠금	명령 행에 **LAYLCK** 입력 후 Spacebar
도면층 잠금 해제	명령 행에 **LAYULK** 입력 후 Spacebar
도면층 동결	명령 행에 **LAYFRZ** 입력 후 Spacebar
도면층 동결 해제	명령 행에 **LAYTHW** 입력 후 Spacebar

바로 통하는 TIP 도면층 켜기/끄기는 화면상에서만 보이지 않을 뿐 해당 도면층의 객체 용량은 그대로 남아 있습니다. 반면에 동결/동결 해제는 화면상에서도 보이지 않고 해당 도면층의 객체가 완전히 동결되어 용량이 존재하지 않는 상태입니다.

원하는 도면층 빠르게 찾기

건축 도면의 도면층 개수는 15~20개 정도가 적당합니다. 그러나 부득이하게 도면층을 많이 만드는 경우, 사용자가 그때그때 원하는 도면층을 찾다 보면 시간을 허비하게 됩니다. 이럴 때 도면층 명령에서 제공하는 필터 기능을 사용하면 도면층을 좀 더 쉽고 빠르게 찾을 수 있습니다.

실습 파일 Part 4\Part4-09.dwg

1 실습 파일 **Part4-09.dwg**를 불러옵니다. [도면층] 도구 팔레트-[도면층 특성]을 클릭해 [도면층 특성 관리자] 대화상자를 불러옵니다. 가장 왼쪽 상단에 있는 [새 특성 필터]를 클릭합니다.

2 [도면층 필터 특성] 대화상자가 나타나면 가장 상단에 위치한 [필터 이름] 영역에 **C열 도면층**이라고 입력합니다.

3 ❶ [필터 정의] 영역의 [이름]에 **C***를 입력합니다. 대화상자 하단의 [필터 미리보기] 영역에 'C'로 시작하는 도면층이 나타납니다. ❷ [확인]을 클릭합니다.

4 [도면층 특성 관리자] 대화상자- 왼쪽 [필터] 영역에 [C열 도면층] 이름의 필터가 생성되었습니다.

5 [C열 도면층] 바로 위에 위치한 [사용된 모든 도면층]을 클릭하면 대화상자 오른쪽에 모든 도면층이 나타납니다. 이처럼 도면층이 많을 때는 여러 개의 필터로 각 도면층을 구분하여 편리하게 사용할 수 있습니다.

바로 통 하는 TIP 템플릿 파일을 만들 때도 필요한 도면층을 미리 만들어 템플릿 파일의 구성 요소로 사용하면 편리합니다.

CHAPTER 03 도면층으로 복잡한 도면 객체를 나눠서 관리하기 · **425**

CHAPTER 04
용도에 따른 선 설정하기

PART 01에서 이미 설명한 바와 같이 모든 도면은 수많은 선으로 구성되어 있습니다. 도면에서는 선의 모양, 굵기, 색상에 따라 각 선의 기능을 구분합니다. 이번에는 실제 도면에서 선의 종류에 따른 역할과 용도를 변경하는 방법을 알아봅니다.

🎯 학습 목표

선의 종류에 따른 용도를 알아보고 설정 방법을 익혀봅니다. 실무 도면에서 여러 종류의 선을 어떻게 사용하는지 알아보고 선의 특성과 상황에 따른 설정 방법을 알아보겠습니다.

▲ 선 모양 변경하기 : Before(좌), After(우)

▲ 선 굵기 조절하기 : Before(좌), After(우)

SECTION 01 | 선의 모양, 굵기, 색상 변경하기

각 용도에 따라 선을 다른 종류로 변경하는 방법을 알아보겠습니다.

01 선 모양 변경하기

실습 파일 Part 4\Part4-10.dwg

미닫이문의 선 모양을 변경해보겠습니다.

01 실습 파일 **Part4-10.dwg**를 불러옵니다. [특성] 도구 팔레트–[선종류]를 클릭합니다.

02 원하는 선 모양을 꺼내오기 위해 [기타]를 클릭합니다.

CHAPTER 04 용도에 따른 선 설정하기 • **427**

03 [선종류 관리자] 대화상자가 나타나면 [로드]를 클릭합니다.

04 여러 가지 선종류를 확인할 수 있습니다. 스크롤바를 내려 필요한 선을 지정하겠습니다. ❶ [HIDDEN]을 클릭하고 ❷ [확인]을 클릭합니다.

05 [선종류 관리자] 대화상자가 나타나면 [HIDDEN]이 생성된 것을 확인할 수 있습니다. [확인]을 클릭하고 대화상자를 닫습니다.

06 명령 행에 아무 내용도 입력하지 않은 채 모양을 변경하려는 객체를 모두 드래그하여 선택합니다.

07 ❶ [특성] 도구 팔레트-[선종류]를 클릭합니다. ❷ 앞서 꺼내놓은 [HIDDEN]을 클릭하여 지정합니다. 선택한 객체의 선 모양이 [HIDDEN]으로 변경됩니다.

CHAPTER 04 용도에 따른 선 설정하기 • **429**

한번에 여러 가지 선 꺼내기

도면을 그리다 보면 한 종류의 선이 아닌 다양한 선을 사용합니다. 이렇게 여러 개의 선을 일일이 꺼내오기는 번거로우므로 한번에 필요한 선을 모두 꺼내와서 사용하는 것이 좋습니다.

실습 파일 없음

1 새 도면 파일을 만듭니다. ❶ [특성] 도구 팔레트-[선종류]를 클릭합니다. ❷ 원하는 선 모양을 꺼내오기 위하여 [기타]를 클릭합니다.

2 [선종류 관리자] 대화상자가 나타나면 오른쪽 상단의 [로드]를 클릭합니다.

3 ① 스크롤바를 내리며 Ctrl 을 누른 채 필요한 선을 차례로 클릭합니다. 여기서는 [CENTER], [DASHDOT], [DASHDOTX2]를 선택했습니다.
② [확인]을 클릭하여 대화상자를 닫습니다.

쉽고 빠른 실무 NOTE — 선종류를 선택할 때 Ctrl 대신 Shift 를 누르면?

Ctrl 을 누르면 사용자가 필요한 선만을 선별하여 지정할 수 있고 Shift 를 누르면 선택한 두 선 사이에 위치한 모든 선을 지정할 수 있습니다. 즉, 한 종류의 선을 선택하고 사이 범위에 있는 또 다른 종류의 선을 Shift 를 누른 상태에서 클릭하면 그 둘 사이의 모든 선들이 선택됩니다. Ctrl 과 Shift 의 기능은 모든 Windows 프로그램에서 사용할 수 있습니다.

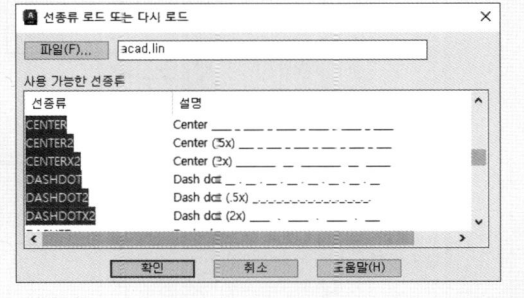

▲ Shift 를 누른 채 선종류를 선택한 모습

4 다시 [선종류 관리자] 대화상자에서 [선종류] 항목을 확인해보면 선택한 선들이 나와 있음을 알 수 있습니다.

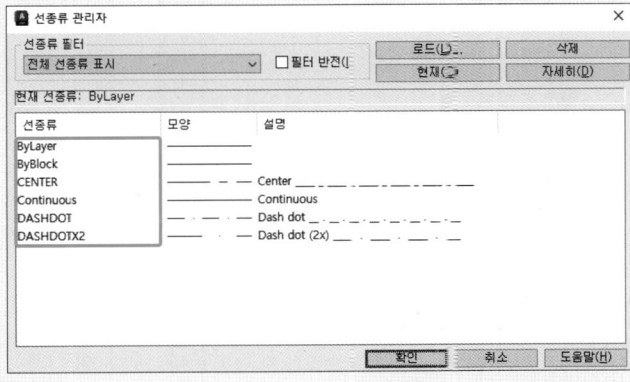

02 선 굵기(선가중치) 변경하기

실습 파일 Part 4\Part4-11.dwg

실무 도면에서는 굵은 선으로 표현해야 할 부분이 있습니다. 이때 선가중치를 변경하면 선 굵기를 조절할 수 있습니다. 변기 객체의 선 굵기를 변경해보겠습니다.

01 실습 파일 **Part4-11.dwg**를 불러옵니다. 명령 행에는 아무 내용도 입력하지 않고 선 굵기를 변경할 객체를 드래그하여 선택합니다.

02 ❶ [특성] 도구 팔레트-[선가중치]를 틀릭하고 ❷ [0.30mm]를 클릭하여 선 굵기를 지정합니다.

03 선 굵기가 0.3mm로 변경됩니다. Esc 를 눌러 선택을 해제합니다.

바로 통하는 TIP 선 굵기가 제대로 표시되지 않을 경우 화면 하단의 상태 메뉴 표시줄에서 가장 오른쪽에 있는 [사용자화 ▤]를 클릭하고 [선가중치]에 체크합니다. 상태 표시줄의 [선가중치 ▤]를 클릭하면 선 굵기가 표현됩니다. 선 굵기가 화면상에 표현되지 않더라도 출력하면 지정한 굵기대로 출력됩니다. 많은 양의 선 굵기를 표현하려면 메모리를 많이 사용하여 작업 속도가 느려지므로 사용자가 임의로 지정하도록 한 것입니다.

CHAPTER 04 용도에 따른 선 설정하기 • 433

03 선 색상 변경하기

실습 파일 Part 4\Part4-12.dwg

이번에는 나뭇잎 객체의 색상을 변경해보겠습니다.

01 실습 파일 **Part4-12.dwg**를 불러옵니다. 명령 행에는 아무 내용도 입력하지 않고 색상을 변경할 객체를 드래그하여 선택합니다.

02 ❶ [특성] 도구 팔레트-[객체 색상]을 클릭하고 ❷ [초록색]을 클릭하여 색상을 지정합니다. 선 색상이 변경되어 나타납니다. ❸ Esc 를 눌러 선택을 해제합니다.

회사통 실무활용

[특성] 도구 팔레트로 객체 특성 한번에 변경하기

선종류와 선가중치, 색상 등 여러 가지 특성을 한번에 변경하는 방법을 알아보겠습니다. [특성] 도구 팔레트는 선택한 객체의 특성을 한번에 변경하고자 할 때 사용합니다. 특성별로 변경함과 동시에 실시간으로 변경된 이미지를 확인할 수 있습니다. [특성] 도구 팔레트를 사용하기 위해서는 명령 행에 Ch를 입력하고 Spacebar 를 눌러 명령을 실행합니다.

실습 파일 Part 4\Part4-13.dwg

1 실습 파일 **Part4-13.dwg**를 불러옵니다. ❶ 여러 특성을 한번에 변경하기 위해 명령 행에 **Ch**를 입력하고 Spacebar 를 누릅니다. ❷ 화면 왼쪽에 [특성] 대화상자가 나타납니다.

A 명령 행 한눈에 보기

명령: CH Spacebar ← Ch 명령 입력

2 ❶ 변경하려는 중심선을 모두 클릭하여 선택합니다. ❷ [선종류]를 클릭하고 ❸ [CENTER]를 클릭합니다.

바로 통 하는 TIP 중심선을 선택할 때 필요하다면 화면을 확대하여 벽체의 중간선을 하나하나 선택합니다. [CENTER]가 나타나지 않을 경우 앞에서 배운 대로 [특성] 도구 팔레트-[선종류]를 사용하여 꺼내옵니다.

3 계속해서 중심선의 색상을 변경하기 위하여 [색상]을 [빨간색]으로 지정합니다.

4 Esc 를 눌러 선택 해제하면 중심선이 빨간색으로 변경됩니다.

5 이번에는 외곽선 굵기를 변경하겠습니다. 외곽선 객체를 클릭하여 선택합니다.

6 ① [선가중치]를 클릭하고 ② [0.30 mm]를 클릭합니다.

7 외곽선의 굵기가 0.30mm로 표현됩니다. 굵기가 나타나지 않는다면 앞에서 설명한 것과 같이 상태 표시줄의 [선가중치 표시/숨기기]를 클릭합니다.

8 더 이상 변경할 내용이 없다면 [특성] 도구 팔레트를 끄고 도면 작성을 마칩니다.

바로 통하는 TIP 이외에도 [특성] 대화상자를 사용하면 객체를 다양한 방법으로 변경할 수 있습니다. 원이나 호 등 다양한 객체를 그려놓고 Ch 명령을 사용하면 각 객체에 맞는 모드로 자동 변경되어 한꺼번에 선 모양이나 색상, 굵기는 물론이고 중심점의 위치나 플롯 설정, 3D 이미지를 변경할 수 있습니다.

CHAPTER 04 용도에 따른 선 설정하기 **437**

CHAPTER 05
선 간격과 문자 스타일 조정하기

이번에는 도면 크기에 따라서 선의 간격 배율을 알맞게 조정하는 방법과 도면의 용도에 맞도록 문자 스타일을 지정하는 방법을 알아보겠습니다.

🎯 학습 목표

도면에는 선과 그림, 문자가 사용되며 도면을 완성도 있게 마무리하려면 축척이나 문자 내용을 입력해야 합니다. Ltscale 명령과 Style 명령을 활용해보겠습니다. 특히 Ltscale 명령은 도면을 그릴 때 선을 제대로 표현하기 위해 꼭 한 번은 설정해야 하므로 정확한 사용법을 알아두도록 합니다.

▲ 중심선 표현하기

▲ 문자 스타일 지정하기 : Before(좌), After(우)

SECTION 01 선 축척을 조절하는 Ltscale

선은 설정값에 따라 여러 가지 용도로 사용할 수 있습니다. 그런데 선 모양을 용도에 맞추어 일일이 구분하여 표현했다고 하더라도 선 사이의 간격 배율이 너무 조밀하거나 혹은 너무 커서 제대로 표현되지 않는다면 힘들게 작업했던 과정이 허사가 될 것입니다. 이럴 때 사용하는 명령이 바로 Ltscale 명령, 즉 Linetype Scale(새 선종류 축척) 명령입니다. Ltscale 명령을 사용하려면 명령 행에 **Ltscale**을 입력하고 Spacebar 를 누릅니다.

01 Ltscale 명령으로 건축 벽체의 중심선 표현하기

실습 파일 Part 4\Part4-14.dwg

Ltscale 명령은 도면을 직접 그리는 데 사용하는 명령은 아니지만 선의 배율을 제대로 표현하기 위해서 도면을 그릴 때 꼭 한 번은 설정해야 하는 중요한 편집 명령입니다. 도면을 시작할 때 미리 배율을 지정하고 경우에 따라 수정합니다. Ltscale 명령은 도면 전반에 적용되는 설정 명령이므로 특정 객체를 선택하지 않아도 도면 객체 전체에 동시에 적용됩니다.

01 실습 파일 **Part4-14.dwg**를 불러옵니다. 명령 행에 **Ltscale**을 입력하고 Spacebar 를 누릅니다.

A 명령 행 한눈에 보기

명령: **LTSCALE** Spacebar ← Ltscale 명령 입력 (LTS)

02 도면의 크기에 맞추어 적당한 배율을 입력합니다. 명령 행에 **500**을 입력하고 Spacebar 를 누릅니다. 실선처럼 보였던 벽체의 중심선 사이 간격이 표현되는 것을 알 수 있습니다.

 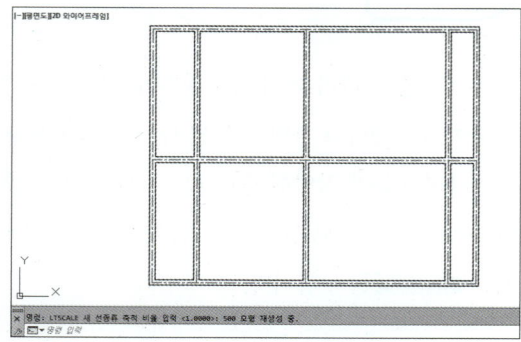

입력 후 Spacebar

A 명령 행 한눈에 보기

새 선종류 축척 비율 입력 〈1.0000〉: 500 Spacebar ← 간격 500 입력
모형 재생성 중.

 하는 TIP 도면의 축척이 크면 클수록 Ltscale 명령의 배율도 커집니다.

 하는 TIP 선가중치(선 굵기)의 경우 화면상의 굵기 표현 여부와 상관없이 출력을 하면 원래 지정한 굵기대로 인쇄됩니다. 반면 Ltscale 명령은 화면에 표현되는 그대로 출력되므로 반드시 중심선이나 은선 등 원하는 선의 간격 배율을 도면 크기에 알맞게 반복적으로 확인하면서 조절해야 합니다.

쉽고 빠른 실무 NOTE | 한 도면에서 여러 가지 Ltscale 명령 옵션 표현하기

객체마다 다른 선 간격 배율을 입력하고자 할 때는 앞에서 알아본 [특성] 대화상자를 사용합니다. 단축 명령어는 Ch입니다.

◀ 각 항목에 원하는 수치 입력하기

SECTION 02 문자 유형과 글꼴을 지정하는 Style

AutoCAD 도면에서는 문자를 원하는 스타일과 글꼴로 다양하게 만들고 변경할 수 있습니다. AutoCAD 프로그램 내부에서 기본으로 제공하는 스타일과 글꼴로 지정할 수도 있고 외부에서 새로운 스타일과 글꼴을 가져와서 사용할 수도 있습니다. Style(스타일) 명령을 사용하기 위해서는 명령 행에 **Style**을 입력하고 Spacebar 를 누릅니다.

01 Style 명령으로 새로운 문자 스타일 만들기

문자는 도면을 작성할 때 매우 유용합니다. 문자 스타일은 워드나 한글 프로그램의 서식 기능과 같습니다. 이번에는 새로운 문자 스타일을 만들어보겠습니다.

01 새 도면 파일을 엽니다. ❶ 명령 행에 **Style**을 입력하고 Spacebar 를 누릅니다. ❷ [문자 스타일] 대화상자가 나타나면 새로운 문자 스타일을 생성하기 위해 [새로 만들기]를 클릭합니다.

> **A** 명령 행 한눈에 보기
> 명령: **STYLE** Spacebar ← Style 명령 입력(ST)

02 ❶ [새 문자 스타일] 대화상자가 나타나면 [스타일 이름]에 각자 본인의 이니셜을 입력합니다. 실무에서는 상황에 맞는 이름을 부여하는 것이 좋습니다. ❷ [확인]을 클릭합니다.

03 [스타일] 영역을 보면 앞서 입력한 이름을 가진 새로운 문자 스타일이 생성되었음을 알 수 있습니다.

04 원하는 문자 스타일 이름을 마우스 오른쪽 버튼으로 클릭하면 [현재로 설정]과 [이름바꾸기] 메뉴가 나타납니다. [현재로 설정]은 현재 사용하는 이름으로 설정하는 메뉴이고 [이름바꾸기]는 스타일 이름을 변경할 때 사용합니다.

02 Style 명령으로 문자 글꼴 변경하기

실습 파일 Part 4\Part4-15.dwg

용도에 따라 다양한 문자 글꼴을 써야할 때가 있습니다. [문자 스타일] 대화상자에서 글꼴을 변경해보겠습니다.

01 실습 파일 **Part4-15.dwg**를 불러옵니다. 명령 행에 **Style**을 입력하고 Spacebar 를 누릅니다.

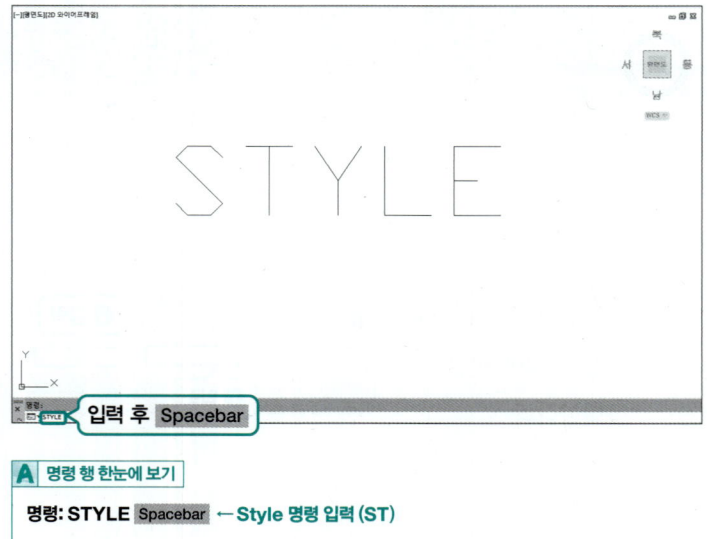

A 명령 행 한눈에 보기

명령: STYLE Spacebar ← Style 명령 입력 (ST)

442 • PART 04 도면을 멋지게 꾸며주는 다양한 명령

02 [문자 스타일] 대화상자가 나타나면 변경할 글꼴을 지정하기 위하여 [글꼴] 영역의 [글꼴 이름]을 클릭합니다.

03 ❶ 글꼴 목록 중 [Times New Roman]을 클릭하여 선택합니다. 이때 왼쪽 하단의 미리 보기를 통해 변경할 글꼴을 미리 확인할 수 있습니다. ❷ [적용]을 클릭하고 ❸ [닫기⊠]를 클릭합니다.

04 [Times New Roman] 글꼴로 변경된 문자를 확인합니다.

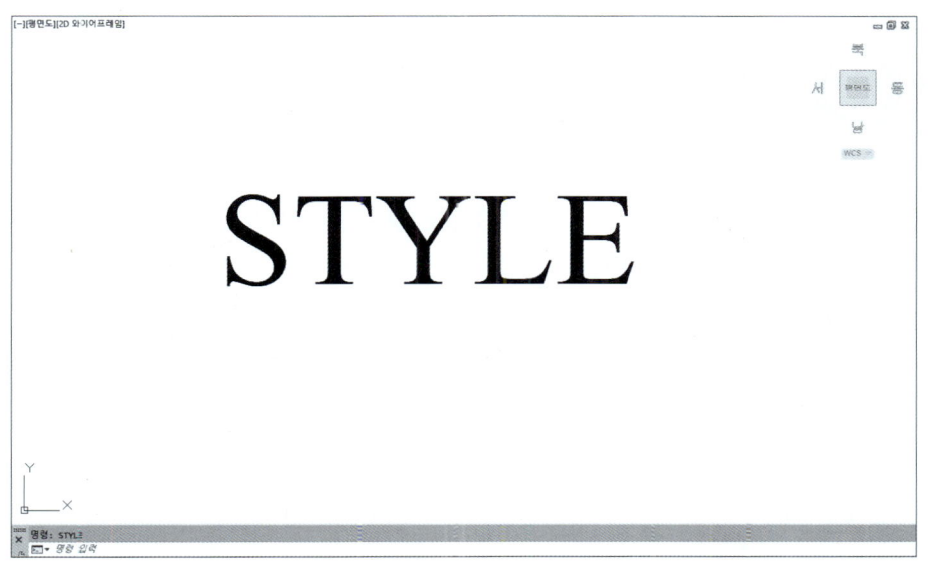

깨진 문자 제대로 보이게 설정하기

회사통 실무활용

실무 작업을 하다 보면 거래처와 도면을 주고받을 일이 많습니다. 이때 문자가 일본어나 '??'로 나타나는 경우가 있어 초보자라면 당황할 수 있습니다. 특히 한글 문자는 호환이 잘 되지 않아 이러한 돌발 상황이 자주 발생합니다. 이런 상황을 방지하기 위해서는 해당 도면을 받을 때 사용했던 글꼴을 함께 받는 것이 바람직하지만, 그렇지 못할 경우를 대비해 다음과 같이 문자를 설정해보겠습니다.

실습 파일 Part 4\Part4-16.dwg

01 실습 파일 **Part4-16.dwg**를 불러옵니다. 화면 하단의 '212? ???? ??'라는 문자를 원래 문자로 변경해보겠습니다. 명령 행에 **Style**을 입력하고 Spacebar를 누릅니다.

A 명령 행 한눈에 보기

명령: **STYLE** Spacebar ← Style 명령 입력 (ST)

02 [문자 스타일] 대화상자에서 변경할 글꼴을 지정하겠습니다. ❶ [글꼴] 영역의 [글꼴 이름]을 클릭하고 [굴림]을 클릭합니다. ❷ [적용]을 클릭하고 ❸ [닫기 ✕]를 클릭합니다. 변경한 글꼴을 확인합니다. 글꼴이 변경되지 않았을 경우 해당 문자를 더블클릭하면 변경한 글꼴로 적용됩니다.

바로 통 하는 TIP 글꼴을 지정할 때 [굴림]과 [@굴림]이 있습니다. 같은 글꼴이라도 @가 표시된 글꼴을 선택하면 문자가 왼쪽으로 90° 회전되니 유의하여 사용하기 바랍니다.

회사통 실무활용

벽체와 문 제대로 표현하기

실무에서 자주 사용하는 인테리어 도면으로 앞에서 알아보았던 도면층과 Ltscale 명령을 어떻게 활용하는지 알아보겠습니다.

실습 파일 Part 4\Part4-17.dwg

1 실습 파일 **Part4-17.dwg**를 불러옵니다. 새로운 도면층을 생성하기 위해 [도면층] 도구 팔레트-[도면층 특성]을 클릭합니다.

2 [도면층 특성 관리자] 대화상자가 나타나면 [새 도면층]을 필요한 객체 수만큼 클릭합니다. 벽치선과 중심선, 치수선, 문을 구분할 것이므로 네 번 클릭합니다.

3 도면층의 이름을 1~2초 간격으로 두 번 클릭하여 선택한 후 새로운 이름을 입력합니다. 이름을 지정할 때는 객체의 특성을 잘 표현할 수 있도록 합니다. 여기서는 **벽체선, 중심선, 문, 치수선**을 입력합니다.

CHAPTER 05 선 간격과 문자 스타일 조정하기 **445**

4 각 도면층의 색상란을 클릭하여 색을 지정합니다. [중심선]은 [빨간색], [치수선]은 [하늘색]으로 지정합니다.

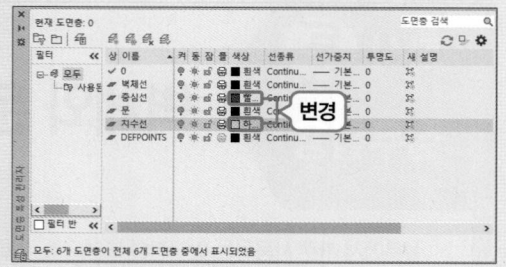

5 선 모양을 변경하기 위해 [선종류]를 클릭하여 각 도면층의 특성에 맞게 선종류를 변경합니다. ❶ [중심선]은 [CENTER], [문]은 [HIDDEN]으로 변경하고 나머지는 그대로 실선으로 둡니다. ❷ [닫기 ❌]를 클릭하여 빠져나옵니다.

바로 통 하는 TIP 선종류를 불러오기 위해서는 [로드]를 클릭하여 알맞은 선 모양을 꺼내옵니다.

6 [도면층] 도구 팔레트를 클릭하여 새로운 도면층이 생성되었는지 확인합니다.

7 객체 중 해당 도면층을 선택하여 설정값을 부여합니다. [특성] 도구 팔레트-[색상]을 도면층별로 변경합니다.

▲ [문] 도면층 지정   ▲ 도면층별로 색상 지정

8 [중심선]과 [문] 도면층을 각각 [CENTER]와 [HIDDEN]으로 지정했음에도 불구하고 선 모양이 여전히 실선으로 보입니다. Ltscale 명령을 재지정하지 않았기 때문입니다. 선 간격을 알맞게 조절하기 위해 명령 행에 **Ltscale**을 입력한 후 Spacebar 를 눌러 명령을 실행합니다. 명령 행에 **40**을 입력하고 Spacebar 를 눌러 선 간격을 지정하면 선 사이의 간격이 띄어지는 것을 알 수 있습니다.

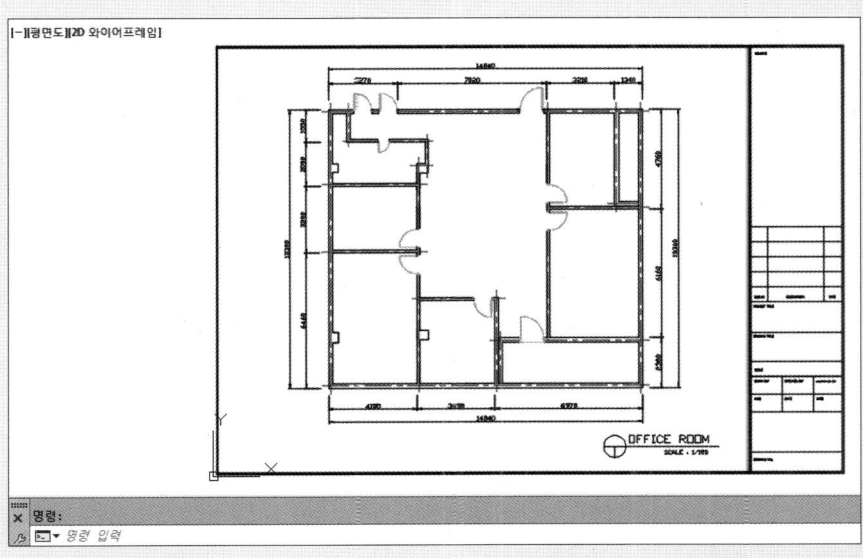

▲ Ltscale 명령을 재지정

A 명령 행 한눈에 보기

명령: LTSCALE Spacebar ← Ltscale 명령 입력 (LTS)
새 선종류 축척 비율 입력 〈1.0000〉: 40 Spacebar ← 간격 40 입력
모형 재생성 중.

PART 05

정확한 치수 표기를 위한
Dimension

Dimension(치수) 명령은 보통 도면 작성의 마무리 단계에서 치수를 기입할 때 사용합니다. 실제 시공할 때는 정확한 치수에 따라 작업하므로 치수 기입 단계는 도면 작업에서 매우 중요합니다. 이번 PART에서는 여러 상황에 따른 치수 기입 방법과 치수를 기입할 때 필요한 전반적인 설정을 알아보 겠습니다.

CHAPTER 01
Dimension 명령으로 치수 입력하기

AutoCAD에서는 치수 기입 역시 사용자 편의에 따라 여러 가지 방법을 제공하고 있으므로 방대한 양의 치수 기입 관련 명령을 일일이 외울 필요는 없습니다. AutoCAD를 학습하는 목적은 명령을 외우는 것이 아니라 보다 편리하고 정확하게 도면을 그리는 방법을 알아보기 위함이기 때문입니다. 이번 CHAPTER에서는 치수를 기입할 수 있는 여러 가지 방법을 제시합니다. 본인에게 맞는 방식을 선택하여 사용하도록 합니다.

🎯 학습 목표

도면 작성에서 가장 중요한 치수 표기 및 입력 방법을 익혀봅니다. 현장의 실무자들은 직접 도면을 보고 작업을 진행하므로 도면의 치수가 잘못 표기된 경우 정확한 시공을 할 수 없습니다. 세심한 주의가 필요한 치수의 기초 지식과 표기 방법을 알아보겠습니다.

▲ 선형 치수 / ▲ 각도

▲ 호 길이

▲ 지름

SECTION 01 치수의 구성 요소

본격적인 치수 기입에 앞서 치수 기입 관련 구성 요소와 주의 사항을 알아보겠습니다.

01 치수의 구성 요소

❶ **치수 문자** : 치수 문자의 크기는 전체 도면의 크기와 조화를 이루도록 지정해야 합니다. 수평 방향의 치수선에서는 위쪽으로 향하도록 하고, 수직 방향의 치수선에서는 왼쪽으로 향하게 기입합니다. 건축이나 인테리어 도면에서는 일반적으로 소수점 자리는 표현하지 않도록 설정합니다.

❷ **치수선** : 0.25mm 이하의 가는 실선으로 그려 외형선과 구별하고 선의 양 끝 부분에는 경계를 표시하기 위해 화살표 등의 기호를 붙여서 표현합니다. 외형선으로부터 치수선은 약 10~15mm 정도 띄어서 그리고 연속된 선도 같은 간격으로 그립니다. 화살표 등의 기호는 전체 도면과 숫자와의 조화를 고려하여 적절한 모양과 크기로 표시 합니다. 실제 객체의 치수만큼 선의 길이를 정확하게 표시합니다.

❸ **치수 보조선** : 치수 확장선이라고도 하며 치수선을 그리기 위한 보조 역할을 합니다. 객체 스냅으로 정확하게 양 끝점을 지정하여 드래그합니다. 치수 보조선은 0.25mm 이하의 가는 실선으로 치수선에 직각으로 긋고 필요한 경우에는 적당한 각도로 그릴 수도 있습니다.

❹ **화살표** : 도면의 목적에 따라 화살표 모양을 선택할 수 있습니다. 적당한 크기로 설정하여 치수 문자 및 도면의 크기와 조화를 이루도록 합니다.

02 [치수] 도구 팔레트를 이용해 치수 기입하기

치수를 쉽게 기입하는 방법 중 하나는 도구 팔레트를 사용하는 것입니다. 이번 예제에서 [치수] 도구 팔레트 사용법을 알아보겠습니다.

01 새 도면 파일을 엽니다. [치수] 도구 팔레트를 별도로 꺼내기 위해 [주석] 메뉴-[치수] 도구 팔레트의 하단 탭을 클릭합니다.

02 ❶ [치수] 도구 팔레트에서 하단 탭을 도면 창으로 드래그하면 [치수] 도구 팔레트를 화면으로 가져올 수 있습니다. ❷ [치수] 도구 팔레트를 적당한 위치에 이동시켜 사용합니다.

쉽고 빠른 실무 NOTE — 치수 기입 시 주의사항

실무 도면에서 치수는 매우 중요한 요소입니다. 자칫 잘못 기입하면 큰 사고로 이어질 수 있으니 항상 유의해야 합니다. 실무에서 치수를 기입할 때 주의할 사항을 알아보겠습니다.

1 필요한 치수만 명확하게 기입하기

세밀한 부분까지 기입하면 오히려 치수에 대한 내용이 많아져서 혼동할 우려가 있습니다. 꼭 필요하다고 생각되는 치수만 명확하게 기입합니다.

2 치수 보조선 그리기

치수선은 가급적 치수 보조선을 그려서 기입하는 것이 좋습니다. 단, 여유 공간이 없으면 치수 보조선을 그리지 않고 직접 기입합니다.

3 일직선으로 그리되 교차하지 않게 그리기

치수선이 기울거나 구부러지지 않도록 일직선으로 맞추어서 그리는 것이 좋습니다. 다른 선과 교차하지 않도록 일정한 간격으로 그립니다.

SECTION 02 상황에 맞는 치수 입력하기

치수 입력 명령을 종류별로 알아보고 각 명령을 편리하게 사용하는 방법을 알아봅니다. Dimension (치수) 명령은 종류가 많아 부담감을 가질 수 있지만 알고 보면 매우 쉬운 명령입니다.

01 DimLinear 명령으로 선형 치수 입력하기

실습 파일 Part 5\Part5-01.dwg

DimLinear 명령, 즉 Linear Dimension(선형 치수) 명령은 수평이나 수직 치수를 입력하는 명령입니다. 치수를 입력하고자 하는 객체나 공간의 양 끝점을 지정하여 입력합니다. DimLinear 명령을 사용하려면 명령 행에 **DimLinear**를 입력하고 Spacebar를 누르거나 [치수] 도구 팔레트-[선형 선형]을 클릭합니다.

01 실습 파일 **Part5-01.dwg**를 불러옵니다. [선형 선형]을 클릭하여 명령을 실행합니다.

A 명령 행 한눈에 보기

명령: _DIMLINEAR ← DimLinear 명령 입력

02 객체 스냅을 설정한 후 침대의 가로 부분에 치수선을 입력합니다. ❶❷ 첫 번째 끝점과 두 번째 끝점을 클릭하여 지정합니다.

A 명령 행 한눈에 보기

첫 번째 치수보조선 원점 지정 또는 〈객체 선택〉: ← 첫 번째 치수보조선 원점 지정
두 번째 치수보조선 원점 지정: ← 두 번째 치수보조선 원점 지정

바로 통하는 TIP 객체 스냅을 설정하는 방법은 145쪽 쉽고 빠른 실무 NOTE를 참고하세요.

03 점을 모두 지정했다면 마우스 포인터를 위아래로 움직여 원하는 지점을 클릭합니다. 치수가 입력됩니다.

A 명령 행 한눈에 보기

치수선의 위치 지정 또는
[여러 줄 문자(M)/문자(T)/각도(A)/수평(H)/수직(V)/회전(R)]: ← 치수선의 위치 지정
치수 문자 = 1980

CHAPTER 01 Dimension 명령으로 치수 입력하기 • **455**

04 이번에는 침대의 세로 부분에 치수선을 입력하겠습니다. ❶ [선형]을 클릭하여 명령을 실행합니다. ❷ 첫 번째 끝점을 클릭하여 지정하고 ❸ 두 번째 끝점을 클릭하여 지정합니다.

A 명령 행 한눈에 보기

명령: _DIMLINEAR ← DimLinear 명령 입력
첫 번째 치수보조선 원점 지정 또는 <객체 선택>: ← 첫 번째 치수보조선 원점 지정
두 번째 치수보조선 원점 지정: ← 두 번째 치수보조선 원점 지정

05 두 점을 모두 지정했다면 마우스를 포인터를 좌우로 움직여 원하는 지점을 클릭합니다. 치수가 입력됩니다.

A 명령 행 한눈에 보기

치수선의 위치 지정 또는
[여러 줄 문자(M)/문자(T)/각도(A)/수평(H)/수직(V)/회전(R)]: ← 치수선의 위치 지정
치수 문자 = 2200

> **바로 통하는 TIP** 사선의 치수는 다음에 설명할 DimAligned(정렬 치수) 명령을 사용합니다. DimLinear 명령은 X, Y축의 수평, 수직, 증분 값을 표현합니다.

02 DimAligned 명령으로 사선 치수 입력하기

실습 파일 Part 5\Part5-02.dwg

DimAligned 명령, 즉 Aligned Dimension(정렬 치수) 명령은 기울기가 있는 사선 치수를 입력하는 편집 명령으로 치수를 입력하고자 하는 객체나 공간의 양 끝점을 지정하여 입력합니다. DimAligned 명령을 사용하려면 명령 행에 **DimAligned**를 입력하고 Spacebar 를 누르거나 [치수] 도구 팔레트-[정렬]을 클릭합니다.

01 실습 파일 **Part5-02.dwg**를 불러옵니다. [정렬]을 클릭하여 DimAligned 명령을 실행합니다.

A 명령 행 한눈에 보기

명령: _DIMALIGNED ← DimAligned 명령 입력

02 객체 스냅을 설정한 후 건물 왼쪽 대각선에 치수선을 입력하기 위해 ❶ ❷ 첫 번째 끝점과 두 번째 끝점을 클릭하여 지정합니다.

A 명령 행 한눈에 보기

첫 번째 치수보조선 원점 지정 또는 〈객체 선택〉: ← 첫 번째 치수보조선 원점 지정
두 번째 치수보조선 원점 지정: ← 두 번째 치수보조선 원점 지정

03 점을 모두 지정했다면 마우스 포인터를 움직여 원하는 지점을 클릭합니다. 치수가 입력됩니다.

> **A 명령 행 한눈에 보기**
>
> 치수선의 위치 지정 또는
> [여러 줄 문자(M)/문자(T)/각도(A)]: ← 치수선의 위치 지정
> 치수 문자 = 11140

03 DimAngular 명령으로 각도 입력하기

실습 파일 Part 5\Part5-03.dwg

DimAngular 명령, 즉 Angular Dimension(각도) 명령은 선과 선 사이나 호의 각도를 입력하는 편집 명령입니다. 각도를 입력하고자 하는 두 선 또는 호를 클릭한 후 마우스 포인터를 당겨 위치를 지정합니다. DimAngular 명령을 사용하려면 명령 행에 **DimAngular**를 입력하고 Spacebar 를 누르거나 [치수] 도구 팔레트-[각도△_{각도}]를 클릭합니다.

01 실습 파일 **Part5-03.dwg**를 불러옵니다. [각도△_{각도}]를 클릭하여 명령을 실행합니다.

> **A 명령 행 한눈에 보기**
>
> 명령: _DIMANGULAR ← DimAngular 명령 입력

02 ❶ 각도를 입력하고자 하는 두 선분 중 첫 번째 선을 먼저 클릭하고 ❷ 두 번째 선을 클릭합니다. ❸ 마우스 포인터를 움직여 각도를 입력할 위치를 클릭하여 지정합니다. 각도가 입력됩니다.

A 명령 행 한눈에 보기

```
호, 원, 선을 선택하거나 <정점 지정>: ← 첫 번째 선을 선택
두 번째 선 선택: ← 두 번째 선 선택
치수 호 선의 위치 지정 또는 [여러 줄 문자(M)/문자(T)/각도(A)/사분점(Q)]: ← 치수선의 위치 지정
치수 문자 = 148
```

바로 통 하는 TIP DimAngular 명령으로 두 선분을 클릭하여 각도를 구할 때는 항상 180° 미만의 값으로 표현됩니다. 두 선분을 클릭하여 마우스 포인터의 위치를 이동함에 따라 동위각, 엇각, 맞꼭지각으로 표현되기 때문입니다.

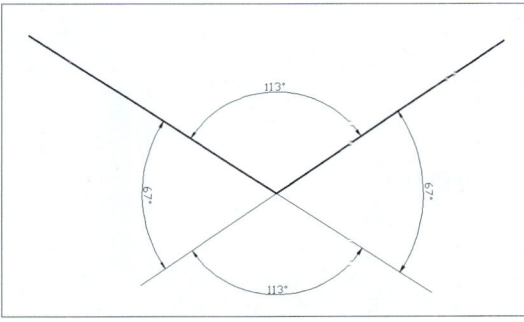

04 DimArc 명령으로 호 길이 입력하기

실습 파일 Part 5\Part5-04.dwg

DimArc 명령, 즉 Arc Length Dimension(호 길이) 명령은 말 그대로 호의 길이를 입력하는 명령입니다. 치수를 입력하고자 하는 호를 클릭한 후 마우스 포인터를 움직여 위치를 지정합니다. DimArc 명령을 사용하려면 명령 행에 **DimArc**를 입력하고 Spacebar 를 누르거나 [치수] 도구 팔레트–[호 길이]를 클릭합니다.

01 실습 파일 **Part5-04.dwg**를 불러옵니다. [호 길이]를 클릭하여 명령을 실행합니다.

> **A** 명령 행 한눈에 보기
>
> 명령: _DIMARC ← DimArc 명령 입력

02 ❶ 입력하고자 하는 호를 클릭하여 선택하고 ❷ 마우스 포인터를 움직여 원하는 지점을 클릭합니다. 호 길이가 나타나며 숫자 앞부분에 호를 나타내는 기호도 함께 표기됩니다.

> **A** 명령 행 한눈에 보기
>
> 호 또는 폴리선 호 세그먼트 선택: ← 호 선택
>
> 호 길이 치수 위치 지정 또는 [여러 줄 문자(M)/문자(T)/각도(A)/부분(P)/지시선(L)]: ← 치수선의 위치 지정
>
> 치수 문자 = 1416

05 DimRadius 명령으로 반지름 입력하기

실습 파일 Part 5\Part5-05.dwg

DimRadius 명령, 즉 Radius Dimension(반지름) 명령은 원이나 호의 반지름을 입력하는 편집 명령입니다. 치수를 입력하고자 하는 원이나 호를 클릭한 후 마우스 포인터를 움직여 위치를 지정합니다. DimRadius 명령을 사용하려면 명령 행에 **DimRadius**를 입력하고 Spacebar 를 누르거나 [치수] 도구 팔레트-[반지름]을 클릭합니다.

01 실습 파일 **Part5-05.dwg**를 불러옵니다. [반지름]을 클릭하여 명령을 실행합니다.

A 명령 행 한눈에 보기

명령: _DIMRADIUS ← DimRadius 명령 입력

02 ❶ 반지름 치수를 입력하고자 하는 원을 클릭하여 선택한 후 ❷ 마우스 포인터를 움직여 원하는 지점을 클릭합니다. 원의 반지름이 나타납니다. 반지름을 나타내는 숫자 앞에 Radius의 'R'이 함께 표기됩니다.

A 명령 행 한눈에 보기

호 또는 원 선택: ← 원 선택
치수 문자 = 357
치수선의 위치 지정 또는 [여러 줄 문자(M)/문자(T)/각도(A)]: ← 치수선의 위치 지정

06 DimDiameter 명령으로 지름 입력하기

실습 파일 Part 5\Part5-05.dwg

DimDiameter 명령, 즉 Diameter Dimension(지름) 명령은 원이나 호의 지름을 입력하는 편집 명령입니다. 치수를 입력하고자 하는 원이나 호를 클릭한 후 마우스 포인터를 움직여 위치를 지정합니다. DimDiameter 명령을 사용하려면 명령 행에 **DimDiameter**를 입력하고 Spacebar 를 누르거나 [치수] 도구 팔레트-[지름◎지름]을 클릭합니다.

01 실습 파일 **Part5-05.dwg**를 불러옵니다. [지름◎지름]을 클릭하여 명령을 실행합니다.

A 명령 행 한눈에 보기

명령: _DIMDIAMETER ← DimDiameter 명령 입력

02 ① 지름 치수를 입력하고자 하는 원을 클릭하여 선택한 후 ② 마우스 포인터를 움직여 원하는 지점을 클릭합니다. 지름을 나타내는 숫자 앞에 ø가 함께 표기됩니다.

A 명령 행 한눈에 보기

호 또는 원 선택: ← 원 선택
치수 문자 = 714
치수선의 위치 지정 또는 [여러 줄 문자(M)/문자(T)/각도(A)]: ← 치수선의 위치 지정

SECTION 03 한 지점을 기준으로 연속 치수 입력하기

한 지점을 기준으로 연속해서 치수를 기입하는 방법은 모든 분야에서 많이 사용하는 도면 작성 방식입니다. 연속 치수 입력 방법을 정확히 습득하여 실무에서 활용하도록 합니다.

01 DimBaseline 명령으로 연속 치수 입력하기

실습 파일 Part 5\Part5-06.dwg

DimBaseline 명령, 즉 Baseline Dimension(기준선 치수) 명령은 가장 먼저 입력한 치수의 첫 번째 치수 보조선을 기준으로 연속해서 치수를 입력하는 편집 명령입니다. 자동으로 첫 번째 치수와의 간격이 연속으로 입력되므로 편리합니다. DimBaseline 명령을 사용하려면 명령 행에 **DimBaseline**을 입력하고 Spacebar 를 누르거나 [치수] 도구 팔레트-[기준선]을 클릭합니다.

01 실습 파일 **Part5-06.dwg**를 불러옵니다. [선형]을 클릭하여 명령을 실행합니다.

A 명령 행 한눈에 보기

명령: _DIMLINEAR ← DimLinear 명령 입력

02 ①② 객체 스냅을 설정하여 첫 번째 계단의 두 지점을 정확히 클릭하여 지정한 뒤 ③ 마우스 포인터를 움직여 원하는 지점을 클릭합니다.

A 명령 행 한눈에 보기

첫 번째 치수보조선 원점 지정 또는 〈객체 선택〉: ← 첫 번째 치수보조선 원점 지정
두 번째 치수보조선 원점 지정: ← 두 번째 치수보조선 원점 지정
치수선의 위치 지정 또는
[여러 줄 문자(M)/문자(T)/각도(A)/수평(H)/수직(V)/회전(R)]: ← 치수선 위치 지정
치수 문자 = 300

03 처음부터 연속해서 계단의 치수를 입력하기 위해 [기준선]을 클릭하여 명령을 실행합니다.

A 명령 행 한눈에 보기

명령: _DIMBASELINE ← DimBaseline 명령 입력

04 계단의 치수가 처음 시작점부터 자동으로 다시 지정됨을 알 수 있습니다. ❶ 두 번째 계단을 클릭하면 연속하여 명령이 재실행됩니다. ❷ 연속해서 그다음 계단을 차례대로 클릭합니다.

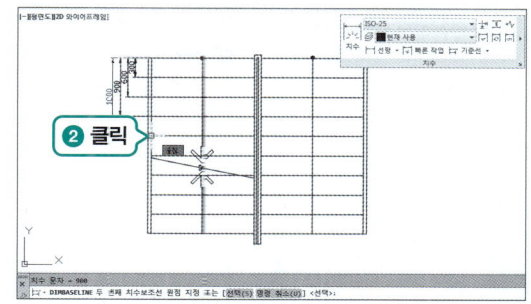

A 명령 행 한눈에 보기

두 번째 치수보조선 원점 지정 또는 [선택(S)/명령 취소(U)] <선택>: ← 두 번째 치수보조선 원점 지정
치수 문자 = 600
두 번째 치수보조선 원점 지정 또는 [선택(S)/명령 취소(U)] <선택>: ← 두 번째 치수보조선 원점 지정
치수 문자 = 900
두 번째 치수보조선 원점 지정 또는 [선택(S)/명령 취소(U)] <선택>: ← 두 번째 치수보조선 원점 지정
치수 문자 = 1200
두 번째 치수보조선 원점 지정 또는 [선택(S)/명령 취소(U)] <선택>: ← 두 번째 치수보조선 원점 지정
치수 문자 = 1500
두 번째 치수보조선 원점 지정 또는 [선택(S)/명령 취소(U)] <선택>: ← 두 번째 치수보조선 원점 지정
치수 문자 = 1800

05 계단의 끝까지 치수를 모두 기입하면 Spacebar 를 눌러 명령을 종료합니다.

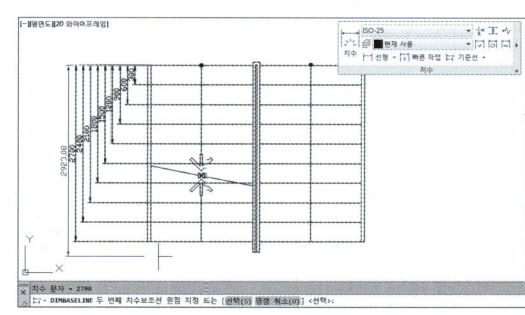

A 명령 행 한눈에 보기

두 번째 치수보조선 원점 지정 또는 [선택(S)/명령 취소(U)] <선택>: ← 두 번째 치수보조선 원점 지정
치수 문자 = 2100
두 번째 치수보조선 원점 지정 또는 [선택(S)/명령 취소(U)] <선택>: ← 두 번째 치수보조선 원점 지정
치수 문자 = 2400
두 번째 치수보조선 원점 지정 또는 [선택(S)/명령 취소(U)] <선택>: ← 두 번째 치수보조선 원점 지정
치수 문자 = 2700
두 번째 치수보조선 원점 지정 또는 [선택(S)/명령 취소(U)] <선택>: Spacebar ← 치수가 다 기입되었으면 Spacebar 를 눌러 다음 단계 진행
기준 치수 선택: Spacebar ← 명령 종료

쉽고 빠른 실무 NOTE | DimBaseline 명령으로 입력한 치수선 간격 조절하기

DimBaseline 명령을 실행하면 처음 입력한 치수선과 일정한 간격으로 치수가 기입되는 것을 알 수 있습니다. 치수의 간격을 조정하려면 Dimdli 명령으로 변숫값을 조절하면 됩니다.

A 명령 행 한눈에 보기

명령: **DIMDLI** Spacebar ← Dimdli 명령 입력
DIMDLI에 대한 새 값 입력 〈3.7500〉: **10** Spacebar ← 수치 10 입력

02 DimContinue 명령으로 연속 치수 입력하기

실습 파일 Part 5\Part5-06.dwg

DimContinue 명령, 즉 Continue Dimension(연속 치수) 명령은 먼저 입력한 치수의 두 번째 치수보조선을 기준으로 연속해서 다음 부분의 치수를 입력하는 편집 명령입니다. 객체의 연속된 길이나 각도를 입력할 때 자동으로 치수선의 높이를 정렬하므로 특히 건축 벽체 치수를 표현할 때 편리합니다. DimContinue 명령을 사용하려면 명령 행에 **DimContinue**를 입력하고 Spacebar 를 누르거나 [치수] 도구 팔레트-[연속]을 클릭합니다.

01 실습 파일 **Part5-06.dwg**를 불러옵니다. [선형]을 클릭하여 명령을 실행합니다.

A 명령 행 한눈에 보기

명령: **_DIMLINEAR** ← DimLinear 명령 입력

02 객체 스냅을 정확히 설정하여 첫 번째 계단의 치수를 표기합니다.

A 명령 행 한눈에 보기

첫 번째 치수보조선 원점 지정 또는 〈객체 선택〉: ← 첫 번째 치수보조선 원점 지정
두 번째 치수보조선 원점 지정: ← 두 번째 치수보조선 원점 지정
치수선의 위치 지정 또는
[여러 줄 문자(M)/문자(T)/각도(A)/수평(H)/수직(V)/회전(R)]: ← 치수선 위치 지정
치수 문자 = 300

03 다음 위치부터 연속되는 계단의 치수를 입력하기 위하여 [연속 ┼┼┼]을 클릭해 명령을 실행합니다.

A 명령 행 한눈에 보기

명령: _DIMCONTINUE ← DimContinue 명령 입력

CHAPTER 01 Dimension 명령으로 치수 입력하기 • **467**

04 DimLinear(선형 치수) 명령의 실행이 끝난 지점부터 치수가 자동으로 지정됨을 알 수 있습니다. 두 번째 계단을 클릭하면 연속해서 명령이 재실행됩니다.

클릭

> **A 명령 행 한눈에 보기**
>
> 두 번째 치수보조선 원점 지정 또는 [선택(S)/명령 취소(U)] <선택>: ← 두 번째 치수보조선 원점 지정
> 치수 문자 = 300
> 두 번째 치수보조선 원점 지정 또는 [선택(S)/명령 취소(U)] <선택>: ← 두 번째 치수보조선 원점 지정
> 치수 문자 = 300

05 ❶ 연속해서 그다음 계단을 클릭하여 계단의 끝까지 치수를 모두 기입했으면 ❷ Spacebar 를 두 번 눌러 명령을 종료합니다.

❶ 클릭

❷ Spacebar 두 번

> **A 명령 행 한눈에 보기**
>
> 두 번째 치수보조선 원점 지정 또는 [선택(S)/명령 취소(U)] <선택>: ← 두 번째 치수보조선 원점 지정
> 치수 문자 = 300
> 두 번째 치수보조선 원점 지정 또는 [선택(S)/명령 취소(U)] <선택>: ← 두 번째 치수보조선 원점 지정
> 치수 문자 = 300
> 두 번째 치수보조선 원점 지정 또는 [선택(S)/명령 취소(U)] <선택>: ← 두 번째 치수보조선 원점 지정
> 치수 문자 = 300
> 두 번째 치수보조선 원점 지정 또는 [선택(S)/명령 취소(U)] <선택>: ← 두 번째 치수보조선 원점 지정
> 치수 문자 = 300
> 두 번째 치수보조선 원점 지정 또는 [선택(S)/명령 취소(U)] <선택>: ← 두 번째 치수보조선 원점 지정
> 치수 문자 = 300
> 두 번째 치수보조선 원점 지정 또는 [선택(S)/명령 취소(U)] <선택>: ← 두 번째 치수보조선 원점 지정
> 치수 문자 = 300
> 두 번째 치수보조선 원점 지정 또는 [선택(S)/명령 취소(U)] <선택>: ← 치수 기입을 마치면 Spacebar 를 눌러 다음 단계 진행
> 연속된 치수 선택: Spacebar ← 명령 종료

바로 통하는 TIP DimBaseline(기준선 치수) 명령과 Dim Continue(연속 치수) 명령을 사용하려면 반드시 선행된 치수 명령이 있어야 합니다. 만약 선행된 작업이 길이에 관련한 치수 작업이었다면 연속하여 길이 치수가 입력되고, 각도에 관련한 치수 작업이었다면 연속하여 각도가 입력됩니다.

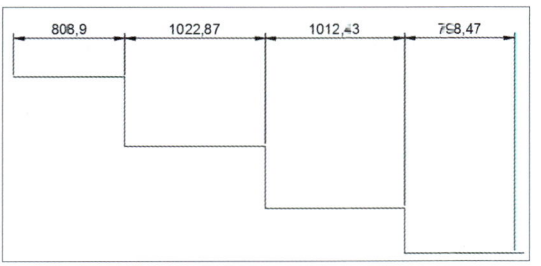

▲ 길이 입력 후 DimContinue 명령 실행

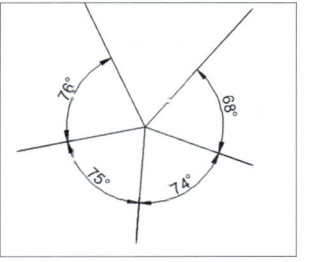

▲ 각도 입력 후 DimContinue 명령 실행

03 Mleader 명령으로 다중 지시선 입력하기

실습 파일 Part 5\Part5-07.dwg

Leader(지시선) 명령은 수치 외에 도면의 특기 사항이나 재질 등의 부수적인 사항을 표시하는 편집 명령으로 도면의 부분 상세도에서 빈번하게 사용합니다. 사용자 임의로 선을 그리듯이 지시선을 그리고 문자를 입력하는 방법으로 사용합니다. 그중 Mleader 명령, 즉 Multileader(다중 지시선) 명령을 사용하려면 명령 행에 **Mleader**를 입력하고 Spacebar 를 누르거나 [주석] 도구 팔레트-[다중 지시선]을 클릭합니다.

01 실습 파일 **Part5-07.dwg**를 불러옵니다. 빠진 부분의 내용을 기입하기 위해 [주석] 도구 팔레트의 [다중 지시선]을 클릭하여 명령을 실행합니다.

A 명령 행 한눈에 보기
명령: _MLEADER ← Mleader 명령 입력

02 ❶ 지시할 위치를 클릭하여 시작점을 지정합니다. ❷ 지시선을 적당한 지점까지 드래그한 후 클릭합니다.

> **A 명령 행 한눈에 보기**
>
> 지시선 화살촉 위치 지정 또는 [문자(T) 사정 입력/지시선 연결선 먼저(L)/컨텐츠 먼저(C)/옵션(O)] 〈옵션〉: ← 지시선 화살촉 위치 지정
> 지시선 연결선 위치 지정: ← 지시선 연결선 위치 지정

03 원하는 내용을 입력합니다. 입력할 내용이 두 줄이라면 Enter 를 눌러서 두 줄로 입력합니다. ❶ 여기서는 **INSULATION**을 입력합니다. ❷ 임의의 공간을 클릭해 명령을 종료합니다.

04 ❶ 문자와 화살표의 크기를 조정하기 위해 [지시선] 도구 팔레트-[다중 지시선 스타일 관리자 ⬘]를 클릭합니다. ❷ [다중 지시선 스타일 관리자] 대화상자의 [수정]을 클릭합니다.

05 ❶ [다중 지시선 스타일 수정: Standard] 대화상자에서 [지시선 구조] 탭을 클릭하고 ❷ [축척] 영역의 [축척 지정]을 [0.5]로 설정합니다. ❸ [확인]을 클릭한 후 ❹ [닫기⨯]를 클릭하여 수정을 마칩니다. 지시선의 크기가 전체적으로 줄어든 것을 알 수 있습니다.

쉽고 빠른 실무 NOTE | 긴 명령어를 다시 사용할 때 간편하게 입력하는 방법

이전에 사용한 명령어를 다시 입력할 때 내용이 같으면 입력하기 번거롭습니다. 이때 키보드의 방향키를 사용하면 간편하게 입력할 수 있습니다. DimOrdinate 명령을 예로 실행해보겠습니다.

01 새 도면 파일을 엽니다. 명령 행에 **DimOrdinate**를 입력하고 `Spacebar` 를 눌러 실행합니다.

> **A** 명령 행 한눈에 보기
>
> **명령: DIMORDINATE** `Spacebar`
> ← DimOrdinate 명령 입력

02 ❶ `Esc` 를 눌러 명령을 해제합니다. ❷ 키보드의 ↑ 방향키를 누르면 다시 DimOrdinate 명령어가 명령 행에 입력됩니다. 사용하는 컴퓨터 환경마다 차이가 있으므로 키보드의 ↑ 방향키가 인식되지 않는다면 차례로 →, ←, ↓를 눌러 실행합니다.

> **A** 명령 행 한눈에 보기
>
> 피쳐 위치를 지정: `Esc` *취소* ← `Esc` 로 명령 해제
> **명령: DIMORDINATE** ← 키보드의 방향키를 눌러보면 명령이 자동으로 입력됨

SECTION 04 그 밖의 다양한 치수 입력 방법

앞에서 설명한 아홉 가지의 치수 입력 방법만으로도 대부분의 도면을 무리 없이 작성할 수 있습니다. 하지만 조금 더 자세한 치수 작성을 위하여 그 밖의 치수 입력 방법도 알아두도록 합니다.

01 DimOrdinate 명령으로 세로 좌표 입력하기

실습 파일 Part 5\Part5-08.dwg

DimOrdinate 명령, 즉 Ordinate Dimension(세로 좌표) 명령은 원점을 기준으로 X, Y 좌표를 표시하는 치수 편집 명령입니다. 실무에서는 건축 도면의 입면도에서 지면을 기준으로 한 고도를 나타낼 때 주로 사용합니다. DimOrdinate 명령을 사용하려면 명령 행에 **DimOrdinate**를 입력하고 Spacebar 를 눌러 실행하거나 [치수] 도구 팔레트-[세로좌표]를 클릭합니다.

▲ DimOrdinate 명령 선택 화면

01 실습 파일 **Part5-08.dwg**를 불러옵니다. ❶ 명령 행에 **DimOrdinate**를 입력하고 Spacebar 를 눌러 명령을 실행합니다. ❷ 객체의 끝점을 클릭하여 시작점을 지정합니다.

A 명령 행 한눈에 보기
명령: _DIMORDINATE
← DimOrdinate 명령 입력

02 ❶ 원하는 내용을 입력하기 위하여 서브 메뉴에서 T(문자)를 입력합니다. ❷ 새 치수 문자로 0m 를 입력하고 Enter 를 눌러 다음 단계로 진행합니다.

A 명령 행 한눈에 보기

피처 위치를 지정: ← 표시 위치 지정
지시선 끝점을 지정 또는 [X데이텀(X)/Y데이텀(Y)/여러 줄 문자(M)/문자(T)/각도(A)]: t Spacebar ← 옵션 T 입력
새 치수 문자를 입력 〈21185.96〉: 0m Enter ← 고도 0m 입력 후 Enter

바로 통 하는 TIP 문자를 입력한 후에는 Enter 를 눌러 다음 단계로 진행합니다. 이때 만약 Spacebar 를 누르면 문자를 한 칸 띄워서 입력하는 기능을 합니다.

03 원하는 위치를 클릭하여 지시선의 끝점을 지정합니다.

A 명령 행 한눈에 보기

지시선 끝점을 지정 또는 [X데이텀(X)/Y데이텀(Y)/여러 줄 문자(M)/문자(T)/각도(A)]: ← 끝점 지정
치수 문자=21185.96

04 ① Spacebar 를 눌러 명령을 다시 한번 실행합니다. ② 객체의 끝점을 클릭하여 시작점을 지정합니다.

> **A 명령 행 한눈에 보기**
>
> 명령: DIMORDINATE Spacebar ←DimOrdinate 명령 입력
> 피처 위치를 지정: ←표시 위치 지정

05 ① 원하는 내용을 입력하기 위하여 서브 메뉴에서 **T**(문자)를 입력합니다. ② 새 치수 문자로 **5m** 를 입력한 후 Enter 를 눌러 다음 단계로 진행합니다. ③ 원하는 위치를 클릭하여 지시선의 끝점을 지정합니다.

> **A 명령 행 한눈에 보기**
>
> 지시선 끝점을 지정 또는 [X데이텀(X)/Y데이텀(Y)/여러 줄 문자(M)/문자(T)/각도(A)]: t Spacebar ←옵션 T 입력
> 새 치수 문자를 입력 〈23750.44〉: 5m Enter ←고도 5m 입력 후 Enter
> 지시선 끝점을 지정 또는 [X데이텀(X)/Y데이텀(Y)/여러 줄 문자(M)/문자(T)/각도(A)]: ←끝점 지정
> 치수 문자 = 23885.96

06 ❶ 고도를 입력하기 위하여 Spacebar 를 눌러 명령을 다시 한번 실행합니다. ❷ 객체의 끝점을 클릭하여 시작점을 지정합니다.

A 명령 행 한눈에 보기

명령: **DIMORDINATE** Spacebar ← DimOrdinate 명령 입력
피쳐 위치를 지정: ← 표시 위치 지정

07 ❶ 원하는 내용을 입력하기 위하여 서브 메뉴에서 **T**(문자)를 입력합니다. ❷ 새 치수 문자로 **11m**을 입력한 후 Enter 를 눌러 다음 단계로 진행합니다. ❸ 원하는 위치를 클릭하여 지시선의 끝점을 지정합니다.

A 명령 행 한눈에 보기

지시선 끝점을 지정 또는 [X데이텀(X)/Y데이텀(Y)/여러 줄 문자(M)/문자(T)/각도(A)]: t Spacebar ← 옵션 T 입력
새 치수 문자를 입력 〈26650.44〉: 11m Enter ← 고도 11m 입력 후 Enter
지시선 끝점을 지정 또는 [X데이텀(X)/Y데이텀(Y)/여러 줄 문자(M)/문자(T)/각도(A)]: ← 끝점 지정
치수 문자 = 27129.96

02 DimJogged 명령으로 꺾기 치수 입력하기

실습 파일 Part 5\Part5-09.dwg

DimJogged 명령, 즉 Jogged Dimension(꺾기 치수) 명령은 치수선의 원점과 문자가 들어갈 위치를 자유자재로 조절하여 꺾기 반지름 치수를 기입하는 편집 명령입니다. DimJogged 명령을 사용하려면 명령 행에 **DimJogged**를 입력하고 Spacebar 를 누르거나 [치수] 도구 팔레트-[꺾기]를 클릭합니다.

▲ DimJogged 명령 선택 화면

01 실습 파일 **Part5-09.dwg**를 불러옵니다. 명령 행에 **DimJogged**를 입력하고 Spacebar 를 눌러 명령을 실행합니다.

> **A 명령 행 한눈에 보기**
> 명령: DIMJOGGED
> ←DimJogged 명령 입력

02 치수를 입력할 호를 클릭하여 선택합니다.

> **A 명령 행 한눈에 보기**
> 호 또는 원 선택: ←치수를 입력할 호 선택

03 회전 계단의 바깥쪽 임의의 지점을 클릭해 중심점을 지정합니다.

A 명령 행 한눈에 보기

중심 위치 재지정 지정: ← 임의의 중심점 지정

04 마우스 포인터를 움직여 문자의 위치와 꺾는 위치를 클릭하여 지정합니다.

A 명령 행 한눈에 보기

치수 문자 = 2300

치수선의 위치 지정 또는 [여러 줄 문자(M)/문자(T)/각도(A)]: ← 치수선의 위치 지정

꺾기 위치 지정:

03 QDim 명령으로 여러 치수를 한번에 입력하기

실습 파일 Part 5\Part5-10.dwg

QDim 명령, 즉 Quick Dimension(빠른 작업) 명령은 신속하게 치수를 입력할 때 사용하는 편집 명령입니다. 치수를 입력할 객체를 한번에 선택하여 치수를 입력하면 선택한 객체의 치수가 동시에 입력됩니다. QDim 명령을 사용하려면 명령 행에 **QDim**을 입력하고 Spacebar 를 누르거나 [치수] 도구 팔레트-[빠른 작업 빠른작업]을 클릭합니다.

01 실습 파일 **Part5-10.dwg**를 불러옵니다. 도면에 있는 세로 중심선의 간격 치수를 한번에 입력해보겠습니다. [빠른 작업 빠른작업]을 클릭하여 명령을 실행합니다.

A 명령 행 한눈에 보기

명령: _QDIM ← QDim 명령 입력

02 ❶ 치수를 입력하고자 하는 중간선만 선택할 수 있도록 중간선의 위쪽 지점을 클릭하여 첫 번째 구석점을 지정합니다. ❷ 첫 번째 구석점의 왼쪽 아래 지점을 클릭하여 두 번째 구석점을 지정합니다.

A 명령 행 한눈에 보기

연관 치수 우선순위 = 끝점(E)

03 입력하고자 하는 경계선이 모두 선택되면 Spacebar 를 눌러 다음 단계로 진행합니다.

A 명령 행 한눈에 보기

치수 기입할 형상 선택: 반대 구석 지정: 3개를 찾음 ← 치수 기입할 형상 선택 (첫 번째, 두 번째 구석점 지정)

치수 기입할 형상 선택: Spacebar ← Spacebar 를 눌러 다음 단계로 진행

04 마우스 포인터를 움직여서 위치를 잡고 클릭하여 지정합니다. 한번에 두 개의 치수가 입력되었습니다.

A 명령 행 한눈에 보기

치수선의 위치 지정 또는 [연속(C)/다중(S)/기준선(B)/세로좌표(O)/반지름(R)/지름(D)/데이텀 점(P)/편집(E)/설정(T)] <연속(C)>:
← 치수선의 위치 지정

CHAPTER 02
치수 스타일 지정하기

치수를 기입할 때 필요한 전반적인 설정 사항을 알아보겠습니다. 치수의 크기와 모양, 색상, 간격을 적절하게 조절하는 치수 스타일 설정은 치수 입력 명령 못지않게 중요합니다.

🎯 학습 목표

상황에 맞게 치수 스타일을 지정하는 방법을 알아봅니다. 도면에서 치수는 정확하게 입력하는 것도 중요하지만 알아보기 쉽도록 표현하는 것도 중요합니다.

▲ 치수 스타일을 지정하여 입력하기

▲ 치수 윤곽을 지정하고 치수 기입하기

SECTION 01 도면을 빛내는 치수 스타일

치수 스타일을 지정하는 방법은 여러 가지가 있습니다. 치수 스타일을 지정하기 위해서는 명령 행에 **Ddim**을 입력하고 Spacebar 를 눌러 실행합니다.

01 [치수 스타일 관리자] 대화상자로 편리하게 치수 스타일 지정하기

실습 파일 Part 5\Part5-11.dwg

[치수 스타일 관리자] 대화상자를 이용하면 매우 쉽게 치수 스타일을 지정할 수 있습니다.

01 실습 파일 **Part5-11.dwg**를 불러옵니다. 건축 도면에 맞는 치수 스타일을 만들기 위하여 명령 행에 **Ddim**을 입력하고 Spacebar 를 누릅니다.

A 명령 행 한눈에 보기
명령행 명령: ddim
← Ddim 명령 입력

02 치수 스타일을 지정하는 [치수 스타일 관리자] 대화상자가 나타납니다. 현재 [Standard] 스타일이 지정되어 있습니다. ❶ 새로운 치수 스타일을 만들기 위해 [새로 만들기]를 클릭합니다. ❷ [새 치수 스타일 작성] 대화상자가 나타나면 [새 스타일 이름] 영역에 **연습**을 입력합니다. ❸ [계속]을 클릭하여 다음 단계로 진행합니다.

CHAPTER 02 치수 스타일 지정하기 • **481**

쉽고 빠른 실무 NOTE — [치수 스타일 관리자] 대화상자 살펴보기

1 현재로 설정
여러 스타일이 있을 경우에 특정 스타일을 현재 설정으로 지정합니다.

2 새로 만들기
새로운 스타일을 생성합니다. 이름도 함께 지정할 수 있습니다.

3 수정
기존의 스타일을 적절하게 수정합니다.

4 재지정
기존의 스타일을 임시로 재지정합니다.

5 비교
두 가지의 치수 스타일을 비교합니다.

6 스타일
현재 사용 가능한 스타일을 알 수 있습니다. 두 개 이상이 존재할 경우 적합한 스타일을 선택하여 사용합니다.

7 리스트
스타일 전체 목록과 현재 사용되는 스타일 목록을 구분하여 나타나게 할 수 있습니다.

8 미리보기
새로 지정한 치수선 형태를 [미리보기] 영역에서 미리 볼 수 있습니다.

---

03 [새 치수 스타일 : 연습] 대화상자가 나타납니다. [맞춤] 탭을 클릭합니다.

> **바로 통하는 TIP** [새 치수 스타일] 대화상자는 기능에 따라 여러 개의 탭으로 구성되어 있습니다. 필요한 탭을 골라서 수정하면 치수 스타일을 빠르게 편집할 수 있습니다.

04 ❶ 미리 보기 아래에 위치한 [치수 피쳐 축척] 영역에서 [전체 축척 사용]을 클릭하고 수치를 적절하게 지정합니다. ❷ 여기서는 **500**을 입력합니다.

> **바로 통 하는 TIP** [맞춤] 탭-[전체 축척 사용]의 역할은 치수 스타일 전체의 크기를 도면 크기에 맞추는 기능입니다. 급한 작업일 경우에는 이 항목만 설정하고 사용해도 무방합니다.

쉽고 빠른 실무 NOTE — 축척의 적절성 여부 확인하기

도면 작업을 하다 보면 축척(Scale)이 적절한지를 살펴보는 작업이 필요합니다. 어떤 방법이 있는지 알아봅니다.

01 [전체 축척 사용]의 수치를 조절한 뒤 하단의 [확인]을 클릭하여 [치수 스타일 관리자] 대화상자로 빠져나옵니다. ❶ [스타일] 영역에서 조금 전에 만든 [연습]을 클릭한 후 ❷ [현재로 설정]을 클릭하여 현재 설정 스타일로 변경합니다. ❸ [닫기]를 클릭하여 대화상자를 닫습니다.

02 [선형]을 클릭해 명령을 실행합니다. 임의의 치수선 하나를 그려보고 축척이 적절하지 않다면 다시 [치수 스타일] 대화상자의 [맞춤] 탭에서 [전체 축척 사용]의 수치를 조절합니다. 치수선을 확인한 후에 스타일을 만들 때는 [새로 만들기]가 아닌 [수정]을 클릭합니다.

▲ 선형 치수 명령으로 임의의 치수선 입력

CHAPTER 02 치수 스타일 지정하기 • **483**

05 [치수선]과 [치수 보조선]의 [색상]부터 지정합니다. [색상]을 [빨간색]으로 지정합니다. 오른쪽 미리 보기에서 치수선과 치수 보조선이 빨간색으로 변경되는 것을 확인할 수 있습니다.

> **바로 통 하는 TIP** [선] 탭에서는 선 색상과 선 모양, 선 굵기 등과 같은 일반적인 사항뿐만 아니라 치수선과 치수 보조선의 간격과 길이도 각각 조절할 수 있습니다. 치수선은 [치수선] 영역에서, 치수 보조선은 [치수 보조선] 영역에서 지정합니다.

06 [치수선 너머로 연장]에서 치수선 위에 올라와 있는 치수 보조선의 길이를 조절할 수 있습니다. ❶ '0.1800'인 현재의 길이를 **0.1000**으로 수정합니다. [치수선 너머로 연장] 아래에 있는 [원점에서 간격띄우기]는 원본 객체와 치수선 사이의 거리를 조절할 수 있습니다. ❷ **0.2000**을 입력합니다.

07 ❶ [기호 및 화살표] 탭을 클릭하고 ❷ [화살촉] 영역에서 화살표 머리 모양을 선택합니다. 여기서는 [닫고 비움]을 클릭합니다. [첫 번째]만 지정하면 [두 번째]는 자동으로 동일하게 지정됩니다. [맞춤] 탭에서 치수 스타일의 전반적인 크기를 조절했으므로 화살표 크기는 따로 조절하지 않습니다.

> **바로 통 하는 TIP** [기호 및 화살표] 탭에서는 화살표의 머리 모양과 원의 중심 마크, 호 길이를 입력할 때의 심벌 위치 등을 지정할 수 있습니다.

08 [문자] 탭을 클릭합니다. [문자 모양] 영역에서 [문자 색상]을 [초록색]으로 지정합니다.

바로 통 하는 TIP [문자] 탭에서는 치수 문자의 색상과 간격, 문자 스타일을 비롯하여 문자의 위치 지정과 정렬에 관한 전반적인 사항을 설정합니다. 이때 글자 높이는 문자의 크기와 같은 의미입니다. 이미 [맞춤] 탭에서 조절했으므로 그대로 둡니다. 참고로 [문자 주위에 프레임 그리기]를 체크하면 모든 치수 문자의 둘레에 사각형이 그려집니다.

쉽고 빠른 실무 NOTE — 치수 문자의 스타일 변경하기

도면의 특성에 따라 치수 문자의 스타일을 여러 가지로 표현해야 할 때가 있습니다. 치수 문자 스타일을 변경해보겠습니다.

01 [치수 스타일 수정] 대화상자의 [문자 모양] 영역에서 [문자 스타일 ...]을 클릭합니다. ❶ [문자 스타일] 대화상자가 나타나면 [글꼴] 영역의 [글꼴 이름]을 클릭하고 ❷ 원하는 글꼴을 클릭합니다. ❸ [적용]을 클릭하고 ❹ [닫기 ×]를 클릭하여 설정을 마칩니다.

02 미리 보기를 확인하면 치수 문자 스타일이 변경되었음을 알 수 있습니다.

CHAPTER 02 치수 스타일 지정하기 • **485**

09 [문자 배치] 영역에서는 치수 문자의 위치를 지정합니다. [수직]은 [위], [수평]은 현재 설정인 [중심]으로 지정하여 사용합니다.

> **바로 통하는 TIP** 전체 치수를 수평 방향으로 그렸다고 가정할 경우 [수직]은 상대적인 수직 방향에서 문자의 위치를 지정하고 [수평]은 상대적인 수평 방향에서 문자의 위치를 지정합니다. 실무에서는 [수직]을 [위]로 지정하고 [수평]은 현재 설정인 [중심]으로 지정합니다.

10 [문자 정렬] 영역에서 [ISO 표준]을 클릭합니다.

> **바로 통하는 TIP** [수평]은 수평 방향으로 문자를 정렬하고 [치수선에 정렬]은 치수선 각도에 따라서 문자를 정렬합니다. [ISO 표준]은 국제 규격에 따라서 문자를 정렬합니다.

11 ❶ [1차 단위] 탭을 클릭합니다. ❷ [선형 치수] 영역에서 [정밀도]가 [0]으로 설정되어 있는지 확인합니다. 이제 도면에서 일반적으로 사용하는 치수 스타일 설정을 모두 마쳤습니다. ❸ [확인]을 클릭하여 [치수 스타일 관리자] 대화상자로 빠져나옵니다. ❹ [현재로 설정]을 클릭하여 [연습] 스타일을 현재 스타일로 지정한 후 ❺ [닫기]를 클릭합니다.

> **바로 통하는 TIP** [선형 치수] 영역에서는 선형 치수와 관련한 형식과 단위를 지정합니다. 일반적인 건축, 인테리어 도면에서는 단위 형식을 십진법인 [십진]으로 지정합니다. 정밀도는 치수 문자의 소수점 자릿수를 지정하는 기능이지만 대개는 소수점을 지정하지 않습니다.

12 DimLinear(선형 치수) 명령을 실행하여 치수선을 입력합니다.

A 명령 행 한눈에 보기

명령: _DIMLINEAR ← DimLinear 명령 입력
첫 번째 치수보조선 원점 지정 또는 〈객체 선택〉: ← 보조선의 첫 번째 위치 지정
두 번째 치수보조선 원점 지정: ← 보조선의 두 번째 위치 지정
치수선의 위치 지정 또는
[여러 줄 문자(M)/문자(T)/각도(A)/수평(H)/수직(V)/회전(R)]: ← 치수선의 위치 지정
치수 문자 = 4100

13 ❶ 연속해서 치수를 입력하기 위하여 [연속]을 클릭해 DimContinue(연속 치수) 명령을 실행한 뒤 ❷ 치수를 입력합니다. ❸ 치수 입력이 끝나면 Spacebar 를 두 번 눌러 명령을 종료합니다.

CHAPTER 02 치수 스타일 지정하기 • **487**

A 명령 행 한눈에 보기

명령: _dimcontinue ← DimContinue 명령 입력
두 번째 치수보조선 원점 지정 또는 [선택(S)/명령 취소(U)] <선택>:
치수 문자 = 1000
두 번째 치수보조선 원점 지정 또는 [선택(S)/명령 취소(U)] <선택>:
치수 문자 = 800
두 번째 치수보조선 원점 지정 또는 [선택(S)/명령 취소(U)] <선택>:
치수 문자 = 900
두 번째 치수보조선 원점 지정 또는 [선택(S)/명령 취소(U)] <선택>:
치수 문자 = 2600
두 번째 치수보조선 원점 지정 또는 [선택(S)/명령 취소(U)] <선택>:
치수 문자 = 900
두 번째 치수보조선 원점 지정 또는 [선택(S)/명령 취소(U)] <선택>: Spacebar 를 눌러 다음 단계 진행
연속된 치수 선택: Spacebar ← 명령 종료

 바로 통하는 TIP 치수를 기입하다가 적절하지 않은 부분이 있으면 치수 스타일의 해당 탭에서 즉시 수정하여 사용하도록 합니다.

14 DimLinear 명령을 다시 한번 실행하여 전체 치수를 한 단 더 입력합니다.

A 명령 행 한눈에 보기

명령: _DIMLINEAR ← DimLinear 명령 입력
첫 번째 치수보조선 원점 지정 또는 <객체 선택>: ← 보조선의 첫 번째 위치 지정
두 번째 치수보조선 원점 지정: ← 보조선의 두 번째 위치 지정
치수선의 위치 지정 또는
[여러 줄 문자(M)/문자(T)/각도(A)/수평(H)/수직(V)/회전(R)]: ← 치수선의 위치 지정
치수 문자 = 9300

15 계속해서 나머지 세 면의 치수선을 기입하여 완성합니다.

바로 통 하는 TIP 단의 높이는 상하좌우 모두 비슷하게 맞추어야 도면이 전체적으로 정돈되어 보입니다. 네 면을 모두 표현해야 정확하고 균형이 맞습니다.

쉽고 빠른 실무 NOTE — 대체 단위와 공차 형식

[대체 단위]는 두 가지 단위를 치수에 함께 표기하는 기능이고, [공차] 형식은 치수 공차와 관련된 사항을 제어하는 기능입니다.

CHAPTER 02 치수 스타일 지정하기 • 489

쉽고 빠른 실무 NOTE 치수 스타일 통일하기

한 도면에 두 가지 이상의 치수 스타일이 지정되어 하나로 통일하고 싶다면 Matchprop(특성 일치) 명령을 사용합니다. Matchprop 명령의 사용법은 402쪽을 참고하도록 합니다.

◀ 원본 도면 : 입력한 치수 중 한 곳만 선은 빨간색으로, 글자는 초록색으로 지정된 모습

▲ Matchprop 명령 입력   ▲ Matchprop 명령 적용

▲ Matchprop 명령으로 치수 스타일을 통일한 도면

치수와 관련된 시스템 변수 알아보기

앞에서 알아보았던 치수 스타일을 비롯하여 치수 설정과 관련한 시스템 변수는 명령 행에 직접 입력해서 설정할 수 있지만 외우기에 벅찰 정도로 그 내용이 아주 많습니다. 하지만 명령 행에 직접 입력하여 치수 변수를 변경하는 기능은 AutoCAD의 부가적인 요소를 표현하는 데 필수적이므로 치수의 기본 사용법을 어느 정도 능숙하게 익혔다면 함께 알아두도록 합니다.

1 Dimaso

치수 요소인 치수선, 치수 문자, 화살표 등을 단일 요소로 연결하여 치수를 기입할지, 각각의 개별 요소로 치수를 기입할지를 지정하는 기능입니다. 기본 설정은 [On]이므로 치수 요소를 모두 단일 요소로 연결하여 치수를 기입합니다.

▲ Dimaso를 [Off]로 설정하고 치수선을 입력한 후 선택　　▲ Dimaso를 [On]으로 설정하고 치수선을 입력한 후 선택

2 Dimasz

치수선과 지시선의 화살표 크기를 조정합니다. 원하는 수치를 입력하여 변경합니다.

▲ 변경 전

▲ 변경 후

3 Dimclrd

치수선, 화살표, 지시선의 색상을 지정합니다. 변경하려는 색상 번호를 0번부터 256번까지 입력해서 지정할 수 있습니다.

▲ 변경 전　　　　　　　　　　　　　　　▲ 변경 후 : 지정한 색상으로 변경

4 Dimclre

치수 보조선의 색상을 지정합니다. 변경하려는 색상 번호를 0번부터 256번까지 입력해서 지정할 수 있습니다.

▲ 변경 전　　　　　　　　　　　　　　　▲ 변경 후 : 지정한 색상으로 변경

5 Dimsclt

치수 문자의 색상을 지정합니다. 변경하려는 색상 번호를 0번부터 256번까지 입력해서 지정할 수 있습니다.

▲ 변경 전　　　　　　　　　　　　　　　▲ 변경 후 : 지정한 색상으로 변경

6 Dimexe

치수선을 지나서 연장되는 치수 보조선의 길이를 조정합니다. 원하는 수치를 입력하여 변경합니다.

▲ 변경 전   ▲ 변경 후

7 Dimexo

치수를 기입하는 객체와 치수 보조선 사이의 간격을 조정합니다. 원하는 수치를 입력하여 변경합니다.

▲ 변경 전   ▲ 변경 후

8 Dimgap

치수선과 치수 문자의 간격을 조정합니다. 필요한 만큼의 수치를 입력하여 변경합니다.

▲ 변경 전   ▲ 변경 후

9 Dimpost

치수 문자의 머리말이나 꼬리말을 지정합니다. 원하는 문자나 단위를 기입합니다.

▲ 변경 전   ▲ 변경 후

10 Dimscale

치수 요소의 크기, 간격, 거리 등을 조정하는 치수를 Dimscale 변수에 설정된 값과의 곱으로 설정합니다.

▲ 변경 전   ▲ 변경 후

11 Dimtad

치수 문자의 수직 위치를 조정합니다.

▲ Dimtad를 '1'로 지정   ▲ Dimtad를 '0'으로 지정

12 Dimtih

치수 문자의 출력 방향을 조정하는 명령으로, [On]으로 설정하면 수평 방향으로 나타나고 [Off]로 설정하면 치수선과 나란하게 나타납니다.

▲ [Off]로 설정　　　　　　　　　　　▲ [On]으로 설정

13 Dimtxt

치수 문자의 크기를 조정합니다. 필요한 만큼의 수치를 입력하여 변경합니다.

▲ 변경 전　　　　　　　　　　　▲ 변경 후

회사통 실무활용
치수 윤곽 지정하고 치수 기입하기

한정식 식당 도면에 치수를 기입해보겠습니다. 치수를 설정한 후 치수의 윤곽을 지정하고 도면에 맞게 필요한 부분에 치수를 기입합니다.

실습 파일 Part 5\Part5-12.dwg

1 실습 파일 **Part5-12.dwg**를 불러옵니다. 견본이 되는 치수를 하나 그립니다. ❶ [치수] 도구 팔레트-[선형]을 클릭해 명령을 실행합니다. ❷ 치수를 도면에 기입합니다.

A 명령 행 한눈에 보기

명령: _DIMLINEAR ← DimLinear 명령 입력
첫 번째 치수보조선 원점 지정 또는 〈객체 선택〉: ← 첫 번째 치수보조선 원점 지정
두 번째 치수보조선 원점 지정: ← 두 번째 치수보조선 원점 지정
치수선의 위치 지정 또는
[여러 줄 문자(M)/문자(T)/각도(A)/수평(H)/수직(V)/회전(R)]: ← 치수선의 위치 지정
치수 문자 = 2984

2 치수의 윤곽을 살펴보고 치수 스타일을 수정하기 위하여 [치수 스타일]을 클릭합니다. ❶ [치수 스타일 관리자] 대화상자가 나타나면 [스타일] 영역의 [ISO-25]를 선택하고 ❷ [수정]을 클릭합니다.

A 명령 행 한눈에 보기

명령: _DIMSTYLE ← Dimstyle 명령 입력

3 ❶ [치수 스타일 수정: ISO-25] 대화상자가 나타나면 [맞춤] 탭을 클릭합니다. ❷ [치수 피처 축척] 영역의 [전체 축척 사용]을 **1.3**으로 수정합니다. ❸ [확인]을 클릭한 후 ❹ [닫기⊠]를 클릭하여 다시 작업 화면으로 돌아갑니다. 치수의 크기가 조금 더 커진 것을 확인할 수 있습니다.

바로 통하는 TIP 급한 작업이라면 [전체 축척 사용]만 수정하여 사용해도 전체 도면의 완성도에는 큰 차이가 없습니다.

4 크기가 적당하게 조정되었다면 계속해서 치수를 기입합니다. ❶ [연속]을 클릭해 DimContinue(연속 치수) 명령을 실행합니다. ❷ 연속하여 치수를 기입합니다. ❸ 치수를 모두 기입한 후 Spacebar 를 두 번 눌러 명령을 종료합니다.

A 명령 행 한눈에 보기

```
명령: _DIMCONTINUE ← DimContinue 명령 입력
두 번째 치수보조선 원점 지정 또는 [선택(S)/명령 취소(U)] 〈선택〉: ← 보조선의 연속된 두 번째 위치 지정
1035개의 교차 점검 중...
치수 문자 = 2983
두 번째 치수보조선 원점 지정 또는 [선택(S)/명령 취소(U)] 〈선택〉: ← 보조선의 연속된 두 번째 위치 지정
치수 문자 = 2983
두 번째 치수보조선 원점 지정 또는 [선택(S)/명령 취소(U)] 〈선택〉: ← 보조선의 연속된 두 번째 위치 지정
치수 문자 = 2600
두 번째 치수보조선 원점 지정 또는 [선택(S)/명령 취소(U)] 〈선택〉: ← 보조선의 연속된 두 번째 위치 지정
치수 문자 = 1800
두 번째 치수보조선 원점 지정 또는 [선택(S)/명령 취소(U)] 〈선택〉: Spacebar ← Spacebar 를 눌러 다음 단계 진행
연속된 치수 선택: Spacebar ← 명령 종료
```

바로 통하는 TIP DimContinue 명령을 사용할 때는 객체 스냅을 정확히 잡아주는 것이 매우 중요합니다. 건축 도면의 경우 도면의 중심선이 표시되어 있으므로 중심선의 끝점을 정확히 지정하여 치수를 작성합니다.

5 ① [선형]을 클릭하여 DimLinear(선형 치수) 명령을 실행합니다. ② 간격을 적절하게 배치하여 두 단이 되도록 전체 수평 치수를 기입합니다.

A 명령 행 한눈에 보기

명령: _DIMLINEAR ← DimLinear 명령 입력
첫 번째 치수보조선 원점 지정 또는 〈객체 선택〉: ← 보조선의 첫 번째 위치 지정
630개의 교차 점검 중...
두 번째 치수보조선 원점 지정: ← 보조선의 두 번째 위치 지정
치수선의 위치 지정 또는
[여러 줄 문자(M)/문자(T)/각도(A)/수평(H)/수직(V)/회전(R)]: ← 치수선의 위치 지정
치수 문자 = 13350

6 계속해서 도면 왼쪽에 수직 치수를 기입합니다. ① [선형]을 클릭하여 DimLinear 명령을 실행합니다. ② 치수를 도면에 기입합니다.

A 명령 행 한눈에 보기

명령: _DIMLINEAR ← DimLinear 명령 입력
첫 번째 치수보조선 원점 지정 또는 〈객체 선택〉: ← 보조선의 첫 번째 위치 지정
두 번째 치수보조선 원점 지정: ← 보조선의 두 번째 위치 지정
치수선의 위치 지정 또는
[여러 줄 문자(M)/문자(T)/각도(A)/수평(H)/수직(V)/회전(R)]: ← 치수선의 위치 지정
치수 문자 = 650

7 연속해서 수직 치수를 기입하겠습니다. ❶ [연속]을 클릭하여 DimContinue 명령을 실행합니다. ❷ 수평 치수의 간격과 비슷하게 기입합니다. ❸ 기입을 마친 후 Spacebar 를 두 번 눌러 명령을 종료합니다.

A 명령 행 한눈에 보기

명령: _DIMCONTINUE ← DimContinue 명령 입력
두 번째 치수보조선 원점 지정 또는 [선택(S)/명령 취소(U)] 〈선택〉: ← 보조선의 연속된 두 번째 위치 지정
치수 문자 = 350
두 번째 치수보조선 원점 지정 또는 [선택(S)/명령 취소(U)] 〈선택〉: ← 보조선의 연속된 두 번째 위치 지정
치수 문자 = 4000
두 번째 치수보조선 원점 지정 또는 [선택(S)/명령 취소(U)] 〈선택〉: ← 보조선의 연속된 두 번째 위치 지정
치수 문자 = 1550
두 번째 치수보조선 원점 지정 또는 [선택(S)/명령 취소(U)] 〈선택〉: ← 보조선의 연속된 두 번째 위치 지정
치수 문자 = 4000
두 번째 치수보조선 원점 지정 또는 [선택(S)/명령 취소(U)] 〈선택〉: ← 보조선의 연속된 두 번째 위치 지정
치수 문자 = 800
두 번째 치수보조선 원점 지정 또는 [선택(S)/명령 취소(U)] 〈선택〉: Spacebar ← Spacebar 를 눌러 다음 단계 진행
연속된 치수 선택: Spacebar ← 명령 종료

8 ❶ DimLinear 명령을 실행하고 ❷ 간격이 적절하게 배치되도록 전처 수직 치수를 기입합니다.

A 명령 행 한눈에 보기

명령: _DIMLINEAR ← DimLinear 명령 입력
첫 번째 치수보조선 원점 지정 또는 〈객체 선택〉: ← 보조선의 첫 번째 위치 지정
두 번째 치수보조선 원점 지정: ← 보조선의 두 번째 위치 지정
치수선의 위치 지정 또는
[여러 줄 문자(M)/문자(T)/각도(A)/수평(H)/수직(V)/회전(R)]: ← 치수선의 위치 지정
치수 문자 = 11350

9 도면 오른쪽에 수직 치수를 기입합니다. ❶ DimLinear 명령을 실행하고 ❷ 오른쪽 면 치수를 도면에 기입합니다.

> **A** 명령 행 한눈에 보기
>
> 명령: _DIMLINEAR ← DimLinear 명령 입력
> 첫 번째 치수보조선 원점 지정 또는 〈객체 선택〉: ← 보조선의 첫 번째 위치 지정
> 두 번째 치수보조선 원점 지정: ← 보조선의 두 번째 위치 지정
> 치수선의 위치 지정 또는
> [여러 줄 문자(M)/문자(T)/각도(A)/수평(H)/수직(V)/회전(R)]: ← 치수선의 위치 지정
> 치수 문자 = 650

10 ❶ DimContinue 명령을 실행하고 ❷ 연속해서 수직 치수를 기입합니다. ❸ 치수를 모두 기입하면 Spacebar 를 두 번 눌러 명령을 종료합니다.

> **A** 명령 행 한눈에 보기
>
> 명령: _DIMCONTINUE ← DimContinue 명령 입력
> 두 번째 치수보조선 원점 지정 또는 [선택(S)/명령 취소(U)] 〈선택〉: ← 보조선의 연속된 두 번째 위치 지정
> 치수 문자 = 350
> 두 번째 치수보조선 원점 지정 또는 [선택(S)/명령 취소(U)] 〈선택〉: ← 보조선의 연속된 두 번째 위치 지정
> 치수 문자 = 4000
> 두 번째 치수보조선 원점 지정 또는 [선택(S)/명령 취소(U)] 〈선택〉: ← 보조선의 연속된 두 번째 위치 지정
> 치수 문자 = 1550
> 두 번째 치수보조선 원점 지정 또는 [선택(S)/명령 취소(U)] 〈선택〉: ← 보조선의 연속된 두 번째 위치 지정
> 치수 문자 = 4000
> 두 번째 치수보조선 원점 지정 또는 [선택(S)/명령 취소(U)] 〈선택〉: ← 보조선의 연속된 두 번째 위치 지정
> 치수 문자 = 800
> 두 번째 치수보조선 원점 지정 또는 [선택(S)/명령 취소(U)] 〈선택〉: Spacebar ← Spacebar 를 눌러 다음 단계 진행
> 연속된 치수 선택: Spacebar ← 명령 종료

11 전체 수직 치수를 기입하겠습니다. ❶ DimLinear 명령을 실행합니다. ❷ 간격을 적절하게 배치하여 두 단이 되도록 기입합니다.

A 명령 행 한눈에 보기

명령: _DIMLINEAR ← DimLinear 명령 입력
첫 번째 치수보조선 원점 지정 또는 〈객체 선택〉: ← 보조선의 첫 번째 위치 지정
두 번째 치수보조선 원점 지정: ← 보조선의 두 번째 위치 지정
치수선의 위치 지정 또는
[여러 줄 문자(M)/문자(T)/각도(A)/수평(H)/수직(V)/회전(R)]: ← 치수선의 위치 지정
치수 문자 = 11350

12 ❶ 계속해서 DimLinear 명령을 실행하고 ❷ 도면 하단에 수평 치수를 기입합니다.

A 명령 행 한눈에 보기

명령: _DIMLINEAR ← DimLinear 명령 입력
첫 번째 치수보조선 원점 지정 또는 〈객체 선택〉: ← 보조선의 첫 번째 위치 지정
두 번째 치수보조선 원점 지정: ← 보조선의 두 번째 위치 지정
치수선의 위치 지정 또는
[여러 줄 문자(M)/문자(T)/각도(A)/수평(H)/수직(V)/회전(R)]: ← 치수선의 위치 지정
치수 문자 = 2000

13 ❶ DimContinue 명령을 실행하고 ❷ 연속해서 수평 치수를 기입합니다. ❸ 치수를 모두 기입하면 Spacebar 를 두 번 눌러 명령을 종료합니다.

A 명령 행 한눈에 보기

명령: _DIMCONTINUE ← DimContinue 명령 입력
두 번째 치수보조선 원점 지정 또는 [선택(S)/명령 취소(U)] <선택>: ← 보조선의 연속된 두 번째 위치 지정
치수 문자 = 6950
두 번째 치수보조선 원점 지정 또는 [선택(S)/명령 취소(U)] <선택>: ← 보조선의 연속된 두 번째 위치 지정
치수 문자 = 2600
두 번째 치수보조선 원점 지정 또는 [선택(S)/명령 취소(U)] <선택>: ← 보조선의 연속된 두 번째 위치 지정
치수 문자 = 1800
두 번째 치수보조선 원점 지정 또는 [선택(S)/명령 취소(U)] <선택>: Spacebar 를 눌러 다음 단계 진행
연속된 치수 선택: Spacebar ← 명령 종료

14 전체 수평 치수를 기입하겠습니다. ❶ DimLinear 명령을 실행합니다. ❷ 간격을 적절하게 배치하여 두 단이 되도록 전체 수평 치수를 기입합니다.

A 명령 행 한눈에 보기

명령: _DIMLINEAR ← DimLinear 명령 입력
첫 번째 치수보조선 원점 지정 또는 <객체 선택>: ← 보조선의 첫 번째 위치 지정
두 번째 치수보조선 원점 지정: ← 보조선의 두 번째 위치 지정
치수선의 위치 지정 또는
[여러 줄 문자(M)/문자(T)/각도(A)/수평(H)/수직(V)/회전(R)]: ← 치수선의 위치 지정
치수 문자 = 13350

15 마지막으로 현재 연결되어 있는 도면의 치수와 중심선의 간격을 띄워서 구분하기 위하여 [치수 스타일]을 클릭합니다. ❶ [치수 스타일 관리자] 대화상자가 나타나면 [스타일] 영역의 [ISO-25]를 클릭하고 ❷ [수정]을 클릭합니다.

> **A** 명령 행 한눈에 보기
>
> **명령: _DIMSTYLE** ← Dimstyle 명령 입력

16 [치수 스타일 수정: ISO-25] 대화상자가 나타납니다. ❶ 선과 치수에 관련한 사항이므로 [선] 탭에서 [치수 보조선] 영역의 [원점에서 간격띄우기]를 **250**으로 수정하고 ❷ [확인]을 클릭하여 작업 화면으로 돌아옵니다.

17 도면 치수를 완성했습니다.

PART 06

효율적인 도면 작업을 위한 기능 알아보기

이번 PART에서는 빠르고 효율적인 도면 작성을 위한 명령에 대하여 알아보겠습니다. 도면을 직접 작성할 때 꼭 필요한 명령부터 도면을 깔끔하게 재구성해주는 명령까지 총망라하여 알아봅니다.

CHAPTER 01
객체를 반복해서 사용하기

블록을 지정하는 방법은 크게 Block 명령과 WBlock 명령으로 나눌 수 있습니다. 반복적인 작업을 효율적으로 한다는 점에서는 동일한 기능이지만 Block 명령은 한 도면에서만 사용할 수 있고 WBlock 명령은 여러 도면에서 사용할 수 있다는 차이가 있습니다. 실무에서는 도면을 하나만 열고 작업을 하는 것이 아니므로 주로 WBlock 명령을 사용합니다.

🎯 학습 목표
블록의 사용 방법 및 외부 이미지를 불러오는 방법을 알아보겠습니다.

▲ 블록 저장하기

▲ 블록 쓰기

▲ 외부 이미지 불러오기

SECTION 01 반복 사용 요소를 관리하는 Block과 WBlock

실무에서는 복잡한 도면을 하루에도 몇 장씩 그려야 하는 상황이 많습니다. 이때 작업 시간은 줄이고 능률은 높이기 위해 Block 명령과 WBlock 명령을 사용합니다.

01 블록이란?

건축이나 인테리어 도면을 보면 본체 내부에 가구를 비롯한 여러 도면 요소가 반복적으로 사용됩니다. 예를 들어 아파트 도면을 여러 타입으로 작성하는 업무를 수행할 때, 타입별로 벽체의 윤곽은 조금씩 다르겠지만 가구 등 내부를 구성하는 요소는 같은 모양을 몇 번씩 사용합니다. 이때 사용하는 기능이 바로 블록(Block)입니다. 즉, 자주 사용하는 도면 요소들을 저장해두었다가 필요할 때마다 다시 사용하는 편리한 기능입니다. 블록은 도면에 삽입할 때 분해 여부를 지정할 수 있으며 크기와 각도도 사용자 편의대로 지정할 수 있습니다.

▲ 블록으로 설정한 다양한 PC방 집기 도면

02 Block 명령으로 블록 만들고 저장하기

실습 파일 Part 6\Part6-01.dwg

블록을 만들려면 명령 행에 **Block**을 입력하고 Spacebar 를 누르거나 [블록] 도구 팔레트-[작성 █ 작성]을 클릭합니다. 실습 파일의 싱크대 도면을 블록으로 만들어보겠습니다.

01 실습 파일 **Part6-01.dwg**를 불러옵니다. ❶ 명령 행에 **Block**을 입력하고 Spacebar 를 누릅니다. [블록 정의] 대화상자가 나타나면 지정할 블록의 이름과 기준점, 객체 선택과 관련한 옵션을 설정할 수 있습니다. ❷ [이름]에 블록의 이름을 **2조 싱크대**로 입력합니다.

> **A 명령 행 한눈에 보기**
> 명령: BLOCK Spacebar ← Block 명령 입력

바로 통 하는 TIP Block 명령으로 만든 블록은 현재 작업 중인 도면에서만 사용할 수 있습니다.

02 ❶ 블록의 기준점을 지정하기 위해 [기준점] 영역에서 [선택점 █]을 클릭합니다. [블록 정의] 대화상자가 잠시 사라집니다. ❷ 작업 화면에서 블록의 기준점을 지정합니다. 기준점을 지정하면 [블록 정의] 대화상자가 다시 활성화되며 클릭한 지점의 좌푯값이 표시됩니다. 지정한 기준점은 다음에 Insert 명령을 실행할 때 저장된 블록을 불러와서 배치하는 기준점이 됩니다.

> **A 명령 행 한눈에 보기**
> 삽입 기준점 지정: ← 기준점 지정

03 ❶ 블록으로 지정할 객체를 지정하기 위해 [객체] 영역에서 [객체 선택]을 클릭합니다. [블록 정의] 대화상자가 잠시 사라집니다. ❷ 블록으로 지정할 객체를 모두 선택합니다. ❸ Spacebar 를 눌러 블록 선택을 완료하면 다시 [블록 정의] 대화상자가 나타납니다. ❹ [확인]을 클릭하여 블록 지정을 완료합니다.

A 명령 행 한눈에 보기

객체 선택: 반대 구석 지정: 31개를 찾음 ← 객체 선택

객체 선택: Spacebar ← Spacebar 를 눌러 대화상자로 복귀

04 싱크대 도면을 확인하면 전체 객체가 하나의 블록으로 지정되었음을 알 수 있습니다.

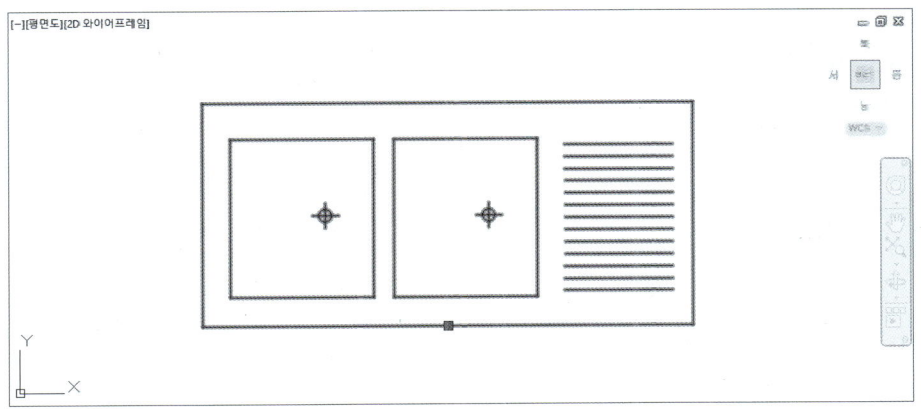

쉽고 빠른 실무 NOTE — [블록 정의] 대화상자 살펴보기

1 이름
블록의 이름을 지정합니다.

2 기준점
블록의 기준점을 지정합니다. [화면상에 지정]에 체크하면 화면상에서 직접 기준점을 클릭하여 지정할 수 있습니다.

3 객체
블록으로 만들 객체를 선택합니다. [객체 선택]을 클릭하여 블록으로 지정할 객체를 선택합니다.

- 유지 : 선택된 객체를 블록으로 저장하고 해당 객체를 현재 도면에 그대로 남겨놓습니다.
- 블록으로 변환 : 선택된 객체를 블록으로 저장하고 현 도면의 객체도 블록으로 변경합니다.
- 삭제 : 선택된 객체를 블록으로 저장하고 현 도면에서는 해당 객체를 삭제합니다.
- 신속 선택( ) : 여러 요소를 지정하여 객체를 빠르게 선택할 수 있습니다.

4 동작
- 균일하게 축척 : 축척을 균일하게 해주는 기능으로 블록의 각 좌표 축척을 똑같이 지정합니다.
- 분해 허용 : 체크 여부에 따라 블록의 그룹화와 분해 여부를 지정합니다. 체크하면 블록이 분해됩니다.

5 설정
블록의 세부 사항을 설정합니다.

- 블록 단위 : 블록의 사용 단위를 설정합니다.
- 하이퍼링크 : 경로를 지정하여 인터넷과 연결할 수 있습니다.

6 설명
블록에 대한 설명을 입력합니다.

- 블록 편집기에서 열기 : 체크하면 블록 편집기를 표시합니다.

03 WBlock 명령으로 블록 만들고 저장하기

실습 파일 Part 6\Part6-01.dwg

Block 명령으로 만든 블록은 현재 도면에서만 사용할 수 있지만 WBlock 명령으로 만든 블록은 DWG 파일로 변환하여 현재 도면뿐 아니라 다른 도면에서도 활용할 수 있습니다. 블록을 다른 사람과 공유할 수도 있어 실무에서 사용 빈도가 굉장히 높습니다. WBlock을 만들기 위해서는 명령 행에 **WBlock**을 입력하고 Spacebar 를 누릅니다.

01 실습 파일 **Part6-01.dwg**를 불러옵니다. 명령 행에 **WBlock**을 입력하고 Spacebar 를 누릅니다.

A 명령 행 한눈에 보기

명령: **WBLOCK** Spacebar ← WBlock 명령 입력

02 ❶ [블록 쓰기] 대화상자가 나타나면 [원본] 영역의 [객체]에 체크하고 ❷ [기준점] 영역의 [선택점]을 클릭합니다. ❸ 도면에서 블록의 기준점을 지정합니다. 지정한 기준점은 Insert 명령으로 저장된 블록을 불러와서 배치하는 기준점이 됩니다.

A 명령 행 한눈에 보기

삽입 기준점 지정: mid Spacebar ← 기준점 지정

03 ❶ [블록 쓰기] 대화상자가 나타나면 [객체] 영역의 [유지]에 체크한 채 [객체 선택]을 클릭합니다. ❷ 객체를 드래그하여 모두 선택하고 Spacebar 를 눌러 [블록 쓰기] 대화상자로 돌아옵니다.

A 명령 행 한눈에 보기

객체 선택: 반대 구석 지정: 31개를 찾음 ← 객체 선택

객체 선택: ← Spacebar 를 눌러 대화상자로 복귀

바로 통 하는 TIP [유지]에 체크하면 선택한 객체를 블록으로 저장할 때 해당 객체를 현 도면에 그대로 남겨놓습니다.

04 블록의 저장 위치를 지정하겠습니다. ❶ [대상] 영역의 [파일 이름 및 경로]에서 [더 보기]를 클릭합니다. ❷ [바탕화면]에 **새 블럭.dwg**로 이름을 입력하고 ❸ [저장]을 클릭합니다.

05 ❶ 단위를 지정하는 [단위 삽입]에서 [밀리미터]를 클릭하고 ❷ [확인]을 클릭합니다.

06 바탕화면을 확인하면 조금 전에 만들었던 [새 블럭.dwg] 파일이 있습니다.

쉽고 빠른 실무 NOTE | 쉽고 효율적으로 블록 관리하기

블록을 효율적으로 사용하려면 WBlock 명령으로 각 블록의 이름을 간단하고 명료하게 지정합니다. 예를 들어 1, 2, 3, 4 등 단순하게 이름을 쓰지 말고 '문 평면(900mm)', '창문 평면(1,800mm)'과 같이 이름만 봐도 특성을 쉽게 알 수 있도록 기입합니다. 그리고 용도별, 기능별로 구분하여 각각의 폴더로 지정하여 사용합니다.

▲ 블록 이름

▲ 폴더 설정

SECTION 02 | 저장된 블록을 가져오는 Insert

블록을 만들었다면 작성 중인 도면으로 불러와야 합니다. 이때 사용하는 명령이 Insert 명령, 즉 Insert Block(블록 삽입) 명령입니다. 이번에는 Insert 명령을 사용하여 도면에 블록을 삽입해보겠습니다.

01 Insert 명령으로 블록 삽입하기

블록을 삽입하는 Insert 명령을 알아보겠습니다. 블록을 삽입하려면 명령 행에 **Insert**를 입력하고 Spacebar 를 누르거나 [블록] 도구 팔레트-[삽입]을 클릭합니다. 이번에는 앞에서 만들었던 싱크대 블록을 불러옵니다.

▲ Insert 명령 선택 화면

01 새 도면 파일을 엽니다. ❶ [블록] 도구 팔레트-[삽입]을 클릭합니다. ❷ [삽입] 대화상자가 나타나면 [최근 블록]을 클릭합니다.

> **A 명령 행 한눈에 보기**
>
> 명령: INSERT Spacebar ← Insert 명령 입력

02 [최근 블록] 영역에 바탕화면에 저장했던 [새 블럭.dwg]를 더블클릭해 불러옵니다.

바로 통 하는 TIP 이 실습은 511쪽 〈WBlock 명령으로 블록 만들고 저장하기〉를 학습하여 바탕화면에 블록을 저장한 후 실습하는 것이 좋습니다.

03 새 블록 파일이 작업 화면에 나타납니다.

04 WBlock 명령에서 지정한 기준점을 중심으로 블록이 움직이며 마우스 포인터를 따라다닙니다. 마우스 휠을 이용하여 블록의 크기를 조정한 후 적당한 위치를 클릭하여 지정합니다. 화면에 블록이 삽입됩니다.

> **A** 명령 행 한눈에 보기
>
> 삽입점 지정 또는 [기준점(B)/축척(S)/X/Y/Z/회전(R)]: ← 삽입점 지정

SECTION 03 외부 요소를 가져오는 Xref와 ImageAttach

Insert 명령과 함께 블록을 효율적으로 관리하는 방법 중 하나인 Xref(외부 참조) 명령을 알아보겠습니다. Xref 명령은 현재 도면의 용량에 추가되지 않아 작업 시간을 단축할 수 있어 매우 효율적입니다. 아울러 외부 이미지 파일을 AutoCAD 화면으로 불러올 수 있는 ImageAttach 명령, 즉 Raster Image Reference(외부 이미지 가져오기) 기능도 알아보겠습니다. ImageAttach 명령은 기세해서 그리기 힘든 이미지를 도면화할 때 응용할 수 있는 방법입니다.

01 Xref 명령으로 도면 객체 불러오기

실습 파일 Part 6\Part6-02.dwg, Part6-03.dwg

Xref 명령은 Insert 명령과 마찬가지로 도면의 객체를 불러오는 기능입니다. Insert 명령과 다른 점은 외부 참조를 사용하여 불러온 도면이기 때문에 현재 도면 용량에 추가되지 않고 별개로 인식되어 작업 속도가 빨라진다는 점입니다. 또한 타 객체의 도면층과 충돌하지 않아 도면을 관리하기 편리합니다. Xref 명령을 사용하려면 명령 행어 **Xref**를 입력하고 Spacebar 를 누릅니다.

01 실습 파일 **Part6-02.dwg**를 불러옵니다. ❶ 명령 행에 **Xref**를 입력하고 Spacebar 를 누릅니다. ❷ [외부 참조] 대화상자의 [DWG 부착]을 클릭합니다.

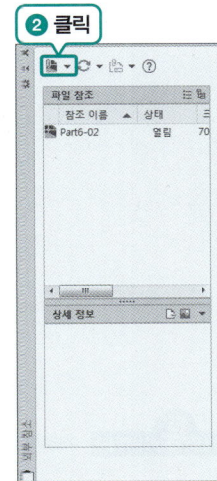

A 명령 행 한눈에 보기
명령: XREF Spacebar ←Xref 명령 입력

바로 통 하는 TIP DWG 부착 아이콘은 블록 파일을 첨부할 수 있는 기능입니다.

02 [참조 파일 선택] 대화상자가 나타나면 찾고자 하는 블록이 위치한 경로를 지정합니다. ❶ 실습 파일인 **Part6-03.dwg**를 클릭합니다. ❷ [열기]를 클릭해 파일을 엽니다.

03 ❶ [외부 참조 부착] 대화상자에서 [확인]을 클릭하여 화면으로 돌아옵니다. 앞서 Insert 명령으로 띄운 [삽입] 대화상자의 각 항목과 특성이 같습니다. ❷ 마우스 포인터에 객체가 따라다니는 것을 알 수 있습니다. ❸ 원하는 위치를 클릭하여 블록을 삽입합니다.

▲ 완성된 이미지

> **바로 통하는 TIP** 객체 위치를 잘못 지정했을 때는 객체를 드래그해서 옮겨도 됩니다.

02 ImageAttach 명령으로 외부 이미지 불러오기

실습 파일 Part 6\Part6-04.jpg

AutoCAD로 작업하다 보면 실제 이미지를 불러와서 도면 작성을 할 때가 있습니다. 회사 로고를 그리는 작업처럼 외부 이미지를 불러올 때 ImageAttach(외부 이미지 가져오기) 명령을 사용합니다. 도면에 이미지를 불러오려면 명령 행에 **ImageAttach**를 입력하고 Spacebar 를 눌러 사용합니다.

▲ ImageAttach 명령을 사용하여 외부 이미지를 불러온 예

01 새 도면 파일을 엽니다. ❶ 명령 행에 **ImageAttach**를 입력하고 Spacebar 를 누릅니다. ❷ [참조 파일 선택] 대화상자가 나타나면 실습 파일인 **Part6-04.jpg**를 클릭하고 ❸ [열기]를 클릭합니다.

A 명령 행 한눈에 보기

명령: **IMAGEATTACH** Spacebar ← ImageAttach 명령 입력

02 [이미지 부착] 대화상자가 나타나면 [미리 보기]로 이미지를 확인한 후 [확인]을 클릭합니다.

바로 통 하는 TIP [이미지 부착] 대화상자의 영역은 Insert 명령으로 블록을 삽입할 때 사용하는 [삽입] 대화상자의 각 영역과 같습니다.

03 마우스 포인터를 따라 십자선이 이동합니다. ❶ 적당한 지점을 클릭하여 첫 번째 점을 지정합니다. ❷ 명령 행에 축척 비율을 지정하라는 내용이 나타나면 그대로 Spacebar 를 누릅니다.

A 명령 행 한눈에 보기

삽입점 지정 ⟨0,0⟩: ← 삽입점 지정 ⟨0,0⟩
기본 이미지 크기:
폭: 11.176000, 높이: 3.725333, Millimeters
축척 비율 지정 또는 [단위(U)] ⟨1⟩: Spacebar ← Spacebar 를 눌러 다음 단계 진행

04 Zoom 명령과 마우스 휠을 사용하여 이미지가 화면 중앙에 위치하도록 보기 좋게 배치합니다.

바로 통하는 TIP [Part 6-04.jpg] 파일은 도면과의 차이를 보여주기 위해 해상도가 낮은 이미지 파일을 사용했습니다.

05 ❶ 명령 행에 **Line**을 입력해 선 그리기 명령을 실행합니다. ❷ 알파벳 'D'부터 따라 그리기 위해 'D'의 왼쪽 상단 구석점을 클릭해 첫 번째 점으로 지정합니다.

> **A** 명령 행 한눈에 보기
> 명령: LINE Spacebar ← Line 명령 입력
> 첫 번째 점 지정: ← 첫 번째 점 지정

06 ❶ 이어서 'D'의 왼쪽 하단 구석점을 두 번째 점으로 지정하고 ❷ 오른쪽 직선 끝부분을 세 번째 점으로 지정한 후 Spacebar 를 눌러 명령을 종료합니다.

> **A** 명령 행 한눈에 보기
> 다음 점 지정 또는 [명령 취소(U)]: 〈직교 켜기〉 ← 두 번째 점 지정
> 다음 점 지정 또는 [명령 취소(U)]: ← 세 번째 점 지정
> 다음 점 지정 또는 [닫기(C)/명령 취소(U)]: Spacebar ← 명령 종료

07 내부의 직선도 Line 명령을 활용해 완성합니다.

> **A** 명령 행 한눈에 보기
> 명령: LINE Spacebar ← Line 명령 입력 (L)
> 첫 번째 점 지정: ← 첫 번째 점 지정
> 다음 점 지정 또는 [명령 취소(U)]: ← 두 번째 점 지정
> 다음 점 지정 또는 [명령 취소(U)]: ← 세 번째 점 지정
> 다음 점 지정 또는 [닫기(C)/명령 취소(U)]: Spacebar ← 명령 종료

08 ① ② ③ 'D'의 오른쪽 둥근 호와 외곽의 둥근 호는 Arc 명령의 3P 옵션을 사용하여 완성합니다.

A 명령 행 한눈에 보기

명령: **ARC** Spacebar ←Arc 명령 입력 (A)
호의 시작점 지정 또는 [중심(C)]: ←첫 번째 점 지정
호의 두 번째 점 또는 [중심(C)/끝(E)] 지정: ←두 번째 점 지정
호의 끝점 지정: ←세 번째 점 지정

A 명령 행 한눈에 보기

명령: **ARC** Spacebar ←Arc 명령 입력 (A)
호의 시작점 지정 또는 [중심(C)]: ←첫 번째 점 지정
호의 두 번째 점 또는 [중심(C)/끝(E)] 지정: ←두 번째 점 지정
호의 끝점 지정: ←세 번째 점 지정

09 Line 명령으로 알파벳 'W'를 따라 그리기 위해 'W'의 왼쪽 상단 구석점을 첫 번째 점으로 지정합니다.

A 명령 행 한눈에 보기

명령: **LINE** Spacebar ←Line 명령 입력 (L)
첫 번째 점 지정: ←첫 번째 점 지정

10 계속해서 외곽선을 따라 그려줍니다.

> **A 명령 행 한눈에 보기**
>
> 다음 점 지정 또는 [닫기(C)/명령 취소(U)]: ← 두 번째 점 지정
> 다음 점 지정 또는 [닫기(C)/명령 취소(U)]: ← 세 번째 점 지정
> 다음 점 지정 또는 [닫기(C)/명령 취소(U)]: ← 계속해서 모서리 점 지정 후 명령 종료

11 Line 명령으로 알파벳 'G' 이미지를 따라 그립니다. 'G'의 왼쪽 상단에 직선이 시작되는 지점을 첫 번째 점으로 지정합니다.

> **A 명령 행 한눈에 보기**
>
> 명령: LINE Spacebar ← Line 명령 입력 (L)
> 첫 번째 점 지정: ← 첫 번째 점 지정

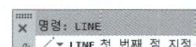 필요에 따라 F8 을 눌러 직교를 설정하거나 해제하여 쉽게 그리도록 합니다.

12 계속해서 알파벳을 따라 각이 지도록 하여 그림과 같이 따라 그려 테두리를 완성합니다.

> **A 명령 행 한눈에 보기**
>
> 다음 점 지정 또는 [닫기(C)/명령 취소(U)]: ← 두 번째 점 지정
> 다음 점 지정 또는 [닫기(C)/명령 취소(U)]: ← 세 번째 점 지정
> 다음 점 지정 또는 [닫기(C)/명령 취소(U)]: ← 계속해서 모서리 점 지정 후 명령 종료

13 ❶ 계속해서 'G'의 각 모서리를 원본 이미지처럼 둥글게 표현하기 위하여 Fillet(모깎기) 명령을 실행합니다. ❷ 반지름값을 입력하기 위하여 서브 메뉴의 **R**(반지름)을 입력한 후 반지름값을 **0.4**로 입력합니다.

A 명령 행 한눈에 보기

명령: FILLET `Spacebar` ← **Fillet 명령 입력 (F)**
현재 설정: 모드 = 자르기, 반지름 = 0.0000
첫 번째 객체 선택 또는 [명령 취소(U)/폴리선(P)/반지름(R)/자르기(T)/다중(M)]: r `Spacebar` ← **옵션 R 입력**
모깎기 반지름 지정 〈0.0000〉: 0.4 `Spacebar` ← **반지름값 0.4 입력**

14 ❶❷ 모깎기를 할 첫 번째 선과 두 번째 선을 클릭하면 모서리가 둥글게 표현됩니다.

A 명령 행 한눈에 보기

첫 번째 객체 선택 또는 [명령 취소(U)/폴리선(P)/반지름(R)/자르기(T)/다중(M)]: ← **첫 번째 선 선택**
두 번째 객체 선택 또는 Shift 키를 누른 채 선택하여 구석 적용 또는 [반지름(R)]: ← **두 번째 선 선택**

15 계속해서 나머지 모서리 부분도 원본 이미지와 같이 Fillet 명령을 사용하여 표현합니다.

A 명령 행 한눈에 보기

명령: FILLET `Spacebar` ← **Fillet 명령 입력 (F)**
현재 설정: 모드 = 자르기, 반지름 = 0.4
첫 번째 객체 선택 또는 [명령 취소(U)/폴리선(P)/반지름(R)/자르기(T)/다중(M)]: r `Spacebar` ← **옵션 R 입력**
모깎기 반지름 지정 〈0.4〉: 0.4 `Spacebar` ← **반지름값 0.4 입력**
첫 번째 객체 선택 또는 [명령 취소(U)/폴리선(P)/반지름(R)/자르기(T)/다중(M)]: ← **첫 번째 선 선택**
두 번째 객체 선택 또는 Shift 키를 누른 채 선택하여 구석 적용 또는 [반지름(R)]: ← **두 번째 선 선택**

 Fillet의 반지름값은 원본 이미지의 크기에 따라 지정하도록 합니다.

16 그리기를 모두 마치면 원래 이미지를 지우고 도면 객체만 남깁니다. Hatch 명령이나 Scale 명령 등 다양한 편집 명령을 적용하여 원하는 이미지로 만들어 완성합니다.

▲ Hatch 명령으로 Solid 패턴을 적용한 이미지

CHAPTER 02
도면을 정리하고 세부 정보를 확인하기

직접 도면을 그리는 명령도 중요하지만 완성된 도면을 더욱 고급스러운 이미지로 표현하는 명령도 그에 못지않게 중요합니다. 그린 도면에서 원하는 정보를 손쉽게 이해하고 획득한 정보를 활용할 수 있도록 해야 합니다. 도면을 표현하는 데 필요한 제반 사항을 알아보겠습니다.

학습 목표

도면 정보를 안정적으로 볼 수 있는 방법을 익혀봅니다. 도면 공간의 정확한 면적을 산정하기 위해서는 원본 도면의 치수가 정확해야 합니다. 도면 정보를 쉽게 이해하도록 정리해보겠습니다.

▲ Regen 명령으로 각진 원이나 곡선 다듬기

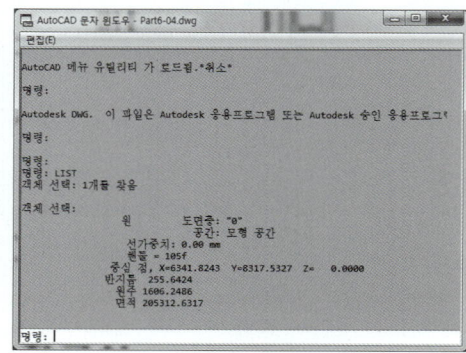

▲ 도면 정보 표시하기

SECTION 01 작업 화면을 정리하는 Regen과 Viewres

Regen(화면 정리)과 Viewres(고속 줌) 명령 모두 화면을 재배치하는 기능입니다. Regen 명령은 DWG 파일 자체를 다시 불러와서 도면 객체를 재배치하고 Viewres 명령은 곡선과 원을 정리하여 화면을 정리합니다. 참고로 Regen 명령은 작업 속도는 다소 느리지만 도면을 전체적으로 재생성하여 안정적인 결과물을 만듭니다.

01 Regen 명령으로 각진 원이나 곡선 다듬기

도면을 작성하다 보면 분명히 원을 그렸음에도 불구하고 화면을 축소하거나 확대하면 둥근 이미지가 다각형으로 표현되는 경우가 자주 있습니다. 출력 시에는 원래의 둥근 이미지로 나타나기 때문에 표현하는 데는 문제가 없지만 도면 작성을 할 때 각이 나타나면 세부 작업이 원활하지 않게 됩니다. Regen(화면 정리) 명령은 원이나 곡선이 각이 져서 보이는 것을 화면의 비율에 맞게 자연스러운 원래의 이미지로 재생성해줍니다. Regen 명령을 사용하려면 명령 행에 **Regen**을 입력하고 Spacebar 를 눌러 사용합니다.

▲ Regen 명령 실행 전

▲ Regen 명령 실행 후

바로 통하는 TIP 화면이 분할되어 있을 때는 RegenAll 명령을 사용하여 모든 도면 요소를 재생성합니다. 명령 행에 'RegenAll'을 입력하여 실행하도록 합니다.

바로 통하는 TIP RegenAuto는 자동으로 도면을 재생성하는 기능입니다. [On]과 [Off]로 각각 설정할 수 있습니다. 도면 작성 도중에 계속해서 실행되면 작업 속도가 느려지므로 특별한 경우가 아니라면 [Off]로 설정하도록 합니다.

02 Viewres 명령으로 곡선과 원을 매끄럽게 표현하기

실습 파일 Part 6\Part6-04.dwg

Regen 명령보다 곡선이나 원을 정밀하게 표현할 수 있는 명령이 바로 Viewres(고속 줌)입니다. Viewres 명령은 도면의 해상도를 지정하는 명령입니다. AutoCAD에서 원이나 호의 곡선은 실제로는 수많은 직선으로 이루어져 있습니다. 원을 그린 후 확대해보면 이러한 개념을 쉽게 이해할 수 있습니다. 곡선을 구성하는 화면상의 직선 개수가 많으면 많을수록 더욱 매끄러운 원으로 표현됩니다. Viewres 명령은 이럴 때 직선의 개수를 지정하는 화면 제어 기능입니다.

01 실습 파일 **Part6-04.dwg**를 불러옵니다. 명령 행에 **Viewres**를 입력하고 Spacebar 를 누릅니다. 고속 줌을 원하느냐는 질문에 현재 설정값인 '예'로 설정할 것이므로 그대로 Spacebar 를 누릅니다.

VIEWRES 입력 후 Spacebar 두 번

> **A 명령 행 한눈에 보기**
>
> 명령: VIEWRES Spacebar ←Viewres 명령 입력
> 고속 줌을 원하십니까? [예(Y)/아니오(N)] 〈Y〉: Spacebar ←그대로 Spacebar 를 누르고 다음 단계로 진행

바로 통하는 TIP 작업 환경에 따라 화면에 곡선이 바로 표시될 수도 있고 각이 진 다각형의 형태로 표시될 수도 있습니다. 필요에 따라 화면을 제어합니다. 객체의 곡선이 화면에서는 각이 진 형태로 표시되어도 도면을 출력하면 원래의 곡선으로 표시됩니다.

02 줌 퍼센트를 현재 설정값인 '5'에서 변경하기 위해 **1000**을 입력하그 Spacebar 를 누릅니다.

A 명령 행 한눈에 보기

원 줌 퍼센트 입력 (1-20000) <5>: 1000 Spacebar ← 1000 입력
모형 재생성 중.

03 각이 졌던 원이 좀 더 매끄러운 곡선으로 표현되는 것을 알 수 있습니다.

바로 통 하는 TIP 직선의 수가 많아질수록 0 미지가 매끄럽게 나타나지만 도면을 그리는 속도는 떨어집니다. 도면을 그릴 때 Zoom 명령을 사용해보면 속도의 차이를 알 수 있습니다.

SECTION 02 도면 객체의 정보를 알려주는 List와 Dist

List(객체 정보 표시) 명령은 특정 객체에 대한 모든 정보를 조회하는 명령이고, Dist(길이 측정) 명령은 지정한 두 점 사이의 거리, 각도, 좌표의 증분을 조회하는 명령입니다. 두 명령 모두 도면 요소에 대한 여러 가지 정보를 알고자 할 때 유용합니다. 두 명령을 사용하는 각각의 상황을 알아봅니다.

01 List 명령으로 객체 정보 알아보기

실습 파일 Part 6\Part6-04.dwg

List(객체 정보 표시) 명령의 표현 형식은 기능키 F2 와 유사합니다. F2 는 현재 도면의 작성 과정을 기억하여 사용자가 확인할 수 있도록 하는 일종의 작업 내역 보기 기능입니다. List 명령은 F2 의 기능을 포함하여 현재 지정한 특정 객체의 정보까지 표시합니다. 명령 행에 **List**를 입력하고 Spacebar 를 누르거나 사용하거나 [특성] 도구 팔레트–[리스트 📋 리스트]를 클릭합니다.

01 실습 파일 **Part6-04.dwg**를 불러옵니다. 마우스의 휠이나 Zoom 명령을 사용하여 화면에 의자를 표현한 원이 크게 보이도록 합니다. ❶ 명령 행에 **List**를 입력하고 Spacebar 를 눌러 명령을 실행합니다. ❷ 정보를 확인하고 싶은 객체인 원을 클릭해 선택하고 Spacebar 를 누릅니다.

A 명령 행 한눈에 보기

명령: LIST Spacebar ←List 명령 입력 (LI)
객체 선택: ← 정보를 조회할 객체를 선택
객체 선택: 1개를 찾음 Spacebar ← 원 선택 후 Spacebar

02 원에 관한 여러 가지 정보가 있는 팝업창이 나타납니다. 원의 현재 도면층 이름과 영역 정보, 중심점의 좌표, 반지름값, 둘레의 길이, 면적 등이 나타납니다.

> **바로 통하는 TIP** List 명령은 선이나 문자, 각종 블록 등 AutoCAD에서 표현하는 모든 객체의 정보를 조회할 수 있습니다.

02 Dist 명령으로 객체 사이의 거리 알아보기

실습 파일 Part 6\Part6-05.dwg

Dist(길이 측정) 명령은 객체 정보를 조회한다는 면에서 List(객체 정보 표시) 명령과 유사합니다. Dist 명령은 각도를 포함한 두 점의 거리를 조회하고 X, Y 좌표의 증분값도 알 수 있습니다. List 명령보다 작업이 간단하면서도 처리 속도가 빨라서 실무에서 많이 사용합니다. Dist 명령을 사용하려면 명령 행에 **Dist**를 입력하고 Spacebar 를 누릅니다.

01 실습 파일 **Part6-05.dwg**를 불러옵니다. 병원의 천정도에서 조명 장치 사이의 거리를 조회합니다. ① 명령 행에 **Dist**를 입력하고 Spacebar 를 누릅니다. ② 첫 번째 교차점을 클릭하고 ③ 두 번째 교차점을 클릭합니다. 객체 스냅이 설정되어있지 않다면 F3 을 눌러 설정합니다.

A 명령 행 한눈에 보기

명령: DIST Spacebar ← Dist 명령 입력 (DI)
첫 번째 점 지정: ← 첫 번째 점 지정
두 번째 점 또는 [다중 점(M)] 지정: ← 두 번째 점을 지정

> **바로 통하는 TIP** Dist 명령은 List 명령과 달리 도면 요소가 없어도 사용할 수 있습니다. 즉, 객체 등이 없는 허공의 두 점을 지정해도 두 점의 길이를 측정합니다.

02 명령 행에 조회한 정보가 자동으로 나타납니다. '거리'는 현재의 거리값이며, 'XY 평면에서의 각도'는 평면 각도, 'X증분', 'Y증분', 'Z증분'은 각 좌표의 증분값입니다.

> **A** 명령 행 한눈에 보기
>
> 거리 = 1652.7760, XY 평면에서의 각도 = 38, XY 평면으로부터의 각도 = 0
> X증분 = 1294.0162, Y증분 = 1028.1978, Z증분 = 0.0000

> **쉽고 빠른 실무 NOTE**   **X증분과 Y증분에서 증분이란?**
>
> 증분(increment)은 X, Y 좌표의 정수평 방향과 정수직 방향의 거리를 말합니다. 다음 그림을 참고합니다. 사선 거리인 111.8에 대한 정수평 방향의 100이 X증분값이며 정수직 방향의 50이 Y증분값입니다.
>
>

SECTION 03 실무 작업에서 요긴한 Area, Calculator, Purge

실무에서 건축이나 인테리어 도면을 그리다 보면 면적을 계산해야 할 경우가 많습니다. 이럴 경우에 사용하는 명령이 Area(면적 계산) 명령입니다. 임의의 수치를 다른 단위로 환산할 때 필요한 계산 명령은 Calculator(계산기) 명령입니다. 사용하지 않는 객체의 용량을 완전히 소거하는 Purge(메모리 제거) 명령도 있습니다. 이번에는 실무에서 요긴하게 사용할 수 있는 계산 기능에 대해 알아보겠습니다.

01 Area 명령으로 건축 도면 면적 계산하기

실습 파일 Part 6\Part6-06.dwg

Area(면적 계산) 명령은 도면 내부의 일정 공간에서 몇 개의 점을 지정하거나 객체 자체를 선택하여 면적을 구하는 명령입니다. 일반적으로 건축이나 인테리어 도면에서 많이 사용합니다. 실제 건축 도면으로 면적을 계산해보겠습니다. Area 명령을 사용하려면 명령 행에 **Area**를 입력하고 Spacebar 를 누릅니다.

01 실습 파일 **Part6-06.dwg**를 불러옵니다. 명령 행에 **Area**를 입력하고 Spacebar 를 누릅니다.

A 명령 행 한눈에 보기

명령: **AREA** Spacebar ← Area 명령 입력

02 면적을 구할 영역의 경계선인 외부 벽체의 네 점을 각각 지정합니다.

> **A 명령 행 한눈에 보기**
>
> 첫 번째 구석점 지정 또는 [객체(O)/면적 추가(A)/
> 면적 빼기(S)] 〈객체(O)〉: ← 첫 번째 구석점 지정
> 다음 점 또는 [호(A)/길이(L)/명령 취소(U)] 지정:
>   ← 다음 구석점 지정
> 다음 점 또는 [호(A)/길이(L)/명령 취소(U)] 지정:
>   ← 다음 구석점 지정
> 다음 점 또는 [호(A)/길이(L)/명령 취소(U)/합계
> (T)] 지정 〈합계〉: ← 다음 구석점을 지정

03 마지막으로 첫 번째에 지정한 점을 다시 한번 클릭하고 Spacebar 를 누릅니다.

> **A 명령 행 한눈에 보기**
>
> 다음 점 또는 [호(A)/길이(L)/명령 취소(U)/합계
> (T)] 지정 〈합계〉:
>   ← 다음 구석점을 지정 후 Spacebar

04 선택한 객체에 대한 면적, 둘레의 길이 정보가 명령 행에 나타납니다. 좀 더 자세하게 확인하고 싶다면 F2 를 눌러봅니다.

> **바로 통 하는 TIP** 현재 도면의 설정 단위가 mm로 되어 있어 m^2나 평으로 환산합니다. 1m는 1,000mm이므로 58,075,000mm를 m로 환산하면 58.075m입니다. 이를 면적을 나타내는 m^2로 환산하면 다시 세 자리 앞으로 옮겨 58.075m^2로 계산됩니다. 우리나라에서 자주 사용하는 평수로 환산하려면 58.075m^2를 1평의 값인 3.3058m^2로 나누어 계산하면 됩니다(연산식 : 58.075m^2/3.3058m^2=17.5676).

> **A 명령 행 한눈에 보기**
>
> 다음 점 또는 [호(A)/길이(L)/명령 취소(U)/합계(T)] 지정 〈합계〉:
> 영역 = 58075000.0000, 둘레 = 31700.0000

Pline 명령으로 건축 도면 면적 쉽게 계산하기

앞에서 Area(면적 계산) 명령을 사용하여 도면 면적을 계산해보았습니다. Area 명령은 명령을 빠르게 실행할 수 있는 강점이 있는 반면 지정한 점을 다시 확인할 수 없어 정확성이 떨어진다는 약점이 있습니다. 이러한 약점을 보완하여 면적을 계산할 때는 PART 03에서 알아본 Pline(폴리선) 명령을 사용합니다.

실습 파일 Part 6\Part6-07.dwg

1 실습 파일 **Part6-07.dwg**를 불러옵니다. 명령 행에 **Pline**을 입력하고 Spacebar 를 누릅니다.

A 명령 행 한눈에 보기

명령: **PLINE** Spacebar
← Pline 명령 입력 (PL)

2 ❶❷❸❹ 네 개의 모서리 점을 지정한 후 ❺ 서브 메뉴 중 **C**(닫기)를 입력하고 Spacebar 를 누릅니다. 선의 출발점이 자동으로 지정되어 폴리선이 닫힙니다.

> **A 명령 행 한눈에 보기**
>
> 시작점 지정: ← 시작점 지정
> 현재의 선 폭은 0.0000임
> 다음 점 지정 또는 [호(A)/반폭(H)/길이(L)/명령 취소(U)/폭(W)]: ← 다음 점 지정
> 다음 점 지정 또는 [호(A)/닫기(C)/반폭(H)/길이(L)/명령 취소(U)/폭(W)]: ← 다음 점 지정
> 다음 점 지정 또는 [호(A)/닫기(C)/반폭(H)/길이(L)/명령 취소(U)/폭(W)]: ← 다음 점 지정
> 다음 점 지정 또는 [호(A)/닫기(C)/반폭(H)/길이(L)/명령 취소(U)/폭(W)]: c `Spacebar` ← 옵션 C 입력 후 명령 종료

3 ❶ 정보를 조회하는 List 명령을 실행하고 ❷ 조금 전에 그린 사각형 객체를 클릭하여 면적을 조회합니다.

> **A 명령 행 한눈에 보기**
>
> 명령: **LIST** `Spacebar` ← List 명령 입력 (LI)
> 객체 선택: 1개를 찾음 ← 정보를 조회할 객체를 선택
> 객체 선택: `Spacebar` ← `Spacebar` 를 눌러 명령 종료

4 면적이 58,075,000mm이므로 앞에서 알아본 방법으로 m^2나 평으로 환산합니다.

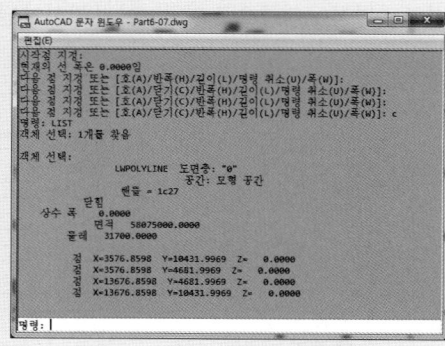

02 Calculator 명령으로 빠르게 계산하기

AutoCAD의 Calculator(계산기) 명령은 별도의 계산기 없이도 쉽고 빠르게 계산할 수 있어 편리합니다. Calculator 명령을 사용하려면 명령 행에 **Cal**을 입력하고 Spacebar 를 누릅니다.

01 새로운 도면 파일을 엽니다. 명령 행에 **Cal**을 입력하고 Spacebar 를 누릅니다.

A 명령 행 한눈에 보기

명령: CAL Spacebar ← Calculator 명령 입력

02 100에 50을 곱해보겠습니다. ❶ 명령 행에 **100*50**을 입력한 후 Enter 를 눌러 계산을 실행합니다. 이때 Spacebar 는 입력 시 한 칸 띄우는 기능을 합니다. ❷ 명령 행이 세 줄로 보이도록 드래그하여 조정하면 연산 결과가 5,000임을 알 수 있습니다.

A 명령 행 한눈에 보기

》표현식: 100*50 ← 연산식 100*50 입력

A 명령 행 한눈에 보기

5000 ← 결과

바로 통 하는 TIP 키보드 오른쪽에 위치한 숫자키와 연산키를 사용하여 입력하도록 합니다. 이때 Num Lock 이 활성화된 상태여야만 숫자키를 사용할 수 있습니다.

03 Purge 명령으로 쓸모없는 용량 줄이기

실습 파일 Part 6\Part6-07.dwg

낱말 'Purge'를 영어사전에서 찾아보면 '깨끗이 하다, 제거하다' 등의 의미입니다. Erase 명령을 사용하여 객체를 삭제하면 객체가 화면상에서는 보이지 않지만 실제 용량은 그대로 할당되어 도면상에 남아 있습니다. 이런 객체가 많을수록 쓸모없는 용량이 추가되어 작업 속도가 더뎌지고 다른 사람과 도면을 공유할 때 파일 전송 속도가 느려집니다. 이럴 때 Purge(메모리 제거) 명령을 사용하면 이미지를 화면상에서 삭제할 뿐 아니라 객체의 용량까지 완전히 소거할 수 있어 작업 속도의 개선은 물론 도면 전송도 원활하게 이루어질 수 있습니다.

01 실습 파일 **Part6-07.dwg**를 불러옵니다. 화면상에 보이진 않지만 파일 자체에 그대로 남아 있어 필요 없는 용량을 소거하겠습니다. 명령 행에 **Purge**를 입력하고 Spacebar 를 누릅니다.

A 명령 행 한눈에 보기

명령: PURGE Spacebar ← Purge 명령 입력

02 ❶ [소거] 대화상자가 나타나면 [내포된 항목 소거]에 체크합니다. ❷ [모두 소거]를 클릭합니다.

03 '블록 방위표1을 소거하시겠습니까?'라는 메시지가 나타나면 사용하지 않는 모든 객체를 소거할 것이므로 [선택한 항목 모두 소거]를 클릭합니다.

04 처리되는 상황이 화면에 빠르게 나타납니다. ❶ [닫기]를 클릭하여 종료합니다. ❷ F2 를 눌러보면 어떤 내용이 소거되었는지를 알 수 있습니다.

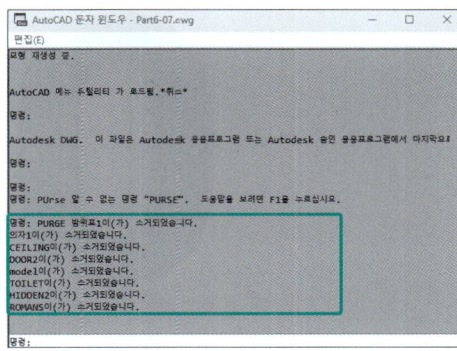

A 명령 행 한눈에 보기

방위표1이(가) 소거되었습니다.
의자1이(가) 소거되었습니다.
CEILING이(가) 소거되었습니다.
DOOR2이(가) 소거되었습니다.
model이(가) 소거되었습니다.
TOILET이(가) 소거되었습니다.
HIDDEN2이(가) 소거되었습니다.
ROMANS이(가) 소거되었습니다.

> **바로 통하는 TIP** Purge 명령을 수행하면 반드시 도면 파일을 저장해야 합니다. Purge 명령을 실행하기 전과 후의 파일을 확인해보면 큰 도면의 경우 용량이 50% 정도 줄어듭니다.

PART 07

AutoCAD로
3D 도면 작업하기

이번 PART에서는 3D 도면을 작업할 때 반드시 이해해야 하는 3D 좌표계에 대하여 알아보겠습니다. 여러 가지 관측점을 통해 이미지를 정확하게 표현하려면 3D 좌표의 기본 개념을 반드시 숙지해야 하므로 기초부터 차근차근 학습해보겠습니다.

CHAPTER 01 좌표와 관측점

AutoCAD 3D 기능은 투시도 도면을 비롯한 입체 이미지를 표현하고자 할 때 사용합니다. AutoCAD뿐만 아니라 다른 CAD 프로그램에서도 3D 이미지를 원활하게 표현하려면 가장 기초가 되는 개념인 3D 좌표계를 숙지해야 합니다. 그래야만 여러 가지 관측점을 통해 도면을 확인할 수 있고 정확한 이미지를 표현할 수 있습니다. 2D, 3D 좌표계의 개념과 관측점 지정 명령인 Vpoint(관측점) 명령을 알아보겠습니다.

🎯 학습 목표

3D 좌표계를 이해하고 도면의 관측점을 원하는 대로 변경하는 방법을 익혀봅니다. Vpoint 명령으로 2D 좌표계에서 3D 좌표계로 관측점을 변경해보겠습니다.

▲ 3D 작업 화면

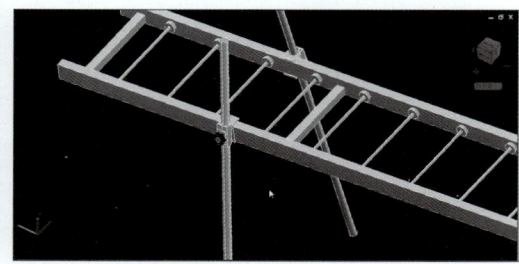

▲ 관측점 변경하기

SECTION 01 | 3D 좌표계의 개념 이해하기

앞에서 2D 도면을 작성할 때 필요한 X, Y 좌푯값의 개념을 알아보았습니다. 3D 도면에서는 X, Y 좌푯값에 Z 좌푯값이 추가됩니다. 3D란 어떤 의미이며 3D 좌표와 2D 좌표는 어떤 차이가 있는지 알아보겠습니다.

01 3D란?

'차원'의 다른 말은 '2D, 3D'의 'D(Dimension)'입니다. 0차원은 한 개의 점(Dot)이고 1차원은 두 개의 점, 즉 선(Line)으로 표현됩니다. 2차원은 세 개의 점으로 이루어져 있어 면(Surface)으로 구성되며 AutoCAD에서는 X, Y 좌표를 갖는 2D 도면이 2차원에 해당됩니다. 3차원은 네 개 이상의 점으로 이루어져 있는 3D 입체 공간입니다. 입방체(Cube) 등의 모양으로 구성되고 X, Y, Z 좌표를 갖습니다. 쉽게 풀이하면 X, Y 좌표는 도면의 가로와 세로 방향값을 표현하고 Z 좌표는 높이값을 표현합니다.

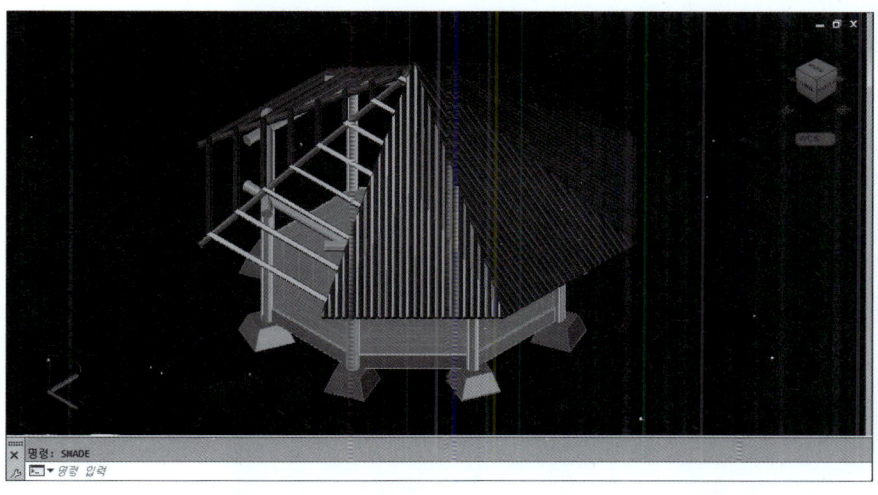

02 2D 좌표와 3D 좌표의 차이

3D 좌표와 2D 좌표의 차이점은 도면을 각각의 좌표 방향으로 지정해보면 쉽게 알 수 있습니다. 3D 좌표는 입체 공간에서 이미지를 표현하고 2D 좌표는 입체 도면이라고 하더라도 단순히 평면이나 입면 등 지정된 한 면의 이미지만을 표현합니다. 원칙적으로 3D 이미지는 2D 도면에 높이를 부여하여 나타내므로 2D와 3D 도면은 별개가 아닙니다. 따라서 2D를 충분히 숙지한 후 3D 개념으로 접근해야 합니다. 상대좌표 개념으로 3D를 설명하면 '@X, Y'로 표현되던 2D 개체가 '@X, Y, Z'의 3D 개체로 표현됩니다.

▲ 2D 영역의 UCS 아이콘

▲ 2D 이미지

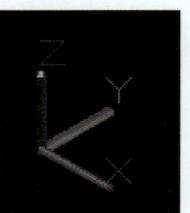

▲ 3D 영역의 UCS 아이콘

▲ 3D 이미지

SECTION 02 | 동서남북 사방을 관측하는 Vpoint

2D 도면은 입면이나 평면 등 당초 표현하고자 하는 면만을 나타냅니다. 하지만 2D와 달리 3D 도면은 남동, 남서 혹은 북동, 북서 등 사용자가 원하는 모든 방향을 편리하게 지정할 수 있습니다. Vpoint(관측점) 명령을 사용하려면 명령 행에 **Vpoint**를 입력하고 Spacebar 를 누릅니다.

01 Vpoint 명령으로 관측점 변경하기

실습 파일 Part 7\Part7-01.dwg

Vpoint(관측점) 명령을 통해서 관측점을 지정하면 마치 실제로 그 지점에서 바라보는 것과 같이 모든 객체가 자동으로 재생성(Regenerate)되어 나타납니다. Vpoint 명령을 사용하여 도면을 여러 방향으로 표현해보겠습니다.

01 실습 파일 **Part7-01.dwg**를 불러옵니다. 명령 행에 **-Vpoint**를 입력하고 Spacebar 를 누릅니다.

입력 후 Spacebar

A 명령 행 한눈에 보기

명령: **-VPOINT** Spacebar ← Vpoint 명령 입력

02 새로운 관측점을 일반적인 3D 작업 방향인 남동 방향으로 설정합니다. 좌푯값을 **1,-1,1**로 입력하고 Spacebar 를 누릅니다.

A 명령 행 한눈에 보기

현재 뷰 방향: VIEWDIR=0,0,1
관측점 지정 또는 [회전(R)] <나침반과 삼각대 표시>: 1,-1,1 Spacebar ← 관측점 지정

바로 통 하는 TIP Vpoint 명령의 기본 설정값은 0,0,1입니다. X, Y 좌푯값이 각각 0이고 Z 좌푯값이 1임을 나타내며 이는 하늘에서 수직으로 내려오는 방향에서 도면을 바라본 모습을 나타냅니다.

03 남동 방향으로 관측점이 변경되어 나타납니다.

A 명령 행 한눈에 보기

모형 재생성 중.

04 이번에는 북서 방향으로 관측점을 새롭게 설정합니다. 명령 행에 그대로 Spacebar 를 눌러 명령을 실행합니다.

A 명령 행 한눈에 보기

명령: –VPOINT Spacebar ← Vpoint 명령 입력

05 새로운 관측점 좌푯값인 **-1,1,1**을 입력하고 Spacebar 를 누릅니다.

A 명령 행 한눈에 보기

현재 뷰 방향: VIEWDIR=1,-1,1
관측점 지정 또는 [회전(R)] 〈나침반과 삼각대 표시〉: -1,1,1 Spacebar ← 관측점 지정

06 북서 방향으로 관측점이 변경되어 나타납니다.

A 명령 행 한눈에 보기

모형 재생성 중.

쉽고 빠른 실무 NOTE — Vpoint 좌푯값에 따른 관측 방향

Vpoint 좌푯값에 따른 관측 방향과 각도를 정리한 표입니다. 도면을 작성할 때 참고합니다. 좀 더 자세한 방법은 실습 파일 **Part7-02.dwg**를 불러와 각 방향으로 관측점을 지정해보며 익힙니다.

Vpoint 좌푯값	관측 방향	좌우각	상하각
1,-1,1	오른쪽(정면) 위	35	35
-1,-1,1	왼쪽(정면) 위	225	35.5
1,0,0	우측면도	0	0
-1,0,0	좌측면도	180	0
0,-1,0	정면도	270	0
0,1,0	배면도	90	0
0,0,1	평면도	270	90
0,0,-1	저면도	270	-90

▲ 1,-1,1(오른쪽 위)로 지정할 경우

▲ 0,0,1(평면도)로 지정할 경우

▲ 1,0,0(우측면도)로 지정할 경우

▲ 0,-1,0(정면도)로 지정할 경우

02 View Cube를 사용하여 관측점 변경하기

실습 파일 Part 7\Part7-02.dwg

View Cube를 사용하여 Vpoint 명령을 지정하면 관측점의 좌푯값을 일일이 외우지 않아도 관측점을 변경할 수 있어 편리합니다.

01 실습 파일 **Part7-02.dwg**를 불러옵니다. 관측점을 바꾸기 위하여 화면의 오른쪽 상단에 위치한 View Cube를 사용합니다.

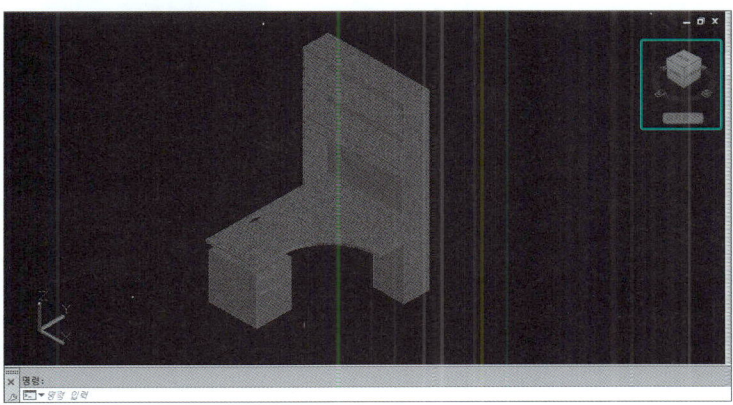

02 3D 객체를 원하는 방향에서 관측하기 위해 View Cube에서 해당하는 방향을 클릭하여 관측 방향을 지정합니다.

 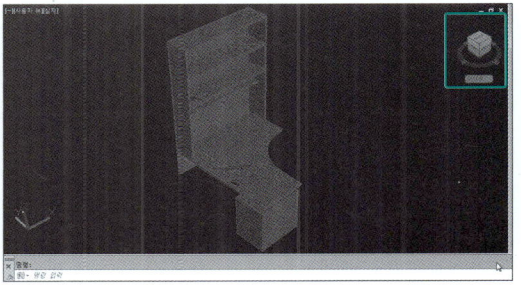

CHAPTER 01 좌표와 관측점 • **549**

쉽고 빠른 실무 NOTE — View Cube의 역할

1 평면도
평면도를 지정합니다. 좌푯값은 0,0,1입니다.

2 저면도
저면도를 지정합니다. 좌푯값은 0,0,-1입니다.

3 좌측면도
좌측면도를 지정합니다. 좌푯값은 -1,0,0입니다.

4 우측면도
우측면도를 지정합니다. 좌푯값은 1,0,0입니다.

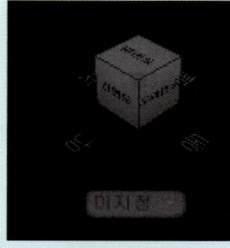

▲ View Cube

5 정면도
정면도를 지정합니다. 좌푯값은 0,-1,0입니다.

6 배면도
배면도를 지정합니다. 좌푯값은 0,1,0입니다.

7 남서 방향 등각 투영도
남서 방향 등각 투영도를 지정합니다. 좌푯값은 -1,-1,1입니다.

8 남동 방향 등각 투영도
남동 방향 등각 투영도를 지정합니다. 좌푯값은 1,-1,1입니다.

9 북동 방향 등각 투영도
북동 방향 등각 투영도를 지정합니다. 좌푯값은 1,1,1입니다.

10 북서 방향 등각 투영도
북서 방향 등각 투영도를 지정합니다. 좌푯값은 -1,1,1입니다.

03 Orbit 명령으로 관측점 변경하기

실습 파일 Part 7\Part7-03.dwg

Vpoint 명령은 몇 가지 정해진 방향으로만 관측점을 지정할 수 있습니다. 소수점까지 사용하여 좌푯값을 지정한다면 방향을 더욱 섬세하게 지정할 수 있겠지만 결과를 예측하기는 힘듭니다. 좌푯값을 직접 입력하는 대신 결과물을 실시간으로 확인하면서 자유롭게 관측점을 변경할 수 있는 명령이 바로 Orbit(궤도)입니다. Orbit 명령을 사용하려면 명령 행에 **Orbit**을 입력하고 Spacebar 를 누릅니다.

01 실습 파일 **Part7-03.dwg**를 불러옵니다. 명령 행에 **Orbit**을 입력하고 Spacebar 를 누릅니다.

A 명령 행 한눈에 보기

명령: **ORBIT** Spacebar ← Orbit 명령 입력

02 마우스 포인터의 모양이 바뀝니다. 마우스 왼쪽 버튼을 클릭한 상태에서 마우스를 이동하면 객체의 방향이 바뀝니다. 객체를 원하는 방향으로 변경한 후 Spacebar 를 눌러 적용합니다. 필요에 따라 확대 혹은 축소합니다.

A 명령 행 한눈에 보기

Esc 키 또는 ENTER 키를 눌러 종료하거나 오른쪽 클릭하여 바로 가기 메뉴를 표시하십시오.

04 Viewports 명령으로 여러 관측점을 한 화면에서 보기

실습 파일 Part 7\Part7-04.dwg

입체 도면에서는 평면도, 측면도, 정면도, 투시도의 각 관측점에서 바라본 이미지가 확연하게 다릅니다. 여러 관측점을 동시에 한 화면에서 확인할 수 있도록 화면을 분할하는 명령이 Viewports(뷰포트) 명령입니다. Viewports 명령을 사용하려면 명령 행에 **Viewports**를 입력한 뒤 Spacebar 를 누르고 해당 항목을 클릭합니다.

01 실습 파일 **Part7-04.dwg**를 불러옵니다. ❶ 명령 행에 **Viewports**를 입력하고 Spacebar 를 누릅니다. ❷ [뷰포트] 대화상자가 나타나면 [새 이름] 영역에 **계단분할**을 입력하여 이름을 지정합니다.

> **A 명령 행 한눈에 보기**
>
> 명령: VIEWPORTS Spacebar ← Viewports 명령 입력

02 ❶ 크기가 같은 네 개의 화면으로 분할할 것이므로 [표준 뷰포트] 영역에서 [넷: 동일]을 선택합니다. ❷ 3D의 여러 관측점을 표시하기 위해 [설정] 영역에서 [3D]를 선택합니다.

바로 통 하는 TIP [뷰포트] 대화상자 오른쪽 하단의 [비주얼 스타일] 영역은 도면 객체를 투명하게 또는 음영으로 표시할지 선택합니다. 도면 객체를 투명(Hide)하게 또는 음영(Shade)으로 만드는 방법은 565쪽에서 살펴보겠습니다.

03 [미리보기] 영역에서 네 개로 나뉜 화면 중 두 줄로 진하게 표시되는 영역이 관측점을 변경할 수 있는 영역입니다. 현재는 왼쪽 상단 영역이 두 줄로 표시되어 있으므로 이 영역의 관측점을 변경합니다. [뷰 변경 위치] 영역에서 [평면도]를 선택합니다. 관측점이 변경되어 도시됩니다.

04 ❶ [미리보기] 영역에서 오른쪽 상단 영역을 클릭한 뒤 ❷ [뷰 변경 위치] 영역에서 [좌측면도]를 선택합니다.

05 ❶ [미리보기] 영역에서 왼쪽 하단 영역을 클릭한 뒤 ❷ [뷰 변경 위치] 영역에서 [정면도]를 선택합니다.

06 ❶ [미리보기] 영역의 오른쪽 하단 영역을 클릭한 뒤 ❷ [뷰 변경 위치] 영역에서 [남동 등각 투영]을 선택합니다. ❸ [확인]을 클릭하여 [뷰포트] 대화상자를 닫습니다.

07 화면이 네 개로 분할되었습니다.

08 화면을 하나로 만들어봅니다. ❶ Spacebar 를 눌러 Viewports 명령을 실행합니다. ❷ [표준 뷰포트] 영역에서 [단일]을 클릭한 후 ❸ [확인]을 클릭하여 [뷰포트] 대화상자를 닫습니다.

A 명령 행 한눈에 보기

명령: Spacebar ← 명령 실행

바로 통하는 TIP 네 개로 분할된 화면 중 진하게 지정되어 있는 영역의 관측점이 다시 [단일]의 관측점으로 표시됩니다.

09 분할되었던 화면이 하나로 나타납니다.

쉽고 빠른 실무 NOTE — 표준 뷰포트 구성 살펴보기

[표준 뷰포트] 영역에서는 화면을 몇 개로 분할할 것인지, 어느 쪽에 비중을 두고 분할할 것인지를 선택합니다. 결과는 대화상자 오른쪽의 [미리보기] 영역에서 확인할 수 있습니다.

▲ 단일

▲ 둘 : 수직

▲ 둘 : 수평

▲ 셋 : 오른쪽

▲ 셋 : 왼쪽

▲ 셋 : 위

▲ 셋 : 아래

▲ 셋 : 수직

▲ 셋 : 수평

▲ 넷 : 오른쪽

▲ 넷 : 왼쪽

CHAPTER 02

2D 객체에 두께를 주고 3D 화면으로 확인하기

2D 도면에 Z축 방향으로 두께를 부여하고 고도를 지정하는 방법을 알아보겠습니다. 'Z축 방향으로 두께를 부여하고 고도를 지정한다'는 것은 3D 이미지를 만든다는 뜻입니다. AutoCAD에서 3D 이미지를 표현하는 방법에는 단순히 선형에 두께와 고도를 부여하는 방법, 면(Surface)으로 표현하는 방법, 꽉 찬 개체(Solid)로 표현하는 방법이 있습니다. 여기서는 선형에 두께(Thickness)를 부여하는 방법과 고도(Elevation)를 지정하는 방법을 알아보겠습니다.

🎯 학습 목표

2D 도면을 3D로 확인해봅니다. Change 명령으로 2D 가구 도면을 3D 입체 도면으로 완성해보겠습니다.

▲ 시공을 위한 실무 도면 : Before(좌), After(우)

▲ Hide 명령을 적용하여 보이지 않은 선을 숨긴 3D 도면

SECTION 01 고도와 두께를 지정하는 Change

2D 객체의 특성에서 고도와 두께를 바꿔 3차원 객체를 생성합니다. 독립된 명령인 Elevation(고도)과 Thickness(두께) 명령을 함께 사용하거나 고도와 두께를 한번에 지정하는 Change(특성 변경) 명령을 사용합니다. Change 명령을 사용하려면 명령 행에 **Change**를 입력하고 Spacebar 를 누릅니다.

+ 옵션 풀이

- **색상(C)** _ 색상을 재지정합니다.
- **선가중치(LW)** _ 선 굵기를 재지정합니다.
- **고도(E)** _ 객체의 고도를 재지정합니다.
- **두께(T)** _ 객체에 Z축 방향의 두께를 재지정합니다.
- **도면층(LA)** _ 도면층을 재지정합니다.
- **투명도(TR)** _ 투명도를 지정합니다.
- **선종류(LT)** _ 선 모양을 재지정합니다.
- **재료(M)** _ 재질을 재지정합니다.
- **선종류축척(S)** _ 선 간격을 재지정합니다.
- **주석(A)** _ 주석으로 만들지의 여부를 지정합니다.

01 Change 명령으로 가구 입체도 만들기

실습 파일 Part 7\Part7-05.dwg

Change 명령을 사용하여 간단한 가구 입체도를 만들어보겠습니다.

01 실습 파일 **Part7-05.dwg**를 불러옵니다. ❶ 명령 행에 **-Vpoint**를 입력한 후 Spacebar 를 눌러 명령을 실행합니다. ❷ 남동 등각 투영 방향(좌표를 기준으로 남동 방향으로 관측)으로 변경하기 위하여 좌푯값 **1,-1,1**을 입력하고 Spacebar 를 누릅니다.

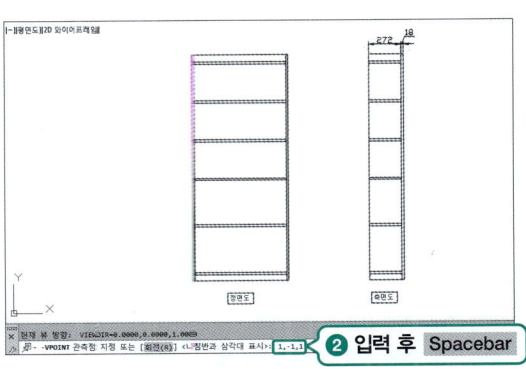

A 명령 행 한눈에 보기

명령: **-VPOINT** Spacebar ← Vpoint 명령 입력
현재 뷰 방향: VIEWDIR=0.0000,0.0000,1.0000
관측점 지정 또는 [회전(R)] 〈나침반과 삼각대 표시〉: **1,-1,1** Spacebar ← 관측점 지정

02 명령을 실행하면 화면이 남동 등각 투영 방향으로 전환됩니다.

A | 명령 행 한눈에 보기

모형 재생성 중.

03 선형에 두께와 고도를 지정하기 위하여 명령 행에 **Change**를 입력하고 Spacebar 를 누릅니다.

A | 명령 행 한눈에 보기

명령: CHANGE Spacebar ← Change 명령 입력

04 정면도와 측면도 중 하나를 선택하여 고도와 두께를 부여할 수 있습니다. 여기서는 정면도를 선택하여 입체도로 표현해보겠습니다. 정면도의 바닥면을 클릭하여 선택하고 Spacebar 를 누릅니다.

A | 명령 행 한눈에 보기

객체 선택: 1개를 찾음 ← 객체 선택
객체 선택: Spacebar ← 다음 단계 진행

05 ① 특성을 변경하기 위해 서브 메뉴의 **P**를 입력하고 Spacebar를 누릅니다. ② 두께를 변경하기 위해 **T**를 입력하고 Spacebar를 누릅니다.

A 명령 행 한눈에 보기

변경점 지정 또는 [특성(P)]: p Spacebar ← 옵션 P 입력
변경할 특성 입력 [색상(C)/고도(E)/도면층(LA)/선종류(LT)/선종류축척(S)/선가중치(LW)/두께(T)/투명도(TR)/재료(M)/주석(A)]:
T Spacebar ← 옵션 T 입력

06 책장 바닥면의 두께는 측면도를 참고합니다. **18**을 입력하고 Spacebar를 누릅니다.

바로 통하는 TIP 가구 도면이나 인테리어, 건축 도면을 그릴 때 정면도는 측면도의 치수를 참고하여 그려야 하고 입면도는 평면도의 치수를 참고하여 연계되도록 표현합니다.

A 명령 행 한눈에 보기

새 두께을(를) 지정 <0.0000>: 18 Spacebar ← 두께 18 입력

07 Spacebar를 한 번 누르면 또 다른 특성을 변경할지 물어봅니다. 더 이상 변경할 내용이 없으므로 Spacebar를 한 번 더 눌러 실행합니다. 바닥면에 두께가 부여됩니다.

A 명령 행 한눈에 보기

변경할 특성 입력 [색상(C)/고도(E)/도면층(LA)/선종류(LT)/선종류축척(S)/선가중치(LW)/두께(T)/투명도(TR)/재료(M)/주석(A)]: Spacebar

08

❶ 연속해서 책장을 표현하기 위하여 Spacebar 를 눌러 Change 명령을 실행합니다. 책장의 옆 칸막이 두 개를 선택합니다. ❷ 먼저 왼쪽 칸막이를 클릭하여 선택하고 ❸ 관측 방향 때문에 보이지 않는 오른쪽 칸막이는 도면을 확대하거나 관측점을 변경해가며 선택합니다.

A 명령 행 한눈에 보기

명령: CHANGE Spacebar ←Change 명령 실행
객체 선택: 1개를 찾음 ← 객체 선택
객체 선택: 1개를 찾음, 총 2개 ← 객체 선택

09

❶ Spacebar 를 눌러 다음 단계로 진행합니다. ❷ 특성을 변경하기 위해 서브 메뉴인 **P**를 입력하고 Spacebar 를 누릅니다. ❸ 두께를 변경하기 위해 **T**를 입력하고 Spacebar 를 누릅니다.

A 명령 행 한눈에 보기

객체 선택: Spacebar ← 다음 단계 진행
변경점 지정 또는 [특성(P)]: P Spacebar ← 옵션 P 입력
변경할 특성 입력 [색상(C)/고도(E)/도면층(LA)/선종류(LT)/선종류축척(S)/선가중치(LW)/두께(T)/투명도(TR)/재료(M)/주석(A)]: T Spacebar
← 옵션 T 입력

10 책장 옆 칸막이의 두께 역시 측면도에서 참고합니다. **272**를 입력하고 Spacebar 를 누릅니다.

> **A 명령 행 한눈에 보기**
> 새 두께을(를) 지정 <0.0000>: 272 Spacebar
> ← 두께 272 입력

11 옆 칸막이가 18mm만큼 Z축 방향으로 올라가 있습니다. 고도를 지정하기 위하여 **E**를 입력하고 Spacebar 를 누릅니다.

> **A 명령 행 한눈에 보기**
> 변경할 특성 입력 [색상(C)/고도(E)/도면층(LA)/선종류(LT)/선종류축척(S)/선가중치(LW)/두께(T)/투명도(TR)/재료(M)/주석(A)]:
> E Spacebar ← 옵션 E 입력

12 새로운 고도로 **18**을 입력하고 Spacebar 를 두 번 눌러 명령을 실행합니다.

> **A 명령 행 한눈에 보기**
> 새 고도을(를) 지정 <0.0000>: 18 Spacebar ← 고도 18 입력
> 변경할 특성 입력 [색상(C)/고도(E)/도면층(LA)/선종류(LT)/선종류축척(S)/선가중치(LW)/두께(T)/투명도(TR)/재료(M)/주석(A)]: Spacebar
> ← 명령 종료

 하는 TIP 명령을 실행할 때는 Spacebar 나 Enter 를 누릅니다.

13 나머지 책장을 표현하겠습니다. ❶ Spacebar 를 눌러 Change 명령을 실행합니다. ❷❸❹❺❻
❼ 이번에는 책장 가운데 칸막이 여섯 개를 모두 선택하고 Spacebar 를 눌러 다음 단계로 진행합니다.

| A | 명령 행 한눈에 보기 |

명령: **CHANGE** Spacebar ← Change 명령 실행
객체 선택: **1개를 찾음** ← 객체 선택
객체 선택: **1개를 찾음, 총 2개** ← 객체 선택
객체 선택: **1개를 찾음, 총 3개** ← 객체 선택
객체 선택: **1개를 찾음, 총 4개** ← 객체 선택
객체 선택: **1개를 찾음, 총 5개** ← 객체 선택
객체 선택: **1개를 찾음, 총 6개** ← 객체 선택

14 ❶ 특성을 변경하기 위해 **P**를 입력하고 Spacebar 를 누릅니다. ❷ 두께를 변경하기 위해 **T**를 입력하고 Spacebar 를 누릅니다.

| A | 명령 행 한눈에 보기 |

객체 선택: Spacebar ← 다음 단계로 진행
변경점 지정 또는 [특성(P)]: **P** Spacebar ← 옵션 P 입력
변경할 특성 입력 [색상(C)/고도(E)/도면층(LA)/선종류(LT)/선종류축척(S)/선가중치(LW)/두께(T)/투명도(TR)/재료(M)/주석(A)]: **T** Spacebar
← 옵션 T 입력

15 측면도를 참고하여 두께를 **272**로 입력하고 Spacebar 를 누릅니다.

> **A** 명령 행 한눈에 보기
>
> 새 두께을(를) 지정 <0.0000>: 272 Spacebar
> ← 두께 272 입력

16 가운데 칸막이도 18mm만큼 Z축 방향으로 올라가 있습니다. 고도를 지정하기 위하여 **E**를 입력하고 Spacebar 를 누릅니다.

> **A** 명령 행 한눈에 보기
>
> 변경할 특성 입력 [색상(C)/고도(E)/도면층(LA)/선종류(LT)/선종류축척(S)/선가중치(LW)/두께(T)/투명도(TR)/재료(M)/주석(A)]: E Spacebar
> ← 옵션 E 입력

17 새로운 고도로 **18**을 입력하고 Spacebar 를 눌러 명령을 실행합니다. Spacebar 를 한 번 더 눌러 명령을 종료합니다.

> **A** 명령 행 한눈에 보기
>
> 새 고도을(를) 지정 <0.0000>: 18 Spacebar ← 고도 18 입력
> 변경할 특성 입력 [색상(C)/고도(E)/도면층(LA)/선종류(LT)/선종류축척(S)/선가중치(LW)/두께(T)/투명도(TR)/재료(M)/주석(A)]: Spacebar
> ← 명령 종료

18 ❶ 명령 행에 **Erase**를 입력한 후 Spacebar 를 눌러 지우기 명령을 실행합니다. ❷ 측면도와 정면도 문자 상자를 드래그하여 선택한 후 Spacebar 를 눌러 객체를 지웁니다.

> **A** 명령 행 한눈에 보기
>
> 명령: **ERASE** Spacebar ← Erase 명령 입력 (E)
> 객체 선택: 반대 구석 지정: 5개를 찾음 ← 객체 선택
> 객체 선택: 반대 구석 지정: 5개를 찾음, 총 10개
> 객체 선택: Spacebar ← 명령 종료

19 ❶ 명령 행에 **Zoom**을 입력한 후 Spacebar 를 눌러 명령을 실행합니다. ❷ 범위를 나타내는 **E**를 입력하고 Spacebar 를 눌러 화면을 정리합니다.

> **A** 명령 행 한눈에 보기
>
> 명령: **ZOOM** Spacebar ← Zoom 명령어 입력 (Z)
> 윈도우 구석 지정, 축척 비율(nX 또는 nXP) 입력 또는
> [전체(A)/중심(C)/동적(D)/범위(E)/이전(P)/축척(S)/윈도우(W)/객체(O)] ⟨실시간⟩: **E** Spacebar ← 옵션 E 입력
> 모형 재생성 중.

SECTION 02 은선을 숨기는 Hide, 음영을 나타내는 Shade

완성된 3D 이미지를 좀 더 입체적으로 보여주는 것이 Hide(숨기기)와 Shade(음영 처리) 명령입니다. 좀 더 정확하게 표현하자면 Hide는 도면에는 보이지 않지만 복잡하게 엮인 은선을 숨기는 명령이고, Shade는 3D 이미지 객체에 음영 처리를 하여 입체감을 살리는 명령입니다.

01 Hide 명령으로 은선 숨기기

실습 파일 Part 7\Part7-06.dwg

3D 이미지 중 은선을 숨겨보겠습니다. Hide 명령을 사용하기 위해서는 명령 행에 **Hide**를 입력하고 Spacebar 를 누릅니다.

01 실습 파일 **Part7-06.dwg**를 불러와 복잡하게 엮인 은선을 숨겨보겠습니다. 명령 행에 **Hide**를 입력하고 Spacebar 를 누릅니다.

A 명령 행 한눈에 보기

명령: HIDE Spacebar ← Hide 명령 입력

02 복잡했던 선들이 숨김 처리되어 이미지가 깔끔하게 표현됩니다.

> **A 명령 행 한눈에 보기**
>
> **모형 재생성 중.** ← 명령을 실행하면 보이지 않는 부분의 선이 감춰짐

02 Shade 명령으로 음영 처리하기

실습 파일 Part 7\Part7-06.dwg

3D 이미지에 음영 처리를 해보겠습니다. Shade 명령을 사용하기 위해서는 명령 행에 **Shade**를 입력하고 Spacebar 를 누릅니다.

01 실습 파일 **Part7-06.dwg**를 불러옵니다. 명령 행에 **Shade**를 입력하고 Spacebar 를 누릅니다.

> **A 명령 행 한눈에 보기**
>
> **명령: SHADE** Spacebar ← Shade 명령 입력

02 객체들이 음영 처리되어 Hide 명령보다 도면이 더욱 입체적으로 표현됩니다.

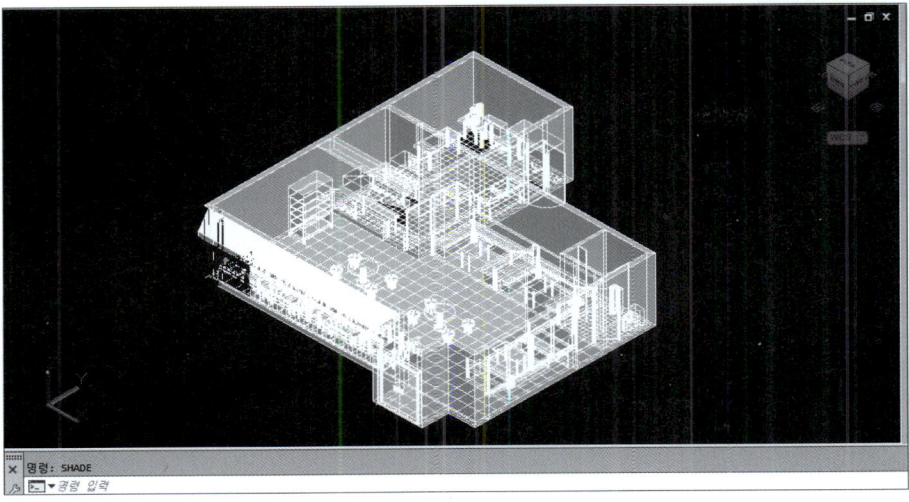

바로 통 하는 TIP 와이어프레임이란?

앞에서 학습한 실습 파일의 원본 이미지와 같이 3D 객체 이미지의 골격을 그대로 표현하는 것을 와이어프레임(Wireframe)이라고 합니다. 도면의 객체를 숨김없이 점, 직선, 곡선으로 표현하므로 표면이나 공간에 대한 정보가 없습니다.

CHAPTER 03
3D 도면 작업을 위한 UCS

AutoCAD로 3D 도면 작업을 시도해본 사람이라면 대부분 UCS 좌표 설정에서 많은 어려움을 느꼈을 것입니다. UCS 좌표 설정은 3D 도면 작업의 첫 번째 관문이자 가장 중요한 부분이므로 이해하지 못하고 지나친다면 3D도면을 제대로 이해할 수 없습니다. UCS 좌표 설정을 자세히 이해하고 좀 더 쉽고 간편하게 사용하는 방법을 알아보겠습니다.

🎯 학습 목표

UCS 좌표를 사용하는 방법을 익혀봅니다. UCS 좌표는 AutoCAD 3D에서 도면 객체의 방향을 설정하는 데 가장 중요한 기능입니다.

▲ UCS 좌표를 이용해 도면 작성하기

SECTION 01 WCS 좌표와 UCS 좌표

WCS 좌표는 쉽게 말하면 우리가 살고 있는 실제 세계를 AutoCAD 화면에 그대로 옮겨놓은 좌표의 개념입니다. 반면 UCS 좌표는 실제 세계에서는 행할 수 없고 AutoCAD 화면상에서만 지정할 수 있는 좌표의 개념입니다.

+ 옵션 풀이

면(F) _ 솔리드 객체의 원하는 면에 좌표를 지정합니다.
이름(NA) _ 이름을 지정합니다.
객체(OB) _ 객체를 선택하여 좌표를 지정합니다.
이전(P) _ 전 단계의 좌표로 지정합니다.
뷰(V) _ 3차원의 공간을 그대로 유지하고 화면을 2D 평면으로 재지정하여 2차원 객체를 작성할 수 있습니다.
Z축(ZA) _ 작성한 모델링의 임의의 모서리에 Z축을 지정하여 사용합니다. 나머지 방향은 자동으로 X, Y축으로 지정됩니다.

X _ X축의 방향으로 원하는 각도만큼 좌표를 회전합니다.
Y _ Y축의 방향으로 원하는 각도만큼 좌표를 회전합니다.
Z _ Z축의 방향으로 원하는 각도만큼 좌표를 회전합니다.

01 WCS 좌표란?

WCS 좌표는 World Coordinate System의 약자로 실세계의 좌표계를 말합니다. 즉, 지금까지 여러분이 사용해온 좌표가 바로 WCS 좌표로, 사용자가 임의로 변경하지 않은 원래 설정대로의 좌표계입니다. 쉽게 비유하자면 우리가 실제 세계에서 땅을 밟고 걷는 것처럼 AutoCAD에서 원래 지정된 바닥 평면에 객체를 그리고 편집할 수 있는 좌표입니다. 이 바닥 평면이 바로 X, Y 좌표이고 높이를 부여하면 Z축으로 두께가 올라가는 것입니다. WCS 좌표는 이미 표준으로 설정되어 있어 구태여 설정할 필요는 없지만 UCS 좌표를 사용한 뒤에는 다시 WCS 좌표로 설정할 필요가 있습니다. 이럴 경우 명령 행에 **WCS**를 입력하고 Spacebar 를 눌러 사용합니다.

▲ WCS 좌표에서의 UCS 아이콘 모습

02 UCS 좌표란?

UCS 좌표는 User Coordinate System의 약자로 사용자 지정 좌표계입니다. 즉, 사용자가 의도하는 대로 좌표계의 방향이나 값을 변경할 수 있습니다. 만약 우리가 살고 있는 실제 세계에서 중력이 없다면 땅만 밟고 서 있는 것이 아니라 우주 공간처럼 벽면이나 천장을 밟고 서 있을 수 있을 것입니다.

AutoCAD에서 이렇게 사용자가 원하는 방향을 자유롭게 지정하여 도면을 그릴 수 있는 좌표가 바로 UCS 좌표입니다. 벽면이나 천장 방향을 X, Y좌표 평면으로 지정하면 그 방향대로 도면을 그리고 편집할 수 있습니다. UCS 좌표 설정법을 제대로 알아야만 3차원 작업이 원활하게 이루어집니다.

UCS 좌표는 표준으로 설정되어 있는 WCS 좌표를 사용하다가 사용자가 원하는 방향으로 좌표 전환이 필요할 때 설정합니다. 이럴 경우 명령 행에 **UCS**를 입력하고 Spacebar를 눌러 여러 옵션 중에서 원하는 것을 지정하거나 UCS 좌표 도구 막대에서 원하는 기능의 아이콘을 클릭하여 사용합니다.

03 WCS 좌표와 UCS 좌표 적용하기

예제를 통해 직접 WCS 좌표와 UCS 좌표를 사용하면서 개념을 이해해보겠습니다. 3D 공간에 집을 그려놓고 좌표 방향에 맞춰서 창문, 문, 지붕을 올려보겠습니다.

01 새 도면 파일을 엽니다. 남동 등각 투영 방향으로 방위를 지정합니다. ❶ 명령 행에 **−Vpoint**를 입력한 후 Spacebar 를 누릅니다. ❷ **1,−1,1**을 입력하고 Spacebar 를 눌러 관측점을 지정합니다.

A 명령 행 한눈에 보기

명령: −VPOINT Spacebar ← Vpoint 명령 입력
현재 뷰 방향: VIEWDIR=0.0000,0.0000,1.0000
관측점 지정 또는 [회전(R)] <나침반과 삼각대 표시>: 1,−1,1 Spacebar ← 남동 등각 투영 방향 관측점 지정
모형 재생성 중.

02 X, Y 축으로 지정된 바닥면에 가로, 세로 500mm의 정사각형을 그리고 마우스 휠을 사용하여 객체가 화면의 중앙으로 오도록 보기 좋게 정리해보겠습니다. ❶ 명령 행에 **Rectangle**을 입력한 후 Spacebar 를 누릅니다. ❷ 임의의 점을 클릭하여 첫 번째 구석점을 지정합니다. ❸ 명령 행에 상대좌표 **@500,500**을 입력하고 Spacebar 를 누릅니다.

A 명령 행 한눈에 보기

명령: RECTANG Spacebar ← Rectangle 명령 입력 (REC)
첫 번째 구석점 지정 또는 [모따기(C)/고도(E)/모깎기(F)/두께(T)/폭(W)]: ← 임의의 점 지정
다른 구석점 지정 또는 [영역(A)/치수(D)/회전(R)]: @500,500 Spacebar ← 상대좌표 (@500, 500) 입력

03 집 벽면의 두께를 부여합니다. 두께를 지정하기 위하여 명령 행에 **Change**를 입력하고 Spacebar 를 누릅니다.

바로 통 하는 TIP Change 명령의 사용법이 기억 나지 않으면 557쪽을 참조합니다.

A 명령 행 한눈에 보기

명령: CHANGE Spacebar ← Change 명령 입력

04 ❶ 사각형을 클릭하여 선택하고 Spacebar 를 누릅니다. ❷ 특성을 변경 하기 위해 **P**를 입력합니다.

A 명령 행 한눈에 보기

객체 선택: 1개를 찾음 ← 객체 선택
객체 선택: Spacebar ← 다음 단계 진행
변경점 지정 또는 [특성(P)]: P Spacebar
← 옵션 P 입력

05 두께를 변경하기 위해 **T**를 입력하고 Spacebar 를 누릅니다. 두께를 부여하기 위해 명령 행에 **200**을 입력하고 Spacebar 를 누릅니다.

❶ 입력 후 Spacebar
❷ 입력 후 Spacebar

A 명령 행 한눈에 보기

변경할 특성 입력 [색상(C)/고도(E)/도면층(LA)/선종류(LT)/선종류축척(S)/선가중치(LW)/두께(T)/투명도(TR)/재료(M)/주석(A)]: T Spacebar ← 옵션 T 입력

새 두께을(를) 지정 <0.0000>: 200 Spacebar ← 두께 200 입력

06 Spacebar 를 한 번 누르면 또 다른 특성을 변경할지 물어봅니다. 더 이상 변경할 내용이 없으므로 Spacebar 를 한 번 더 누릅니다. 바닥면에 두께가 부여됩니다.

Spacebar 두 번

A 명령 행 한눈에 보기

변경할 특성 입력 [색상(C)/고도(E)/도면층(LA)/선종류(LT)/선종류축척(S)/선가중치(LW)/두께(T)/투명도(TR)/재료(M)/주석(A)]: Spacebar

07 원하는 방향으로 좌표를 재지정하기 위하여 명령 행에 **UCS**를 입력하고 Spacebar 를 누릅니다.

입력 후 Spacebar

A 명령 행 한눈에 보기

명령: UCS Spacebar ← UCS 명령 입력

08 3P 옵션으로 X, Y좌표를 지정해 보겠습니다. 명령 행에 **3P**를 입력하고 Spacebar 를 누릅니다.

> **A 명령 행 한눈에 보기**
>
> 현재 UCS 이름: *표준*
> UCS의 원점 지정 또는 [면(F)/이름(NA)/객체(OB)/
> 이전(P)/뷰(V)/표준(W)/X(X)/Y(Y)/Z(Z)/Z축
> (ZA)] <표준>: 3P Spacebar ← 옵션 3P 입력

09 ❶ 지정하고자 하는 면에서 임의의 한 점을 클릭하여 지정합니다. 이 점이 새로운 원점이 됩니다. ❷ 연속하여 다음 점을 지정합니다. 지정하는 방향이 X축이 됩니다.

> **A 명령 행 한눈에 보기**
>
> 새 원점 지정 <0,0,0>: ← 첫 번째 점 지정
> X-축 양의 구간에 있는 점 지정 <24.6342,3 6.4321,200.0000>: ← 두 번째 점 지정

> **바로 통하는 TIP** 이때 나타나는 좌푯값은 시작점을 어디로 지정하느냐에 따라 차이가 있습니다.

10 마지막 점을 지정합니다. 지정하는 방향이 Y축이 됩니다. 새로운 UCS 좌표가 지정됩니다.

> **A 명령 행 한눈에 보기**
>
> UCS XY 평면의 양의 Y 부분에 있는 점 지정 <23.6342,317.4321,200.0000>: ← 세 번째 점 지정

11 ❶ 원하는 방향으로 좌표가 설정되면 문을 그리기 위하여 명령 행에 **Rectangle**을 입력하고 Spacebar 를 눌러 명령을 실행합니다. ❷ 객체 스냅의 중간점을 클릭하여 문의 첫 번째 구석 점을 지정합니다.

A 명령 행 한눈에 보기

명령: RECTANG Spacebar ← Rectangle 명령 입력 (REC)
첫 번째 구석점 지정 또는 [모따기(C)/고도(E)/모깎기(F)/두께(T)/폭(W)]: mid Spacebar ← 임의의 점 지정

12 문의 크기로 X축 방향인 길이는 120mm, Y축 방향인 너비는 60mm로 지정합니다. 명령 행에 **@-120,60**을 입력한 후 Spacebar 를 누릅니다. X축의 화살표가 아래쪽을 향하고 있습니다. 화살표가 향하는 방향이 양의 값을 갖게 되므로 위 방향으로 그리기 위해서는 '-120'을 입력해야 합니다.

A 명령 행 한눈에 보기

다른 구석점 지정 또는 [영역(A)/치수(D)/회전(R)]: @-120,60 Spacebar ← 상대좌표 (@-120,60) 입력

바로 통 하는 TIP 정확한 값을 입력하기 위해서는 변경된 UCS 아이콘의 모양을 잘 관찰하여야 합니다. 그림에서 X축의 화살표가 아래로 향하여 있으므로 아래 방향이 X축의 양의 방향이며 반대로 위 방향은 X축의 음의 방향입니다. Y축도 마찬가지로 화살표가 향하고 있는 약간 비스듬한 오른쪽이 Y축의 양의 방향이며 정반대의 방향이 음의 방향입니다. Z축도 이와 같습니다. 반시계 방향은 양(+)의 값을 갖고 시계 방향은 음(-)의 값을 갖습니다.

13 창문을 그리려면 그림에서 선택된 면이 평면, 즉 X, Y축이 되어야만 합니다. 현재의 UCS 좌표대로 문을 그린다면 현재의 평면, 즉 X, Y축 방향으로 그려질 것입니다. 원하는 방향으로 좌표를 재지정하기 위하여 명령 행에 **UCS**를 입력하고 Spacebar 를 누릅니다.

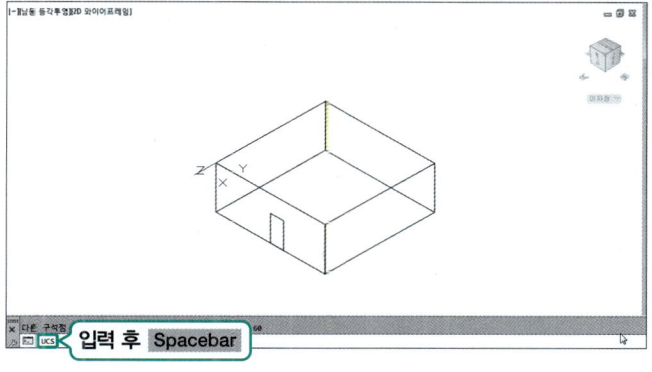

A 명령 행 한눈에 보기

명령: UCS Spacebar ← UCS 명령 입력

---

14 08 과정처럼 3P 옵션으로 X, Y좌표를 지정합니다. ❶ 명령 행에 **3P**를 입력하고 Spacebar 를 누릅니다. ❷ 지정하고자 하는 면의 임의의 한 점을 지정합니다. 이 점이 새로운 원점이 됩니다.

A 명령 행 한눈에 보기

현재 UCS 이름: *이름 없음*
UCS의 원점 지정 또는 [면(F)/이름(NA)/객체(OB)/이전(P)/뷰(V)/표준(W)/X(X)/Y(Y)/Z(Z)/Z축(ZA)]〈표준〉: 3P Spacebar ← 옵션 3P 입력
새 원점 지정 〈0,0,0〉: ← 첫 번째 점 지정

---

15 계속하여 다음 점을 지정합니다. 지정하는 방향이 X축이 됩니다.

A 명령 행 한눈에 보기

X-축 양의 구간에 있는 점 지정
〈1.0000,500.0000,0.0000〉: ← 두 번째 점 지정

16 마지막 점을 지정합니다. 지정하는 방향이 Y축이 됩니다. 새로운 UCS 좌표가 지정됩니다.

> **A** 명령 행 한눈에 보기
>
> **UCS XY 평면의 양의 Y 부분에 있는 점 지정 ⟨0.0000,501.0000,0.0000⟩:** ← 세 번째 점 지정

17 원하는 방향으로 좌표가 설정되면 창문을 그리기 위하여 명령 행에 **Rectangle**을 입력하고 Spacebar 를 눌러 명령을 실행합니다.

> **A** 명령 행 한눈에 보기
>
> **명령: RECTANG** Spacebar
> ← Rectangle 명령 입력 (REC)

18 ❶ 임의의 점을 클릭하여 첫 번째 점으로 지정합니다. ❷ 명령 행에 **@100,50**을 입력하고 Spacebar 를 눌러 가로 100mm, 세로 50mm의 창문을 그립니다. UCS 아이콘의 모양을 자세히 관찰하면 X축이 가로 방향, Y축이 세로 방향임을 알 수 있습니다.

> **A** 명령 행 한눈에 보기
>
> **첫 번째 구석점 지정 또는 [모따기(C)/고도(E)/모깎기(F)/두께(T)/폭(W)]:** ← 임의의 점 지정
> **다른 구석점 지정 또는 [영역(A)/치수(D)/회전(R)]: @100,50** Spacebar ← 상대좌표 (@100,50) 입력

19 위치가 만족스럽지 않다면 Move 명령을 사용하여 이동할 수 있습니다. Copy 명령으로 객체를 하나 더 복사합니다. ❶ 명령 행에 **Copy**를 입력하고 Spacebar 를 눌러 실행합니다. ❷ 복사할 객체를 클릭하여 선택하고 Spacebar 를 누릅니다. ❸ 창문 객체의 왼쪽 아래 모서리를 클릭하여 기준점으로 지정한 후 ❹ 복사할 지점을 클릭하여 창문을 복사합니다.

A 명령 행 한눈에 보기

명령: **COPY** Spacebar ← Copy 명령 입력 (CO, CP)
객체 선택: 1개를 찾음 ← 객체 선택
객체 선택: Spacebar
현재 설정: 복사 모드 = 다중(M)
기본점 지정 또는 [변위(D)/모드(O)] <변위>: ← 기준점 지정
두 번째 점 지정 또는 [배열(A)] <첫 번째 점을 변위로 사용>: ← 복사할 위치 지정
두 번째 점 지정 또는 [배열(A)/종료(E)/명령 취소(U)] <종료>: Spacebar ← 명령 종료

20 마지막으로 지붕을 그려보겠습니다. 원래의 WCS 좌표로 변경하기 위하여 명령 행에 **UCS**를 입력하고 Spacebar 를 누릅니다.

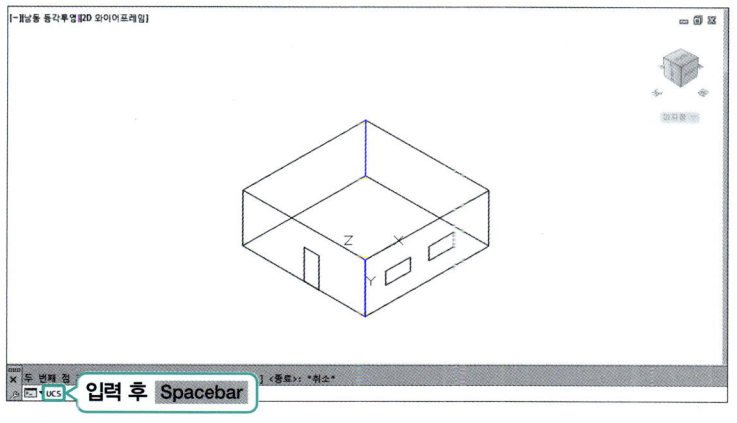

A 명령 행 한눈에 보기

명령: **UCS** Spacebar ← UCS 명령 입력
현재 UCS 이름: *이름 없음*

21 표준값이 WCS 좌표이므로 그대로 Spacebar 를 누르면 WCS 좌표로 돌아옵니다.

> **A 명령 행 한눈에 보기**
> UCS의 원점 지정 또는 [면(F)/이름(NA)/객체(OB)/이전(P)/뷰(V)/표준(W)/X(X)/Y(Y)/Z(Z)/Z축(ZA)] <표준>: Spacebar ← 명령 종료

> **바로 통하는 TIP** 이때 꼭 Spacebar 를 눌러 WCS 좌표로 돌아와야 합니다. 그렇지 않으면 다음 단계에서 Z값을 가진 객체의 고도를 변경할 수 없다는 메시지가 나타납니다. 좌표를 나타내는 UCS 아이콘의 방향이 맞는다면 위치가 그림과 달라도 상관없습니다.

22 ❶ 지붕 가운데 기준선을 그리기 위하여 명령 행에 **Line**을 입력한 후 Spacebar 를 눌러 명령을 실행합니다. ❷ 바닥면 오른쪽 모서리의 중간점을 클릭하고 ❸ 왼쪽 모서리의 중간점을 클릭한 후 Spacebar 를 누릅니다.

> **A 명령 행 한눈에 보기**
> 명령: LINE Spacebar ← Line 명령 입력 (L)
> 첫 번째 점 지정: mid Spacebar ← 첫 번째 점 지정, 이미 설정했다면 해당 지점에서 그대로 클릭
> 다음 점 지정 또는 [명령 취소(U)]: mid Spacebar ← 두 번째 점 지정, 이미 설정했다면 해당 지점에서 그대로 클릭
> 다음 점 지정 또는 [명령 취소(U)]: Spacebar ← 명령 종료

23 ❶ 지붕의 기준선 고도를 지정하기 위하여 명령 행에 **Change**를 입력하고 Spacebar 를 누릅니다. ❷ 앞에서 그린 기준선을 클릭해 선택하고 Spacebar 를 누릅니다.

> **A** 명령 행 한눈에 보기
>
> 명령: CHANGE Spacebar ← Change 명령 입력
> 객체 선택: 1개를 찾음 ← 객체 선택
> 객체 선택: Spacebar ← 다음 단계 진행

24 ❶ 특성을 변경하기 위해 **P**를 입력하고 Spacebar 를 누릅니다. ❷ 고도를 변경하기 위해 **E**를 입력하고 Spacebar 를 누릅니다.

> **A** 명령 행 한눈에 보기
>
> 변경점 지정 또는 [특성(P)]: P Spacebar ← 옵션 P 입력
> 변경할 특성 입력 [색상(C)/고도(E)/도면층(LA)/선종류(LT)/선종류축척(S)/선가중치(LW)/두께(T)/투명도(TR)/재료(M)/주석(A)]: E Spacebar ← 옵션 E 입력

25 명령 행에 새로운 고도 **300**을 입력하고 Spacebar 를 두 번 눌러 명령을 실행합니다.

> **A** 명령 행 한눈에 보기
>
> 새 고도율(를) 지정 ⟨0.0000⟩: 300 Spacebar ← 고도 300 입력
> 변경할 특성 입력 [색상(C)/고도(E)/도면층(LA)/선종류(LT)/선종류축척(S)/선가중치(LW)/두께(T)/투명도(TR)/재료(M)/주석(A)]: Spacebar

26 ① 원하는 방향으로 좌표를 다시 지정하기 위하여 명령 행에 **UCS**를 입력하고 Spacebar 를 누릅니다. ② 3P 옵션으로 X, Y좌표를 지정하기 위하여 명령 행에 **3P**를 입력하고 Spacebar 를 누릅니다.

A 명령 행 한눈에 보기

명령: **UCS** Spacebar ←UCS 명령 입력
현재 UCS 이름: *표준*
UCS의 원점 지정 또는 [면(F)/이름(NA)/객체(OB)/이전(P)/뷰(V)/표준(W)/X(X)/Y(Y)/Z(Z)/Z축(ZA)] <표준>: **3P** Spacebar
←옵션 3P 입력

27 ① 지정하고자 하는 면의 임의의 한 점을 지정합니다. 이 점이 새로운 원점이 됩니다. ② 연속하여 다음 점을 지정합니다. 지정하는 방향이 X축이 됩니다.

A 명령 행 한눈에 보기

새 원점 지정 <0,0,0>: ←첫 번째 점 지정
X-축 양의 구간에 있는 점 지정 <24.6342,566.4321,300.0000>: ←두 번째 점 지정

바로 통하는 TIP 첫 번째로 지정한 좌표에 따라 좌푯값은 차이가 날 수 있습니다.

28 마지막 점을 지정합니다. 지정하는 방향이 Y축이 됩니다. 새로운 UCS 좌표가 지정됩니다.

> **A** 명령 행 한눈에 보기
>
> UCS XY 평면의 양의 Y 부분에 있는 점 지정 〈24.6342,566.4321,300.0000〉: ← 세 번째 점 지정

29 ❶ 원하는 방향으로 좌표가 설정되면 지붕을 그리기 위하여 명령 행에 **Rectangle**을 입력하고 Spacebar 를 눌러 명령을 실행합니다. ❷ 기준선의 끝점을 클릭하여 첫 번째 점을 지정합니다.

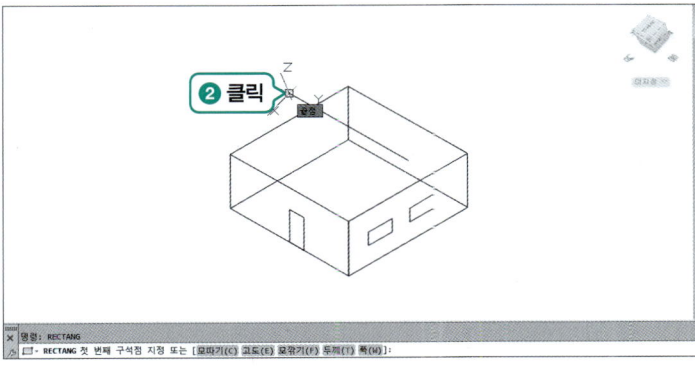

> **A** 명령 행 한눈에 보기
>
> 명령: RECTANG Spacebar ← Rectangle 명령 입력 (REC)
> 첫 번째 구석점 지정 또는 [모따기(C)/고도(E)/모깎기(F)/두께(T)/폭(W)]: ← 임의의 점 지정

CHAPTER 03 3D 도면 작업을 위한 UCS • **581**

30 반대 구석점의 위치를 X축 방향으로 300mm, Y축 방향으로 500mm만큼 지정합니다. 명령 행에 **@300,500**을 입력하고 Spacebar 를 누릅니다.

A 명령 행 한눈에 보기

다른 구석점 지정 또는 [영역(A)/치수(D)/회전(R)]: @300,500 Spacebar ← 상대좌표 (@300,500) 입력

31 명령 행에 UCS를 입력하고 Spacebar 를 두 번 눌러 다시 실세계 좌표로 돌아옵니다.

A 명령 행 한눈에 보기

명령: UCS Spacebar ← UCS 명령 입력
현재 UCS 이름: *이름 없음*
UCS의 원점 지정 또는 [면(F)/이름(NA)/객체(OB)/이전(P)/뷰(V)/표준(W)/X(X)/Y(Y)/Z(Z)/Z축(ZA)]〈표준〉: Spacebar ← 명령 종료

32 ❶ 나머지 지붕면을 완성하기 위하여 명령 행에 **Mirror**를 입력하고 Spacebar 를 눌러 명령을 실행합니다. ❷ 한쪽 지붕면을 클릭하여 선택한 뒤 Spacebar 를 누릅니다.

> **A 명령 행 한눈에 보기**
>
> 명령: **MIRROR** Spacebar ← Mirror 명령 입력 (MI)
> 객체 선택: 1개를 찾음 ← 객체 선택
> 객체 선택: Spacebar ← 다음 단계로 진행

33 ❶ 바닥면 왼쪽 모서리의 중간점을 클릭하고 ❷ 오른쪽 모서리의 중간점을 클릭하여 기준점을 지정합니다. Spacebar 를 눌러서 도면을 완성합니다.

> **A 명령 행 한눈에 보기**
>
> 대칭선의 첫 번째 점 지정: mid Spacebar ← 첫 번째 기준점 지정, 이미 설정했다면 해당 지점에서 그대로 클릭
> 대칭선의 두 번째 점 지정: mid Spacebar ← 두 번째 기준점 지정, 이미 설정했다면 해당 지점에서 그대로 클릭
> 원본 객체를 지우시겠습니까? [예(Y)/아니오(N)] <N>: Spacebar ← 명령 종료

바로 통 하는 TIP 이때는 객체 스냅을 활성화하여 기준점을 지정합니다.

PART 08

3D 모델링을 위한 Surface와 Solid

3D 좌표계를 이해했다면 이제 멋진 3D 모델링을 완성해보겠습니다. 면(Surface)과 꽉 찬 개체(Solid)가 무엇이며 어떤 종류가 있는지, 그리고 3D 모델을 어떻게 표현하는지 알아보겠습니다.

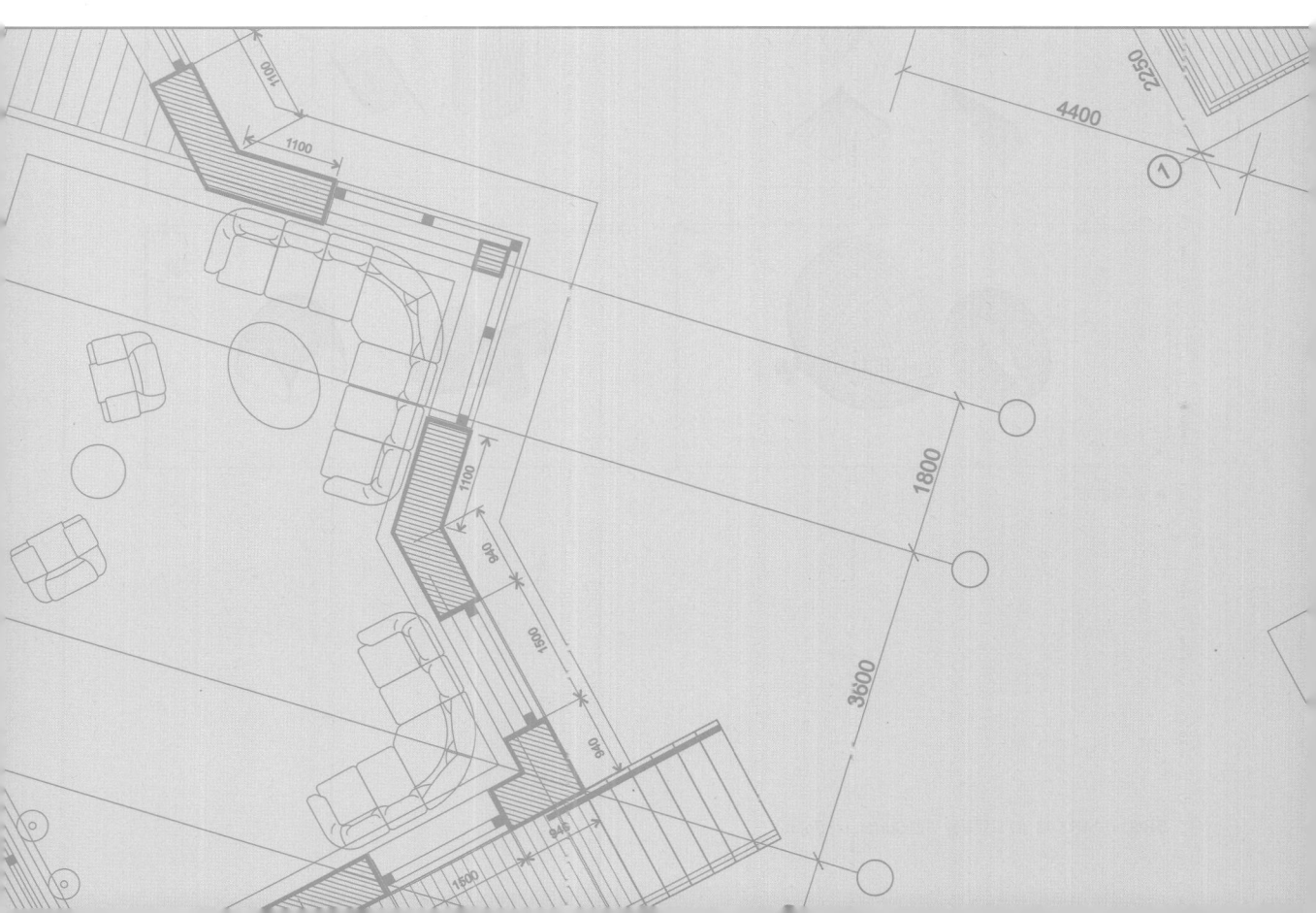

CHAPTER 01

3D 면을 만드는 Surface

2D 기본 도면 객체의 특성에 맞추어 3D 객체를 표현하는 Surface 명령을 이해하면 AutoCAD에서 3D 이미지를 표현할 때 면(Surface)을 어떻게 만드는지 알 수 있습니다. 면을 표현하는 대표적인 네 가지 명령은 Rulesurf(직선 보간 메쉬), Tabsurf(방향 벡터 메쉬), Revsurf(회전 메쉬), Edgesurf(모서리 메쉬)입니다.

🎯 학습 목표

3D 모델링을 위한 Surface 명령의 실무 활용 방법을 익혀봅니다. 네 가지 종류의 Surface 명령을 학습한 후 각 명령을 사용하여 메쉬 모델링을 완성해보겠습니다.

▲ 면 표현하기

SECTION 01 특성에 맞는 Surface 표현하기

Surface(면)를 표현할 때는 사용 방법에 따라 네 가지 종류를 사용합니다. Rulesurf(직선 보간 메쉬), Tabsurf(방향 벡터 메쉬), Revsurf(회전 메쉬), Edgesurf(모서리 메쉬)입니다. 각각의 특성과 사용 방법을 알아보겠습니다.

01 Rulesurf 명령으로 면 만들기

실습 파일 Part 8\Part8-01.dwg

Rulesurf 명령은 Line(선), Arc(호), Circle(원), Point(점), Pline(폴리선), Spline(자유 곡선)으로 이루어진 두 객체를 연결하여 Surface를 나타냅니다. Rulesurf 명령을 사용하려면 명령 행에 **Rulesurf**를 입력하고 Spacebar 를 누릅니다. 다음 그림의 선을 각각 연결하여 면으로 만들어보겠습니다.

01 실습 파일 **Part8-01.dwg**를 불러옵니다. 명령 행에 **Rulesurf**를 입력하고 Spacebar 를 누릅니다.

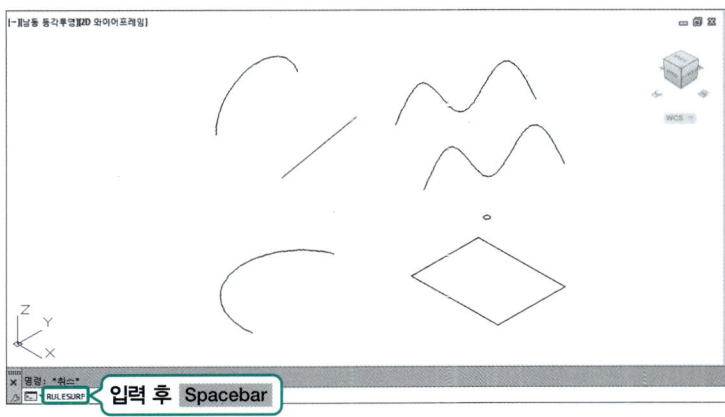

입력 후 Spacebar

A 명령 행 한눈에 보기

명령: RULESURF Spacebar ← Rulesurf 명령 입력

바로 통 하는 TIP Rulesurf 명령을 적용할 때 경계가 닫혀 있는 객체라면 나머지 객체도 닫힌 객체로 구성되어야 하고, 경계가 열려 있는 객체라면 나머지 객체도 열린 객체로 구성되어야 합니다. 즉, 원은 같은 원이나 타원 또는 열린 다각형으로 구성된 사각형 및 다각형과만 면을 형성할 수 있습니다. 반면, 선은 호와 같이 닫히지 않은 객체와 면을 형성합니다. 원과 선으로는 면을 형성할 수 없습니다. 원은 닫힌 객체이고 선은 열린 객체이기 때문입니다.

02 왼쪽 상단부터 이미지를 완성하기 위하여 첫 번째 곡선을 선택합니다. 선에서 가장 튀어 나온 부분을 클릭합니다.

A 명령 행 한눈에 보기

현재 와이어프레임 밀도: SURFTAB1=30
첫 번째 정의 곡선 선택: ← 첫 번째 정의 곡선 선택

> **바로 통하는 TIP** 자동으로 다음 단계가 진행되므로 Spacebar 를 누르지 않습니다. 하단의 명령 행을 늘 확인하면서 작업하는 습관을 기르도록 합니다.

03 두 번째 선으로 오른쪽 선 객체를 클릭하면 면이 형성됩니다.

 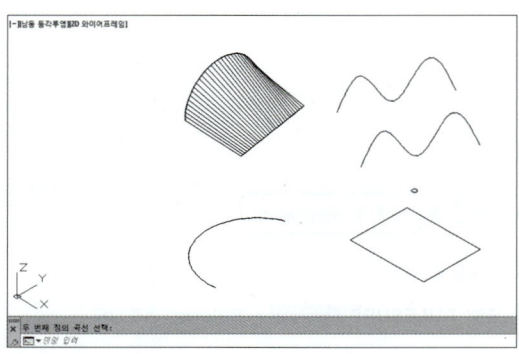

A 명령 행 한눈에 보기

두 번째 정의 곡선 선택: ← 두 번째 정의 곡선 선택

04 ❶ 연속해서 Rulesurf 명령을 실행하기 위해 Spacebar 를 누릅니다. ❷ 오른쪽 위에 있는 자유 곡선을 클릭하여 선택한 후 ❸ 나머지 자유 곡선을 클릭합니다. 면이 형성됩니다.

> **A 명령 행 한눈에 보기**
>
> 명령: RULESURF Spacebar ← Rulesurf 명령 입력
> 현재 와이어프레임 밀도: SURFTAB1=30
> 첫 번째 정의 곡선 선택: ← 첫 번째 정의 곡선 선택
> 두 번째 정의 곡선 선택: ← 두 번째 정의 곡선 선택

바로 통하는 TIP 선 객체의 어느 부분을 클릭하느냐에 따라 반듯한 메쉬가 아닌 선이 교차된 메쉬로 나타날 수도 있습니다. 처음 객체를 지정한 위치에서 사선 방향으로 두 번째 객체를 지정하면 오른쪽 그림과 같이 표현됩니다.

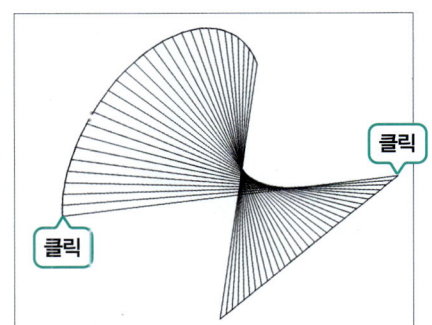

05 ❶ Spacebar 를 눌러 Rulesurf 명령을 다시 실행합니다. ❷ 호를 클릭하여 선택합니다.

> **A 명령 행 한눈에 보기**
>
> 명령: RULESURF Spacebar ← Rulesurf 명령 입력
> 현재 와이어프레임 밀도: SURFTAB1=30
> 첫 번째 정의 곡선 선택: ← 첫 번째 정의 곡선 선택

06 오른쪽 점을 클릭하면 면이 형성됩니다.

> **A 명령 행 한눈에 보기**
>
> 두 번째 정의 곡선 선택: ← 두 번째 정의 점 선택

07 ❶ Spacebar 를 눌러 Rulesurf 명령을 다시 실행합니다. ❷ 오른쪽 사각형을 클릭하여 선택하고 ❸ 위의 점을 클릭하여 면을 형성합니다.

> **A 명령 행 한눈에 보기**
>
> 명령: RULESURF Spacebar ← Rulesurf 명령 입력
> 현재 와이어프레임 밀도: SURFTAB1=30
> 첫 번째 정의 곡선 선택: ← 첫 번째 정의 객체 선택
> 두 번째 정의 곡선 선택: ← 두 번째 정의 객체 선택

쉽고 빠른 실무 NOTE — Hide 명령과 Shade 명령으로 객체를 입체감 있게 표현하기

앞서 알아본 Hide(숨기기) 명령과 Shade(음영 처리) 명령으로 객체를 더욱 입체감 있는 이미지로 표현해봅니다.

▲ Hide 명령이 적용된 객체

▲ Shade 명령이 적용된 객체

02 Tabsurf 명령으로 면 만들기

실습 파일 Part 8\Part8-02.dwg

직접적인 이미지로 표현될 객체인 경로 곡선(Path Curve)을 그린 후 방향과 길이를 나타내는 방향 벡터(Direction Vector)를 지정하여 면(Surface)을 만들 수 있습니다. Tabsurf(방향 벡터 메쉬) 명령을 사용하려면 명령 행에 **Tabsurf**를 입력하고 Spacebar 를 누릅니다.

01 실습 파일 **Part8-02.dwg**를 불러옵니다. ① 명령 행에 **Tabsurf**를 입력하고 Spacebar 를 누릅니다. ② 왼쪽에 있는 원을 클릭하여 선택합니다.

A 명령 행 한눈에 보기

명령: TABSURF Spacebar ← Tabsurf 명령 입력
현재 와이어프레임 밀도: SURFTAB1=30
경로 곡선에 대한 객체 선택: ← 경로 곡선에 대한 객체 선택

02 방향과 길이를 나타내는 방향 벡터를 지정하기 위해 원 왼쪽에 있는 직선을 클릭합니다.

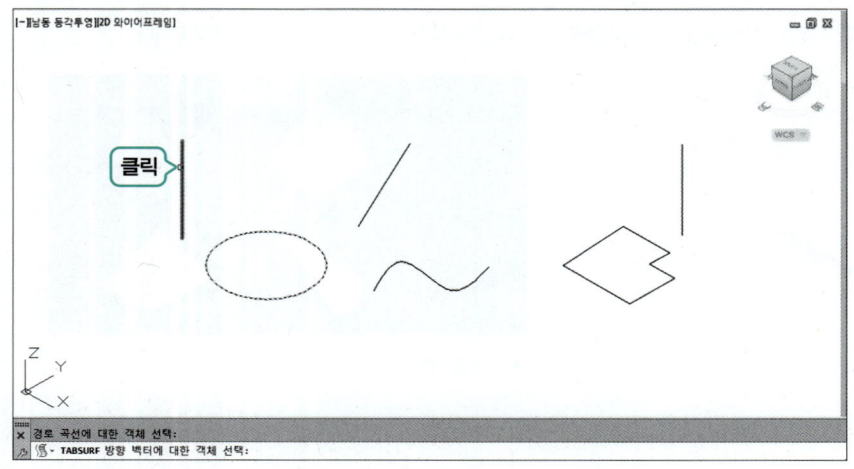

> **A** 명령 행 한눈에 보기
>
> **방향 벡터에 대한 객체 선택:** ← 방향 벡터에 대한 객체 선택

03 직선의 방향을 따라 원통형의 면이 형성됩니다. ❶ 연속해서 Spacebar 를 눌러 Tabsurf 명령을 실행합니다. ❷ 가운데에 있는 자유 곡선을 클릭하여 선택합니다.

> **A** 명령 행 한눈에 보기
>
> **명령: TABSURF** Spacebar ← Tabsurf 명령 입력
> **현재 와이어프레임 밀도: SURFTAB1=30**
> **경로 곡선에 대한 객체 선택:** ← 경로 곡선에 대한 객체 선택

04 방향과 길이를 나타내는 방향 벡터를 지정하기 위해 가운데의 사선을 클릭합니다.

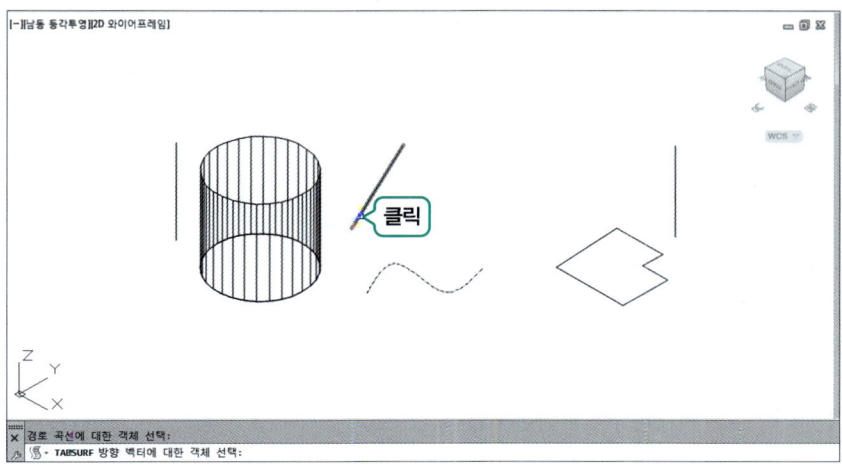

A 명령 행 한눈에 보기

방향 벡터에 대한 객체 선택: ← 방향 벡터에 대한 객체 선택

05 자유 곡선의 방향에 따라 면이 형성됩니다. ❶ Spacebar 를 눌러 **Tabsurf** 명령을 실행합니다. ❷ 오른쪽에 있는 다각형을 클릭하여 선택합니다.

A 명령 행 한눈에 보기

명령: TABSURF Spacebar ← Tabsurf 명령 입력
현재 와이어프레임 밀도: SURFTAB1=30
경로 곡선에 대한 객체 선택: ← 경로 곡선에 대한 객체 선택

06 방향과 길이를 나타내는 방향 벡터를 지정하기 위해 맨 오른쪽의 직선을 클릭합니다. 면이 형성됩니다.

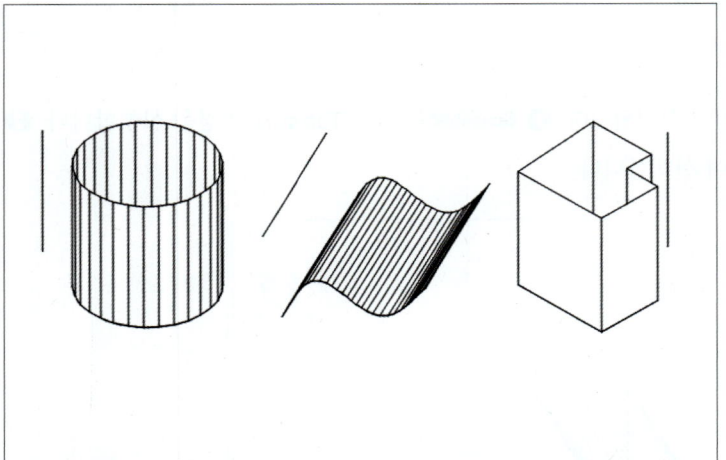

▲ Hide 명령을 적용한 객체

A 명령 행 한눈에 보기

방향 벡터에 대한 객체 선택: ← 방향 벡터에 대한 객체 선택

바로 통하는 TIP 방향과 길이를 나타내는 방향 벡터를 반대 방향에서 지정하면 선택 객체가 반대 방향에 맞추어 메쉬가 형성되므로 주의합니다.

03 Revsurf 명령으로 회전 메쉬 만들기

실습 파일 Part 8\Part8-03.dwg

입체 이미지로 표현될 객체인 경로 곡선(Path Curve)을 지정하고 직선 축을 중심으로 입력한 각도만큼 회전시켜 면(Surface)을 나타낼 수 있습니다. Revsurf(회전 메쉬) 명령을 사용하려면 명령 행에 **Revsurf**를 입력하고 Spacebar 를 누릅니다.

01 실습 파일 **Part8-03.dwg**를 불러옵니다. ❶ 명령 행에 **Revsurf**를 입력하고 Spacebar 를 누릅니다. ❷ 왼쪽에 있는 타원을 클릭하여 선택합니다.

A 명령 행 한눈에 보기

명령: **REVSURF** Spacebar ← Revsurf 명령 입력
현재 와이어프레임 밀도: SURFTAB1=30 SURFTAB2=30
회전할 객체 선택: ← 회전할 객체 선택

바로 통하는 TIP 회전 메쉬의 회전축은 선이나 폴리선으로 구성되어야 합니다.

02 ❶ 직선을 클릭하여 회전축으로 지정합니다. ❷ 시작 각도로 **0**을 입력하고 Spacebar 를 누릅니다. ❸ 사이각을 **360**으로 입력하고 Spacebar 를 누릅니다.

A 명령 행 한눈에 보기

회전축을 정의하는 객체 선택: ← 회전축을 정의하는 객체 선택
시작 각도 지정 〈0〉: ← 시작 각도 0 입력
사이각 지정 (+=시계반대방향, −=시계방향) 〈360〉: ← 사이각 360 입력

03 회전축을 중심으로 타원이 360° 회전하여 도넛 모양의 면이 형성됩니다.

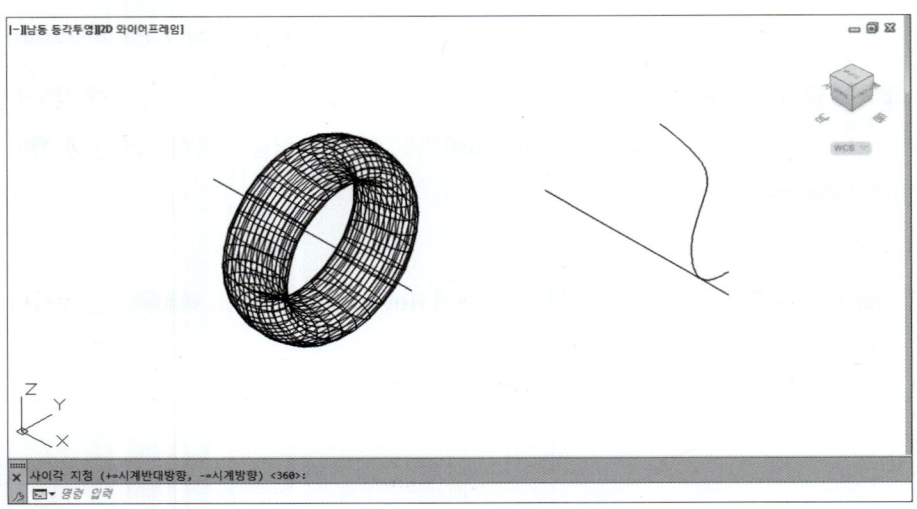

04 ❶ 명령 행에 **Revsurf**를 입력하고 Spacebar 를 누릅니다. ❷ 오른쪽에 있는 자유 곡선을 클릭하여 선택합니다.

> **A** 명령 행 한눈에 보기
>
> **명령: REVSURF** Spacebar ← Revsurf 명령 입력
> **현재 와이어프레임 밀도: SURFTAB1=30 SURFTAB2=30**
> **회전할 객체 선택:** ← 회전할 객체 선택

05 ❶ 직선을 클릭해 회전축으로 지정합니다. ❷ 시작 각도로 **0**을 입력하고 Spacebar 를 누릅니다. ❸ 사이각을 **360**으로 입력한 후 Spacebar 를 누릅니다. 와인 잔 형태의 면이 완성됩니다.

A 명령 행 한눈에 보기

회전축을 정의하는 객체 선택: ← 회전축을 정의하는 객체 선택
시작 각도 지정 〈0〉: ← 시작 각도 0 입력
사이각 지정 (+=시계반대방향, −=시계방향) 〈360〉: ← 사이각 360 입력

◀ Hide 명령을 적용한 객체

◀ Shade 명령을 적용한 객체

CHAPTER 01 3D 면을 만드는 Surface • **597**

04 Edgesurf 명령으로 모서리를 면으로 바꾸기

실습 파일 Part 8\Part8-04.dwg

네 개의 연결된 모서리를 면(Surface)으로 나타냅니다. Edgesurf(모서리 메쉬) 명령을 사용하려면 명령 행에 **Edgesurf**를 입력하고 Spacebar 를 누릅니다.

01 실습 파일 **Part8-04.dwg**를 불러옵니다. 우선 왼쪽의 네 곡선을 면으로 만들어보겠습니다. 명령 행에 **Edgesurf**를 입력하고 Spacebar 를 누릅니다.

A 명령 행 한눈에 보기

명령: **EDGESURF** Spacebar ← Edgesurf 명령 입력

02 ❶❷❸❹ 왼쪽에 있는 자유 곡선을 차례대로 클릭합니다.

A 명령 행 한눈에 보기

현재 와이어프레임 밀도: SURFTAB1=30 SURFTAB2=30
표면 모서리에 대한 1 객체 선택: ← 메쉬 모서리에 대한 1 객체 선택
표면 모서리에 대한 2 객체 선택: ← 메쉬 모서리에 대한 2 객체 선택
표면 모서리에 대한 3 객체 선택: ← 메쉬 모서리에 대한 3 객체 선택
표면 모서리에 대한 4 객체 선택: ← 메쉬 모서리에 대한 4 객체 선택

03 자유 곡선을 모두 지정하면 그물망 같은 면이 형성됩니다.

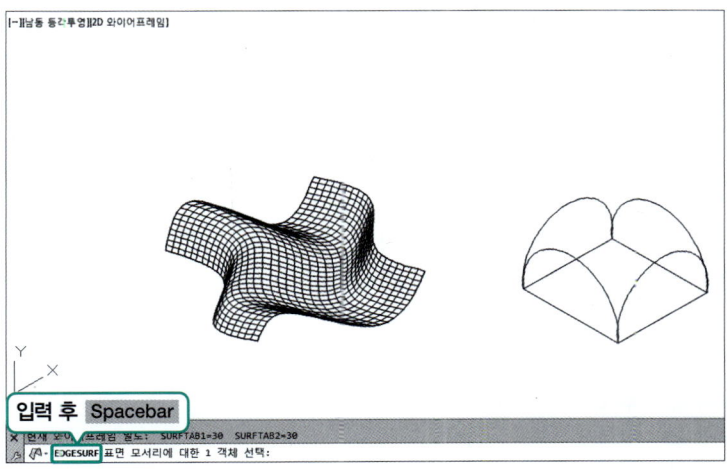

04 오른쪽에 있는 네 개의 호를 연결하여 면을 만들어보겠습니다. 명령 행에 **Edgesurf**를 입력하고 Spacebar 를 누릅니다.

> **A** 명령 행 한눈에 보기
>
> 명령: EDGESURF Spacebar ← Edgesurf 명령 입력
> 현재 와이어프레임 밀도: SURFTAB1=30 SURFTAB2=30

CHAPTER 01 3D 면을 만드는 Surface • **599**

05 ❶❷❸❹ 차례로 호를 클릭합니다. 네 번째 호까지 지정하면 망 구조물과 비슷한 형상의 면이 형성됩니다.

A 명령 행 한눈에 보기

표면 모서리에 대한 1 객체 선택: ← 메쉬 모서리에 대한 1 객체 선택
표면 모서리에 대한 2 객체 선택: ← 메쉬 모서리에 대한 2 객체 선택
표면 모서리에 대한 3 객체 선택: ← 메쉬 모서리에 대한 3 객체 선택
표면 모서리에 대한 4 객체 선택: ← 메쉬 모서리에 대한 4 객체 선택

▲ Hide 명령을 적용한 객체

▲ Shade 명령을 적용한 객체

쉽고 빠른 실무 NOTE — Surftab1과 Surftab2

앞서 네 종류의 메쉬 명령을 실행하면 나타나는 명령 행 내용 중 'Surftab1=30, Surftab2=30'과 같이 표현되는 항목이 있습니다. 이 항목은 메쉬, 즉 와이어프레임의 밀도를 나타내는 수치로 기본값은 'Surftab1=6, Surftab2=6'입니다. 명령 행에 Surftab1 명령이나 Surftab2 명령을 실행하여 원하는 밀도의 수치를 지정하여 사용할 수 있습니다. 수치가 너무 낮다면 허술한 이미지로 나타나고 반대로 수치가 너무 높다면 실행 시간이 많이 소요되어 작업이 어렵습니다. 보통 20~40의 수치를 입력합니다.

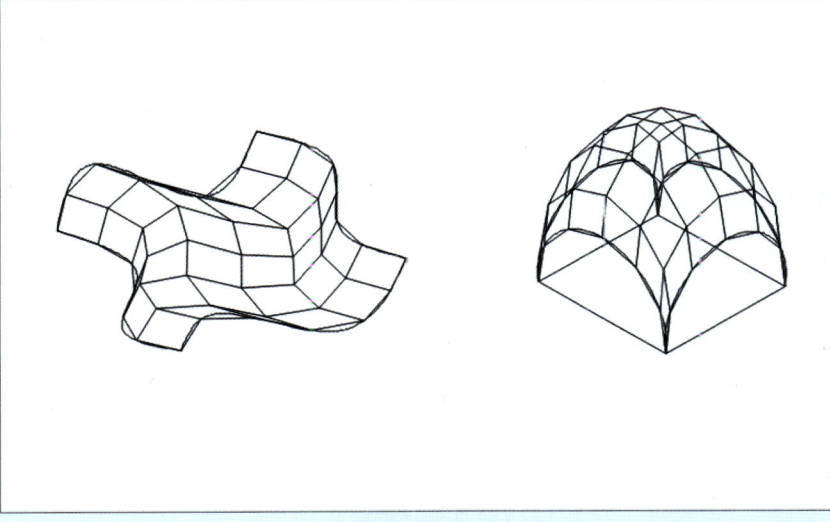

▲ Surftab1 명령이나 Surftab2 명령의 수치를 6으로 입력하여 실행한 객체 이미지

▲ Surftab1 명령이나 Surftab2 명령의 수치를 100으로 입력하여 실행한 객체 이미지

Surface 명령으로 피크닉 의자 그리기

네 종류의 Surface 명령으로 피크닉 의자를 그려보겠습니다.

실습 파일 Part 8\Part8-05.dwg

1 실습 파일 **Part8-05.dwg**를 불러옵니다. ❶ **Rulesurf** 명령을 실행합니다. ❷ 객체의 끝점과 끝점을 연결하는 선을 그리기 위해 객체 스냅의 Endpoint(끝점) 옵션을 적용하고 첫 번째 원을 클릭합니다.

A 명령 행 한눈에 보기

명령: **RULESURF** Spacebar ← Rulesurf 명령 입력
현재 와이어프레임 밀도: SURFTAB1=30   첫 번째 정의 곡선 선택: ← 첫 번째 정의 곡선 선택

2 일직선상에 있는 나머지 원을 클릭합니다. 그림과 같이 면이 형성됩니다.

A 명령 행 한눈에 보기

두 번째 정의 곡선 선택: ← 두 번째 정의 곡선 선택

3 계속해서 일직선상에 있는 두 원끼리 선택한 후 Rulesurf 명령을 사용하여 면을 형성합니다.

> **A 명령 행 한눈에 보기**
>
> 명령: **RULESURF** Spacebar ← Rulesurf 명령 입력
> 현재 와이어프레임 밀도: SURFTAB1=30
> 첫 번째 정의 곡선 선택: ← 첫 번째 정의 곡선 선택
> 두 번째 정의 곡선 선택: ← 두 번째 정의 곡선 선택

4 이번에는 Tabsurf 명령을 사용해보겠습니다. ❶ 명령 행에 **Tabsurf**를 입력하고 Spacebar 를 누릅니다. ❷ 기준이 되는 작은 원을 클릭합니다.

> **A 명령 행 한눈에 보기**
>
> 명령: **TABSURF** Spacebar ← Tabsurf 명령 입력
> 현재 와이어프레임 밀도: SURFTAB1=30
> 경로 곡선에 대한 객체 선택: ← 경로 곡선에 대한 객체 선택

바로 통 하는 TIP Tabsurf와 Rulesurf 명령은 상황에 따라 같은 결과물을 만들어낼 수 있습니다. 상황에 따라 두 가지 명령 중 편리한 것을 사용합니다.

5 축이 되는 선을 클릭하여 지정합니다. 원통형의 면이 형성됩니다.

> **A 명령 행 한눈에 보기**
>
> **방향 벡터에 대한 객체 선택:** ← 방향 벡터에 대한 객체 선택

바로 통하는 TIP Tabsurf 명령을 실행할 때 클릭하는 축의 위치에 따라 다음과 같이 다른 결과물이 나타날 수도 있으므로 주의합니다. 축의 중간점을 기준으로 하여 왼쪽 또는 오른쪽을 선택함에 따라 서로 반대 방향의 형상이 나타납니다.

6 ① Spacebar 를 눌러 Tabsurf 명령을 다시 실행합니다. ② 기준 원을 클릭하여 지정하고 ③ 축을 클릭합니다. 그림과 같이 면이 형성됩니다.

> **A 명령 행 한눈에 보기**
>
> **명령: TABSURF** Spacebar ← Tabsurf 명령 입력
> **현재 와이어프레임 밀도: SURFTAB1=30**
> **경로 곡선에 대한 객체 선택:** ← 경로 곡선에 대한 객체 선택
> **방향 벡터에 대한 객체 선택:** ← 방향 벡터에 대한 객체 선택

7 의자 모서리 부분을 완성합니다. **①** 명령 행에 **Revsurf**를 입력하고 Spacebar 를 누릅니다. **②** 의자 모서리 부분의 작은 원을 클릭하여 선택합니다.

A 명령 행 한눈에 보기

명령: **REVSURF** Spacebar ← Revsurf 명령 입력
현재 와이어프레임 밀도: SURFTAB1=30 SURFTAB2=30
회전할 객체 선택: ← 회전할 객체 선택

8 연속해서 회전축의 아랫부분을 클릭합니다.

A 명령 행 한눈에 보기

회전축을 정의하는 객체 선택:

바로 통하는 TIP 이때 주의할 점은 회전축의 아랫부분을 지정해야 한다는 점입니다. 회전축의 윗부분을 클릭하면 메쉬가 반대 방향으로 회전합니다.

9 ❶ 시작 각도는 **0**으로 입력하고, ❷ 사이각으로 **90**을 입력한 후 Spacebar 를 누릅니다.

A 명령 행 한눈에 보기

시작 각도 지정 〈0〉: ← 시작 각도 0 입력
사이각 지정 (+=시계반대방향, -=시계방향) 〈360〉: 90 ← 사이각 90 입력

10 모서리 면이 완성됩니다. 나머지 모서리도 Revsurf 명령을 사용하여 완성합니다. 사이각은 시계 방향과 시계 반대 방향을 잘 살펴서 경우에 맞게 90°나 −90°로 지정합니다.

A 명령 행 한눈에 보기

명령: REVSURF Spacebar ← Revsurf 명령 입력
현재 와이어프레임 밀도: SURFTAB1=30 SURFTAB2=30
회전할 객체 선택: ← 회전할 객체 선택
회전축을 정의하는 객체 선택: 회전축을 정의하는 객체 선택
시작 각도 지정 〈0〉: ← 시작 각도 0 입력
사이각 지정 (+=시계반대방향, -=시계방향) 〈360〉: 90 ← 사이각 90(또는 −90) 입력

11 이번에는 Mirror 명령을 사용하여 각 객체의 반대편 면을 완성합니다.

> **A 명령 행 한눈에 보기**
>
> 명령: MIRROR `Spacebar` ← Mirror 명령 입력 (MI)
> 객체 선택: 1개를 찾음 ← 객체 선택
> 객체 선택: 1개를 찾음, 총 2개 ← 객체 선택
> 객체 선택: 1개를 찾음, 총 3개 ← 객체 선택
> 객체 선택: 1개를 찾음, 총 4개 ← 객체 선택
> 객체 선택: 1개를 찾음, 총 5개 ← 객체 선택
> 객체 선택: `Spacebar` ← 다음 단계 진행
> 대칭선의 첫 번째 점 지정: mid `Spacebar` ← 첫 번째 대칭점 지정
> 대칭선의 두 번째 점 지정: ← 두 번째 대칭점 지정
> 원본 객체를 지우시겠습니까? [예(Y)/아니오(N)] <N>: ← 원본 객체를 지울지 여부, N 입력

바로 통하는 TIP Mirror 명령을 사용해 복사할 때는 대칭선을 지정해야 합니다. Mirror 명령을 0 용하는 방법은 257쪽을 참고합니다.

12 Erase 명령을 사용하여 축을 지워 도면을 정리합니다.

> **A 명령 행 한눈에 보기**
>
> 명령: ERASE `Spacebar` ← Erase 명령 입력 (E)
> 객체 선택: 1개를 찾음 ← 객체 선택
> 객체 선택: 1개를 찾음, 총 2개
> 객체 선택: 1개를 찾음, 총 3개

> **A 명령 행 한눈에 보기**
>
> 객체 선택: 1개를 찾음, 총 4개
> 객체 선택: 1개를 찾음, 총 5개
> 객체 선택: `Spacebar` ← 명령 종료

13 마지막으로 Edgesurf 명령을 사용하여 등받이와 앉을 수 있는 그물망을 완성합니다. 명령 행에 **Edgesurf**를 입력하고 Spacebar 를 눌러 명령을 실행합니다.

A 명령 행 한눈에 보기

명령: EDGESURF Spacebar ← Edgesurf 명령 입력
현재 와이어프레임 밀도:
SURFTAB1=30 SURFTAB2=30

14 ❶❷ 순서대로 첫 번째, 두 번째 객체를 클릭하여 선택합니다. 잘 보이지 않는다면 화면을 확대하여 선택합니다.

A 명령 행 한눈에 보기

표면 모서리에 대한 1 객체 선택: ← 메쉬 모서리에 대한 1 객체 선택
표면 모서리에 대한 2 객체 선택: ← 메쉬 모서리에 대한 2 객체 선택

15 ❶❷ 세 번째, 네 번째 객체를 클릭하여 선택합니다.

A 명령 행 한눈에 보기

표면 모서리에 대한 3 객체 선택: ← 메쉬 모서리에 대한 3 객체 선택
표면 모서리에 대한 4 객체 선택: ← 메쉬 모서리에 대한 4 객체 선택

16 계속해서 Edgesurf 명령을 사용하여 등받이 그물망을 완성해보겠습니다. 명령 행에 **Edgesurf**를 입력하고 Spacebar 를 눌러 명령을 실행합니다.

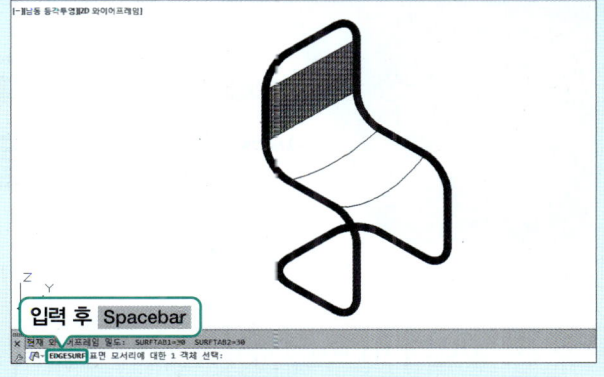

> **A 명령 행 한눈에 보기**
>
> 명령: EDGESURF Spacebar ← Edgesurf 명령 입력
> 현재 와이어프레임 밀도: SURFTAB1=30
> SURFTAB2=30

17 등받이 그물과 같이 의자의 앉는 부분도 그물망으로 나타내겠습니다. ❶❷❸❹ 앞서 만든 등받이 객체처럼 연속해서 객체를 클릭하여 선택합니다.

> **A 명령 행 한눈에 보기**
>
> 표면 모서리에 대한 1 객체 선택: ← 메쉬 모서리에 대한 1 객체 선택
> 표면 모서리에 대한 2 객체 선택: ← 메쉬 모서리에 대한 2 객체 선택
> 표면 모서리에 대한 3 객체 선택: ← 메쉬 모서리에 대한 3 객체 선택
> 표면 모서리에 대한 4 객체 선택: ← 메쉬 모서리에 대한 4 객체 선택

18 메쉬 설정을 마친 후 Zoom 명령으로 화면을 정리하면 피크닉 의자가 완성됩니다.

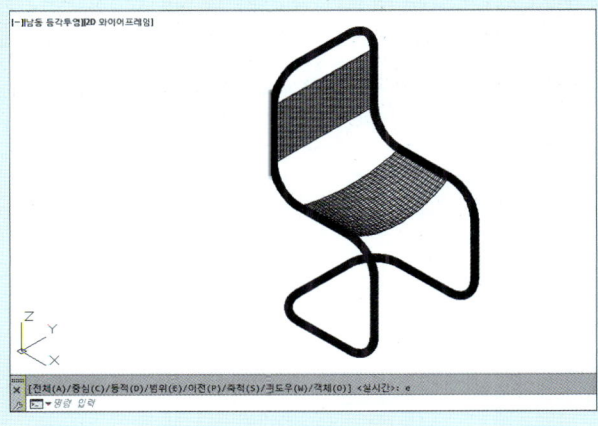

> **A 명령 행 한눈에 보기**
>
> 명령: ZOOM Spacebar ← Zoom 명령 입력
> 윈도우 구석 지정, 축척 비율(nX 또는 nXP) 입력 또는
> [전체(A)/중심(C)/동적(D)/범위(E)/이전(P)/축척(S)
> /윈도우(W)/객체(O)] <실시간>: e Spacebar
> ← 옵션 E 입력

CHAPTER 01 3D 면을 만드는 Surface · **609**

CHAPTER 02
3D 입체 모델링 이미지 만들기

실무에서 대부분의 3D 모델링 이미지는 Solid 명령으로 표현합니다. 물론 Surface 명령도 단품의 곡면을 나타낼 때 사용하지만 건축, 인테리어 도면에서 가장 큰 비중을 차지하는 벽체나 창호, 가구 등을 표현할 때 Solid 명령이 가장 유용합니다. Solid 명령과 Extrude 명령을 알아보겠습니다.

🎯 학습 목표

Solid 명령으로 2D 도면 객체를 3D 입체로 표현해봅니다. 실무에서 도면 객체를 3D 입체로 표현하면 누구나 도면의 내용을 쉽게 이해할 수 있어 유용합니다. 3D 입체 표현을 할 수 있는 Solid 관련 명령을 알아보겠습니다.

▲ Extrude 명령 적용하기

▲ 인테리어 도면에서 3D 벽체 표현하기

SECTION 01 벽체를 원하는 모양으로 올리는 Extrude

Solid 명령은 Box, Sphere, Torus, Cylinder, Cone, Wedge, Extrude, Revolve 등 종류가 많지만 도면에서 주로 사용하는 명령은 Extrude(돌출) 명령입니다. Extrude 명령의 사용법을 알아보겠습니다. Extrude 명령을 사용하려면 명령 행에 **Extrude**를 입력하고 Spacebar 를 누릅니다.

01 폴리선 객체에 Extrude 명령 적용하기

실습 파일 Part 8\Part8-06.dwg

2D로 작업한 테이블 도면에 Extrude 명령을 사용하여 완벽한 3D 이미지를 만들어보겠습니다.

01 실습 파일 **Part8-06.dwg**를 불러옵니다. ❶ 명령 행에 **Extrude**를 입력하고 Spacebar 를 누릅니다. ❷ 테이블 상판을 클릭하고 Spacebar 를 누릅니다.

A 명령 행 한눈에 보기

명령: EXTRUDE Spacebar ← Extrude 명령 입력 (EXT)
현재 와이어프레임 밀도: ISOLINES=4, 닫힌 윤곽 작성 모드 = 솔리드
돌출할 객체 선택 또는 [모드(MO)]: 1개를 찾음 ← 객체 선택

바로 통하는 TIP Extrude 명령은 닫힌 폴리선으로 표현된 객체에만 적용됩니다.

02 명령 행에 돌출 높이를 **0.3**으로 입력하고 Spacebar 를 누르면 상판이 완성됩니다.

A 명령 행 한눈에 보기

돌출할 객체 선택 또는 [모드(MO)]: Spacebar
돌출 높이 지정 또는 [방향(D)/경로(P)/테이퍼 각도(T)/표현식(E)]: 0.3 Spacebar ← 돌출 높이 0.3 입력

03 ❶ 연속해서 명령 행에 **Extrude**를 입력하고 Spacebar 를 눌러 명령을 실행합니다. ❷❸❹❺ 테이블 다리가 될 네 개의 원을 클릭하여 선택한 후 Spacebar 를 누릅니다.

A 명령 행 한눈에 보기

명령: **EXTRUDE** Spacebar ← Extrude 명령 입력
현재 와이어프레임 밀도: ISOLINES=4, 닫힌 윤곽 작성 모드 = 솔리드
돌출할 객체 선택 또는 [모드(MO)]: 1개를 찾음
돌출할 객체 선택 또는 [모드(MO)]: 1개를 찾음, 총 2개
돌출할 객체 선택 또는 [모드(MO)]: 1개를 찾음, 총 3개
돌출할 객체 선택 또는 [모드(MO)]: 1개를 찾음, 총 4개 Spacebar ← 객체 선택

04 테이블 다리의 높이를 '7'로 지정하되 아래 방향으로 만들어져야 하므로 명령 행에 **-7**을 입력하고 Spacebar 를 누릅니다. 테이블이 완성됩니다.

> **A 명령 행 한눈에 보기**
>
> 돌출할 객체 선택 또는 [모드(MO)]: Spacebar
> 돌출 높이 지정 또는 [방향(D)/경로(P)/테이퍼 각도(T)/표현식(E)] <0.3000>: -7 Spacebar ← 돌출 높이 -7 입력

◀ Hide를 적용한 이미지

쉽고 빠른 실무 NOTE — Solid 명령의 여러 기능

여러 가지 Solid 명령을 알아보겠습니다. 실무에서 비교적 간단한 가구나 기구 등을 표현할 때 유용하게 사용합니다.

1 Box(상자)
정육면체(Cube)나 직육면체(Length)를 그립니다.

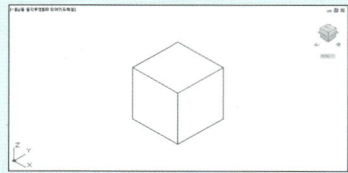

▲ Hide를 적용한 Box

A 명령 행 한눈에 보기

명령: **BOX** `Spacebar` ← Box 명령 입력
첫 번째 구석 지정 또는 [중심(C)]: ← 첫 번째 구석점 지정
반대 구석 지정 또는 [정육면체(C)/길이(L)]: ← 정육면체 선택
길이 지정:

2 Wedge(삼각기둥)
Box를 대각선 방향으로 자른 모델링을 표현합니다. 그리는 방법은 Box와 같습니다.

▲ Hide를 적용한 Wedge

A 명령 행 한눈에 보기

명령: **WEDGE** `Spacebar` ← Wedge 명령 입력
첫 번째 구석 지정 또는 [중심(C)]: ← 첫 번째 구석점 지정
반대 구석 지정 또는 [정육면체(C)/길이(L)]: ← 정육면체 선택
길이 지정 〈100.0000〉:

3 Cone(원뿔)
원뿔을 표현합니다. 반지름과 높이를 지정합니다.

▲ Hide를 적용한 Cone

A 명령 행 한눈에 보기

명령: **CONE** `Spacebar` ← Cone 명령 입력
기준 중심점 지정 또는 [3P(3P)/2P(2P)/Ttr-접선 접선 반지름(T)/타원형(E)]: ← 중심점 지정
밑면 반지름 지정 또는 [지름(D)]:
높이 지정 또는 [2점(2P)/축 끝점(A)/상단 반지름(T)] 〈100.0000〉: ← 높이 지정

4 Sphere(구)

구를 표현합니다. 원을 그리는 경우와 같은 방법으로 반지름을 지정하여 표현합니다.

◀ Hide를 적용한 Sphere

A 명령 행 한눈에 보기

명령: **SPHERE** `Spacebar` ← Sphere 명령 입력
중심점 지정 또는 [3점(3P)/2점(2P)/Ttr-접선 접선 반지름(T)]: ← 중심점 지정
반지름 지정 또는 [지름(D)] ⟨57.4408⟩: ← 반지름 또는 지름 지정

5 Cylinder(원기둥)

원기둥을 표현합니다. 반지름이나 지름을 지정하고 높이를 지정합니다.

◀ Hide를 적용한 Cylinder

A 명령 행 한눈에 보기

명령: **CYLINDER** `Spacebar` ← Cylinder 명령 입력
기준 중심점 지정 또는 [3P(3P)/2P(2P)/Ttr-접선 접선 반지름(T)/타원형(E)]: ← 중심점 지정
밑면 반지름 지정 또는 [지름(D)] ⟨37.4652⟩: ← 반지름 또는 지름 지정
높이 지정 또는 [2점(2P)/축 끝점(A)] ⟨129.6834⟩: ← 높이 지정

6 Torus(토러스)

튜브 모양의 모델링을 표현합니다. 외곽 원의 반지름이나 지름을 지정한 후 튜브의 두께를 지정합니다.

◀ Hide를 적용한 Torus

A 명령 행 한눈에 보기

명령: **TORUS** `Spacebar` ← Torus 명령 입력
중심점 지정 또는 [3점(3P)/2점(2P)/Ttr-접선 접선 반지름(T)]: ← 중심점 지정
반지름 지정 또는 [지름(D)] ⟨43.3930⟩: ← 반지름 또는 지름 지정
튜브 반지름 지정 또는 [2점(2P)/지름(D)]: ← 튜브의 두께 지정

7 Pyramid(피라미드)

피라미드 모양의 모델링을 표현합니다. 기초 바닥면을 지정하고 높이를 지정합니다.

▲ Hide를 적용한 Pyramid

A 명령 행 한눈에 보기

명령: **PYRAMID** `Spacebar` ← Pyramid 명령 입력
4면 외접
기준 중심점 지정 또는 [모서리(E)/변(S)]: ← 중심점 지정
밑면 반지름 지정 또는 [내접(I)] ⟨32.6437⟩: ← 반지름 지정 (드래그 가능)
높이 지정 또는 [2점(2P)/축 끝점(A)/상단 반지름(T)] ⟨74.4732⟩: ← 높이 지정

SECTION 02 객체를 합치는 Union, 객체를 분리하는 Subtract

Extrude(돌출) 명령을 사용하여 Solid 객체를 표현했다면 이미지를 정리하는 과정이 필요합니다. 이때 Union(합치기)과 Subtract(분리하기) 명령을 사용하면 객체를 더욱 완성도 있게 표현할 수 있습니다.

01 Solid 객체를 Union 명령으로 합치기

실습 파일 Part 8\Part8-07.dwg

Union(합치기) 명령은 서로 접하는 두 개 이상의 Solid 객체를 하나로 합칠 때 사용합니다. 계단 도면에서 각 객체를 합쳐보겠습니다. Union 명령을 사용하려면 명령 행에 **Union**을 입력하고 Spacebar 를 누릅니다.

01 실습 파일 **Part8-07.dwg**를 불러옵니다. 명령 행에 **Union**을 입력하고 Spacebar 를 누릅니다.

A 명령 행 한눈에 보기
명령: Union Spacebar ← Union 명령 입력

02 합칠 객체를 모두 선택하고 Spacebar 를 누릅니다. 객체가 모두 합쳐져 자연스러운 계단 이미지가 완성됩니다.

◀ Hide 명령을 적용한 모습

A 명령 행 한눈에 보기

객체 선택: ← 합할 객체 모두 선택
객체 선택: Spacebar

02 Solid 객체를 Subtract 명령으로 분리하기

실습 파일 Part 8\Part8-08.dwg

Subtract(분리하기) 명령은 서로 접하는 두 개 이상의 Solid 객체를 분리할 때 사용합니다. 겹쳐진 두 개의 정육면체 상자를 분리해보겠습니다. Subtract 명령을 사용하려면 명령 행에 **Subtract**를 입력하고 Spacebar 를 누릅니다.

01 실습 파일 **Part8-08.dwg**를 불러옵니다. ❶ 명령 행에 **Subtract**를 입력하고 Spacebar 를 누릅니다. ❷ 기본 솔리드인 왼쪽 상자를 먼저 클릭하고 Spacebar 를 누릅니다.

A 명령 행 한눈에 보기

명령: SUBTRACT Spacebar ←Subtract 명령 입력
제거 대상인 솔리드, 표면 및 영역을 선택 ..
객체 선택: 1개를 찾음 ←객체 선택

02 분리하여 제거할 객체인 오른쪽 상자를 클릭하여 선택하고 Spacebar 를 누릅니다. 객체가 제거됩니다.

 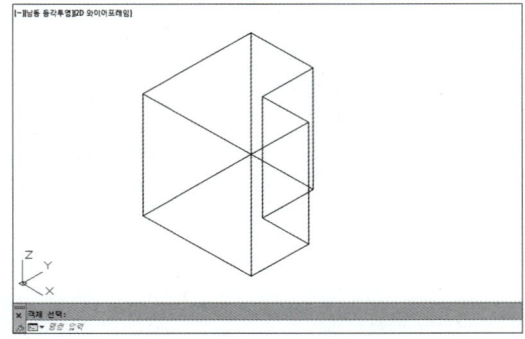

A 명령 행 한눈에 보기

객체 선택: 제거할 솔리드, 표면 및 영역을 선택 ..

객체 선택: 1개를 찾음 ← 객체 선택

객체 선택: Spacebar ← 명령 종료

▲ Hide 명령을 적용한 모습

Solid 명령으로 입체 벽체 표현하기

Solid 명령을 이용해 인테리어 평면도의 벽체를 3D 이미지로 표현해보겠습니다.

실습 파일 Part 8\Part8-09.dwg

1 실습 파일 **Part8-09.dwg**를 불러옵니다. 관측점을 남동 등각 투영 방향으로 변경하겠습니다. ❶ 명령 행에 **-Vpoint**를 입력하고 Spacebar 를 눌러 명령을 실행합니다. ❷ 좌푯값 **1,-1,1**을 입력하고 Spacebar 를 누릅니다.

A 명령 행 한눈에 보기

명령: **-VPOINT** Spacebar ← -Vpoint 명령 입력
현재 뷰 방향: VIEWDIR=0.0000,0.0000,1.0000
관측점 지정 또는 [회전(R)] <나침반과 삼각대 표시>: 1,-1,1 Spacebar ← 관측점 입력
모형 재생성 중.

2 벽체에 두께를 지정하겠습니다. ❶ 명령 행에 **Extrude**를 입력하고 Spacebar 를 누릅니다. ❷ 건물의 외벽을 표현하는 가장 바깥쪽 폴리선을 클릭합니다. ❸ 안쪽 폴리선을 클릭하고 Spacebar 를 누릅니다.

CHAPTER 02 3D 입체 모델링 이미지 만들기 **619**

> **A 명령 행 한눈에 보기**
>
> 명령: EXTRUDE `Spacebar` ← Extrude 명령 입력 (EXT)
> 현재 와이어프레임 밀도: ISOLINES=4, 닫힌 윤곽 작성 모드 = 솔리드
> 돌출할 객체 선택 또는 [모드(MO)]: 1개를 찾음
> 돌출할 객체 선택 또는 [모드(MO)]: 1개를 찾음, 총 2개 ← 객체 선택
> 돌출할 객체 선택 또는 [모드(MO)]: `Spacebar` ← `Spacebar` 를 눌러 다음 단계 진행

3 외벽 두께를 지정하겠습니다. 돌출 높이로 **2800**을 입력한 후 `Spacebar` 를 눌러 실행합니다. 외벽이 표현됩니다.

> **A 명령 행 한눈에 보기**
>
> 돌출 높이 지정 또는 [방향(D)/경로(P)/테이퍼 각도(T)/표현식(E)] ⟨44.8746⟩: 2800 `Spacebar`
> ← 돌출 높이 2800 입력

4 은선을 숨기는 Hide 명령을 실행해보면 공간이 메워져 있음을 알 수 있습니다. 원활하게 표현되지 않을 경우 Shade 명령을 먼저 실행한 후 Hide 명령을 실행합니다.

> **A 명령 행 한눈에 보기**
>
> 명령: SHADE `Spacebar` ← Shade 명령 입력
> 명령: HIDE `Spacebar` ← Hide 명령 입력

바로 통 하는 TIP Hide 명령을 실행해보지 않으면 공간이 어떤 식으로 표시되는지 혼동할 수 있습니다. 3D 작업 중에는 Hide 명령을 실행하여 정확하게 확인한 뒤 진행합니다.

5 ❶ 메워져 있는 공간을 빼기 위하여 명령 행에 **Subtract**를 입력하고 Spacebar 를 누릅니다. ❷ 가장자리의 벽체선을 선택하고 Spacebar 를 누릅니다.

A 명령 행 한눈에 보기

명령: **SUBTRACT** Spacebar ←Subtract 명령 입력
제거 대상인 솔리드, 표면 및 영역을 선택 ..
객체 선택: 1개를 찾음 ←객체 선택

6 ❶ 이어서 빼야 할 안쪽 벽체선을 클릭하여 선택하고 Spacebar 를 누르면 빈 공간이 표현됩니다. ❷ Regen 명령을 실행하여 도면을 재생성하고 모든 객체가 보이도록 합니다.

A 명령 행 한눈에 보기

객체 선택: 제거할 솔리드, 표면 및 영역을 선택 ..
객체 선택: 1개를 찾음 ←객체 선택
객체 선택: Spacebar
명령: **REGEN** Spacebar ←Regen 명령 입력
모형 재생성 중.

7 이번에는 내벽 두께를 지정해보겠습니다. ❶ 명령 행에 **Extrude**를 입력하고 Spacebar 를 누릅니다. ❷ 각 객체를 모두 선택하고 Spacebar 를 누릅니다.

> **A** 명령 행 한눈에 보기
>
> 명령: **EXTRUDE** Spacebar ← Extrude 명령 입력 (EXT)
> 현재 와이어프레임 밀도: ISOLINES=4, 닫힌 윤곽 작성 모드 = 솔리드
> 돌출할 객체 선택 또는 [모드(MO)]: 1개를 찾음
> 돌출할 객체 선택 또는 [모드(MO)]: 1개를 찾음, 총 2개
> 돌출할 객체 선택 또는 [모드(MO)]: 1개를 찾음, 총 3개
> 돌출할 객체 선택 또는 [모드(MO)]: 1개를 찾음, 총 4개
> 돌출할 객체 선택 또는 [모드(MO)]: 1개를 찾음, 총 5개
> 돌출할 객체 선택 또는 [모드(MO)]: 1개를 찾음, 총 6개
> 돌출할 객체 선택 또는 [모드(MO)]: 1개를 찾음, 총 7개 ← 객체 선택
> 돌출할 객체 선택 또는 [모드(MO)]: Spacebar ← Spacebar 를 눌러 다음 단계 진행

8 돌출 두께를 **2800**으로 입력하고 Spacebar 를 누릅니다.

> **A** 명령 행 한눈에 보기
>
> 돌출 높이 지정 또는 [방향(D)/경로(P)/테이퍼 각도(T)/표현식(E)] <2800.0000>: 2800 ← 돌출 높이 2800 입력

9 Hide 명령을 실행해보면 각각의 벽체를 나누는 선이 나타납니다.

A 명령 행 한눈에 보기

명령: SHADE `Spacebar` ←Shade 명령 입력
명령: HIDE `Spacebar` ←Hide 명령 입력

10 분리된 벽체를 하나로 합치겠습니다. ❶ 명령 행에 **Union**을 입력하고 `Spacebar` 를 눌러 명령을 실행합니다. ❷ 드래그하여 객체를 모두 선택한 뒤 `Spacebar` 를 누릅니다.

▲ Union 명령을 적용한 벽체

A 명령 행 한눈에 보기

명령: UNION `Spacebar` ←Union 명령 입력
객체 선택: ←합칠 객체 모두 선택

CHAPTER 02 3D 입체 모델링 이미지 만들기 • **623**

쉽고 빠른 실무 NOTE — AutoCAD 파일을 다른 프로그램과 호환하기

실무에서는 AutoCAD로 작성한 도면을 3ds Max나 Photoshop 등 다른 그래픽 프로그램과 연계하여 작업하는 경우가 많습니다. 간단하게 다른 프로그램과 호환하여 사용하는 방법을 알아봅니다.

01 실습 파일 **Part8-10.dwg**를 불러옵니다. 파일을 다른 프로그램에서 열어볼 수 있도록 속성을 변경하겠습니다. [메뉴 ▦▾]-[내보내기]-[기타 형식]을 클릭합니다.

02 ❶ [데이터 내보내기] 대화상자가 나타나면 데이터를 저장할 경로를 [바탕화면]으로 지정합니다. ❷ [파일 이름]을 **3d Modeling**으로 입력합니다.

03 [파일 유형]은 원하는 파일 형식을 지정합니다. ❶ 여기에서는 포토샵에서 사용하는 형식인 [캡슐화된 PS (*.eps)]를 클릭합니다. 이미 지정되어 있다면 그대로 둡니다. ❷ [저장]을 클릭합니다.

04 저장을 완료하고 바탕화면을 확인하면 앞에서 저장한 [3d Modeling.eps] 파일이 생성되어 있습니다.

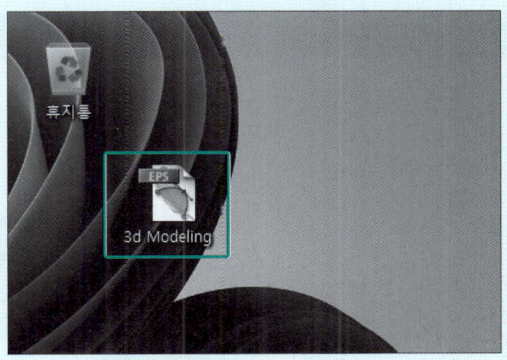

05 해당 파일을 Photoshop에서 열어봅니다.

바로 통하는 TIP 파일 형식에 따른 특성

- **DWF** : DWF(Drawing Web Format)는 웹상에서 파일을 안전하게 공유할 수 있도록 만든 파일 형식입니다. 수신자 임의로 파일을 변경·수정하여 사용할 수 없고 원본 DWG 파일과 거의 같은 수준의 해상도로 출력할 수 있습니다. DWF 파일은 크게 압축되므로 DWG 파일보다 전송 속도가 빠릅니다.
- **WMF** : WMF(Windows Metafile Format)는 윈도우 메타 파일 형식입니다. 메타 파일은 벡터 형식으로 표현되긴 하지만 사실은 비트맵 파일의 속성을 가지고 있습니다.
- **SAT** : ACIS, Solid 모델링 파일로 저장합니다. 기계 모델링을 전문으로 하는 Fro-Engineer 프로그램이나 SolidWorks 등의 프로그램에서 호환됩니다.
- **STL** : 자동차, 선박, 항공기 설계를 주로 하는 CATIA 등의 프로그램에서 호환하여 사용하는 형식입니다.
- **EPS** : 포토샵이나 일러스트레이터, 코렐드로우(CorelDRAW)에서 컬러링, 매핑 등의 작업을 할 수 있는 파일 형식입니다.
- **DXX** : Attribute 추출 형식입니다. 3ds Max에서 객체를 렌더링할 때 사용하는 파일 형식입니다.
- **BMP** : 그림 파일 형식 중 하나로 용량이 많아서 압축 형식인 *.jpg 형식으로 변환하여 사용하기도 합니다.
- **DWG** : 일반적인 AutoCAD 파일 형식입니다.
- **DGN** : MicroStation의 *.dgn 형식 파일은 AutoCAD에서 열기 어렵습니다. 단, AutoCAD MAP 프로그램에서는 *.dgn 파일 형식을 불러올 수 있습니다.

PART 09

도면 작업의 마무리 Plot 출력

지금까지 AutoCAD에서 2D와 3D 도면을 작성하는 방법을 알아보았습니다. 작성한 도면을 인터넷으로 공유하는 경우도 많지만 도면을 그리는 최종 목적은 용지에 출력하여 실무에서 정확하게 의사소통하는 것입니다. 이번 PART에서는 완성한 도면의 축척을 알맞게 지정하여 용지 크기에 맞게 출력하는 방법을 알아보겠습니다.

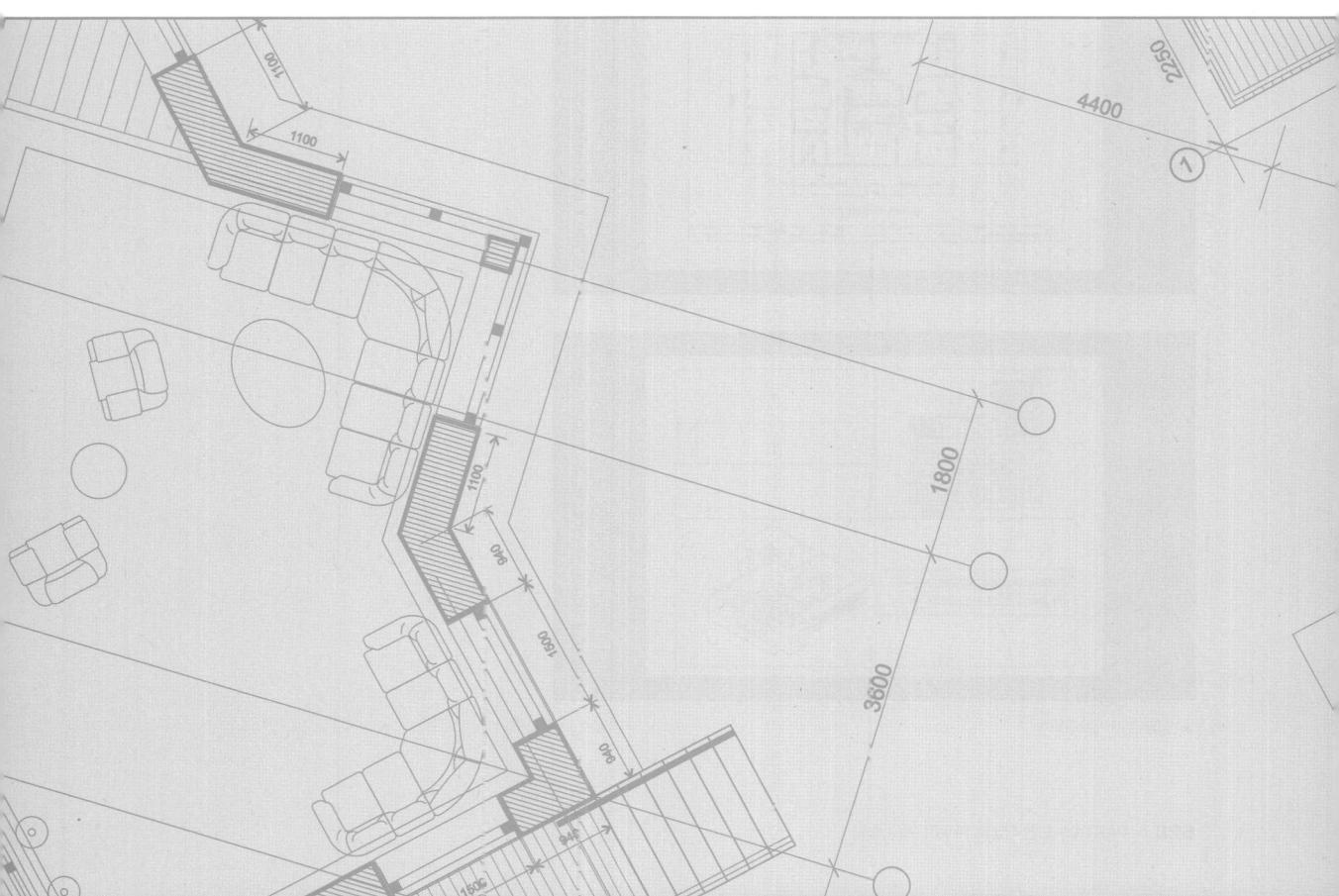

CHAPTER 01
축척에 맞게 출력하는 Plot

2D 평면도 도면을 알맞은 축척을 적용하여 출력해봅니다. 다른 윈도우 프로그램에서는 일반적으로 Print(인쇄) 메뉴에서 이미지를 출력하지만 AutoCAD에서는 Plot(플롯) 명령으로 도면을 출력합니다. 102쪽에서 설명한 바와 같이 인쇄와 플롯은 같은 기능이며, 플로터(Plotter)는 프린터(Printer)보다 큰 용지에 도면을 출력할 수 있습니다.

🎯 학습 목표

실무 도면을 축척에 맞게 출력하는 방법을 익혀봅니다. 건축, 인테리어 도면은 축척에 맞추어 정확히 출력해야만 오차 없이 공사가 진행됩니다. 실물 도면을 축척에 맞춰 출력하는 과정을 알아보겠습니다.

▲ 실무 도면 출력하기

SECTION 01 축척에 맞게 도면을 출력하는 Plot

도면을 용지에 출력할 때는 용지 크기에 따라 알맞은 축척으로 출력해야 합니다. Plot 명령을 사용하려면 명령 행에 **Plot**을 입력하고 Spacebar 를 누르거나 신속 접근 도구 막대에 있는 [플롯 🖨]을 클릭합니다.

01 인테리어 평면도를 Plot 명령으로 출력하기

실습 파일 Part 9\Part9-01.dwg

축척에 맞추어 출력하려면 [플롯 축척] 영역에서 도면에 알맞은 축척을 지정하여 출력합니다.

01 실습 파일 **Part9-01.dwg**를 불러옵니다. 명령 행에 **Plot**을 입력하고 Spacebar 를 누릅니다.

A 명령 행 한눈에 보기

명령: **PLOT** Spacebar ← Plot 명령 입력

바로 통 하는 TIP 현재 사용하는 기종과 다른 프린터 또는 플로터를 이전에 사용했다면 경고 메시지가 나타날 수 있습니다. [확인]을 클릭하고 진행합니다.

02 [플롯 - 모형] 대화상자에서 [열기 ⓥ]를 클릭하면 [플롯 - 모형] 대화상자의 전체 영역이 나타납니다.

▲ [플롯 - 모형] 대화상자의 전체 모습

쉽고 빠른 실무 NOTE — [플롯 – 모형] 대화상자

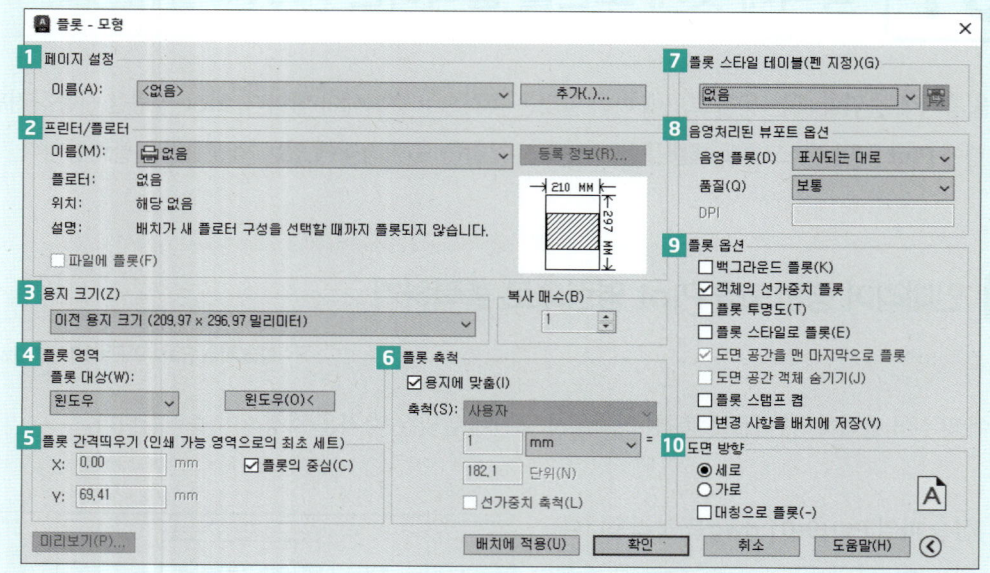

1 페이지 설정
페이지를 설정하고 제목을 지정하여 저장합니다.

2 프린터/플로터
현재 작업하는 컴퓨터와 연결된 출력기를 선택합니다. 출력 작업 시 가장 먼저 해야 할 일이 출력기를 지정하는 것입니다. 특정 출력기를 지정하면 [등록 정보]가 활성화되어 선택한 출력기의 세부 설정을 조정합니다. [파일에 플롯]은 도면을 용지가 아닌 파일로 출력할 때 사용합니다.

3 용지 크기(Z)
출력할 용지의 크기를 지정합니다. 현재 설치된 출력기의 한계 크기까지만 나타납니다.

4 플롯 영역
화면의 어느 부분을 출력할지 출력 영역을 지정합니다. [화면표시]는 현재 화면에 보이는 그대로 출력하는 기능이며, [한계]는 한계 영역만을 출력하는 기능입니다. [윈도우]는 사용자가 지정하는 영역을 출력하는 기능으로 편리하면서도 출력할 영역을 정확하게 지정할 수 있어 실무에서 가장 많이 사용합니다.

5 플롯 간격띄우기 (인쇄 기능 영역으로의 최초 세트)
도면을 출력할 때 기준점과 용지 가장자리의 간격을 설정하여 X축, Y축 좌표의 여백을 조절합니다. [플롯의 중심]은 용지의 중앙에 출력하여 상하좌우 여백을 같게 설정하는 항목이므로 반드시 체크하도록 합니다. 대화상자 왼쪽 하단의 [미리보기]는 도면이 어떻게 출력되는지를 미리 볼 수 있는 기능입니다.

6 플롯 축척
도면을 출력할 때 축척을 지정합니다. [용지에 맞춤]의 체크를 해제하면 축척 설정이 활성화됩니다. [축척] 목록 중 [사용자]는 사용자가 임의로 지정할 수 있는 항목이며 나머지 항목을 선택하면 기입된 비율대로 축척됩니다.

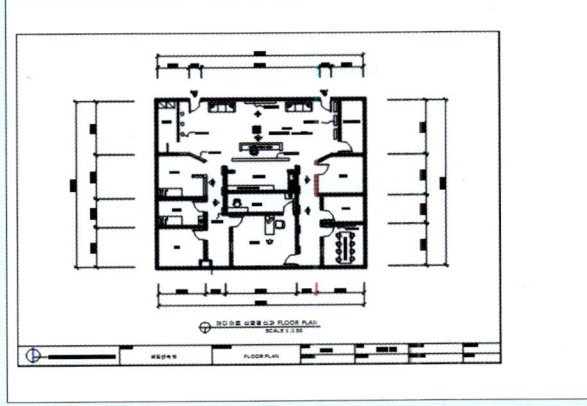

◀ [플롯의 중심]의 체크를 해제한 도면

◀ [플롯의 중심]에 체크한 도면

7 플롯 스타일 테이블(펜 지정)(G)

출력할 때 도면의 음영과 색상, 선의 굵기 등을 지정합니다. 일반적으로 [monochrome.ctb]를 지정하여 사용합니다. 자세한 사용 방법은 다음 예제에서 알아보겠습니다.

8 음영처리된 뷰포트 옵션

인쇄 품질과 관련된 영역입니다. 특히 3D 영역에서 Hide, Shade 명령 적용을 설정하거나 렌더링된 이미지 출력 여부, 그리고 해상도를 지정합니다.

9 플롯 옵션

그 밖의 인쇄 옵션을 지정합니다. 배경을 출력할지, 객체에 적용한 선가중치(선 굵기)를 출력에 반영할지, 출력 스타일로 출력할지, 마지막 용지 공간 출력 여부, 용지 공간에 있는 은선 출력 여부, 도면의 작성 날짜나 작성자 이름 등의 정보를 나타내는 플롯 스탬프를 출력 여부, 도면의 변경 사항을 배치에 저장할지를 지정할 수 있습니다.

10 도면 방향

도면을 출력하는 방향을 지정합니다.

03 우선 왼쪽 상단의 [프린터/플로터] 영역에서 현재 설치되어 있는 출력기를 선택합니다.

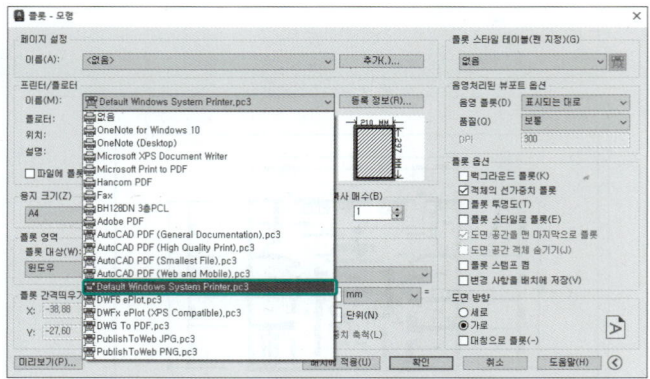

04 ❶ 용지 크기를 지정하는 [용지 크기] 영역에서 [A4]를 선택합니다. ❷ 출력할 영역을 지정하는 [플롯 대상]은 사용자가 임의로 설정할 수 있는 [윈도우]를 클릭합니다. ❸ 오른쪽 [윈도우]가 활성화되면 클릭합니다.

05 도면을 그린 화면이 나타납니다. ❶ 도면 왼쪽 상단의 모서리를 클릭하고 ❷ 계속해서 오른쪽 하단의 모서리를 클릭하여 사각형을 그리듯이 인쇄 영역을 지정합니다.

> **바로 통하는 TIP** [플롯 영역]-[플롯 대상]에서 [윈도우] 대신 [화면표시]를 선택하면 화면의 여백까지 그대로 출력할 수 있습니다.

06 플롯 영역을 지정하면 자동으로 [플롯 – 모형] 대화상자로 다시 돌아옵니다. 용지의 상하좌우 여백의 균형을 지정하는 [플롯 간격띄우기] 영역에서 [플롯의 중심]의 체크가 해제되어 있다면 클릭하여 체크합니다.

07 [플롯 축척] 영역에서 [용지에 맞춤]에 체크합니다. 다시 체크를 해제하면 현재 용지에 꼭 맞는 축척이 '1:131.1'로 나타납니다. 현재 도면의 대략적인 축척을 알 수 있습니다.

바로 통하는 TIP 지정하는 끝점이 두께가 있는 선일 경우 클릭하는 위치에 따라 축척이 미세하게 달라질 수 있습니다.

08 일반적으로는 용지 크기에 꼭 맞는 축척인 '1:131.1' 축척을 사용하지는 않습니다. [용지에 맞춤]의 체크를 해제하고 꼭 맞는 축척보다 더 큰 **1:150** 정도의 축척을 기입할니다.

▲ 축척을 1:100으로 설정하고 출력한 도면 : 도면 상단의 치수선과 하단의 도면 정보가 잘려나감

바로 통하는 TIP 1:131.1보다 낮은 수치인 1:100으로 지정하면 도면의 일부분이 잘려나가 보이지 않습니다. 위 도면을 보면 축척을 1:100으로 설정하여 도면 상단 치수선과 하단 도면 정보가 잘려나갔습니다. 축척을 1:140이 아니라 굳이 1:150으로 지정하는 이유는 실무에서 사용하는 스케일자의 축척이 1:30, 1:60, 1:90 등 30의 배수로 되어 있기 때문입니다.

09 ① [미리보기]를 클릭해 도면이 출력될 화면을 열어 현재까지 작업한 과정에 오류가 없는지 확인합니다. ② Spacebar 를 눌러 원래의 화면으로 돌아옵니다.

◀ 축척을 1:150으로 설정한 상태의 미리 보기 화면

바로 통하는 TIP 이때 도면의 치수와 축척이 맞지 않으면 경고 메시지가 나타납니다.

10 지금까지 [플롯 – 모형] 대화상자에서 한 작업은 도면의 축척이 얼마인지 알아보는 과정이었습니다. 도면의 축척을 바르게 기입하기 위해 하단의 [취소]를 클릭하면 도면이 그려진 화면으로 돌아옵니다.

11 도면의 축척이 표기된 부분을 마우스 휠을 사용하여 확대합니다. ① 'SCALE'을 더블클릭하고 **1:150**을 입력합니다. ② '1/'을 더블클릭한 후 축척을 **1/150**으로 입력합니다.

▲ 축척을 수정할 두 군데를 표시

12 도면이 화면에 꽉 차도록 정리합니다. ❶ Zoom 명령을 실행하고 ❷ 범위(Extents) 옵션을 실행합니다. ❸ 다시 Plot 명령을 실행합니다.

A 명령 행 한눈에 보기

명령: ZOOM Spacebar ← Zoom 명령 입력(Z)
윈도우 구석 지정, 축척 비율(nX 또는 nXP) 입력 또는
[전체(A)/중심(C)/동적(D)/범위(E)/이전(P)/축척(S)/윈도우(W)/객체(O)] <실시간>: e Spacebar ← 옵션 E 입력
명령: PLOT Spacebar ← Plot 명령 입력

13 ❶ 왼쪽 상단의 [프린터/플로터] 영역에서 현재 설치되어 있는 출력기를 지정합니다. ❷ [용지 크기]는 이전과 마찬가지로 [A4]로 지정합니다.

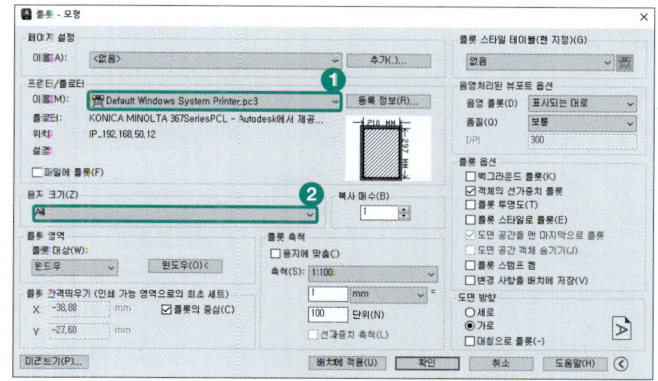

14 ❶ [플롯 영역]-[플롯 대상]에서 [윈도우]를 클릭하면 [윈도우]가 활성화됩니다. ❷ [윈도우]를 클릭하면 도면이 다시 나타납니다. ❸ 도면의 왼쪽 상단 모서리를 클릭하고 ❹ 계속해서 오른쪽 하단의 모서리를 사각형을 그리듯이 클릭하여 인쇄 영역을 지정합니다. ❺ Spacebar 를 눌러 대화상자로 돌아온 후 ❻ [플롯 간격띄우기] 영역에서 [플롯의 중심]에 체크합니다.

CHAPTER 01 축척에 맞게 출력하는 Plot

15 ① [플롯 축척] 영역에서 용지에 꼭 맞게 출력하는 옵션인 [용지에 맞춤]에 체크한 후 다시 체크를 해제하면 현재의 용지에 꼭 맞는 축척이 1:131.1로 나타납니다. ② 이전과 마찬가지로 **1:150**으로 설정값을 입력합니다.

16 [플롯 스타일 테이블(펜 지정)] 영역에서 도면의 색상을 지정하기 위하여 [monochrome.ctb]를 클릭합니다.

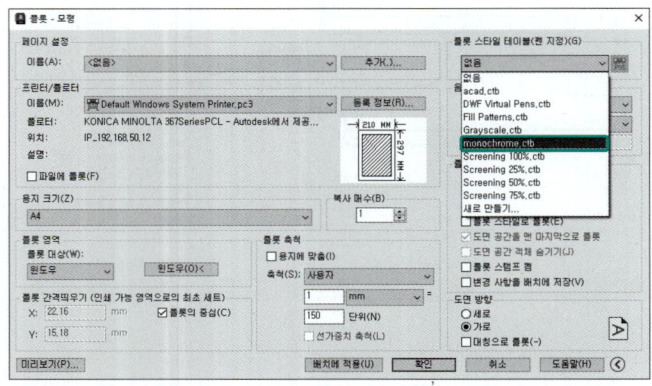

바로 통하는 TIP [플롯 스타일 테이블(펜 지정)] 영역에서는 도면의 색상과 선가중치(선 두께), 음영 비율 등을 선택할 수 있습니다.

17 '이 플롯 스타일을 전체 탭에 적용하시겠습니까?'라는 [질문] 메시지가 나타납니다. [예]를 클릭합니다.

쉽고 빠른 실무 NOTE [플롯 스타일 테이블 편집기] 대화상자의 구성과 기능

1 플롯 스타일(P)
화면상에 작업한 도면 객체의 색상을 나타냅니다. [색상 1]에서 [색상 255]까지 다양한 색상이 있습니다.

2 특성
색상과 디더링(Dithering), 명도, 음영, 선 모양과 선가중치(선 두께), 채우기 등 실제 용지나 파일로 출력이 되는 객체의 특성을 세부적으로 지정합니다.

3 설명(R)
각 항목에 따른 설명을 추가로 기록합니다.

4 스타일 추가(A)
플롯 스타일을 추가합니다.

5 스타일 삭제(Y)
플롯 스타일을 삭제합니다.

6 선가중치 편집(L)
선가중치(선 두께)를 편집합니다.

7 다른 이름으로 저장(S)
새로운 플롯 스타일을 저장합니다.

18 대화상자 오른쪽에 있는 [편집]을 클릭합니다. [플롯 스타일 테이블 편집기 - monochrome. ctb] 대화상자가 나타납니다. ❶ [플롯 스타일] 영역의 색상을 모두 선택합니다. 이는 현재 화면상에 작업한 도면 객체의 색상을 모두 선택하는 과정입니다. [특성] 영역에서는 실제로 용지에 출력되는 색상을 지정합니다. ❷ 대부분의 도면은 검은색으로 출력하므로 [검은색]을 지정합니다. ❸ [저장 및 닫기]를 클릭하여 대화상자를 종료합니다.

바로 통하는 TIP [플롯 스타일] 영역의 색상 목록에서 Shift 를 누른 채 첫 번째 색상과 마지막 색상을 클릭하여 모든 색상을 한번에 선택합니다.

19 ❶ [미리보기]를 클릭하여 출력할 도면을 확인합니다. ❷ Spacebar 를 눌러 대화상자로 돌아옵니다. ❸ 출력기에 A4 용지를 넣고 [확인]을 클릭해 출력을 실행합니다. 도면 작업의 모든 과정이 마무리됩니다.

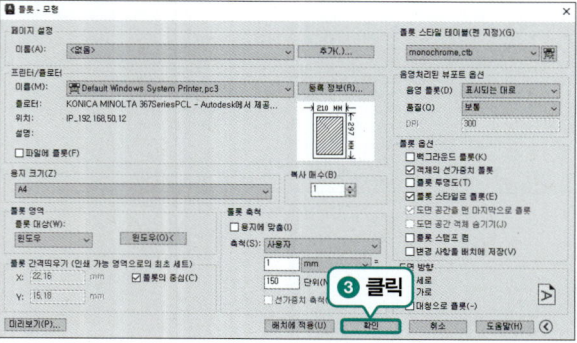

바로 통하는 TIP 이때 도면의 치수와 축척이 맞지 않으면 경고 메시지가 나타납니다.

회사통 실무활용
3D 도면의 여러 관측점을 한번에 출력하기

앞에서 그린 3D 입체 도면을 한 장의 용지에서 여러 관측점을 동시에 볼 수 있도록 출력하면 도면을 파악하기가 훨씬 편리할 것입니다. 한번에 여러 관측점을 출력하는 방법을 알아보겠습니다.

실습 파일 Part 9\Part9-02.dwg

1 실습 파일 **Part9-02.dwg**를 불러옵니다. ① Hide 명령을 실행합니다. ② 화면 하단의 [모형] 탭 오른쪽에 있는 [Layout1] 탭을 클릭합니다.

A 명령 행 한눈에 보기

명령: HIDE Spacebar ← Hide 명령 입력

2 ① 명령 행에 **Erase**를 입력한 후 Spacebar 를 눌러 명령을 실행합니다. ② 모델링을 감싸는 사각형을 클릭하고 Spacebar 를 누릅니다. 이때 내부의 모델링 객체를 클릭하면 선택되지 않습니다.

A 명령 행 한눈에 보기

명령: ERASE Spacebar ← Erase 명령 입력 (E)
객체 선택: 1개를 찾음 ← 객체 선택
객체 선택: Spacebar ← 명령 종료

CHAPTER 01 축척에 맞게 출력하는 Plot · **639**

쉽고 빠른 실무 NOTE — 배치1 [Layout1] 탭

[Layout1] 탭에서는 도면 공간과 모델링 공간을 동시에 사용할 수 있어 한 용지에 2D 도면 객체와 3D 도면 객체를 동시에 출력할 수 있습니다. [Layout1] 탭의 이름 표시 부분을 마우스 오른쪽 버튼으로 클릭하면 [Layout1] 탭에 대한 설정을 재지정할 수 있습니다.

3 화면을 분할하기 위해 Viewports 명령을 실행합니다. ① 명령 행에 **Viewports**를 입력하고 Spacebar 를 누르면 [뷰포트] 대화상자가 나타납니다. ② 3D 출력을 지정할 것이므로 하단의 [설정] 영역을 [3D]로 지정합니다. ③ [비주얼 스타일]은 [3D Hidden]으로 지정하고 ④ [표준 뷰포트]는 [넷: 동일]을 클릭합니다.

A 명령 행 한눈에 보기

명령: **VIEWPORTS** Spacebar ← Viewports 명령 입력

4 ① [미리보기] 영역의 분할된 네 개의 화면을 [뷰 변경 위치]에서 각각 [평면도], [좌측면도], [정면도], [남동 등각투영]으로 변경합니다. ② [확인]을 클릭하여 대화상자를 종료합니다.

5 빈 화면의 점선을 따라서 사각형을 그리듯 영역을 지정합니다. 지정한 관측점대로 화면이 분할되어 나타납니다.

CHAPTER 01 축척에 맞게 출력하는 Plot **641**

6 ① 도면을 출력하기 위해 명령 행에 **Plot**을 입력한 후 Spacebar 를 누릅니다. ② [플롯 – Layout1] 대화상자가 나타나면 현재 작업하는 컴퓨터와 연결한 출력기를 선택하고 ③ 용지는 [A4]로 선택합니다.

7 출력할 영역을 지정하는 [플롯 영역]은 [윈도우]로 지정하여 방금 분할된 네 개의 영역을 사각형을 그리듯이 왼쪽 상단 모서리에서부터 오른쪽 하단 모서리까지 지정합니다.

8 ① [플롯 간격띄우기] 영역의 [플롯의 중심]에 체크하여 용지의 상하좌우 여백을 동일하게 지정합니다. ② 축척을 지정하기 위해 [플롯 축척] 영역에서 [용지에 맞춤]에 체크합니다. ③ 대화상자 왼쪽 하단에 위치한 [미리보기]를 클릭합니다.

09 출력할 도면 이미지를 미리 확인한 후 Spacebar 를 누릅니다.

10 대화상자로 돌아온 후 [확인]을 클릭하여 도면을 출력합니다.

회사통 실무활용
Mview 명령으로 화면 분할하여 출력하기

[모형] 탭에서는 Viewports 명령을 사용하여 화면을 분할할 수 있습니다. [Layout1] 탭에서도 Viewports 명령을 사용할 수 있지만 배치 형식이 제한적입니다. [Layout1] 탭에서는 Mview 명령을 사용하여 화면을 분할해봅니다.

실습 파일 Part 9\Part9-02.dwg

1 실습 파일 **Part9-02.dwg**를 불러옵니다. 명령 행에 **Hide**를 입력하고 Spacebar 를 눌러 명령을 실행합니다.

Hide 입력 후 Spacebar

A 명령 행 한눈에 보기

명령: **HIDE** Spacebar ← Hide 명령 입력

2 ❶ 화면 하단의 [Layout1] 탭을 클릭합니다. ❷ 명령 행에 **Erase**를 입력하고 Spacebar 를 눌러 명령을 실행합니다. ❸ 객체를 감싸는 사각형을 클릭하여 선택한 후 Spacebar 를 눌러 나타나 있는 객체를 지웁니다.

❷ Erase 입력 후 Spacebar　❸ 클릭 후 Spacebar
❶ 클릭

A 명령 행 한눈에 보기

명령: **ERASE** Spacebar ← Erase 명령 입력 (E)
객체 선택: 1개를 찾음 ← 객체 선택
객체 선택: Spacebar ← 명령 종료

3 화면을 분할하기 위해 Mview 명령을 실행합니다. ❶ 명령 행에 **Mview**를 입력하고 Spacebar 를 누릅니다. ❷ 화면을 네 개로 분할할 것이므로 **4**를 입력하고 Spacebar 를 누릅니다.

A 명령 행 한눈에 보기

명령: MVIEW Spacebar ← Mview 명령 입력 (MV)
뷰포트 구석 지정 또는 [켜기(ON)/끄기(OFF)/맞춤(F)/음영 플롯(S)/잠금(L)/새로 만들기(NE)/이름(NA)/객체(O)/폴리곤(P)/복원(R)/도면층(LA)/2/3/4] ⟨맞춤⟩: 4 Spacebar ← 4 입력 후 실행

4 ❶❷ 왼쪽 상단의 모서리와 오른쪽 하단의 모서리 점을 클릭하여 분할된 그림이 삽입될 영역을 지정합니다. 화면이 분할되어 나타납니다.

A 명령 행 한눈에 보기

첫 번째 구석점 지정 또는 [맞춤(F)] ⟨맞춤⟩: ← 왼쪽 상단 모서리 지정
반대 구석 지정: ← 오른쪽 하단 모서리 지정
모형 재생성 중.

CHAPTER 01 축척에 맞게 출력하는 Plot **645**

실무 기계 도면 작성하기

이 실습 도면은 실무에서 사용하는 기계 도면입니다. 도면의 기본 구성과 치수를 확인한 후 실무에 활용하세요. 아직 실무를 접하지 않은 AutoCAD 초보자라면 이 실습 도면을 참고하여 스스로 도면을 그려보는 것이 실무 능력 향상에 큰 도움이 될 것입니다.

✿ 기계 도면

❋ 기계 도면

❋ 기계 도면

✿ 기계 도면

✿ 기계 도면

✸ 기계 도면

✸ 기계 도면

실무 건축 도면 작성하기

이번에는 실무 건축 도면을 직접 그려보겠습니다.
실습 파일 가운데 [과정드] 폴더를 열면 여기서 그리는 건축 도면 파일을 단계별로 확인할 수 있습니다.
책을 가로로 돌려 도면을 크게 확인하면서 실무 건축 도면을 그려봅니다.

01 중심선 그리기

일반적으로 전체 도면중을 지정하고 중심선을 그립니다. 중심선은 빨간색 점선으로 표현합니다. Ltscale 명령으로 선 사이 간격을 조절하고 Lengthen 명령으로 중심선의 길이를 조절합니다.

02 벽체선 그리기

지정한 도면층대로 벽체선을 그립니다. 주 사용 명령은 Offset 명령입니다. 전체 벽 두께의 절반 길이만큼 안쪽과 바깥쪽으로 간격을 띄웁니다. 벽체선을 정리할 때는 Trim 명령과 Fillet 명령을 이용합니다.

03 문과 창문 그리기

Insert 명령을 이용하여 벽체 정리선에 맞도록 창문과 문 블록을 삽입합니다. 창문과 문의 크기를 조절할 때는 Scale 명령과 Stretch 명령을 이용합니다. Copy 명령으로 블록을 다중 복사합니다.

04 각 방 명칭 기입하기

Mtext 명령으로 방 한 곳에 이름을 기입합니다. 텍스트의 서체 및 크기를 적당히 지정한 후 Copy 명령을 이용하여 각 방에 배치합니다. 문자를 더블클릭하여 각 방 이름에 맞게 수정합니다.

05 해치 입력하기

Bhatch 명령으로 타일이나 나무결 무늬 등을 표현합니다. 문자를 입력한 후 Bhatch 명령을 적용하면 문자 주변 부분에는 패턴이 비워져서 해치가 지정됩니다. 같은 해치를 재지정할 때는 Matchprop 명령을 이용합니다.

06 가구 및 주방 기구 표현하기

가구 및 주방 기구 블록을 Insert 명령으로 도면에 삽입합니다. Rotate, Move, Mirror 명령을 이용하여 각 블록을 원하는 위치에 지정합니다. 가구를 직접 그리려면 해당 치수에 정확히 맞게 지정합니다.

07 Solid로 벽체 채우고 치수 기입하기

도면이 깔끔하게 보이도록 Bhatch 명령이나 Solid 명령으로 벽체를 채웁니다. Dimension 명령으로 치수를 기입합니다.

3D 입체도 제작 과정 알아보기

PART 07에서 배운대로 2D 도면에서 관측점을 변경하여 3D 도면을 작성해보겠습니다.
실습 파일 가운데 [과정도] 폴더를 열면 여기서 그리는 3D 입체 도면 파일을 단계별로 확인할 수 있습니다.

01 관측점 변경 후 다중선으로 그리기

Vpoint 명령으로 관측점을 변경합니다. Pline 명령이나 Rectangle 명령으로 다중선을 만듭니다.

02 벽체 돌출하기

Extrude 명령으로 벽체를 높이대로 올립니다. Hide 명령을 실행하여 높이가 정확한지 확인합니다.

03 문과 창문 위의 벽체 만들기

Extrude 명령으로 문과 창문 위의 벽체를 올립니다. 문의 높이는 일반적으로 2,100mm입니다.

04 벽체 합치기

Union 명령으로 벽체를 하나로 만들어 구분선을 없앱니다.

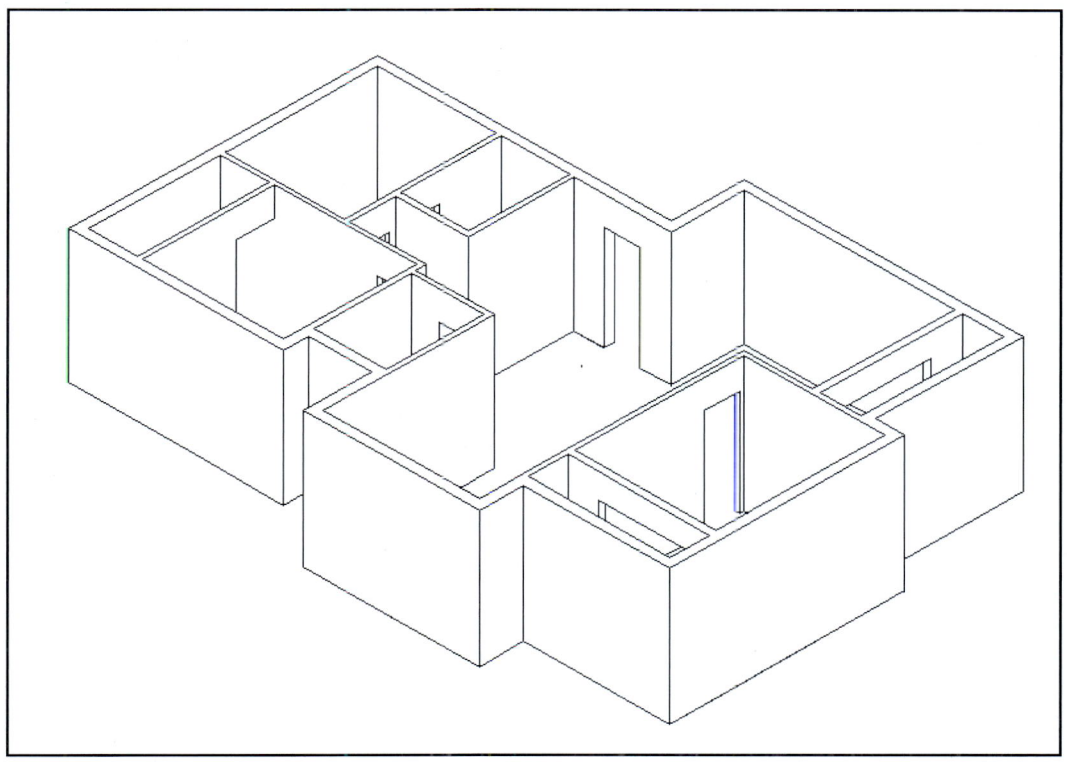

05 문 그리기

Extrude 명령으로 문을 직접 그리거나 Insert 명령으로 블록을 삽입합니다.

06 창문 그리기

문과 마찬가지 방법으로 창문을 그립니다. 보는 관측점을 자유자재로 바꾸려면 Orbit 명령을 이용합니다.

07 해치 그리기

화장실이나 현관의 타일 무늬를 Hatch 명령으로 그립니다. UCS로 방향을 정확하게 지정해야 합니다.

08 계단 및 가구 그리기

계단은 Box 명령이나 Extrude 명령으로 그립니다. 가구는 직접 그리거나 블록을 삽입합니다.

찾아보기

ㄱ~ㄴ

가상 교차점	144
간격 띄우기	205
객체 선택	121
객체 스냅	048, 053, 130
계산기	537
고속 줌	527
관측점	542
광선	343
교차점	139
구성선	345
그라데이션	404
그룹	334
그립	123, 242
극좌표	076
근처점	143
기준선 치수	463
기하학적 중심	136
길이 조정	355
길이 측정	531
꺾기 치수	476
끊기	357
끝점	131
나선	349
노드	136

ㄷ

다각형	305
다른 프로그램 호환	624
다중점	311
다중 지시선	469
단일 행 문자	365
대체 단위	489
대칭	257
도구 팔레트	047
도면의 크기	025
도면층	411
도면층 특성 관리자	421
도면층 필터	424
돌출	611

ㅁ~ㅂ

메모리 제거	538
면적 계산	533
명령 모드	053
명령 취소	093
명령 행	048
모깎기	269
모눈	048
모따기	281
모서리 메쉬	598
모형	048, 644
문자	029, 365
문자 편집기	368
반지름	461
방향 벡터 메쉬	591
배열	316
배척	027
배치	048
복사	184
분리하기	617
분해	330
뷰포트	552
블록	507
블록 삽입	514
빠른 작업	478

ㅅ~ㅇ

사분점	138
삽입점	141
상대좌표	075
상태 표시줄	048
새 선종류 축척	439
선가중치	432
선 굵기	415
선 그리기	077
선택 상자	123
선형 치수	454
세로 좌표	472
숨기기	565
스냅	048
스타일	441
스플라인	341
신축	240
여러 줄	347
여러 줄 문자	368
연속 치수	466
연장	233
연장선	140
외부 참조	517
외형선	028
원 그리기	105
은선	028, 565
음영 처리	566

ㅈ~ㅊ

자르기	210
작업 영역	047
절대좌표	074
접점	142
정렬	352
정렬 치수	457
제목 표시줄	046
좌표계	073
중간점	133
중심선	028, 360, 439
중심점	134
지름	462
지시선	028
지우기	096
직교	048
직교점	141
직사각형	297
직선 보간 메쉬	587

철자 검사	380
초점 이동	169
축척	026, 191
출력하기	102, 628
치수	031
치수 문자	451
치수 보조선	028, 451
치수선	028, 451
치수 스타일 관리자	481
치수 윤곽	496

ㅌ ~ ㅎ

타원형	309
탐색 막대	047
템플릿	064, 151
특성 변경	557
특성 일치	402
특수 문자	377
파단선	028
편집 모드	053
평행선	144
폴리선	323
폴리선 편집	332
표 그리기	382
표준규격	024
표준 뷰포트	552
플롯	102, 628
플롯 스타일 테이블 편집기	637
한계 영역	099
합치기	616
해치	385
해칭	028
현척	027
호 그리기	112
화면 정리	527
화살표	323, 451
회전	251
회전 메쉬	595

A ~ C

Align	352
Aligned Dimension	457
Angular Dimension	458
Apparent Intersection	144
Arc	112
Arc Length Dimension	459
Area	533
Array	316
Baseline Dimension	463
Block	508
Break	357
Calculator	537
Center	134
Chamfer	281
Change	557
Circle	105
Continue Dimension	466
Contraction Scale	026
Copy	184
Crossing	126

D

DDedit	378
Diameter Dimension	462
DimAligned	457
DimAngular	458
DimArc	459
DimBaseline	463
DimContinue	466
DimDiameter	462
DimJogged	476
DimLinear	454
DimOrdinate	472
DimRadius	461
Dist	531
Dtext	365

DUCS	048
DWG	071
Dyn	049

E ~ G

Edgesurf	598
Ellipse	309
Endpoint	131
Enlarged Scale	027
Erase	096
Explode	330
Extend	234
Extension	140
Extrude	611
Fillet	270
Full Scale	027
GCE	136
Geometric Center	136
Gradient	404
Grid	048
Grip	123, 242
Group	334

H ~ L

Hatch	385
Helix	349
Hide	565
ImageAttach	519
Insert	514
Insertion	141
Intersection	139
Jogged Dimension	476
Layer	411
Layout	048
Lengthen	355
Limits	099
Line	077

찾아보기

Linear Dimension	454	Point	311	**T~V**			
Linetype	427	Polar	048	Table	382		
Linetype Scale	439	Polygon	305	Tabsurf	591		
List	530	Polyline	323	Tangent	142		
LSP	071	Previous	160	Template	066, 151		
Ltscale	439	Purge	538	Trim	210		

M~N

Matchprop	402			UCS	569
Match Properties	402	**Q~R**		UCS 아이콘	049
Midpoint	133	QDim	478	Undo	093
Mirror	257	Qnew	063	Union	616
Mleader	469	Quadrant	138	View Cube	049, 549
Mline	347	Quick Dimension	478	Viewports	552
Move	175	Radius Dimension	461	Viewres	528
Mtext	368	Raster Image Reference	517	Vpoint	545
Multileader	469	Ray	343		
Nearest	143	Rectangle	297	**W~Z**	
Node	136	Redo	095	WBlock	511
Not to Scale	027	Regen	527	WCS	569
NS	027	Remove	128	Window	125
		Revsurf	595	Xline	345
O~P		Rotate	251	Xline-Construction Line	345
Object Snap	130	Rulesurf	587	Xref	517
Offset	205			Zoom	157
Orbit	551	**S**			
Ordinate Dimension	472	Scale	191	**기타**	
Ortho	084	Select Object	394	2D 좌표	544
Osnap	048, 053, 130	Shade	566	3D	543
Otrack	054	Snap	048		
Pan	169	Spell	380		
Parallel	144	Spline	341		
Pedit	332	Stretch	240		
Perpendicular	141	Style	441		
Pick Box	123	Subtract	617		
Pline	323	Surftab1	601		
Plot	102, 628	Surftab2	601		